STATISTICS

정석 통계학 [2판]

장선구 · 김대용 · 박환재

비앤엠북스

2판 머리말

통계학은 물적 증거가 제일인 세상에서는 사람들에게 호소하는 힘이 매우 크다. 이런 까닭에 사물을 크게 소문나게 하거나 과장하거나 혼란시키거나 극도로 단순화시키는 데 자주 이용된다. 사실 통계적 용어는 사회나 경제의 동향, 기업의 경영상태, 여론조사 등 방대한 자료를 기록하는 데에 없어서는 안 될 용어다.

그러나 그 용어를 제대로 이해하고 정직하게 사용하는 발표자와 그 용어의 의미를 이해할 수 있는 일반 대중이 짝을 이루지 않는 한 통계라는 용어는 말장난에 지나지 않을 수 있다. 통계에서 사용되는 평균이라든가 상관계수, 경향, 그래프 등은 표시되어 있는 그대로의 뜻을 가지는 것은 아니다. 눈으로 보는 것 이상의 뜻이 포함되어 있을 수도 있고 또 겉보기보다 훨씬 더 내용이 형편없을 수도 있다. 통계는 진실과 거짓 사이를 왔다 갔다 할 수 있다는 말이다. 통계가 남용되고 있는 정치와 경제, 사회 현실에서 통계를 바르게 그리고 바로 이해하지 못하면 어쩌면 바보가 될지도 모른다.

이 책은 우리가 바보가 되지 않기 위해 그리고 통계를 사용하여 속이는 사람들에게 속지 않기 위해 기본 통계학을 이해할 통계의 입문서 역할을 할 것이다.

많은 사람들은 통계학이라는 분야를 매우 어렵고 지루한 것으로 인식하고 있다. 통계학의 내용을 이해하는 데 어려움을 느낄 뿐 아니라 그 방법 자체도 어려워한다. 복잡한 인과관계, 수많은 도표와 통계들이 통계학의 내용을 장식하고 있다. 과연 통계학은 모두 어렵다고들 하는 학문이 맞을까? 사실은 그래야 할 이유가 없다. 학창시절에 어렵다고 느끼는 감정과 이제 와서 느끼는 감정이 많이 달라진 듯하다. 누군가 통계학은 경험을 통해 그 의미가 학습된다고도 한다. 통계학을 이해할 필요는 느끼지만 막상 공부를 해보려고 하면 어디부터 어디까지 공부해야 하는지 몰라 마치 바닷가에서 모래알을 줍는 기분일 것이다. 상황이 이렇다면 편안하고 즐거운 마음으로 통계라는 바닷속을 항해하려면 어떤 길잡이가 필요하다.

이 책은 통계학을 처음 접하여 학습하고자 하는 사람들을 위해, 그리고 각종 통계학 시험을 준비하는 사람들을 위해 쓰인 통계학 입문서이다. 이 책에서는 기초 입문이면서도 통계학의 여러 응용분야가 상세히 소개되고 있다.

오랫동안 저자들의 희망과 다르게 통계학 입문서를 쓰지 못하고 주저하였다. 이 세상에 나와 있는 좋은 입문서도 많기 때문에 그 정도의 좋은 책을 쓸 수 있을지 자신이 없었기 때문이다. 많은 시간이 흘러 독자들에게 각종 통계문제를 해결할 수 있는 통계학 입문서를 쓰고 싶은 욕망이 강렬해졌다.

저자들은 서로 소통하면서 고민한 끝에 다음과 같은 방향을 잡았다. 첫째, 비록 입문서이지만 다양한 통계응용분야를 다루고 있다. 독자들에게 많은 통계주제들을 어떻게 생각하고 해결해야 하는지를 보여주려고 노력하였다. 둘째, 각 장과 절을 간단히 요약정리를 하면서 통계학 시험을 준비하는 사람들에게 희망을 주고자 하였다. 가능하면 각종 시험에 출제될 수 있는 다양한 주제를 해결할 수 있도록 시험의 출제경향을 반영하려고 노력하였다. 특히 차후에는 객관식 기출문제집과 모의고사 문제도 출간할 예정이다.

사람들은 모두 자신만의 색안경을 끼고 세상을 바라본다. 이 책도 많은 독자들이 끼고 있는 각양각색의 색안경 속에서도 만족스레 세상을 볼 수 있을 것으로 기대한다.

뜨거운 열정으로 책을 쓰기 시작했지만 시간에 쫓기기도 하고 게으름 때문에 부족한 점이 여전히 많아 아쉬움을 느낀다. 이 모든 부족한 점은 전적으로 저자들의 책임이지만 앞으로 꾸준히 노력해서 개선해 나갈 것을 약속드린다.

이 책을 집필하는 동안 관심과 사랑을 소홀히 하여 발생한 외부불경제로 피해를 입은 많은 주변 분들께 용서를 구한다. 또한 이 책의 원고를 검토하고 교정해준 많은 비앤엠북스의 편집자님과 대표님께 고마운 마음을 전하고 싶다. 마지막으로 이 책의 마지막 페이지를 덮을 즈음 독자들이 새로운 세상과 새로운 희망을 품기를 바란다. 끝까지 책을 쓰도록 격려하고 채찍질해 준 가족에게 진심으로 고마움을 표하며 이 책을 바친다.

2021년 3월

저자 일동

차례

제1편 | 통계학의 기초

제2편 | 확률분포

제4편 | 분산분석과 범주형 자료분석

제1편
통계학의 기초

제1장 통계학의 이해와 자료분석

돈은 인간 노동과 삶을 소외시키는 정수이며,

인간이 돈을 숭배하면 할수록 돈이 인간을 지배하게 된다.

– 칼 마르크스 –

제1절 통계 자료의 해석

정석 통계학

현대사회에서 통계학은 경제, 경영, 사회과학, 자연과학에까지 모두 이용되고 있으며 그 중요성이 강조되고 있는 이유는 통계적 방법의 과학성과 합리성에 있다. 다시 말해서 통계학이 막연한 추측이나 비합리적인 의사결정을 허용하지 않는다는 것이다. 우리의 연구목적에 필요한 자료와 정보가 경제성과 정밀도를 고려하여 최적의 방법으로 수집되고, 수집된 자료는 과학적인 이론에 의하여 정리되고 분석되어야 한다. 이러한 방법론을 제시하는 학문이 통계학이다.

통계학에는 **기술통계학**과 **추측통계학**이 있는데, 기술통계학은 자료를 정리하고 도표나 표로 요약하여 대푯값과 변동의 크기를 구하는 분야이고, 추측통계학은 자료에 내포된 정보를 분석하여 불확실한 사실에 대한 추론을 하는 분야이다. 이를 요약하면 다음 **표 1-1**과 같다.

표 1-1 통계학의 분류와 내용

<table>
<tr><td rowspan="12">통계학</td><td rowspan="2">기술통계</td><td colspan="4">자료의 정리 및 요약</td></tr>
<tr><td colspan="4">특성치에 의한 자료의 분석</td></tr>
<tr><td rowspan="10">추측통계</td><td rowspan="10">추측통계를 위한 확률이론
1. 개별사상의 확률
2. 확률분포의 기초
3. 주요 확률분포
4. 표본통계량과 확률</td><td rowspan="6">모수통계</td><td rowspan="3">1변량분석</td><td>추정</td></tr>
<tr><td>검정</td></tr>
<tr><td>분산분석</td></tr>
<tr><td rowspan="3">다변량분석</td><td>상관분석, 회귀분석</td></tr>
<tr><td>2변량의 경우</td></tr>
<tr><td>다변량의 경우</td></tr>
<tr><td rowspan="2">비모수통계</td><td colspan="2">χ^2을 이용한 비모수 통계</td></tr>
<tr><td colspan="2">기타 주요 비모수 통계</td></tr>
<tr><td rowspan="2">기타 주요 통계 분석</td><td colspan="2">시계열 분석 및 지수</td></tr>
<tr><td colspan="2">통계적 의사결정론</td></tr>
</table>

우리에게 관심의 대상이 되는 모든 자료를 수집한다는 것은 현실적으로 불가능하거나 합리적이지 않을 수 있다. 현실적으로 통계청 등 공신력 있는 기관에서 발표하는 통계들이 모

든 자료를 수집해서 통계분석을 하는 것은 아니다. 이때 연구대상이 되는 모든 가능한 관측값을 모은 집합을 **모집단**이라고 하고, 통계적 처리를 위하여 모집단에서 추출한 관측값의 집합을 **표본**이라고 한다. 또한 모집단의 가능한 관측값이 얻어지는 개체를 추출단위라고 한다.

이제 자료를 수집한 후 자료를 정리하고 자료의 특성을 요약하는 방법을 살펴보기로 한다. 자료들은 자료 그 자체만으로도 정보(information)를 가지고 있지만, 우리는 그것만으로는 그 자료가 가지고 있는 정보, 즉 특성을 쉽게 알 수 없다. 그러므로 그러한 자료의 특성을 요약하는 과정으로서 기술통계 분야가 있다.

자료의 정리 및 요약, 즉, **탐색적 자료분석**은 자료가 가지고 있는 정보량의 손실 없이 표나 그림, 또는 몇 개의 수치로 요약하는 과정을 말한다. 탐색적 자료분석 방법은 다음과 같은 것들이 있다.

① 수치로 요약: 통계량(**평균**, **분산**)
② 표로 요약: **도수분포표**
③ 그림으로 요약: 통계그래프(**히스토그램**)

1. 도수분포표

자료의 양이 많을 때 그래프로 나타내는 것보다 유사한 관측값들을 모아서 **도수분포표**(frequency distribution table)를 작성하는 것이 편리하다. 작성순서는 다음과 같다.

첫째, 자료의 최댓값(가장 큰 값)과 최솟값(가장 작은 값)을 찾아 자료의 범위를 구한다.
둘째, 자료의 크기에 따라 적절한 계급 수를 정한다.
셋째, 동일한 간격을 갖도록 계급구간(계급의 너비)을 정한다.
넷째, 각 계급에 속하는 관측값의 개수를 헤아려 (중앙)계급값과 계급도수를 정한다.
다섯째, 각 계급도수를 총도수로 나누어 계급의 상대도수 또는 누적상대도수를 구한다.

계급 수를 결정할 때 서로 인접한 자료값들을 집단화하여 전체자료를 몇 개의 계급으로 나눈다. 도수분포표에서 계급 수가 많을수록 더 상세한 내용을 나타낼 수 있으나, 자료를 요약하는 데 효율성이 떨어진다. 반면 계급 수가 너무 적게 되면 정보가 너무 압축되어 분포의 모양을 파악하기 힘들어진다. 계급 수를 정하는 방법은 보편적으로 다음과 같다.

"자료의 수가 n이면 적절한 계급의 수 k는 $2^k \geq n$을 만족하는 최소의 정수이다."

계급구간의 결정은 계급 수의 결정과 관련되어 있다. 계급구간을 결정하는 데 기본 원칙은 모든 간격이 같아야 한다는 점이다. 계급구간은 다음과 같이 구해진다.

$$\text{계급구간} = \frac{\text{가장 큰 자료값} - \text{가장 작은 자료값}}{\text{계급의 수}}$$

계급의 한계는 계급의 출발점과 마지막 점을 가리켜 일컫는 말이다. 그중에서도 출발점을 하한계, 마지막 점을 상한계라 부른다. 우선 첫 번째 계급의 하한계를 정해야 하는데, 어떤 자료값도 계급의 한계에 놓이지 않게 하기 위하여 자료의 최솟값보다 조금 작은 값을 선택한다.

계급도수 및 **상대도수**의 계산은 각 계급에 속하는 관측값의 수를 세어 계급의 도수를 구하고, 각 계급도수를 전체 자료수로 나누어 계급의 상대도수를 구한다. 구체적인 사례로서 다음 **표 1-2**는 50명 학생의 통계학 입문 성적의 결과이다. 이 자료를 이용하여 도수분포표를 그려보자.

표 1-2 성적자료

66	73	63	92	42	95	67	74	47	72
87	62	81	63	58	63	52	58	56	72
68	73	72	71	67	61	63	73	58	67
63	68	76	73	53	66	82	43	81	73
53	66	73	76	51	68	67	66	63	67

(1) 계급 수 결정

자료의 개수가 50이므로 $2^k \geq 50$을 만족하는 최소의 정수 $k=6$이 된다.

(2) 계급구간 설정

$$\frac{95-42}{6}=8.83333$$

이 경우 계급구간은 8 또는 9로 정하면 된다.

(3) 계급의 한계 결정

최솟값이 42이므로 첫 번째 계급의 하한계는 42−0.5=41.5로 잡고 첫 번째 계급구간은 41.5 이상 49.5 미만이 된다.

(4) 도수분포표 작성

계급	도수	상대도수
41.5–49.5	3	.06
49.5–57.5	5	.10
57.5–65.5	11	.22
65.5–73.5	22	.44
73.5–81.5	5	.10
81.5–89.5	2	.04
89.5–97.5	2	.04
합계	50	1

정석 사례연구

다음은 A 초등학교 학생들의 가족 구성원 수를 조사하여 만든 도수분포표이다. ㉠+㉡+㉢+㉣의 값을 구하시오.

가족 수	도수(명)	상대도수
2	㉠	0.2
3	20	㉢
4	㉡	0.2
5	4	㉣

해설

① 상대도수의 합계는 1.0이므로 ㉢+㉣은 0.6(=1.0−0.2−0.2)이 된다. 가족 수 5명인 도수가 4명이고, 3명인 도수가 20명으로 5배인 점을 감안할 때 상대도수는 각각 가족 수 5명일 때 0.1(㉣)이고, 가족 수 3명일 때 0.5(㉢)가 된다.

② 상대도수가 0.1일 때 도수는 4, ㉠, ㉡의 상대도수는 0.2이므로, 해당 도수는 각각 8명이 된다. 즉, ㉠+㉡은 16(=2×8)명이다.

③ ㉠+㉡+㉢+㉣=16+0.6=16.6이 된다.

정석 사례연구

20개 자료의 누적도수가 다음과 같을 때, 중앙값과 최빈값은?

자료값	누적도수	자료값	누적도수
0	2	1	7
2	16	3	20

해설

자료값이 0, 1, 2, 3이고 이에 누적도수를 기록한 것이므로
이를 도수를 함께 나타내보면,

자료값	도수	누적도수
0	2	2
1	5	7
2	9	16
3	4	20

최빈값은 2, 중앙값은 10번째와 11번째의 중간이므로 2이다.

2. 막대그림표 또는 히스토그램

도수분포표를 만든 후 한눈에 자료의 분포상태를 볼 수 있게 하는 자료정리방법이 막대그래프와 히스토그램이다. **막대그래프**(bar charts)는 변수 값들의 분포를 그림으로 표현하는 것이다. 명목형 변수와 구간형 변수 둘 다 막대그래프를 사용할 수 있다. 구간형 변수의 경우에 **히스토그램**(histograms)이라 부른다.

앞의 사례인 학생들의 통계학성적을 히스토그램으로 그린 것이 **그림 1-1**에 나타나 있다. 하나는 도수를, 다른 하나는 상대도수를 그린 그래프이다. 이때 계급구간이 일정하지 않으면 각 구간의 사각형의 넓이를 그 구간의 상대도수와 같아지도록 한다. 즉

$$\text{사각형의 높이} = \frac{\text{계급의 상대도수}}{\text{계급간격}}$$

따라서 상대도수는 계급구간의 면적으로 표시되도록 한다. 이렇게 하는 이유는 우리가 본능적으로 높이보다 면적을 비교하기 쉽기 때문이다. 기타 방법으로 꺾은선 그래프, 원형면적그래프, 그림그래프, (누적) 도수다각형, 상자그림 또는 상자-수염그림 등이 있다.

그림 1-1 히스토그램

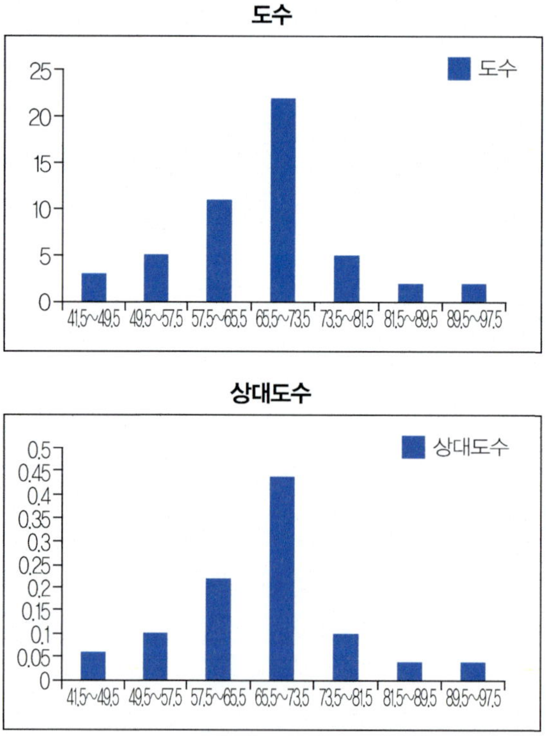

정석 사례연구

히스토그램을 통해 알 수 있는 특성이 무엇인지 약술하시오.

해설

히스토그램은 자료의 산포도, 대칭 여부, 중심위치, 봉우리의 개수를 알 수 있게 해준다.

① 자료의 산포도는 자료의 퍼져있는 정도를 의미한다.
② 자료의 대칭 여부는 일정 기점을 기준으로 하여 좌우가 대칭적으로 동일한 형태인지 여부를 의미한다.
③ 자료의 중심위치는 어떠한 관측값이 중앙 또는 중심에 위치하는가를 나타낸다.
④ 봉우리의 개수를 통해 자료의 분포에서 나타나는 봉우리가 몇 개인지를 알 수 있다.

3. 줄기-잎 그림

줄기-잎 그림(stem and leaf plot)은 자료의 전반적인 분포를 보여 준다는 점에서 수평적 막대그래프와 비슷하다. 하지만 줄기-잎 그림이 각각의 자료값을 제공한다는 면에서 더 정밀한 그림을 제공한다. 이는 중심위치와 산포 등을 학습한 후 뒤에서 다시 상세히 설명할 것이다.

어떤 공장의 50건의 엔진조정에 대한 부품비용에 대한 자료가 **표 1-3**과 같은 표본으로 주어져 있다고 하자. **그림 1-2**는 이 자료를 줄기-잎으로 그린 그림이다. 이를 통해 분포의 개략적인 형태를 알 수 있고 이상치의 존재 여부도 쉽게 파악할 수 있다.

표 1-3 50건의 엔진조정에 대한 부품비용 자료

91	78	93	57	75	52	99	80	97	62
71	69	72	89	66	75	79	75	72	76
104	74	62	68	97	105	77	65	80	109
85	97	88	68	83	68	71	69	67	74
62	82	98	101	79	105	79	69	62	73

그림 1-2 줄기-잎 그림

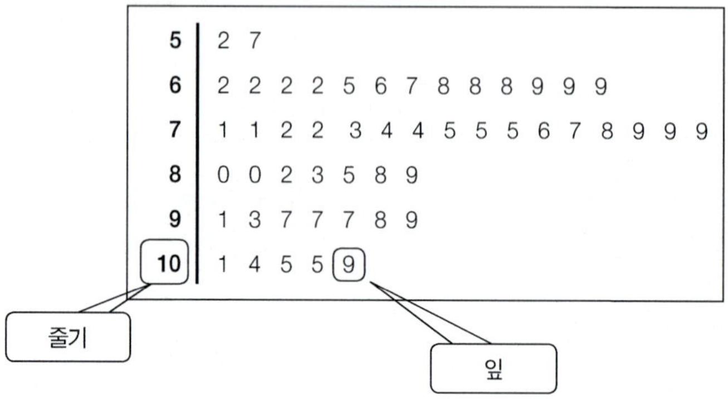

줄기-잎 그림을 그리는 순서는 다음과 같다.

(1) 자료를 크기순으로 정리한다.

자료의 수가 많을 때는 자료를 수작업으로 정렬하기 어려우므로 이 단계는 무시해도 되지만 자료를 크기순으로 정렬해 놓으면 그림(plot)을 그리기 편리하다.

(2) 자료를 살펴 줄기와 잎을 결정한다.

부품비용 자료를 살펴보면 10단위를 줄기로 하고 10단위 미만을 잎으로 하여 그림(plot)을 그리면 될 것이라는 것을 알 수 있다. 줄기 수는 히스토그램의 계급구간 수에 해당되므로 8~12 정도가 적절하다. 적정 개수가 아닌 경우 줄기 수 조정이 필요한데, 이에 대해서는 다음에 다루기로 한다.

(3) 세로선으로 긋고, 세로선 왼쪽의 한 열에 줄기(stem) 값을 작은 것부터 순서대로 그린다.

(4) 세로선의 오른쪽 열에 잎(숫자)을 오름차순으로 그린다.

잎을 그리는 방법은 간단하다. 줄기 바로 뒤의 숫자를 줄기 옆에 차례로 적으면 되며 반올림은 하지 않고 적는다. 줄기-잎 그림의 목적은 자료의 분포 형태, 즉 퍼져 있는 정도와 이상치(극단치)를 아는 것이 주된 목적이기 때문이다.

정석 사례연구

다음은 23개의 자료를 줄기와 잎 그림(stem and leaf plot)으로 정리한 것이다. 중앙값, 산술평균, 최빈값, 범위 중 가장 큰 값은?

5	2 6 7 9
6	1 3 4 4 5 5 8 8 8 9
7	1 4 4 8 9
8	6 7
9	8
10	1

해설

① 자료의 중앙값은 주어진 자료를 가장 작은 값부터 가장 큰 값까지 나열했을 때 가운데 위치하는 관측값이다. 따라서 n이 짝수이면 2개의 중앙값의 평균을, n이 홀수이면 1개의 중앙값을 가진다. ∴ 23개 중 12번째값=68

② 자료의 평균은 $\overline{x} = \frac{1}{n}\sum_{i=1}^{n} x_i$ $\quad \therefore \overline{x} = 70.7$(여기서 각각의 관측치는 세로선 왼쪽은 십의 자리를, 오른쪽은 일의 자리를 나타낸다.)

③ 자료의 최빈값이란 주어진 자료 중에서 가장 빈도가 높은 관측값이다. ∴ 68(3회)

④ 범위: 주어진 자료의 가장 작은 값과 가장 큰 값의 차이값 ∴ 101−52=49
(범위는 다음 절에서 자세히 다루어진다.)

정석 사례연구

다음은 20명의 지능지수(IQ)를 측정한 자료를 줄기−잎 그림으로 정리한 것이다. 이 자료의 중앙값은?

7	8
8	59
9	2899
10	14458
11	689
12	345
13	89

해설

중앙값(median)이란 자료를 크기 순서로 나열해 놓았을 때 위치상 중앙에 있는 값이다.

중앙값의 위치는 $d(M) = \frac{n+1}{2}$로 나타난다.

설문에서 $d(M)$=10.5이므로 10번째 위치한 104와 11번째 위치한 105의 평균인 104.5가 중앙값이 된다.

제2절 자료의 특성: 기술통계와 산포도

정석 통계학

1. 중심위치 척도

자료의 중심위치를 나타내는 대푯값을 측정하는 방법에는 **평균, 중앙값, 최빈값** 등이 가장 널리 사용되고 있다. 이때 각 대푯값은 다음과 같이 정의된다.

최빈값(mode): 최빈값은 질적자료나 양적자료 모두에 사용되며 자료의 빈도수가 어느 곳에 가장 많이 밀집되어 있는가를 측정하는 대푯값이다.

중앙값(median): 중앙값은 자료를 크기순으로 나열할 때 가운데 위치하는 자료값을 말한다. 자료의 수를 n이라 할 때 크기 순서대로 나열된 자료값을 순서통계량이라 하며 $x_{(1)}, \cdots, x_{(n)}$로 표시한다. 여기서 $x_{(1)}$은 자료의 최솟값이며 $x_{(n)}$은 자료의 최댓값이다. n개의 순서통계량을 이라고 하면, 표본 중앙값 $\tilde{x}_{(m)}$은

$$\tilde{x} = \begin{cases} x_{\left(\frac{n+1}{2}\right)} & n\text{이 홀수} \\ \dfrac{x_{\left(\frac{n}{2}\right)} + x_{\left(\frac{n}{2}+1\right)}}{2} & n\text{이 짝수} \end{cases}$$

평균(mean): (산술)평균이란 모든 자료의 값을 더하여 자료의 개수로 나눈 값을 의미한다. 평균은 다음과 같이 정의된다.

$$\text{모평균} \quad \mu = \frac{1}{N}\sum_{i=1}^{N} x_i$$

$$\text{표본평균} \quad \bar{x} = \frac{1}{n}\sum_{i=1}^{n} x_i$$

보통 평균은 이상점에 의하여 영향을 많이 받지만 중앙값은 이상점에 무관하다. 따라서 분포가 매우 비대칭적이면 중앙값이 평균값보다 더 대푯값으로서의 의미를 가진다. 그러나 중앙값으로는 모집단을 추론하기 어렵기 때문에 분포가 대칭에 가깝기만 하면 평균값을 대푯값으로 사용하는 것이 바람직하다. 다음 **그림 1-3** 은 대칭적인 경우와 비대칭적인 경우

평균, 중앙값, 최빈값의 위치 간 비교를 보여주고 있다. 대칭의 경우에는 종 모양의 분포를 나타내면서 평균, 중앙값, 최빈값이 일치하고 왜도가 0의 값을 갖는다. 비대칭적인 경우로서 **왼쪽에 꼬리가 길게 분포**한 형태에서는 **평균<중앙값<최빈값**이고, **오른쪽에 꼬리가 길게 분포**한 형태에서는 **최빈값<중앙값<평균**이다.

그림 1-3 평균, 중앙값, 최빈값의 위치 비교

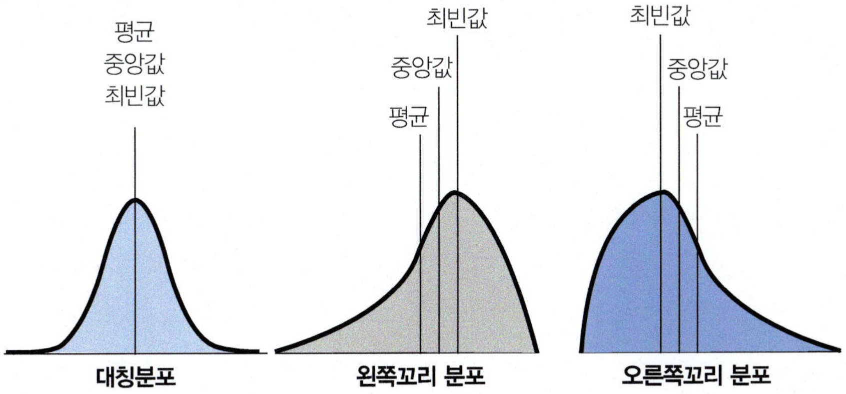

자료의 양이 약 30개를 넘어설 때(자료의 수가 충분히 클 때)에는 중앙값의 개념을 확대해서 크기 순서에 따라 늘어놓은 자료를 4등분하는 수치값을 **사분위수**라 한다. 이 개념을 더 확대해서 100등분하는 수치값을 **백분위수**라고 한다. 이상을 요약하면 다음과 같다.

정석 사고

자료의 기술통계 : 평균과 중앙값, 최빈값, 사분위수와 백분위수

① 자료의 평균은 $\bar{x} = \frac{1}{n}\sum_{i=1}^{n} x_i$

② 자료의 중앙값은 주어진 자료를 가장 작은 값부터 가장 큰 값까지 나열했을 때 가운데 위치하는 관측값이다. 따라서 n이 짝수이면 2개의 중앙값의 평균을 의미한다.

③ 자료의 최빈값이란 주어진 자료 중에서 가장 빈도가 높은 관측값이다.

④ 사분위수와 백분위수

사분위수는 주어진 자료를 가장 작은 값부터 가장 큰 값까지 나열했을 때 4등분하는 수치값

제1사분위수 = 제25백분위수(자료를 크기순서로 늘어놓았을 때 적어도 25%의 관측값이 그 값보다 작거나 같은 값, 첫 번째 4등분점)

제2사분위수 = 제50백분위수(=중앙값)

제3사분위수 = 제75백분위수(세 번째 4등분점)

정석 사례연구

중심위치의 척도에 대한 설명으로 옳지 않은 것은?

① 산술평균보다 중앙값이 이상값의 영향을 덜 받는다.

② 산술평균은 자료값들의 합을 자료값의 수로 나눈 것을 의미한다.

③ 자료값들 중에 그 자료의 중앙값과 동일한 값이 없을 수도 있다.

④ 최빈값은 자료값들 중에서 가장 적게 나타나는 값을 의미한다.

해설

정답은 ④이다.

최빈값은 자료에서 가장 많은 빈도로 나타내는 값을 의미한다.

정석 사례연구

다음 자료에 대한 평균과 중앙값, 최빈값, 10% 절사평균에 대하여 설명하시오. (9급 17)

0, 0, 0, 0, 0, 0, 1, 3, 5, 7

해설

① $\overline{x} = \frac{1}{n}\sum_{i=1}^{n} x_i = \frac{1}{10}(0+0+0+0+0+0+1+3+5+7) = \frac{8}{5}$

② 중앙값은 주어진 자료를 가장 작은 값부터 가장 큰 값까지 나열했을 때 가운데 위치하는 관측값이다. 따라서 n이 짝수이므로 5번째 값과 6번째 값의 평균인 0이 중앙값이 된다.

③ 최빈값이란 주어진 자료 중에서 가장 빈도가 높은 관측값으로 문제에서 0이 된다.

④ 10% 절사평균은 상위 10%와 하위 10%에 해당하는 값을 절사한 뒤에 계산한 평균이다. 총 자료수가 10개이므로 상위 10%(1개)와 하위 10%(1개)를 제외한 뒤 계산한 평균은 $\frac{1}{8}(0+0+0+0+0+1+3+5) = \frac{9}{8}$이다.

정석 사례연구

그림과 같이 분포가 오른쪽으로 긴 꼬리를 가지는 확률변수에 대해 최빈값(mode), 평균(mean), 중앙값(median)을 작은 것부터 순서대로 나열하시오.(9급 16)

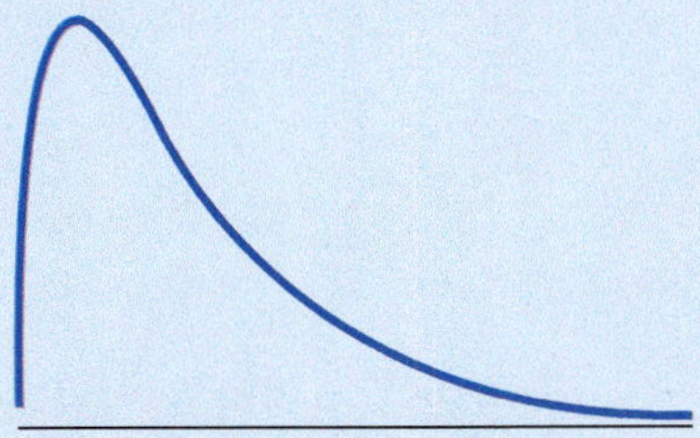

해설

최빈값(mode): 주어진 자료 중 가장 빈도가 높은 관측값

평균(mean): 모든 관측값을 더한 값을 관측값의 총 개수로 나누어 준 값

중앙값(median): 주어진 자료를 가장 작은 값부터 가장 큰 값까지 나열했을 때 가운데 위치하는 관측값

사례에서 오른쪽에 꼬리가 길게 분포한 형태이므로 최빈값<중앙값<평균 이다.

2. 변동 척도

자료의 분포에 대한 특성을 알기 위해서는 중심위치와 더불어 각 자료값들이 평균과 같은 대푯값 주위에 흩어져 있는 정도를 측정하는 **산포도**(measure of dispersion)에 관한 추가적인 정보가 필요하다.

(1) 산포도

대푯값과 더불어 분포의 형태를 나타내는 중요한 척도로서 산포도를 생각해야 한다. 다시 말해서 각각의 자료가 중심위치에서 얼마만큼 떨어져 있는가를 알아볼 필요가 있다. 이때 직관적으로 생각해볼 수 있는 것은 개별 관측값과 평균의 편차이다. 즉

$$\sum_{i=1}^{n}(X_i - \overline{X}) = 0$$

그런데 문제는 편차의 합이 항상 0이기 때문에 편차의 제곱합을 생각해볼 수 있다. 그리고 n개의 편차 중 $(n-1)$개의 편차를 안다면 나머지 1개의 편차는 저절로 결정된다. 따라서 편차제곱합의 평균은

$$S^2 = \sum_{i=1}^{n}(X_i - \overline{X})^2 / (n-1)$$

이 식을 자료의 **분산**(variance)으로 정의하고 자료와 같은 단위를 갖는 산포의 척도로서 분산의 제곱근을 **표준편차**(standard deviation)로 정의한다.

정석 사고

자료의 분산과 표준편차

① 자료의 분산은 $S^2 = \sum_{i=1}^{n}(X_i - \overline{X})^2 / (n-1)$

② 자료의 표준편차는 $S = \sqrt{\sum_{i=1}^{n}(X_i - \overline{X})^2 / (n-1)}$

분산은 제곱식을 전개하여 정리하면 다음과 같은 간편식을 얻을 수 있다.

정석 사고

분산의 간편계산식

$$S^2 = \sum_{i=1}^{n}(X_i - \overline{X})^2 / (n-1) = \left(\sum X_i^2 - n\overline{X}^2\right) / (n-1)$$

정석 사례연구

어느 회사원 열 명의 5년 전 월급을 조사해보니 그 결과가 다음과 같았다.(9급 13)

(단위: 만 원)

90, 100, 200, 150, 105, 300, 110, 95, 120, 140

5년 전 월급의 평균은 141이고 표준편차는 64.93이었다. 그동안 이들 열 명 모두의 월급이 인상되어 5년 전에 비해 두 배가 되었다면 현재 월급의 평균과 표준편차는 얼마나 증가하는지 설명하시오.

정석 사례연구

해설

평균 $\overline{x} = \frac{1}{n}\sum_{i=1}^{n} x_i$에서 x가 모두 2배 되면 $\overline{x}^* = \frac{1}{n}\sum_{i=1}^{n} 2x_i = 2\overline{x}$

표준편차 $S = \sqrt{\sum_{i=1}^{n}(x_i - \overline{x})^2/(n-1)}$에서 x가 2배, 평균이 2배되므로

$$S^* = \sqrt{\sum_{i=1}^{n}(2x_i - 2\overline{x})^2/(n-1)} = 2\sqrt{\sum_{i=1}^{n}(x_i - \overline{x})^2/(n-1)}$$

따라서 모두 2배가 된다.

산포도를 나타내는 다른 척도로서 자료의 최댓값과 최솟값의 차이로 정의되는 자료의 **범위**(range), 제1사분위수와 제3사분위수의 차이로 정의되는 자료의 **사분위수범위**(interquartile range) 등이 있다. 그러나 범위나 사분위수 간 범위는 자료의 두 값만을 사용하고 다른 자료값들을 이용하지 않기 때문에 정보의 손실이 크다. 이외에 상대적인 산포도의 척도로서 **변동계수** 또는 **변이계수**(coefficient of variation, CV)가 있다.

정석 사고

변동계수(CV)

$$v = \frac{\text{표준편차}}{\text{평균}} = \frac{S}{\overline{X}}$$

변동계수는 고유의 단위에 의존하지 않아 두 자료의 단위가 다르거나 평균의 차이가 클 때 두 자료의 산포를 상대적으로 비교하는 데에 유용하게 활용될 수 있다.

정석 사례연구

측정단위가 다른 두 자료 집단의 산포를 비교할 때 적절한 측도를 설명하시오.

해설

변동계수이다. 이 측도는 고유의 단위에 의존하지 않아 두 자료의 단위가 다르거나 평균의 차이가 클 때 두 자료의 산포를 상대적으로 비교하는 데 유용하다.

정석 사례연구

관측값 x_1, x_2, ……, x_{10}을 다음과 같이 변환하였다.

$y_i=2x_i$, $z_i=x_i+5$, $i=1, 2, \cdots, 10$

x_i 자료의 변동계수를 CV_x, y_i 자료의 변동계수를 CV_y, z_i 자료의 변동계수를 CV_z라 할 때, CV_x, CV_y, CV_z 간의 크기 관계를 설명하시오. (단, $x_i>0$, $i=1, 2, \cdots, 10$)

해설

변동계수(CV)는

$$v=\frac{\text{표준편차}}{\text{평균}}=\frac{S}{\overline{X}}$$

x의 평균과 표준편차를 각각 1이라는 단위값이라고 가정하면,
평균과 분산의 성질에 의해, y의 평균과 표준편차는 2, 2이고 z의 평균과 표준편차는 6, 1이 된다. 각각의 변동계수를 구하고 이들 간의 관계를 제시하면 다음과 같다.

$CV_x=CV_y=1$, $CV_y(=1)>CV_z(=1/6)$

정석 사례연구

어느 의료기관에서 한 달 동안 내원한 환자들 중 10명을 랜덤추출하여 연령을 조사한 결과가 다음과 같다. (단, 10명 연령의 합은 400이고, 연령제곱의 합은 18,286이다.)

14, 21, 29, 33, 40, 45, 49, 50, 52, 67

표본변동계수는?

해설

표본변동계수(CV) $v=\dfrac{\text{표준편차}}{\text{(표본)평균}}=\dfrac{S}{\overline{X}}$이므로,

$$\overline{X}=\frac{1}{n}\sum_{i=1}^{n}x_i=\frac{1}{10}\times 400=40$$

$$S=\sqrt{\sum_{i=1}^{n}(X_i-\overline{X})^2/(n-1)}=\sqrt{(\sum X_i^2-n\overline{X}^2)/(n-1)}$$

$$=\sqrt{(18,286-10\times 40^2)/(10-1)}=15.94$$

따라서 표본변동계수 $v=\dfrac{S}{\overline{X}}=\dfrac{15.94}{40}=0.3985$

(2) 상자그림

줄기-잎 그림(stem and leaf plot)은 자료 분포의 형태(좌우 대칭, 단봉) 파악과 이상치를 발견할 수 있는 도구이다. 그러나 줄기-잎 그림(S-L plot)만 가지고는 정확한 중앙 위치, 자료의 사분위 값의 위치(25%, 50%, 75% 부분의 값들), 이상치라고 시각적으로 판단되는 관측치가 정말 이상치인지 알 수 없어서 이를 보완할 도구가 필요하다.

상자그림 또는 **상자수염그림**(box-whisker plot)은 중앙값(때로는 평균까지[상자 안의 실선으로 표시]), 사분위 위치(상자 끝단에 표시), 자료의 최댓값과 최솟값(whisker로 표시), 이상치 존재 여부(bullet으로 표시)를 그려 놓은 상자 형태의 그림이다. 상자로부터 나온 선이 수염처럼 생겨 상자수염그림(box and whisker plot)이라고 하는 상자그림(box plot)을 그리는 순서는 다음과 같다(**그림 1-4** 참조).

정석 사고

상자그림 작성순서 및 방법

(1) 자료의 중앙값, 최솟값, 최댓값, 제1사분위수(Q_1), 제3사분위수(Q_3)를 구한다.
(2) 자료의 최솟값과 최댓값을 이용하여 y축 선을 그린다.
(3) 상자의 양 끝에 Q_1, Q_3이 되도록 상자를 그린다. 상자의 넓이는 아무 의미가 없다.
(4) 상자 가운데 중앙값(중위수)을 선으로 그리고, 평균은 기호 (+)로 표시한다.
(5) 상자를 중심으로 하여 최솟값과 최댓값까지 양쪽으로 직선을 그린다.
(6) 이상치가 관측되는 범위 내에 있을 경우 기호 (*)로 표시한다.

그림 1-4 상자그림

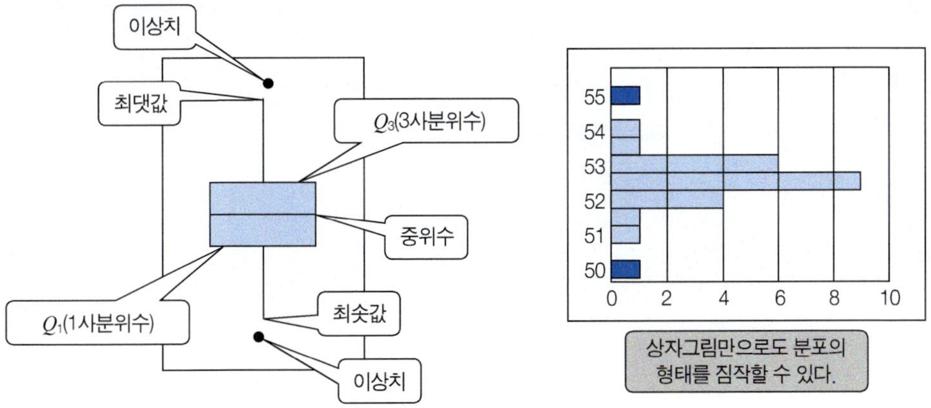

제1편
제2편
제3편
제4편

정석 사례연구

어느 회사의 기계 A, B, C로부터 생산된 베어링의 수명에 대한 상자그림(Box Plot)은 다음과 같다. 이에 대한 기술통계량인 중앙값, 최댓값과 최솟값, 범위, 사분위수를 설명하시오.

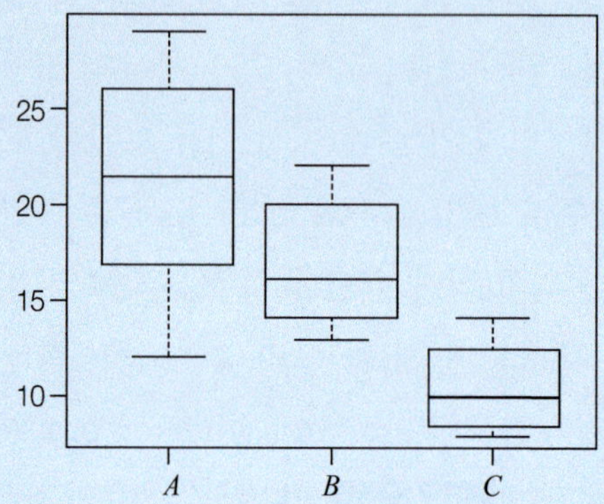

해설

① 중앙값과 최댓값, 범위, 제1사분위수와 제3사분위수는 $A>B>C$ 순으로 크다.

② 다만, B의 제3사분위수는 A의 제1사분위수보다 크다

③ 최솟값은 $B>A>C$ 순으로 크다

정석 사례연구

어느 대학교에서 통계학을 수강한 학생들의 중간고사 점수에 대한 상자그림이 다음과 같다. 이 자료에 대하여 설명하시오.(9급 17)

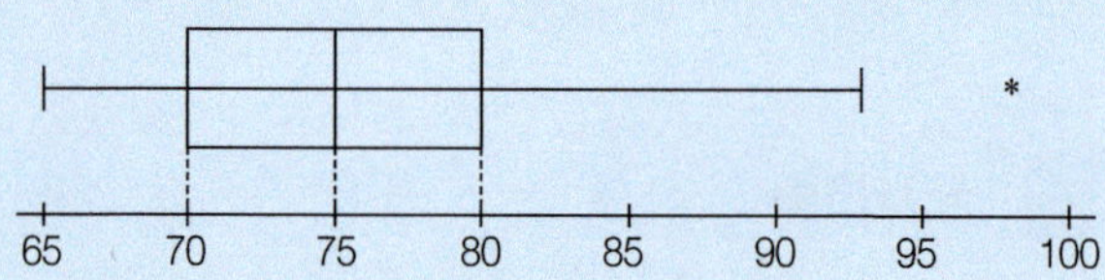

해설

① 상자그림의 상자 안의 선이 중앙값을 나타내므로 중앙값은 75이다.

② 상자의 시작점은 제25백분위수(제1사분위수)를 나타내는 것으로 70이다.

③ 제3사분위수는 상자의 끝점을 나타내는 것으로 80이다.

④ 범위는 최댓값에서 최솟값을 뺀 값을 나타내며 93−65=28이다.

⑤ 이상치가 95~100 사이에 하나 존재한다.

심화통계

1. 자료의 평균과 중앙값

① 자료의 평균은 $\overline{x} = \dfrac{\sum_{i=1}^{n} x_i}{n}$

② 자료의 중앙값은 크기에 따라서 늘어놓게 되면 가운데 위치한 값을 의미

③ 중앙값의 위치는 $\dfrac{(n+1)}{2}$에 의해서 결정되면 자료의 개수가 짝수 개일 때에는 2개의 중앙의 값의 평균으로 중앙값을 정함

2. 절사평균(trimmed mean)

① $0 \le \alpha \le 0.05$일 때 관측값의 양쪽에서 일정비율 α의 극단값인 바깥쪽 관측값을 버린 나머지 관측값들의 평균을 $100\alpha\%$ 절사평균이라고 함

② 중앙값과 평균의 이상점에 대한 예민성을 감소시키기 위해 제안된 측도

3. 상관계수

(1) 개념과 의미

① 두 변수의 자료가 (x_1, y_1), (x_2, y_2), $\cdots$, (x_n, y_n)일 경우에 각 변수에 대한 값의 집합인 $\{x_1, x_2, x_3, \cdots, x_n\}$와 $\{y_1, y_2, y_3, \cdots, y_n\}$의 평균, 표준편차 이외에 두 변수의 관계를 나타내는 상관계수를 고려하게 됨

② 보통 자료의 상관계수라고 하면 Pearson의 표본상관계수(sample correlation coefficient)를 의미

$$r = \frac{1}{(n-1)}\sum_{i=1}^{n}\left(\frac{x_i - \overline{x}}{s_1}\right)\left(\frac{y_i - \overline{y}}{s_2}\right)$$

$$= \frac{\sum_{i=1}^{n}(x_i - \overline{x})(y_i - \overline{y})}{\left[\sum_{i=1}^{n}(x_i - \overline{x})^2 \sum_{i=1}^{n}(y_i - \overline{y})^2\right]^{\frac{1}{2}}}$$

단, $\overline{x} = \frac{1}{n}\sum_{i=1}^{n} x_i$, $\overline{y} = \frac{1}{n}\sum_{i=1}^{n} y_i$

$$s_1 = \sqrt{\frac{1}{n-1}\sum_{i=1}^{n}(x_i - \overline{x})^2}, \quad s_2 = \sqrt{\frac{1}{n-1}\sum_{i=1}^{n}(y_i - \overline{y})^2}$$

③ 자료의 표본상관계수 r은 항상 -1과 1 사이의 값임

$$0 \le \frac{1}{(n-1)}\sum_{i=1}^{n}\left(\frac{x_i-\overline{x}}{s_1} - r\frac{y_i-\overline{y}}{s_2}\right)^2 = 1 - r^2$$

④ 표본상관계수는 그 값이 +1인 경우는 점 (x_1, y_1), (x_2, y_2), …, (x_n, y_n)이 모두 기울기가 양수인 직선 위에 있을 때이고, 그 값이 -1인 경우는 모두 기울기가 음수인 직선 위에 있을 경우임

⑤ 표본상관계수의 값이 +1 또는 -1에 가까울수록 산점도에서 점들이 어떤 직선 주위에 밀집되어 나타나고, 이는 두 변수 사이에 직선관계가 강함을 의미

(2) 표본상관계수의 성질

① r의 범위는 $-1 \le r \le 1$

② r의 값은 x와 y 간의 선형관계를 나타내는 측도임 (곡선관계를 나타내는 측도는 아님)

→ 완전한 2차 곡선의 관계는 r이 0에 가깝게 되고, 두 변수 간에 직선관계가 약함을 의미하는 것이지 두 변수 사이의 관계가 없음을 의미하는 것은 아님

③ r이 양(+)이면 양의 상관관계가 있고, 음(−)이면 음의 상관관계가 있음 의미

④ x가 $ax+b$로 바뀌고, y가 $cy+d$로 바뀌어도 a와 c의 부호가 같으면 r의 값에는 변함이 없음

$$Corr(ax+b, cy+d) = \begin{cases} Corr(x, y) & ac > 0\text{인 경우} \\ -Corr(x, y) & ac < 0\text{인 경우} \end{cases}$$

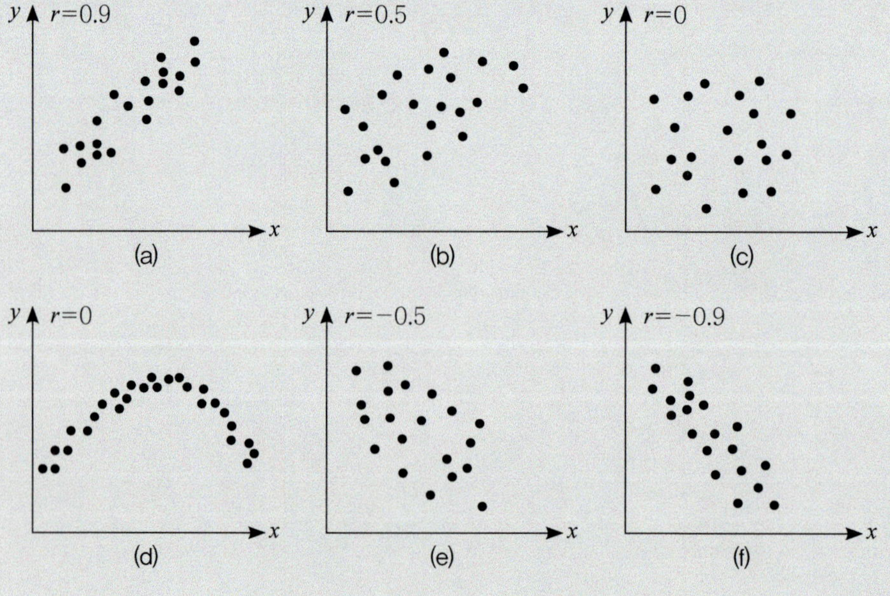

(a) (b) (c)
(d) (e) (f)

예제

두 변수 x, y에 대해서 다음과 같은 5개의 데이터가 있다. 자료의 상관계수 r을 구하여라.

x	2	3	4	5	6
y	4	7	6	8	10

풀이

$$\sum_{i=1}^{n}(x_i-\overline{x})^2=\sum_{i=1}^{n}x_i^2-\frac{\left(\sum_{i=1}^{n}x_i\right)^2}{n}=(2)^2+(3)^2+\cdots+(6)^2-\frac{(2+3+4+5+6)^2}{5}=10$$

$$\sum_{i=1}^{n}(y_i-\overline{y})^2=\sum_{i=1}^{n}y_i^2-\frac{\left(\sum_{i=1}^{n}y_i\right)^2}{n}=(4)^2+(7)^2+\cdots+(10)^2-\frac{(4+7+6+8+10)^2}{5}=20$$

$$\sum_{i=1}^{n}(x_i-\overline{x})(y_i-\overline{y})=\sum_{i=1}^{n}x_iy_i-\frac{\left(\sum_{i=1}^{n}x_i\right)\left(\sum_{i=1}^{n}y_i\right)}{n}$$

$$=(2)(4)+\cdots+(6)(10)-\frac{(2+3+4+5+6)(4+7+6+8+10)}{5}=13$$

따라서 $r=\frac{13}{\sqrt{(10)(20)}}=0.92$

4. 산포도(measure of variability)

(1) 의의

관측치들이 대푯값에서 퍼져 있는 정도를 나타내주는 척도를 의미. 분산과 표준편차, 범위, 사분위 간 범위, 변동계수 및 왜도와 첨도 등이 있음

(2) 분산(sample variance)과 표준편차(sample standard deviation)

① 분산과 표준편차는 평균을 중심으로 자료들이 떨어진 정도를 나타내는 개념

모분산 및 모표준편차	표본분산 및 표본표준편차
$\sigma^2=\frac{1}{N}\sum_{i=1}^{n}(x_i-\mu)^2$ $\sigma=\sqrt{\sigma^2}$(N : 모집단의 원소 수)	n개의 관찰값을 $x_1, x_2, \cdots, x_n$이라 하고, 표본평균을 $\bar{x}$라 하면, $S^2=\frac{\sum_{i=1}^{n}(x_i-\overline{x})^2}{n-1}$ $S=\sqrt{S^2}$($x_i-\overline{x}$: 편차, $n-1$: 자유도[degrees of freedom])

(3) 범위 및 사분위 간 범위

① 범위(range)

$x_{(n)}-x_{(1)}$. 자료의 최댓값과 최솟값의 차이로서 가장 단순한 산포의 측도

② 사분위 간 범위(Interqurtile Range ; IQR, 분위수 구간)

- 상하위 각각 25%를 제외한 중간 50% 값들이 분포하는 범위. 상사분위수(upper quartiles)인 제 75백분위수와 하사분위수(lower quartiles)인 제25백분위수 사이의 거리로 나타남
- 사분위 간 범위$(IQR)=Q_3-Q_1$

③ 특징

장 점	단 점
■ 이상치(outlier)의 영향을 받지 않음 로버스트(robust)함	■ 자료의 손실이 심함 범위나 사분위 간 범위는 두 관측값의 차이만을 사용하기 때문 ■ 불안정성 크기가 작은 자료의 경우에는 편리하나 큰 자료의 경우 상대적으로 범위가 커짐

(4) 변동계수(coefficient of variation)

① 평균과 표준편차를 동시에 고려한 상대적 변동을 나타내는 개념으로 다음과 같이 도출

② $CV=\left(\frac{S}{\bar{X}}\right)\times 100\%$

③ 변동계수는 측정단위(unit free)에 무관하며, 다른 측정단위로 측정된 변수나 서로 다른 평균과 표준편차를 갖는 변수들의 산포도를 비교할 때 유용(unit-free measure of dispersion)

(5) 왜도(coefficient of skewness)

① 자료의 대칭 정도를 나타내는 측도로서 자료의 분포가 기울어진 방향과 정도를 나타냄. 즉, 분포가 좌우 대칭인가 아니면 한쪽으로 얼마나 치우쳐졌는가를 나타내줌

왜도계수 : $s=\frac{E[(X-\mu)^3]}{\sigma^3}=\begin{cases}s>0\\s=0\\s<0\end{cases}$	우측 꼬리 편향(skew to the right) 좌측 꼬리 편향(skew to the left)

② 왜도와 대푯값과의 관계

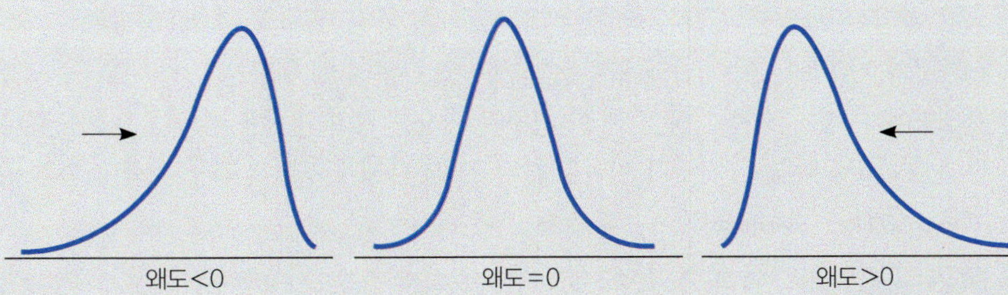

왜도<0	왜도=0	왜도>0
■ 대부분의 자료값보다 작은 값이 많이 존재 ■ 평균<중앙값<최빈값의 관계가 성립	평균, 중앙값, 최빈값이 일치	■ 대부분의 자료값보다 큰 값이 많이 존재 ■ 최빈값<중앙값<평균의 관계가 성립

(6) 첨도(coefficient of kurtosis)의 의의

① 자료의 중앙 집중도로서, 분포의 뾰족한 정도와 꼬리부분의 두터운 정도를 나타내는 척도. 자료가 중앙에 많이 모여 있으면 분포는 뾰족해질 것이고, 자료가 퍼져 있으면 분포가 평평함

② 첨도계수

$$k = \frac{E[(X-\mu)^4]}{\sigma^4} - 3 = \begin{cases} k > 0 \\ k = 0 \\ k < 0 \end{cases}$$

③ 정규분포보다 중심이 낮고 꼬리부분이 두터움

④ 정규분포의 밀도함수보다 중앙에 밀도가 더 높음 (즉 분포의 중심이 정규분포보다 높고, 꼬리부분이 얇고 짧음)

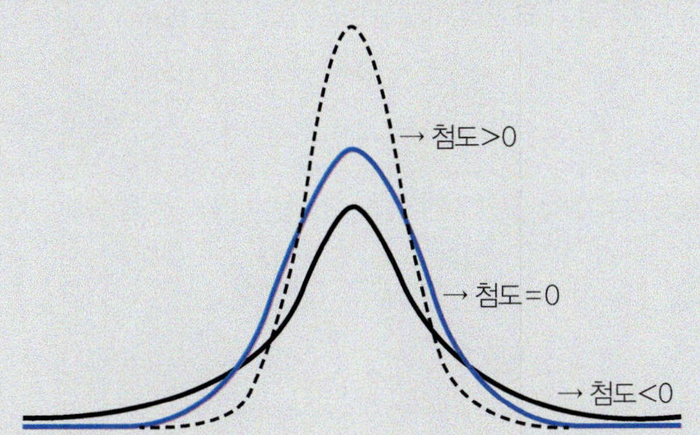

정석실전문제

1. 10가구가 거주하는 어느 다세대 주택의 가구당 자녀 수의 평균은 1.9명이고, 중앙값은 2명이다. 자녀 수가 가장 많은 한 가구가 이사를 가고 대신에 이사를 간 가구보다 자녀 수가 1명 더 많은 가구가 이사를 왔다. 이때 다세대 주택의 가구당 자녀 수의 평균과 중앙값은? (9급 12)

정석힌트 직관적으로 볼 때 평균은 1/10 즉, 0.1만큼 증가하고 양극단점이 변해도 중앙값은 변하지 않는다. 따라서 평균: 2.0, 중앙값: 2.0

2. 20개 자료의 누적도수가 다음과 같을 때, 중앙값과 최빈값은? (7급 12)

자료값	누적도수	자료값	누적도수
0	2	1	7
2	15	3	20

정석힌트 자료값이 0, 1, 2, 3이고 이에 누적도수를 기록한 것이므로

자료값	도수	누적도수
0	2	2
1	5	7
2	8	15
3	5	20

최빈값은 2, 중앙값은 10번째와 11번째의 중간이므로 2이다.

3. 어느 회사의 기계 A, B, C로부터 생산된 베어링의 수명에 대한 상자그림(Box Plot)은 다음과 같다. 범위와 중앙값의 크기를 비교설명하시오. (9급 15)

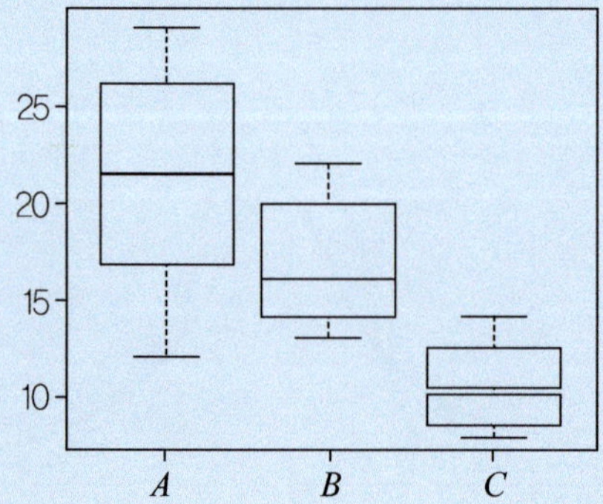

정석힌트 범위(Range)는 $A>B>C$ 순이다.
중앙값(Median)의 크기는 $A>B>C$ 순이다.

4. 다음은 18명의 지능지수(IQ)를 측정한 자료를 줄기-잎 그림으로 정리한 것이다. 이 자료의 중앙값은? (9급 16)

7	8
8	5 9
9	2 8 9 9
10	1 4 4 5 8
11	6 8 9
12	3 4
13	8

정석힌트 중앙값(median)이란 자료를 크기 순서로 나열해 놓았을 때 위치상 중앙에 있는 값이다.
중앙값의 위치는 $d(M)=\frac{n+1}{2}$로 나타난다.
설문에서 $d(M)=9.5$이므로 9번째 위치한 104와 10번째 위치한 104의 평균인 104가 중앙값이 된다.

5. 다음은 어느 대학교의 통계학개론 강좌를 수강한 학생 30명의 기말고사 점수에 대한 줄기-잎 그림(Stem-and-Leaf Plot)이다. 이 자료의 중앙값(Median)과 범위(Range)는? (7급 13)

2	2
3	2 6
4	1 8
5	2 5 8
6	2 2 5 9
7	1 2 3 3 4 5 5 5
8	2 2 4 5 9 9
9	1 1 4 5

정석힌트 중앙값: 73, 범위: 73

제1편
제2편
제3편
제4편

6. 다음은 어느 학과 학생들의 가족 구성원 수를 조사하여 만든 도수분포표이다. ㉠+㉡+㉢+㉣의 값은? (7급 13)

가족 구성원 수	도수(명)	상대도수
2	㉠	0.2
3	10	㉢
4	㉡	0.2
5	2	㉣

정석힌트 ㉠+㉡=x라 두면

$$\frac{ㄱ}{12+x}=0.2$$

$$\frac{ㄴ}{12+x}=0.2$$

두 식을 더하면

$$\frac{x}{12+x}=0.4$$

$x=8$

따라서 ㉠+㉡+㉢+㉣의 값=8+0.6=8.6

제2장
확률의 기본원리

우리가 저녁식사를 할 수 있는 것은 푸줏간 주인이나
양조장 주인, 빵제조업자들의 자비심 덕분이 아니라
그들의 개인적인 이익추구 때문이다.

– 애덤 스미스 –

제1절 정석 통계학 경우의 수

1. 합의 법칙과 곱의 법칙

어떤 사건들이 동시에 일어나거나 동시에 일어나지 않는 경우의 수는 다음과 같은 합의 법칙과 곱의 법칙을 적용할 수 있다. 예를 들어 영화가 두 종류 있고 연극이 두 종류 있을 때 영화와 연극은 같은 시간, 즉 동시에 관람할 수 없으므로 영화 또는 연극을 관람한다. 이 경우에는 합의 법칙을 적용한다. 반면에 영화 두 종류와 아이스크림 두 종류가 있을 때에는 영화를 관람하면서 동시에 아이스크림을 먹을 수 있기 때문에 곱의 법칙을 적용한다.

> **정석 사고**
>
> **합의 법칙과 곱의 법칙**
>
> ① **합의 법칙**: 동시에 일어나지 않는 두 사건 A, B에 대하여 두 사건이 일어나는 경우의 수가 각각 m, n일 때, A 또는 B가 일어나는 경우의 수는 $m+n$이다.
>
> ② **곱의 법칙**: 사건 A가 일어나는 경우의 수가 m이고, 그 각각에 대하여 사건 B가 일어나는 경우의 수가 n일 때, 두 사건이 동시에 일어나는 경우의 수는 $m\times n$이다.

2. 순열

서로 다른 숫자를 일렬로 나열하는 것을 **순열**(permutation)이라고 한다. 예를 들어 서로 다른 n개에서 r개를 선택하여 일렬로 나열하는 것을 순열이라고 하며 기호로는 ${}_nP_r$로 표시한다. 이 순열의 경우의 수는 다음과 같이 계산된다.

> **정석 사고**
>
> **순열의 정의**
>
> 서로 다른 n개에서 r개를 선택하여 나열하는 것이며 다음과 같이 계산된다.
>
> $${}_nP_r=n(n-1)\cdots(n-r+1)$$

만약 서로 다른 n개에서 n개를 선택하여 일렬로 나열하는 순열을 생각해본다면 이 수는 1에서 n까지의 자연수를 모두 곱한 것과 같게 된다. 즉

$${}_nP_n = n(n-1) \cdots 2 \times 1$$

이와 같은 1부터 n까지의 자연수의 곱을 **n 팩토리얼**(factorial)이라 하고 $n!$로 표시한다. 따라서

$${}_nP_n = n!$$

이를 이용하여 순열을 다시 정의해보면 다음과 같다.

정석 사고

순열의 재정의

$${}_nP_r = \frac{n!}{(n-r)!}$$

만약 서로 다른 n개에서 0개를 선택하여 일렬로 나열하는 순열은 그대로 두는 방법밖에 없으므로 1이 된다. 마찬가지로 ${}_nP_n = n!/0!$의 정의에 의해 $0! = 1$이 된다.

정석 사례연구

4개의 서로 다른 숫자로 되어 있는 통장암호를 잊었다. 최악의 경우 몇 번을 시도해야 출금을 할 수 있을까?

해설

숫자는 0~9까지 10개의 숫자에서 4개를 선택하여 순서대로 나열하여야 하므로

$${}_{10}P_4 = \frac{10!}{4!} = 5,040$$

정석 사례연구

아빠, 엄마, 아들 두 명과 딸 한 명으로 구성된 5인 가족이 극장에 입장한다고 한다. 한 줄로만 입장할 수 있을 때 여자 두 명이 연이어 입장하지 않는 방법의 수는 몇 가지인가? (9급 13)

해설

전체 경우의 수에서 남자 2명이 연이어 입장하는 경우의 수를 빼면 되므로

전체 경우의 수: $5!$

여자 2명을 하나로 보고 4명이 줄지어 입장하는 경우의 수에서 각각에 대하여 여자 2명 묶음 속의 여자 2명이 줄서는 경우의 수의 곱: $4!2!$

$\therefore 5! - (4!2!) = 72$

3. 이웃하는 조건이 있는 순열

① 이웃하는 조건이 있을 때
이웃하는 것을 묶어 배열한 후, 묶음 안에서 이웃하는 것끼리 바꾸어 배열하는 경우의 수를 생각한다.

② 이웃하지 않는 조건이 있을 때
이웃할 수 있는 것을 먼저 배열한 후, 그 양 끝과 사이사이에 이웃하지 않을 나머지를 배열하는 경우의 수를 생각한다.

서로 다른 n개 중 특정한 r개가 이웃하지 않도록 배열하는 방법은,

① 이웃하면 안 되는 r개를 제외한 나머지 $n-r$개를 먼저 배열한다. 즉 $(n-r)!$

② ①의 각각에 대하여 그 양 끝과 사이사이의 자리 $(n-r+1)$개에 이웃하지 않을 r개를 배열한다, 즉 ${}_{n-r+1}P_r$

따라서 ①과 ②가 동시에 일어나므로 구하는 경우의 수는 곱의 법칙을 이용하여 $(n-r)! \times {}_{n-r+1}P_r$이다.

정석 사례연구

A, B, C, D, E, F를 일렬로 나열할 때 A, B, C가 이웃하지 말아야 할 경우의 수는?

해설

A, B, C를 제외한 B, C, D를 일렬로 배열하는 경우는 $(6-3)=3!$이 된다.
양 끝과 사이사이 ○ B ○ C ○ D ○ 순으로, 이렇게 4자리에 A, B, C를 끼워 넣는 경우의 수를 구하면,
${}_{6-3-1}P_3 = {}_4P_3 = {}_4C_3 \times 3!$이 된다.
따라서 최종적으로 경우의 수는 $3! \times {}_4P_3 = 144$이 된다.

4. 중복순열

서로 다른 n개에서 중복을 허락하여 r개를 택하는 순열을 서로 다른 n개에서 r개를 택하는 중복순열이라고 정의하며, 기호로는 ${}_n\Pi_r$(n 파이 r)로 표시한다. 중복순열의 수는 다음과 같이 계산된다.

정석 사고

중복순열의 수

$$ {}_n\Pi_r = n^r $$

중복순열의 수를 계산할 때 n과 r을 바꾸어 계산하지 않도록 주의한다. 이때 n은 선택받는 쪽의 수, r은 선택되는 횟수를 가리킨다. 예를 들어 집합 A에서 집합 B에 대응하는 함수의 개수를 구할 때 집합 B는 선택받는 쪽이 되며 중복이 허용되므로 집합 B의 원소개수가 n이 되고 집합 A의 원소개수는 r이 된다.

중복순열을 이용하는 경우는 서로 다른 물건을 서로 다른 사람에게 나누어 주는 경우, ○, ×를 표기하는 경우, 기명투표하는 경우, 우체통, 반 편성(호텔 투숙), 함수의 개수 등에 활용되고 있다.

정석 사례연구

주사위를 3번 던져서 나타나는 눈금의 경우의 수는?

해설

숫자는 1~6까지 6개의 숫자 중 하나가 선택되고 선택횟수가 3번이므로

$$ {}_6\Pi_3 = 6^3 $$

으로 계산된다.

5. 같은 것을 포함하는 순열

n개 중에서 서로 같은 것이 각각 p, q, r개씩 있을 때, 이들을 모두 일렬로 배열하는 순열의 수는

$$\frac{n!}{p!q!r!}$$

일렬로 배열하는 것 중에서 특별히 순서가 정해진 것이 포함된 경우에도 같은 것을 포함하는 순열을 이용할 수 있다. 즉, 서로 다른 n개 중에서 특정한 m개를 미리 정해진 순서대로 배열하는 방법의 수는 $\frac{n!}{m!}$으로 계산된다.

정석 사례연구

학생 20명이 설악산에 MT를 갔다. 방이 4개 있는데, 각 방의 정원은 6명, 4명, 5명, 5명이다.

(1) 학생들에게 방을 배정할 때 서로 다른 방의 배정 결과의 수는?

(2) 학생회 간부 4명을 정원이 4명인 방에 먼저 배정하였다면 나머지 16명을 배정하는 경우의 수는?

해설

(1) 학생 20명을 나열하는 방법에서 학생들이 한 방에 배정받고 그 학생끼리 순서를 바꾸는 방법을 제거해야 하므로

$$\frac{20!}{6!4!5!5!} = 9,777,287,520$$

(2) 학생간부 4명을 제외하고 배정을 하면 되므로

$$\frac{16!}{6!5!5!} = 2,018,016$$

6. 원순열

서로 다른 n개를 원형(원탁)으로 배열하는 원순열의 수를 구할 때에는 처음 아무 것이나 한 개의 자리를 고정시키고, 나머지 $n-1$개의 자리를 정하는 경우의 수를 생각할 수 있다. 유사한 생각의 하나로서 총 경우의 수($n!$)에서 n개의 각각에 n개의 자리수가 동일한 경우로 처리되어 n개를 나누어준다고 생각해도 된다. 예를 들어 A, B, C가 있을 때 하나의 A에 대하여 세 가지가 같은 경우로 처리해야 한다. 즉 A의 오른쪽에 B, 왼쪽에 C가 있는 위치가 모두 동일하기 때문이다.

그림 2-1 원순열

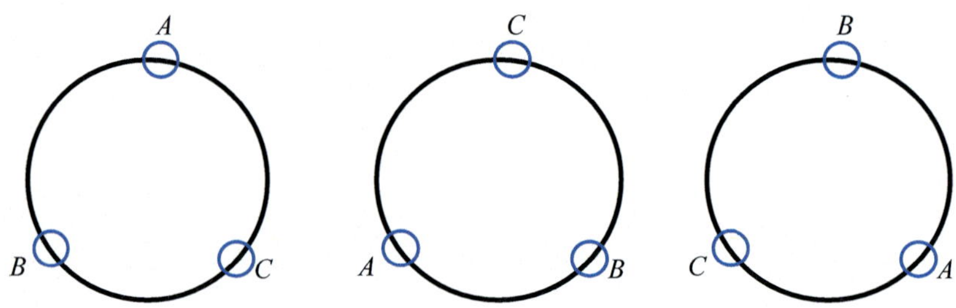

정석 사고

원순열의 정의

서로 다른 n개를 원형으로 배열하는 순열을 원순열이라 하고, 그 원순열의 수는

$$\frac{n!}{n} = (n-1)!$$

그런데 만약 원형이 아니라 직사각형이면 어떻게 될까? 이때에는 어느 하나가 어느 모서리에 앉는가에 따라 경우의 수가 더 발생할 수 있다. 따라서 $(n-1)! \times$(모서리의 수)만큼 경우의 수가 나온다.

정석 사례연구

A와 B를 포함한 총 6명이 원탁에 앉을 때 A, B가 서로 이웃하는 경우의 수는?

해설

이웃하는 A, B 중 B를 빼고 5명으로 원순열을 만들 때 경우의 수는 $(5-1)!=4!=24$가 된다. 이제 빠졌던 B를 여기에 채워주면 되는데, B는 A의 오른쪽이나 왼쪽에 앉을 수 있어야 하기 때문에 2가지 경우가 발생할 수 있으므로, 최종적으로 경우의 수는 $4!\times2=24\times2=48$이 된다.

7. 조합

서로 다른 n개에서 r개를 택하는 경우의 수를 생각해보자. 이때 선택된 r개의 순서는 중요하지 않다. 이처럼 순서가 중요하지 않는 선택의 경우에 **조합**(combination)이 사용된다.

정석 사고

조합의 정의

서로 다른 n개에서 순서를 생각하지 않고 r개를 택하는 것을 서로 다른 n개에서 r개를 택하는 조합이라 한다. 이 조합은 기호로 ${}_nC_r$과 같이 나타내며

$${}_nC_r = \frac{{}_nP_r}{r!} = \frac{n!}{r!(n-r)!}$$

으로 계산된다.

조합과 순열의 관계를 보면, 서로 다른 n개에서 r개를 택한 후 r개를 배열하면 순열이 된다. 즉,

$${}_nC_r \times r! = {}_nP_r$$

조합의 성질 중 중요한 하나는 서로 다른 n개에서 필요한 r개를 택하는 방법의 수와 필요하지 않은 $n-r$개를 택하는 방법의 수가 서로 같다는 것이다. 즉,

$${}_nC_r = {}_nC_{n-r}$$

정석 사례연구

학생 20명이 설악산에 MT를 갔다. 남자가 15명, 여자가 5명이다. 설거지 당번을 위하여 남자에서 2명을 뽑고 여자에서 1명을 뽑으려고 한다. 경우의 수는?

해설

남학생 15명에서 2명, 여학생 5명 중 1명 뽑는 조합을 생각하면 되므로

$${}_{15}C_2 \times {}_5C_1 = 525$$

제1편 제2편 제3편 제4편

8. 중복조합

서로 다른 n개에서 중복을 허락하여 r개를 택하는 조합을 서로 다른 n개에서 r개를 택하는 **중복조합**(combination with repetition)이라고 정의하며, 기호로는 ${}_nH_r$(H는 Homogeneous의 첫 글자)로 표시한다. 중복조합의 수는 다음과 같이 계산된다.

정석 사고 **중복조합**

$${}_nH_r = {}_{n+r-1}C_r$$

예를 들어 생각해보면 중복조합을 쉽게 이해할 수 있다. 세 개의 숫자 1, 2, 3에서 중복을 허락하여 6개를 뽑는 경우의 수는 어떻게 될까? 서로 다른 3개에서 중복을 허락하여 6개를 뽑는 중복조합이라는 사실을 알 수 있다. 그런데 1을 X로 2를 XX, 3을 XXX로 보고 6개의 X를 나열하는 방법과 중복되는 수들의 그룹으로 묶는 방법, 즉 화살표(칸막이) 2개의 나열방법을 합하여 생각하면 동일한 경우의 수가 나온다.

$$XX\downarrow \quad XX\downarrow \quad XX$$

다시 말해서 6개의 X와 2개의 화살표(일종의 그룹 간 칸막이)를 나열하는 경우의 수를 구하면 된다. 그런데 이것은 8개의 칸에서 6개의 X를 넣는 경우의 수와 같다. 즉

$${}_3H_6 = {}_8C_6$$

이와 결과가 유사한 다른 사례로서 방정식 $x+y=4$에서 음이 아닌 정수해의 수를 구해보자. 하나의 정수해로서 $x=2$, $y=2$를 생각할 수 있는데, $x=1$에 x를, $x=2$에 xx를 대응시키고 $y=1$에 y를, $y=2$에 yy를 대응시키면 몇 쌍의 해가 나오는지를 생각한다. 문제를 이렇게 생각하면 x, y 두 문자에서 중복을 허락하여 4개를 선택하는 조합(${}_5C_4$)은 서로 다른 2개에서 4개를 선택하는 중복조합(${}_2H_4$)과 같은 것이다. 따라서 음이 아닌 정수해의 수는 ${}_2H_4={}_5C_4$이다.

이러한 중복조합은 무기명투표, 방정식에서 정수해의 개수, 여러 같은 구슬을 서로 다른 몇 개 상자에 나누어 넣는 경우의 수, 함수의 개수 등에 자주 사용되고 있다.

정석 사례연구

1에서 9까지의 자연수에서 세 개의 숫자를 뽑아 세 자리 정수 abc를 만든다고 하자.

(1) 중복을 허락하지 않고 나열하는 경우의 수
(2) 중복을 허락하지 않고 $a>b>c$가 되도록 나열하는 경우의 수
(3) 중복을 허락하여 나열하는 경우의 수
(4) 중복을 허락하여 $a \geq b \geq c$가 되도록 나열하는 경우의 수

해설

(1) 순열 ${}_9P_3$, (2) 조합 ${}_9C_3$, (3) 중복순열 ${}_9\Pi_3$, (4) 중복순열 ${}_9H_3$

정석 사례연구

서로 같은 구슬 7개를 서로 다른 상자 3개에 나누어 넣으려고 한다.

(1) 빈 상자를 허용할 때 구슬을 넣는 경우의 수
(2) 빈 상자가 없도록 구슬을 넣는 경우의 수

해설

(1) 서로 다른 상자 3개에서 중복을 허락하여 7개를 선택하는 중복조합을 생각할 수 있다. 이것을 흔히 방정식으로 바꾸어 풀이하는데 다음과 같다.
상자에 들어가는 공의 개수를 x, y, z라고 하면

$$x+y+z=7$$

빈상자의 경우 0이 될 수 있으므로 음이 아닌 정수해를 생각할 수 있다.
따라서 x, y, z 세 문자에서 중복을 허락하여 7개를 선택하는 조합, 즉 ${}_3H_7={}_9C_7=36$이 된다.

(2) 빈 상자가 없도록 미리 구슬 1개씩 상자에 넣는다고 생각해보자. 즉

$$(x-1)+(y-1)+(z-1)=4$$

혹은

$$x+y+z=4$$

이제 x, y, z는 음의 정수해를 가지게 된다. 따라서 x, y, z 세 문자에서 중복을 허락하여 4개를 선택하는 조합, 즉 ${}_3H_4={}_6C_4=15$이 된다.

제1편 제2편 제3편 제4편

9. 집합의 분할

원소의 개수가 3인 집합 {a, b, c}를 공집합이 아니면서 두 개의 서로소인 부분집합으로 나누는 방법의 수는 다음과 같다.

그림 2-2 집합의 분할

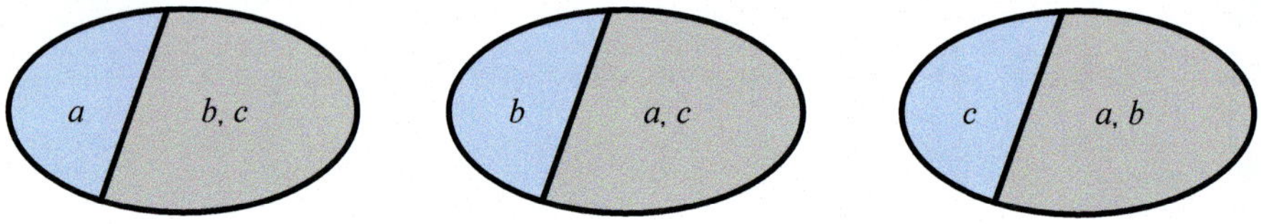

이와 같이 주어진 집합을 공집합이 아니면서 몇 개의 서로소인 부분집합으로 나누는 것을 **집합의 분할**이라고 한다. 원소의 개수가 n인 집합을 서로소인 k개의 집합으로 분할하는 방법의 수를 기호로 $S(n, k)$와 같이 나타낸다.

정석 사례연구

원소의 개수가 4인 집합을 서로소인 2개의 부분집합으로 나누는 $S(4, 2)$의 경우의 수를 구해보자.

해설

(1) 원소의 개수가 1, 3인 두 개의 집합으로 분할하는 경우
4개의 원소 중 1개를 택하여 하나의 집합을 만들고, 남은 3개의 원소 중 3개를 택하여 다른 한 집합을 만들면 되므로 그 경우의 수는

$$_4C_1 \times {_3C_3} = 4$$

(2) 원소의 개수가 2, 2인 두 개의 집합으로 분할하는 경우
4개의 원소 중 2개를 택하여 하나의 집합을 만들고, 남은 2개의 원소 중 2개를 택하여 다른 한 집합을 만든다. 그런데 두 집합의 원소의 개수가 같은 경우에는 중복되는 경우가 2!개씩 나타나므로 그 경우의 수는

$$_4C_2 \times {_2C_2} \times \frac{1}{2!} = 3$$

(1), (2)에서 원소의 개수가 4인 집합을 두 개의 서로소인 집합으로 분할하는 경우의 수는

$$S(4, 2) = {_4C_1} \times {_3C_3} + {_4C_2} \times {_2C_2} \times \frac{1}{2!} = 4 + 3 = 7$$

이상에서 살펴본 순열과 조합을 총정리하여 **표 2-1**과 같이 하나의 표로 요약하여 보도록 하자.

표 2-1 경우의 수: 순열과 조합

구분	종류	항목	내용
순열	기본순열	공식	${}_nP_r = n(n-1)(n-2) \times \cdots \times (n-r+1)$ $= \dfrac{n!}{(n-r)!}$ (단 $n \geqq r$, $0! = 1$이고 ${}_nP_0=1$)
		응용	(1) 정수 만들기(맨 앞에는 0이 올 수 없음) (2) 인접하여(이웃하여) 배열하기: $(a+1)! \times b!$ (3) 이웃하지 않도록 배열하기: $a! \times {}_{a+1}P_b$ (4) 교대로 배열하기: $m! \times n! \times 2$
	중복순열	공식	${}_n\Pi_r = n \times n \times n \times \cdots \times n = n^r$
		응용	(1) 정수 만들기(같은 숫자의 중복을 허락) (2) 같은 것을 포함한 경우의 수열: $\dfrac{n!}{p! \times q! \times r!}$ (3) 최단 거리 길의 수: $\dfrac{(\text{가로}+\text{세로})!}{(\text{가로})! \times (\text{세로})!}$ (4) 기명투표하는 방법
	원순열	공식	서로 다른 n개 중에서 r개를 뽑아 원형으로 배열하는 방법의 수: $\dfrac{{}_nP_r}{r}$ 서로 다른 n개의 원소를 원형으로 배열하는 방법의 수: $\dfrac{n!}{n} = (n-1)!$
		응용	(1) 염주순열$=\dfrac{\text{원순열}}{2}$(원순열에서 뒤집으면 대칭) (2) 탁자순열=원순열의 수×회전할 때 달라지는 자릿수(모서리 수)
조합	기본조합	공식	${}_nC_r = \dfrac{{}_nP_r}{r!} = \dfrac{n!}{r!(n-r)!}$
		응용	(1) n개의 팀 리그전 경기 총 수: ${}_nC_2$ (2) n개의 팀 토너먼트 경기 총 수: $n-1$ (3) 선분의 개수: ${}_nC_2$ 직선의 개수: ${}_nC_2 - {}_kC_2 + k$ 삼각형의 개수: ${}_nC_3 - {}_kC_3$ (4) 조 나누기 (서로 다른 n개를 p, q, r개로 분할): ${}_nC_p \times {}_{n-p}C_q \times {}_rC_r$ (5) 함수의 개수 구하기(치역과 공역 일치, 불일치)
	중복조합	공식	${}_nH_r = {}_{n+r-1}C_r$
		응용	(1) 무기명투표하는 방법 (2) 방정식에서 음이 아닌 정수해의 개수

제2절 표본공간과 확률

앞 절에서 경우의 수를 구하는 방법들에 대하여 살펴보았다. 이 절에서는 경우의 수를 집합의 관점에서 표시하고 경우의 수를 확장한 확률을 정의해보기로 한다. 우리가 주사위나 동전을 던지는 경우 같은 조건에서 여러 번 반복할 수 있으며, 그 결과가 우연에 의해 결정되는 실험이나 관찰을 **시행**(trial)이라 한다. 어떤 시행에서 일어날 수 있는 모든 실험결과(경우의 수)의 집합을 **표본공간**(sample space)이라 하고 흔히 기호로 S를 사용한다. 표본공간 S의 임의의 부분집합을 **사건** 또는 **사상**(event)이라 한다. 특히 1개의 원소로 이루어진 사건을 단순사건 또는 근원사건이라 한다. 어떤 사건이 반드시 일어나는 사건을 전사건, 결코 일어나지 않는 사건을 공사건이라 한다. 그리고 여러 사건들을 다루는 경우에는 집합연산을 사용하여 여러 사건들의 합집합($A \cup B$), 곱집합($A \cap B$), 여집합(A^C, B^C), 공집합($A \cap B = \phi$) 등으로 표시할 수 있다.

일반적으로 표본공간의 부분집합인 두 사건 A, B에 대하여 A 또는 B가 일어나는 사건을 **합사건**이라 하고 합집합으로 나타낸다. 또, 표본공간의 부분집합인 두 사건 A, B에 대하여 A와 B가 동시에 일어나는 사건을 **곱사건**이라 하고 곱집합으로 나타낸다. 일반적으로 표본공간의 부분집합인 어떤 사건 A에 대하여 A가 일어나지 않는 사건을 **여사건**이라 하고 여집합으로 나타낸다. 한편 표본공간의 부분집합인 두 사건 A, B에 대하여 A와 B 중에서 어느 한 사건이 일어나면 다른 사건은 일어나지 않는 사건을 **배반사건**이라 하고 공집합으로 나타낸다. 다음 **그림 2-3**은 벤다이어그램(Venn diagram)으로서 표본공간 S의 부분집합인 두 사건 A, B가 배반사건이라는 것을 보여준다.

그림 2-3 배반사건

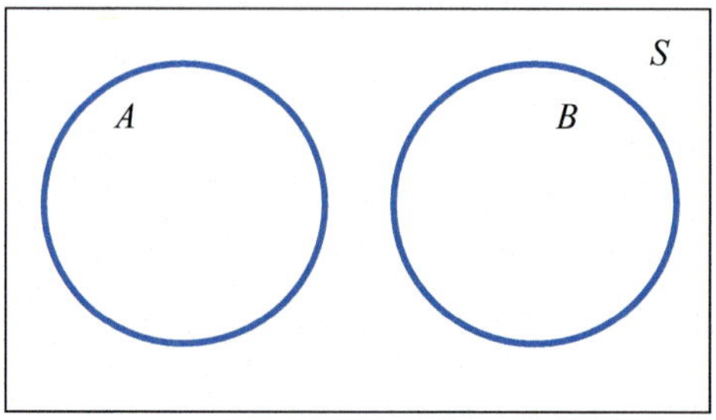

집합의 관점에서 표본공간은 발생 가능한 모든 결과(outcome)를 모아 놓은 집합이며 사건은 표본공간의 부분집합이다. 그러므로 전통적 확률의 정의는 표본공간에 속하는 원소의 개수와 사건에 속하는 원소의 개수의 비(ratio)인 것이다. 또한 확률을 상대도수의 개념으로 해석할 수 있다. 즉, 동전을 수없이 많이 던졌을 때 앞면이 50% 정도 나온다면 동전의 앞면이 나올 확률은 0.5가 된다. 마지막으로 개인적 주관에 따른 확률이다. 이것은 개개인이 가지고 있는 정보의 양에 따라 다르게 나타난다.

복권에 당첨될 확률, 주사위를 던져 어떤 눈이 나올 확률, 동전을 던져 앞면이 나올 확률, 한 공정에서 불량품이 생산될 확률 등과 같이 확률은 자주 사용된다. 예를 들어 하나의 주사위를 던져 나오는 눈의 수를 관찰할 경우 표본공간은

$$S = \{1, 2, 3, 4, 5, 6\}$$

으로 주어지고 6개의 단순사건이 일어날 가능성은 같다고 할 수 있다. 이와 같이 각각의 실험결과가 일어날 가능성이 같은 경우 라플라스(P. S. Laplace)는 가능성에 대한 척도로서 확률을 정의한다.

정석 사고

확률의 수학적 정의

N개의 실험결과로 구성되는 표본공간에서 각각의 실험결과가 일어날 가능성이 같은 경우 m개의 실험결과로 구성된 사건 A의 확률은 다음으로 정의된다.

$$P(A) = \frac{m}{N}$$

실제 문제에서는 고전적인 수학적 확률의 개념을 적용하기 어려운 경우가 많다. 예를 들어 한 공정에서 불량품이 생산될 확률을 구하는 경우에는 "같은 정도로 가능한 경우"라는 개념을 도입할 수 없다. 따라서 좀 더 일반적인 확률의 정의가 필요하다.

일반적으로 통계적 실험을 매우 많이 행하면 어떤 사건 A의 상대도수는 근사적으로 어떤 수 $P(A)$에 가까워진다는 사실을 경험적으로 알 수 있다. 이와 같이 상대도수의 극한적 개념으로 확률을 정의할 수 있다.

정석 사고

확률의 통계적 정의

공리 1: 표본공간 S에서의 임의의 사건 A에 대하여 $0 \leq P(A) \leq 1$

공리 2: $P(S)=1$

공리 3: 두 개의 사건 A와 B가 동시에 일어나지 않는다면 두 사건은 상호 배반적인(mutually exclusive) 사건이다. 즉, 두 사건의 교집합이 없다는 의미이다. 이에 따라 서로 배반인 사건 A_1, A_2, …에 대하여

$$P(A_1 \cup A_2 \cup \cdots) = P(A_1) + P(A_2) + \cdots$$

의 세 가지 공리(axiom)를 만족할 때 $P(A)$를 사건 A의 확률(probability)이라 한다.

정석 사례연구

3개의 불량품과 1개의 정상품이 들어있는 상자에서 2개의 제품을 꺼낼 때 1개의 정상품과 1개의 불량품이 나올 확률은?

해설

불량품의 개수를 x, 정상품의 개수를 y라고 하면 $p(x=1, y=1) = {}_3C_1 \cdot {}_1C_1 / {}_4C_2 = 3/6 = 1/2$

정석 사례연구

다음 그림과 같이 어떤 바구니에 1, 2, 3, 4, 5의 숫자가 각각 하나씩 적혀있는 5개의 공이 들어 있다. 이 바구니에서 세 개의 공을 임의로 비복원추출할 때, 이 세 개의 공에 적혀 있는 숫자의 중앙값(Median)이 3일 확률은? (7급 13)

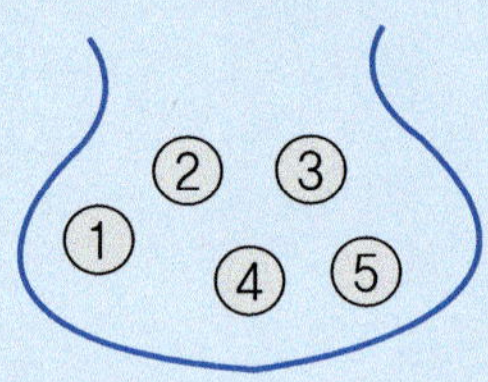

해설

중앙값이 3인 경우의 수는 (1,3,5), (1,3,4), (2,3,4), (2,3,5), 4가지이고, 전체 경우의 수는 ${}_5C_3=10$이다.

따라서 $\frac{{}_3C_3 \times {}_2C_2}{{}_5C_3} \times 4 = 0.4$

정석 사례연구

항아리에 흰 공 5개와 검은 공 7개가 들어있다. 항아리에서 6개의 공을 임의로 비복원추출할 때, 2개가 검은 공일 확률은? (9급 12)

해설

전체 공의 개수가 12개에서 6개를 선택하는 비복원추출할 때 흰 공이 5개이고, 검은 공이 7개가 있는 경우라면 흰 공 5개 중에서 3개를 뽑고, 검은 공 7개 중에서 3개를 뽑는 경우이다. 이를 확률로 나타내면 $\frac{{}_5C_3 \times {}_7C_3}{{}_{12}C_6}$가 된다.

이제 확률의 공리적인 통계적 정의로부터 유도되는 몇 가지 확률에 관한 성질에 대하여 알아보자. 먼저 확률의 덧셈법칙을 도출해보자. 두 사건 A, B에 대하여 $A \cap B$, $A \cap B^C$, $A^C \cap B$는 서로 배반인 사건이므로 공리 3에 의해

$$P(A \cup B) = P(A \cap B) + P(A \cap B^C) + P(A^C \cap B)$$

그리고 $A \cap B$, $A \cap B^C$는 A의 분할이고 $A \cap B$, $A^C \cap B$는 B의 분할이므로 다음이 성립한다.

$$P(A) = P(A \cap B) + P(A \cap B^C)$$
$$P(B) = P(A \cap B) + P(A^C \cap B)$$

이 세 개의 식으로부터

$$P(A \cup B) = P(A) + P(B) - P(A \cap B)$$

이 도출된다.

다음으로 여사건의 확률을 도출해보자. $A \cup A^C = S$, $A \cap A^C = \phi$이므로 공리 2에 의해

$$P(S) = P(A \cup A^C) = P(A) + P(A^C) = 1$$

따라서

$$P(A^C) = 1 - P(A)$$

이 성립한다. 다른 성질들도 같은 방법으로 성립함을 증명할 수 있는데, 확률의 중요한 성질을 요약하면 다음과 같다.

정석 사고

확률에 관한 성질

① 확률의 덧셈정리: $P(A \cup B)=P(A)+P(B)-P(A \cap B)$

② 여사건의 확률: 사건 A의 여사건은 사건 A가 일어나지 않는 사건이며 표기는 A^C로 한다. 따라서

$$P(A^C)=1-P(A)$$

③ 배반사건의 덧셈정리: 서로 배반인 사건 A_1, A_2, …에 대하여

$$P(A_1 \cup A_2 \cup \cdots)=P(A_1)+P(A_2)+\cdots$$

④ $A \subset B$이면 $P(A) \leq P(B)$

정석 사례연구

작년도 A 그룹 공채 지원자 중 60%가 남자이고 40%가 여자였고, 그중에서 남자 지원자 중 10%, 여자 지원자 중 5%가 합격하였을 때 A 그룹의 작년도 공채에 합격한 사람의 비율은?

해설

남자 지원자 중 합격자의 비율 : $0.6 \times 0.1=0.06$

여자 지원자 중 합격자의 비율 : $0.4 \times 0.05=0.02$

전체 합격한 사람의 비율$=(0.6 \times 0.1)+(0.4 \times 0.05)=0.06+0.02=0.08=8\%$

정석 사례연구

사건 A, B, C에 대하여 다음 보기들에 대해 옳은 경우에 ○를 표시하고, 옳지 않은 경우에 ×를 표시한 후 그 이유를 설명하시오.

① $P(A \cup B)+P(A \cap B)=P(A)+P(B)$

② $P(A \cup B \cup C)=P(A)+P(B)+P(C)-P(A \cap B)-P(A \cap C)-P(B \cap C)$

① 두 사건 A와 B가 독립이면 A와 B^C도 독립이다. (B^C는 B의 여사건)

② 둘씩 독립인 세 사건 A, B, C가 서로 독립이 아닐 수 있다.

해설

①, ③, ④ (○)

② (×) 그 이유는 아래와 같다.

$$P(A \cup B \cup C)=P(A)+P(B)+P(C)-P(A \cap B)-P(B \cap C)-P(A \cap C)+P(A \cap B \cap C)$$

정석 사례연구

3개의 주머니에 각각 1부터 5까지 번호가 매겨진 5개의 구슬이 들어있다. 각 주머니에서 구슬을 1개씩 꺼낼 때 꺼낸 구슬의 숫자의 합이 5 이상일 확률은?

해설

꺼낸 숫자의 합이 5 이상일 사건을 A라고 하면

$$A = X+Y+Z \geq 5$$

A의 여사건은

$$A^C = X+Y+Z < 5$$

따라서 여사건은 다음 2가지밖에 없다.

$A^C = X+Y+Z = 3$: 1가지

$A^C = X+Y+Z = 4$: ${}_3C_1$가지

따라서 $P(A) = 1 - \frac{4}{{}_5C_1 \times {}_5C_1 \times {}_5C_1} = 1 - \frac{4}{125} = \frac{121}{125}$

제3절 조건부확률과 베이즈정리

정석 통계학

확률이론에서 어느 한 사건이 일어난다는 가정하에 다른 사건이 일어날 확률이 얼마인가 하는 물음에 직면하는 경우가 많다. 이것은 사건발생의 인과관계에 관한 물음으로서 **조건부 확률**(conditional probability)에 의하여 설명된다.

사건 A가 일어났다는 조건하에서 B가 일어날 확률(조건부확률)은 $P(A \cap B)$의 $P(A)$에 대한 비율로서 정의된다. 공식적으로 조건부확률은 다음과 같이 정의할 수 있다.

$$P(B \mid A) = \frac{P(A \cap B)}{P(A)} (\text{단}, P(A) > 0)$$

이로부터 확률의 **곱셈정리**가 다음과 같이 성립한다는 사실을 알 수 있다.

$$P(A \cap B) = P(A)P(B \mid A)$$

확률의 곱셈정리를 요약하면 다음과 같다.

정석 사고

조건부확률과 곱셈정리

$P(A) > 0$, $P(B) > 0$이면

$$P(A \cap B) = P(A)P(B \mid A) = P(B)P(A \mid B)$$

정석 사례연구

사건 A가 일어날 확률은 0.4이고, 사건 A가 일어났을 때 사건 B가 일어날 조건부확률은 0.6이다. 사건 A와 B가 서로 독립일 때, 사건 B가 일어날 확률은?

해설

사건 A와 B가 독립이면 A의 발생 여부와 관계없이 $P(B)=P(B/A)$

$\therefore P(B)=0.6$

또, 이 곱셈정리로부터 다음과 같은 **전확률정리**(law of total probability)가 성립한다.

정석 사고

전확률정리

사건 $A_1, \cdots A_n$에 대하여

$A_i \cap A_j = \phi (i \neq j)$

$A_1 \cup \cdots \cup A_n = S$

이면 사건들은 표본공간 S의 분할이라 한다.

사건 $A_1, \cdots A_n$이 표본공간의 분할이고 $P(A_i)>0$이면 임의의 사건 B에 대하여

$$\begin{aligned} P(B) &= P(A_1)P(B \mid A_1) + \cdots + P(A_n)P(B \mid A_n) \\ &= \sum_{i=1}^{n} P(A_i)P(B \mid A_i) \end{aligned}$$

전확률정리로부터 다음과 같이 매우 중요한 **베이즈정리**(Bayes Theorem)를 도출할 수 있다.

정석 사고

베이즈정리

사건 $A_1, \cdots A_n$이 표본공간의 분할이고 $P(A_i)>0$, $P(B)>0$이면 임의의 사건 A_k에 대하여

$$P(A_k \mid B) = \frac{P(A_K \cap B)}{P(B)} = \frac{P(A_k)P(B \mid A_k)}{\sum_{i=1}^{n} P(A_i)P(B \mid A_i)}$$

베이즈정리가 의미하는 것은 관측 전의 원인에 대한 가능성($P(A_k)$), 즉 사전확률과 관측후의 원인의 가능성($P(A_k|B)$), 즉 사후확률 사이의 관계를 보여준다는 것이다.

정석 사례연구

어느 시험의 응시자 중에서 전공자와 비전공자의 비율이 4:6일 때, 전공자의 80%가 합격하고 비전공자의 40%가 합격한 경우 합격자 중 임의로 선택한 한 명이 비전공자일 확률은?

해설

선택된 사람이 전공자일 사건을 A_1, 비전공자일 사건 A_2라 하고 선택된 사람이 합격할 사건을 B라고 하자.
사실 A_1, A_2는 서로 배반이므로

$$P(B) = P(A_1)P(B|A_1) + P(A_2)P(B|A_2) = 0.4 \times 0.8 + 0.6 \times 0.4 = 0.56$$

베이즈정리에 의하여

$$P(A_2|B) = \frac{P(A_2 \cap B)}{P(B)} = \frac{P(A_2)P(B|A_2)}{\sum_{i=1}^{n} P(A_i)P(B|A_i)} = \frac{0.6 \times 0.4}{0.56} = \frac{3}{7} \fallingdotseq 0.429$$

정석 사례연구

도시 A에 거주하는 사람 중에서 12%가 질병 D에 걸렸고 나머지 88%는 질병 D에 걸리지 않았다고 한다. 질병 D에 걸린 사람이 어떤 진단시약에 대해 양성반응을 보일 확률이 질병 D에 걸리지 않은 사람이 양성반응을 보일 확률의 33배라고 한다. 도시 A에 거주하는 사람 중에서 임의로 뽑힌 사람이 이 진단시약에 대해 양성반응을 보였을 때, 이 사람이 질병 D에 걸렸을 확률은?

해설

어떤 진단시약에 대해 양성반응을 보일 확률을 p라 하면, 질병 D에 걸린 사람은 12%, 이들이 양성반응을 보일 확률은 $33p$, 양성반응을 보이지 않을 확률은 $1-33p$이고 질병 D에 걸리지 않은 사람은 88%, 이들이 양성반응을 보일 확률은 p, 양성반응을 보이지 않을 확률은 $1-p$이다. 따라서 베이즈공식에 의해 구하고자 하는 확률은 다음과 같다.

$$\frac{0.12 \times 33p}{(0.88 \times p) + (0.12 \times 33p)} = \frac{3.96p}{4.84p} \fallingdotseq 0.818$$

정석 사례연구

어느 병원에서 위암을 진단하기 위해 검사 장비를 새로 도입하였다. 이 장비는 위암에 걸린 사람을 위암에 걸렸다고 진단할 확률이 0.9이고, 위암에 걸리지 않은 사람을 위암에 걸리지 않았다고 진단할 확률이 0.8이다. 전 국민의 10%가 위암에 걸려 있다고 할 때, 이 장비에 의해 위암에 걸렸다고 진단 받은 사람이 실제로 위암에 걸렸을 확률은?

해설

선택된 사람이 위암일 사건을 A_1, 위암이 아닐 사건 A_2라 하고 선택된 사람이 위암진단 받은 사건을 B라고 하자.

$P(B \mid A_1) = 0.9$

$P(B \mid A_2) = 1 - P(B^C \mid A_2) = 1 - 0.8 = 0.2$

$P(A_1) = 0.1 \quad (\therefore P(A_2) = 0.9)$

사실 A_1, A_2는 서로 배반이므로

$$P(B) = P(A_1)P(B \mid A_1) + P(A_2)P(B \mid A_2) = 0.1 \times 0.9 + 0.9 \times 0.2 = 0.27$$

베이즈정리에 의하여

$$P(A_2 \mid B) = \frac{P(A_2 \cap B)}{P(B)} = \frac{P(A_2)P(B \mid A_2)}{\sum_{i=1}^{n} P(A_i)P(B \mid A_i)} = \frac{0.9 \times 0.2}{0.27} = \frac{2}{3}$$

제4절 독립사건과 확률

사건 A의 확률과 사건 B가 발생했다는 가정하에 사건 A가 발생할 조건부 확률이 동일한 경우 두 사건 A와 B를 **서로 독립**(mutually independent)이라고 한다. 즉, $P(A)>0$일 때

$$P(A)=P(A|B)$$

두 사건 A와 B가 독립이면 조건부확률의 정의로부터

$$P(A\cap B)=P(A)P(B)$$

이다. 이상을 정리하면 다음과 같다.

정석 사고

독립사건

사건 A와 사건 B가 독립이면

① $P(A\cap B)=P(A)P(B)$

② $P(A)=P(A|B),\ \ P(B)=P(B|A)$

정석 사례연구

2개의 주사위를 던지는 실험에서 세 사건 A, B, C를 다음처럼 정의한다.

A: 첫 번째 주사위의 눈이 짝수 개

B: 두 번째 주사위의 눈이 홀수 개

C: 두 주사위의 눈이 모두 짝수 개 혹은 홀수 개

이때 세 사건은 서로 독립인가?

해설

$P(A)=P(B)=P(C)=\frac{1}{2}$,

$P(A\cap B)=P(A\cap C)=P(B\cap C)=\frac{1}{4}$

$P(A\cap B\cap C)=0\neq P(A)P(B)P(C)$

이므로 세 사건은 서로 독립이 아니다. 그러나 세 사건 중 둘씩은 독립이다.

정석 사례연구

두 사건 A와 B에 대하여 $P(A)=0.4$이고, $P(A \cup B)=0.7$이다. A와 B가 독립이 되기 위한 $P(B)$의 값은?

해설

사상이 독립이면 $P(A \cap B) = P(A)P(B)$을 만족한다.

$$\begin{aligned} P(A \cup B) &= P(A) + P(B) - P(A \cap B) \\ &= P(A) + P(B) - P(A)P(B) \\ &= 0.4 + P(B) - 0.4P(B) \\ &= 0.4 + 0.6P(B) = 0.7 \end{aligned}$$

$\therefore P(B) = \frac{1}{2}$

정석 사례연구

세 사건 A, B, C에 대하여

① $P(A)+P(B)+P(C)=1$
② A와 B는 배반
③ B와 C는 배반
④ A와 C는 독립

이라고 한다. $P(A) = \frac{1}{2}$이고 $P(C) = \frac{1}{4}$이면 $P(A \cup B \cup C)$는?

해설

배반사건에는 교집합이 없다는 얘기이고 독립은 교집합은 있지만 서로 영향을 주지 않는다는 의미이다. 따라서

$$\begin{aligned} &P(A \cup B \cup C) \\ &= P(A) + P(B) + P(C) - P(A \cap B) - P(B \cap C) - P(A \cap C) - P(A \cap B \cap C) \\ &= 1 - 0 - 0 - P(A \cap C) - P([A \cap B] \cap C) \\ &= 1 - P(A \cap C) \\ &= 1 - \frac{1}{2} \times \frac{1}{4} = \frac{7}{8} \end{aligned}$$

제5절 정석 통계학 독립시행의 확률

매번 같은 조건에서 어떤 시행을 반복할 때, 각 시행의 결과가 다른 시행의 결과에 아무런 영향을 주지 않는 경우, 즉 매번 일어나는 사건이 서로 독립인 경우, 이러한 시행을 독립시행이라고 한다. 예를 들어 같은 동전을 50번 던졌을 때 각 동전을 던지는 시행은 독립시행이다. 왜냐하면 동전을 던졌을 때 나오는 결과는 다음 결과에 영향을 주지 않기 때문이다.

한 번 시행에서 사건 A가 일어날 확률이 p이고, 이 시행을 독립적으로 n회 반복할 때 사건 A가 r회 일어날 확률(P_r)은

$$P_r = {}_nC_r p^r(1-P)^{n-r} \qquad (r=0,\ 1,\ 2,\ \cdots,\ n)$$

이와 같이 독립시행의 확률은 항상 (경우의 수)×(확률)의 구조로 이루어져 있다. 독립시행의 확률은 매회 사건을 이분법적으로 단 2개로 보는 것이다. 이 사건과 저 사건의 2개로 보는 것으로서 "사건이 일어난다"와 "일어나지 않는다"로 나누는 것이 독립시행이다. 예를 들어, 1번 상자, 2번 상자, 3번 상자, 19번 상자, 20번 상자에 공을 5개를 집어넣을 때 1부터 3까지에 공이 2개 들어갈 확률을 구해보자. 1, 2, 3까지 2개가 들어가고 4부터 20까지가 3개 들어갈 확률을 구하는 것과 같다. 공 2개의 각각이 1부터 3까지에 들어갈 확률은 3/20, 나머지 공 3개의 각각이 4에서 20까지에 들어갈 확률은 17/20이다. 따라서 독립시행 확률은 사건을 단 2개로 보고 상자 20개에서 5개 선택할 조합에 20분의 3의 제곱, 20분의 17의 3제곱을 곱한 것이 된다.

정석 사례연구

주사위를 3번 던질 때, 6의 눈이 2번 나올 확률은?

해설

1회	2회	3회
○	○	×
○	×	○
×	○	○

$$\left.\begin{aligned} \frac{1}{6}\times\frac{1}{6}\times\frac{5}{6} &= \left(\frac{1}{6}\right)^2\cdot\frac{5}{6} \\ \frac{1}{6}\times\frac{5}{6}\times\frac{1}{6} &= \left(\frac{1}{6}\right)^2\cdot\frac{5}{6} \\ \frac{5}{6}\times\frac{1}{6}\times\frac{1}{6} &= \left(\frac{1}{6}\right)^2\cdot\frac{5}{6} \end{aligned}\right\} \ {}_3C_2\times\left(\frac{1}{6}\right)^2\cdot\frac{5}{6}$$

표를 이용해서 이해하는 것이 효과적임

6의 눈이 3번 중에 2번 나오는 경우의 수

1회, 2회, 3회는 모두 독립사건이기 때문에 확률을 구할 때 모두 곱해서 확률을 구함

심화통계

1. 확률의 공리적 정의

① 표본공간 S에서 임의의 사상 A에 대해서 $0 \leq P(A) \leq 1$

② $P(S)=1$

③ 서로 배반인 사상 A_1, A_2, …에 대해서 $P(A_1 \cup A_2 \cup \cdots)=P(A_1)+P(A_2)+\cdots$를 만족할 때, $P(A)$를 사상 A의 확률이라고 함

2. 확률에 관한 성질

① $P(A \cup B)=P(A)+P(B)-P(A \cap B)$

② $P(A^C)=1-P(A)$

③ A_1, …, A_n이 서로 배반인 사상이면 $P(A_1 \cup A_2 \cup \cdots A_n)=P(A_1)P(A_2)+\cdots+P(A_n)$

④ $A \subset B$이면 $P(A) \leq P(B)$

3. 조건부확률과 베이즈정리

(1) 조건부확률

사상 A가 주어졌을 때, B의 조건부확률은

$$P(B \mid A) = \frac{P(A \cap B)}{P(A)} \text{ (단, } P(A) > 0)$$

(2) 승법공식

$P(A)>0$, $P(B)>0$이면 $P(A \cap B)=P(A \mid B)P(B)=P(B \mid A)P(A)$

(3) 전확률공식

사상 A_1, …, A_n이 표본공간의 분할이고 $P(A_i)>0$이면, 임의의 사상 B에 대해서 $P(B)=P(A_1)P(B \mid A_1)+\cdots+P(A_n)P(B \mid A_n)$이 성립

(4) 베이즈정리

사상 A_1, …, A_n이 표본공간의 분할이고 $P(A_i)>0$, $P(B)>0$이면

$$P(A_k \mid B) = \frac{P(A_k)P(B \mid A_k)}{\sum_{i=1}^{n} P(A_i)P(B \mid A_i)}$$

4. 독립사상

사상 A와 사상 B가 독립이면

$P(A \cap B) = P(A)P(B)$

$P(A|B) = P(A)$

$P(B|A) = P(B)$

정석 실전문제

1. 흰색 공 3개, 빨간색 공 4개, 검은색 공 2개를 항아리에 넣고 흔들어 2개의 공을 임의로 비복원추출할 때 두 개의 공이 모두 검은색인 확률은? (9급 11)

정석힌트 검은색의 개수를 x라고 하면
$p(x=2) = {}_2C_1 \cdot {}_1C_1 / {}_9C_1 \cdot {}_8C_2 = 1/36$

2. 어느 자동차 보험회사는 모든 고객을 사고위험군과 비사고위험군으로 분류하며, 30%의 고객이 사고위험군에 속한다고 한다. 사고위험군에 속한 고객 중에서 보험에 가입한 지 1년 이내에 보험료를 청구할 확률은 0.4, 비사고위험군에 속한 고객 중에서 보험에 가입한 지 1년 이내에 보험료를 청구할 확률은 0.2이다. 이 회사의 고객이 보험에 가입한 지 1년 이내에 보험료를 청구하였을 때, 이 고객이 사고위험군에 속할 확률은? (7급 11)

정석힌트 선택된 사람이 사고위험군일 사상을 A_1, 아닐 사상을 A_2라 하고 선택된 사람이 1년 이내에 보험료를 청구할 사상을 B라고 하자.
$P(B|A_1) = 0.4$
$P(B|A_2) = 1 - P(B^C|A_2) = 1 - 0.8 = 0.2$
$P(A_1) = 0.3 \ (\therefore P(A_2) = 0.7)$
사실 A_1, A_2는 서로 배반이므로
$P(B) = P(A_1)P(B|A_1) + P(A_2)P(B|A_2) = 0.3 \times 0.4 + 0.7 \times 0.2 = 0.26$
베이즈정리에 의하여

$$P(A_1|B) = \frac{P(A_1 \cap B)}{P(B)} = \frac{P(A_1)P(B|A_1)}{\sum_{i=1}^{n} P(A_i)P(B|A_i)} = \frac{0.3 \times 0.4}{0.26} = \frac{12}{26} = \frac{6}{13}$$

제3장 확률분포와 상관계수

남에게 보이기 위한 소비활동이야말로

가장 정당한 과세의 대상이다.

- 소스타인 베블런 -

제1절 정석 통계학 확률변수와 확률분포

제2장에서 표본공간, 사건, 확률 등에 대하여 살펴보았다. 이러한 개념들이 매우 중요하지만 실제로 통계적 추론에 자주 사용되는 것은 확률변수와 확률분포의 개념이다. 통계적 실험의 결과는 정량적일 수도 있고 정성적일 수도 있다. 가능한 결과가 정성적이면 표본공간과 확률을 나타내기 복잡해진다. 이 경우 표본공간을 수직선에 대응시켜 생각하면 매우 편리하게 표본공간과 확률을 나타낼 수 있다. 예를 들어 동전 1개를 던져 나오는 결과를 관측하는 실험에서 표본공간은 {앞면, 뒷면}이며 확률은 각각 1/2이다. 이때 표본공간에서

$$X(\text{앞면})=1,\ \ X(\text{뒷면})=0$$

으로 함수 X를 정의하면

$$P(X=1)=1/2,\ \ P(X=0)=1/2$$

라고 할 수 있다. 이와 같이 정성적 결과를 표본공간의 수직선과 수직선 위의 확률(값)에 대응시켜 생각할 수 있다.

일반적으로 표본공간에서 정의된 실숫값 함수를 **확률변수**(random variable)라고 하며 실험결과가 X의 값 a에 대응될 때 X는 a값을 취하고 그 확률은 $P(X=a)$로 나타낼 수 있다. 이때 수직선의 부분집합 A에 대해 확률 $P(X\in A)$를 대응시켜 주는 관계를 X의 **확률분포**(probability distribution)라고 한다.

정석 사고

확률변수와 확률분포

확률변수: 표본공간에서 정의된 실숫값 함수
확률분포: 수직선의 부분집합 A에 대해 확률 $P(X\in A)$를 대응시켜 주는 관계

예를 들어, 동전을 2번 던져 앞면이 나오는 수를 확률변수라고 정의하자. 동전의 앞면을 H, 뒷면을 T라고 하면 이 확률시행의 표본공간은 $\{HH, HT, TH, TT\}$가 되며 확률변수가 가

질 수 있는 값은 0, 1, 2가 될 수 있다. 이 사례의 확률변수, 확률분포는 다음 **그림 3-1** 로 쉽게 이해할 수 있다.

그림 3-1 확률변수와 확률분포

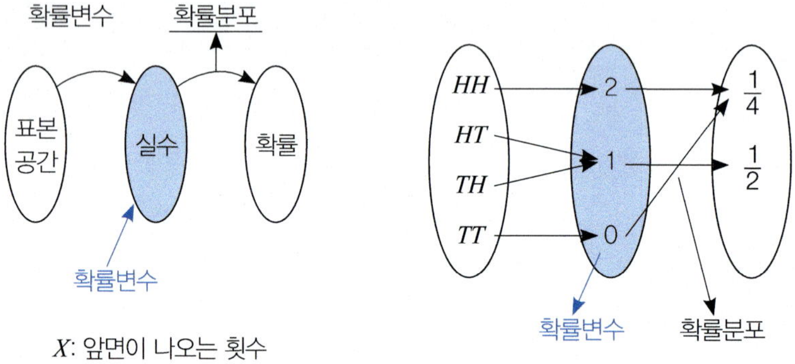

X: 앞면이 나오는 횟수

X	0	1	2
$P(X)$	$\frac{1}{4}$	$\frac{1}{2}$	$\frac{1}{4}$

⇒ 확률분포표

1. 이산확률변수

표본공간에서 정의된 확률변수 X가 취할 수 있는 값들이 모든 실수가 아니며 하나씩 셀 수 있을 때 X를 **이산확률변수**(discrete random variable)라고 하며 X가 취할 수 있는 이산점의 각각에 대하여 하나의 확률을 대응시켜주는 관계를 X의 **확률질량함수**(probability mass function) 또는 **확률분포**라고 한다. 확률질량함수의 성질은 다음과 같다.

정석 사고

확률질량함수의 성질

이산확률변수 X의 확률질량함수 $f(x_j)=P(X=x_j)$에 대하여 다음이 성립한다.

① X의 모든 값에 해당하는 확률값은 0과 1 사이에 있다.

$$0 \leq f(x_j) \leq 1$$

② X의 모든 값의 확률을 다 더하면 1이 된다.

$$\sum_{j=1}^{\infty} f(x_j) = 1$$

③ 이산형 확률변수의 확률은 가법적(덧셈 가능)이다.

$$P(a < X \leq b) = \sum_{j>a}^{b} f(x_j)$$

정석 사례연구

하나의 주사위를 던져서 처음으로 6의 눈이 나올 때까지 던지는 횟수를 X라고 하자. 이때 X의 확률분포는?

해설

$X=x$는 처음부터 $(x-1)$번째까지 6의 눈이 나오지 않고 x번째에 6의 눈이 나온다는 의미이다. 가능한 결과들이 무한히 나올 수 있으므로 확률분포표를 만들기는 어렵고 간단히 확률질량함수로 나타낸다. 각 사상은 독립적이므로

$$P(X=x)=\left(\frac{5}{6}\right)^{(x-1)}\left(\frac{1}{6}\right)$$

2. 연속확률변수

표본공간에서 정의된 확률변수 X가 취할 수 있는 값들이 모든 실수일 때 X를 **연속확률변수**(continuous random variable)라고 하며 X가 취할 수 있는 모든 값의 각각에 대하여 하나의 확률을 대응시켜주는 관계를 X의 **확률밀도함수**(probability density function)라고 한다. 확률밀도함수의 성질은 다음과 같다.

정석 사고

확률밀도함수의 성질

연속확률변수 X가 어떤 구간 $[\alpha, \beta]$의 모든 값을 취하고 이 구간 위에서의 함수 $f(x)$가

① $0 \le f(x) \le 1$

② $\int_{\alpha}^{\beta} f(x)\,dx = 1$

③ $P(a \le X \le b) = \int_{a}^{b} f(x)\,dx$

를 만족할 때 확률변수 X를 연속확률변수라고 하며 함수 $f(x)$를 X의 확률밀도함수라고 한다.

이러한 확률밀도함수를 **그림 3-2**로 나타내면 쉽게 이해할 수 있다.

그림 3-2 **확률밀도함수**

$f(x)$… $\alpha \le x \le \beta$에서 정의된 확률밀도함수

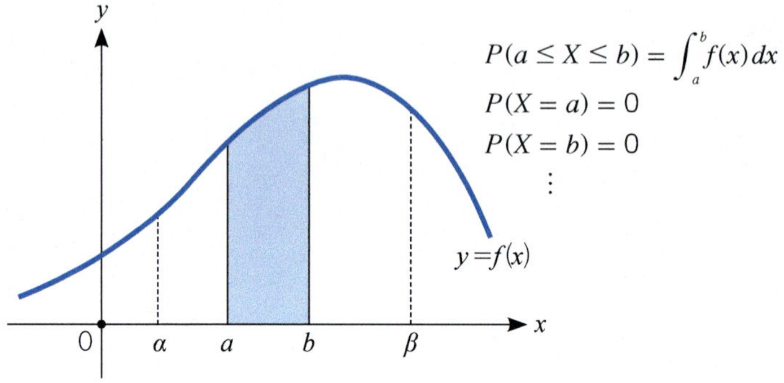

이산확률변수의 경우 확률질량함수가 다음 **그림 3-3** 에서와 같이 막대그래프, 그리고 y축은 확률에 해당하는 값이 들어가서 y값만 읽으면 그것이 곧 확률이다. 그런데 확률밀도함수의 경우는 다르다. 확률밀도함수의 y축에 해당하는 함숫값 즉, 한 점에서의 확률은 0이라고 받아들인다. 결론적으로, 확률밀도함수에서 y축이 의미하는 것은 히스토그램에서의 (상대도수)/(계급크기)에서 도수를 늘리고 계급의 크기를 작게 하여 만들어지는 값이다.

연속된 자료를 표로 나타낼 때 보통 히스토그램으로 표현한다. 그리고 계급의 크기라고 하는 구간을 나누게 되는데 그에 해당하는 도수를 읽으면 그 값은 그 계급 안에 들어있는 자료의 개수를 나타낸다. 그런데 전체 도수에 대해, 그 계급에 들어있는 도수의 비율인 상대도수를 계급크기로 나눈 값을 가져와서 확률밀도함수의 y축으로 설정한다면, (상대도수)/(계급크기)×(계급크기)=(상대도수) 즉, 다음의 **그림 3-3** 에서처럼 직사각형의 넓이가 상대도수, 곧 확률을 의미하게 된다. 이런 상황에서 총 도수를 늘리고 계급크기를 작게 하면 그것이 곧 연속된 어떠한 곡선을 따르게 되는데, 그 곡선을 바로 확률밀도함수라고 부르는 것이다. 이 때문에, 연속확률변수를 따르는 확률밀도함수에서 구간에 해당하는 값을 적분하게 되면, 그 값이 바로 그 구간에 해당하는 확률이 된다. 따라서 확률밀도함수의 성질은 (상대도수)/(계급의 크기)가 0 이상일 수밖에 없고, 전 구간에서의 확률의 합이 1이므로 확률밀도함수를 전 구간에서 적분한 값은 1이 된다.

이제 확률밀도함수가 왜 '밀도'이고 확률질량함수가 왜 '질량'인지 이해할 수 있다. 밀도는 (질량)/(부피)라고 알고 있다. (부피)=(계급크기), (질량)=(상대도수)라고 한다면, (밀도)=(상대도수)/(계급크기)는 바로 확률밀도함수의 y축을 나타낸다. 반면, 확률질량함수의 경우

는 y축이 나타내는 값이 (상대도수) 곧, (질량)을 나타낸다. 이 때문에 이산확률변수와 연속확률변수일 때, 각각 그에 해당하는 함수를 확률질량함수와 확률밀도함수라 부르는 것이다.

그림 3-3 확률질량함수와 확률밀도함수

(비교) 확률질량함수 … 막대그래프

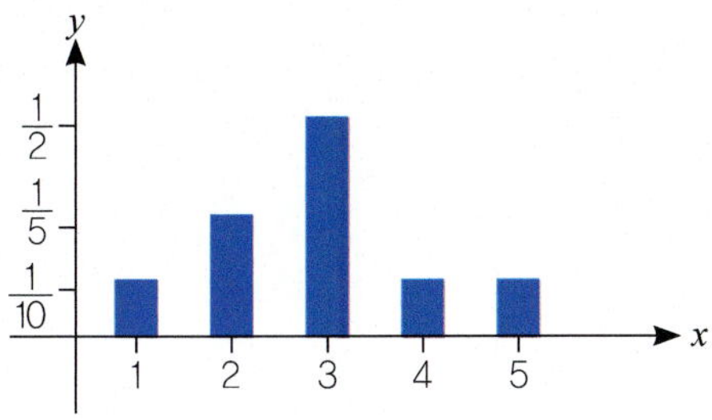

확률변수 X … 1, 2, 3, 4, 5
(y축)=(확률)은 나타냈었다.
그러면 확률 밀도 함수는?

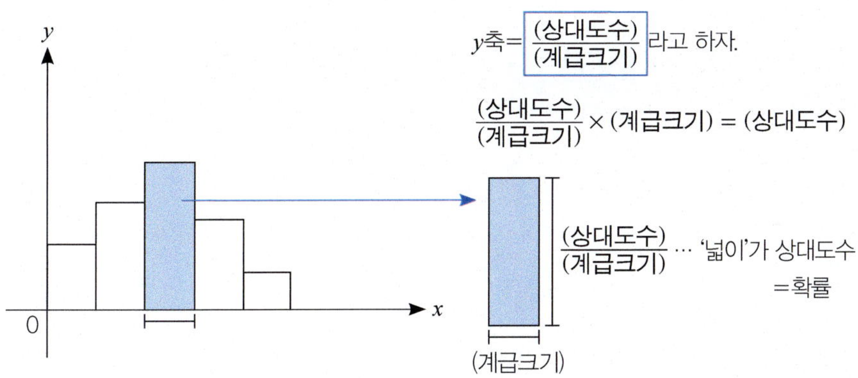

정석 사례연구

어느 연속확률변수의 확률밀도함수 $f(x)$가 다음과 같을 때, 상수 a의 값은?

$$f(x) = \begin{cases} ax^2(1-x), & 0 \le x < 1 \\ 0, & x < 0 \text{ 또는 } x \ge 1 \end{cases}$$

해설

$$P(0 \le X < 1) = \int_0^1 f(x)dx = \int_0^1 ax^2(1-x)dx = a\left(\frac{x^3}{3} - \frac{x^4}{4}\right)\Big]_0^1 = 1$$

따라서 $a\left(\frac{1}{3} - \frac{1}{4}\right) = 1 \quad \therefore a = 12$

정석 사례연구

연속형 확률변수 X의 확률밀도함수 $f(x)$가 다음과 같다. $P(X \le t) = 0.5$를 만족하는 t의 값은?

$$f(x) = \begin{cases} \frac{1}{4}, 0 \le x < 4 \\ 0, x < 0 \text{ 또는 } x > 4 \end{cases}$$

해설

확률밀도함수는 확률의 의미이므로

$$P(X \le t) = \int_0^t f(x)\,dx = 0.5$$

따라서 $t = 2$

제2절 확률변수의 기댓값과 분산

정석 통계학

1. 기댓값

X값의 기댓값 또는 평균은 기호로 $E(X)$로 나타내고 확률변수 X의 확률분포가 모집단의 분포에 대한 이론적 모형으로 사용될 때에는 X의 기댓값을 **모평균**이라 하며 흔히 μ로 나타낸다.

정석 사고

확률변수의 평균

확률변수 X의 확률밀도함수를 $f(x)$라고 할 때

① $E(X) = \sum_{j=1}^{\infty} x_i f(x_i)$ (이산확률변수: $f(x_i) = P(X = x_i)$)

② $E(X) = \int_{\alpha}^{\beta} xf(x)\,dx, \ \alpha \le x \le \beta$ (연속확률변수)

정석 사례연구

행운권 100장을 임의로 추첨하여 1등 1장은 100,000원, 2등 2장은 50,000원, 3등 3장은 10,000원의 상금을 받는다. 이 행운권을 사기 위해서는 한 장에 1,000원을 내야 한다. 어떤 사람이 이 행운권을 한 장 샀을 때의 기대이익 금액은? (단, 1, 2, 3등 이외의 등수는 없다.)

해설

상금의 기댓값

$$\mu = E(X) = \sum_{i=1}^{n} x_i P(X = x_i)$$
$$= (100,000 \times 0.01) + (50,000 \times 0.02) + (10,000 \times 0.03) = 2,300$$

여기서 기대이익=기댓값(행운권 기대효용)−비용(행운권 지불금액)=2,300−1,000=1,300

정석 사례연구

이산확률변수 X의 확률분포는 다음과 같다. $E(X)=1.8$일 때, 상수 c_1과 c_2를 구하여라.

x	−1	0	1	2	3	4	5	계
$P(X=x)$	0.05	c_1	0.30	c_2	0.10	0.10	0.05	1

해설

확률질량함수의 성질과 기댓값의 정의에 따르면,

$$\sum P(X = x) = 0.05 + c_1 + 0.30 + c_2 + 0.10 + 0.10 + 0.10 + 0.05 = c_1 + c_2 + 0.60 = 1$$
$$E(X) = \sum xP(X = x) = -0.05 + 0.30 + c_2 + 0.30 + 0.40 + 0.25 = 1.2 + 2c_2 = 1.8$$

따라서 이 두 식을 연립하여 풀면 $c_1=0.1$, $c_2=0.3$이다.

정석 사례연구

아래 〈그림〉의 과녁을 향해 화살을 쏠 때 한가운데 흰색 부분에 맞을 확률은 1/10, 중간의 회색 부분에 맞을 확률은 1/5, 과녁을 벗어날 확률은 1/5이다. 화살이 흰색 부분을 맞추면 3점, 회색 부분은 2점, 검은색 부분은 1점, 과녁을 벗어나면 0점의 점수를 받는다고 한다. 모두 다섯 발을 쏘았을 때 얻게 되는 점수 합의 기댓값은 얼마인가? (단, 화살이 경계선 위에 맞을 가능성은 없다.) (9급 13)

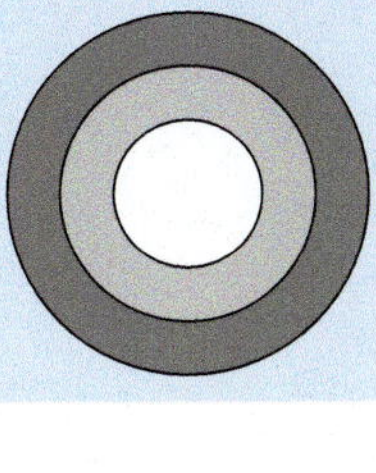

해설

문제에서 주어진 정보를 표로 정리하면 다음과 같게 된다.

$X=x$	3	2	1	0
$P(X=x)$	1/10	1/5	5/10	1/5

1발의 기댓값$=E(X)=\sum x_i p_i=(3\times\frac{1}{10})+(2\times\frac{2}{10})+(1\times\frac{5}{10})+(0\times\frac{2}{10})=1.2$

5발의 기댓값$=E(5X)=5E(X)=5\times1.2=6$

확률변수의 함수도 역시 확률변수이므로 그 기댓값을 다음과 같이 정의할 수 있다.

정석 사고

확률변수의 함수의 기댓값

확률변수 X의 확률밀도함수를 $f(x)$라고 할 때

① $E(g(X))=\sum_{j=1}^{\infty}g(x_i)f(x_i)$ (이산확률변수: $f(x_i)=P(X=x_i)$)

② $E(g(X))=\int_{\alpha}^{\beta}g(x)f(x)dx,\ \alpha\le x\le\beta$ (연속확률변수)

다음으로 기댓값의 성질은 이산확률변수의 경우에는 Σ의 성질로부터, 연속확률변수의 경우에는 $\int$의 성질로부터 증명될 수 있으며 많은 경우에 유용하게 사용될 수 있다.

정석 사고

확률변수의 기댓값 (평균) 성질

$$E(aX+b)=aE(X)+b$$

$$E[c_1g_1(X)+c_2g_2(X)]=c_1E[g_1(X)]+c_2E[g_2(X)]\ (c_1,\ c_2\text{는 상수})$$

정석 사례연구

두 확률변수 X과 Y가 서로 독립일 때 $E(X+Y)\neq E(X-Y)$임을 보이시오.

해설

$E(X+Y)=E(X)+E(Y)$이고, $E(X-Y)=E(X)-E(Y)$이므로, $E(X+Y)\neq E(X-Y)$이다.

2. 분산

확률분포의 중심위치를 나타내는 평균 또는 기댓값과 더불어 확률분포의 형태를 나타내는 중요한 척도로서 산포도를 생각해야 한다. 개개의 X값이 중심위치의 척도 μ에서 얼마만큼 떨어져 있는가를 나타내는 척도로서

$$E[(X-\mu)^2]$$

를 생각할 수 있는데, 이를 확률변수 X의 **분산**(variance)이라 하고 기호로 Var(X)로 나타낸다.

확률변수 X의 분산은 $(X-\mu)^2$의 기댓값이므로 X와 단위가 다르게 된다. X와 같은 단위를 갖는 산포의 척도로서 분산의 제곱근을 취하여 이를 **표준편차**(standard deviation)로 정의하며 기호로 $sd(X)$로 나타낸다.

> **정석 사고**
>
> **확률변수의 분산과 표준편차**
>
> X의 평균이 μ일 때
>
> ① 분산은 $Var(X) = E[(X-\mu)^2]$
>
> ② 자료의 표준편차는 $sd(X) = \sqrt{E[(X-\mu)^2]}$

확률변수 X의 확률분포가 모집단의 분포에 대한 이론적 모형으로 사용될 때에는 X의 분산을 **모분산**이라 하며 흔히 σ^2로 나타낸다. 기댓값의 성질을 이용하여 분산의 제곱식을 전개하여 정리하면 다음과 같은 분산의 간편계산식을 얻을 수 있다.

> **정석 사고**
>
> **분산의 간편계산식**
>
> $$Var(X) = E(X^2) - [E(X)]^2 = \sigma^2$$

다음으로 분산의 성질은 이산확률변수의 경우에는 Σ의 성질로부터, 연속확률변수의 경우에는 $\int$의 성질로부터 증명될 수 있으며 많은 경우에 유용하게 사용될 수 있다.

정석 사고

분산의 성질

$$Var(aX+b) = a^2 Var(X)$$

정석 사례연구

두 확률변수 X와 Y가 서로 독립이고 다음을 만족할 때, 다음을 계산해보자.

$$E(X)=3,\ \ E(Y)=2,\ \ Var(X)=4,\ \ Var(Y)=2$$

(1) $E(XY)$
(2) $E(X^2)-E(Y^2)$

해설

① $E(XY)=3\times2=6$
② $Var(X)-Var(Y)=E(X^2)-(E(X))^2-[E(Y^2)-(E(Y))^2]$
$=E(X^2)-E(Y^2)-[(E(X))^2-(E(Y))^2]$
$\therefore$ $4-2+(3^2-2^2)=7$

정석 사례연구

확률변수 X_1은 평균이 30이고 표준편차가 4이며, 확률변수 X_2는 평균이 20이고 표준편차가 3이다. X_1과 X_2가 서로 독립일 때, 확률변수 $Y=2X_1-X_2+4$의 평균과 분산은?

해설

평균은
$E(Y)=2E(X_1)-E(X_2)+4=2\times30-20+4=44$
분산은
$Var(Y)=4Var(X_1)+Var(X_2)=4\times16+9=73$

정석 사례연구

확률변수 X는 평균과 분산이 3과 4, $E\left(\frac{X-1}{2}\right)=p$, $E\left[\left(\frac{X-1}{2}\right)^2\right]=q$라 할 때, $p+q$는?

해설

확률변수의 기댓값의 성질을 이용하여 $E(aX+b)=aE(X)+b$,
분산의 정의와 성질을 이용하여 $Var(aX+b)=a^2Var(X)$임을 알 수 있다.
또한, $Var(X)=E(X^2)-E(X^2)$이라는 간편계산식을 적용하면, 다음을 얻을 수 있다.

$$p+q=\frac{[E(X)-1]}{2}+\frac{[E(X-1)^2]}{4}=1+2=3$$

여기서 $E(X-1)^2=E(X^2)-2E(X)+1=Var(X)+E(X)^2-2E(X)+1=8$

제3절 결합확률분포

정석 통계학

우리가 실험을 할 때 하나의 확률변수만 고려할 때도 있지만 2개 이상의 확률변수들이 서로 어떤 확률적 관계를 가지면서 관측되는 경우도 많다. 예를 들어 학생들의 영어성적과 수학성적이 서로 관계를 가진다면 바로 결합확률분포를 생각하여야 한다. 따라서 우리는 다음과 같은 **결합확률분포**(joint probability distribution)의 개념을 생각하게 된다.

> **정석 사고**
>
> **결합확률분포의 개념**
>
> 2개의 확률변수 X와 Y를 생각할 때 수직선 위의 2개의 부분집합 A, B에 대하여 확률 $P\{X\in A,\ Y\in B\}$을 대응시켜주는 관계를 확률변수 X와 Y의 결합확률분포 또는 결합분포라고 한다.

하나의 사례로서 하나의 주사위를 던져서 나온 눈의 종류에 따라 상금이 걸린 게임을 생각해보자. A, B 두 사람이 각각 다음과 같은 게임을 한다고 하자.[1)]

> A: 1 또는 2가 나오면 100원
> 3 또는 4가 나오면 200원
> 5 또는 6이 나오면 300원
> B: 2 또는 4 또는 6이 나오면 100원
> 1 또는 3 또는 5가 나오면 (눈의 숫자×100)원

이 게임의 A, B의 수입의 합 Z에 대한 분포를 구해보자.

A, B의 수입을 각각 X, Y로 나타내면 결합확률분포는 먼저 A와 B의 수입이 각각 100원씩인 경우, 즉 $(x, y)=(100, 100)$이 되는 경우 주사위의 눈이 1 또는 2일 때이므로 **결합확률질량함수** $f(100, 100)=P\{X=100, Y=100\}=2/6$, $(x, y)=(200, 100)$이 되는 경우 주사위의 눈이 4일 때이므로 결합확률밀도함수 $f(200, 100)=P\{X=200, Y=100\}=1/6$, 이렇게 모든 행과 열에 구해보면 **표 3-1**과 같다.

---

1) 김우철 외 7인, 《현대통계학》, 영지, 1986, p. 63.

표 3-1 주사위 게임의 결합확률분포(X, Y)

X \ Y	100	300	500	행의 합
100	$\frac{2}{6}$	0	0	$\frac{2}{6}$
200	$\frac{1}{6}$	$\frac{1}{6}$	0	$\frac{2}{6}$
300	$\frac{1}{6}$	0	$\frac{1}{6}$	$\frac{2}{6}$
열의 합	$\frac{4}{6}$	$\frac{1}{6}$	$\frac{1}{6}$	1

위의 사례연구에서 행의 합은 X의 확률분포, 열의 합은 Y의 확률분포와 일치한다. 일반적으로 X와 Y의 결합확률밀도함수 $f(x_i, y_i)$에서

$$f_1(x_i) = \sum_{j=1}^{\infty} f(x_i, y_j)$$

를 X의 **주변확률질량함수**(marginal probability density function)라 하고, 이는 X의 분포를 결정해준다. 동일하게 Y의 주변확률질량함수

$$f_2(y_j) = \sum_{i=1}^{\infty} f(x_i, y_j)$$

는 Y의 분포를 결정해준다.

이제 $X+Y$의 분포를 생각해보자. $Z=X+Y$라 하면 Z가 취할 수 있는 값은 200, 300, 400, 500, 800이며 Z의 확률분포는 **표 3-2**와 같다.

표 3-2 주사위 게임의 확률분포$(Z=X+Y)$

Z	200	300	400	500	800	계
$P(Z=z)$	$\frac{2}{6}$	$\frac{1}{6}$	$\frac{1}{6}$	$\frac{1}{6}$	$\frac{1}{6}$	1

정석 사례연구

두 확률변수 X와 Y의 결합확률밀도함수가 다음과 같을 때, 상수 c의 값은? (단, π는 원주율을 의미한다.)

$$f(x, y) = \begin{cases} c, & 1 < x^2 + y^2 < 25,\ x < y \\ 0, & \text{그 밖의 영역} \end{cases}$$

해설

두 원 $1 = x^2 + y^2$

$25 = x^2 + y^2$

사이와 $y = x$의 위쪽 부분의 공통면적은

$$\frac{1}{2}(\pi 5^2 - \pi 1^2) = 12\pi$$

확률밀도함수는 미분의 개념이므로 $f(x, y) = \dfrac{1}{12\pi} = c$

이처럼 두 확률변수의 함수로 표시된 확률변수의 확률분포를 용이하게 찾아낼 수 있다. 이 확률분포를 이용하여 두 확률변수의 함수의 기댓값을 쉽게 찾을 수 있다. 이 사실을 다음과 같이 정리하여 보자.

정석 사고

두 확률변수의 함수의 기댓값

두 확률변수 X, Y의 임의의 함수 G, G_1, G_2에 대하여 a, b가 상수라면 다음이 성립한다.

$$E(G(X, Y)) = \sum_i \sum_j G(x_i, y_i) f(x_i, y_i)$$
$$E(aG_1(X, Y) + bG_2(X, Y)) = aE(G_1(X, Y)) + bE(G_2(X, Y))$$

정석 사례연구

두 확률변수 X와 Y의 결합확률분포가 다음과 같을 때, $X-Y$의 기댓값은?

X \ Y	0	1	2
0	0.10	0.20	0.20
1	0.25	0.10	0.15

해설

X \ Y	0	1	2	$f_x(x)$
0	0.10	0.20	0.20	0.5
1	0.25	0.10	0.15	0.5
$f_y(y)$	0.35	0.30	0.35	1.0

$$E(X) = \sum_{x=0}^{1} xf_X(x) = (0 \times 0.5) + (1 \times 0.5) = 0.5$$

$$E(Y) = \sum_{y=-0}^{2} yf_Y(y) = (0 \times 0.35) + (1 \times 0.3) + (2 \times 0.35) = 1$$

$$\therefore E(X-Y) = E(X) - E(Y) = 0.5 - 1 = -0.5$$

정석 사례연구

두 이산확률변수 X와 Y의 결합확률분포표가 다음과 같을 때,

(1) $4X-Y$의 기댓값은?

(2) $2XY$의 확률분포와 기댓값은?

X \ Y	−1	0	1
1	0.1	0.1	0.2
2	0.1	0.2	0.3

해설

X \ Y	−1	0	1	$f_x(x)$
1	0.1	0.1	0.2	0.4
2	0.1	0.2	0.3	0.6
$f_y(y)$	0.2	0.3	0.5	1.0

(1) $E(X) = \sum_{x=1}^{2} xf_1(x) = (1 \times 0.4) + (2 \times 0.6) = 1.6$

$$E(Y) = \sum_{y=-1}^{1} yf_2(y) = (-1 \times 0.2) + (0 \times 0.3) + (1 \times 0.5) = 0.3$$

$$\therefore E(4X-Y) = 4E(X) - E(Y) = 6.4 - 0.3 = 6.1$$

(2) $Z=XY$라 하면 Z가 취할 수 있는 값은 -2, -1, 0, 1, 2이며 Z의 확률분포는 다음과 같다.

Z	-2	-1	0	1	2	계
$P(Z=z)$	0.1	0.1	0.3	0.2	0.3	1

따라서 $E(2XY)=2E(XY)=2\times(-2\times0.1-1\times0.1+1\times0.2+2\times0.3)=1.0$

정석 사례연구

다음은 두 확률변수 X와 Y의 결합확률분포이다. 확률변수 Y가 주어졌을 때 확률변수 X의 조건부 기댓값 $E(X|Y)$에 대한 기댓값 $E[E(X|Y)]$는?

X \ Y	0	1	2	3
0	$\frac{1}{8}$	$\frac{1}{4}$	0	$\frac{1}{8}$
1	$\frac{1}{8}$	$\frac{1}{4}$	$\frac{1}{8}$	0

해설

조건부 기댓값의 기댓값은 원래 확률변수의 보통 기댓값과 같다(전체 기댓값의 법칙).

따라서 $E[E(X|Y)]=E(X)=\sum_{x=0}^{1}x_i f_1(x_i)=0\times\left(\frac{1}{8}+\frac{1}{4}+\frac{1}{8}\right)+1\times\left(\frac{1}{8}+\frac{1}{4}+\frac{1}{8}\right)=\frac{1}{2}=0.5$

여기서 $f_1(x)$는 주변확률질량(밀도)함수를 의미한다.

다른 사례를 하나 더 들어보자. 숫자 1, 2, 3이 적힌 세 종류의 카드가 각각 10장씩 들어 있는 상자가 있다. 이 상자로부터 임의로 한 장을 꺼냈을 때, 1 또는 3이 나올 경우에는 카드를 집어넣은 다음 다시 한 장을 꺼내고, 2가 나올 경우에는 더 이상 꺼내지 않는 실험을 생각해보자. 첫 번째 카드의 숫자를 X, 두 번째 카드의 숫자를 Y라 할 때 그 결합분포를 구해보자.

표 3-3 카드 뽑기의 결합분포(X, Y)

X \ Y	0	1	2	3	행의 합
1	0	$\frac{1}{9}$	$\frac{1}{9}$	$\frac{1}{9}$	$\frac{1}{3}$
2	$\frac{1}{3}$	0	0	0	$\frac{1}{3}$
3	0	$\frac{1}{9}$	$\frac{1}{9}$	$\frac{1}{9}$	$\frac{1}{3}$
열의 합	$\frac{3}{9}$	$\frac{2}{9}$	$\frac{2}{9}$	$\frac{2}{9}$	1

이제 $X+Y$의 분포를 생각해보자. $Z=X+Y$라 하면 Z가 취할 수 있는 값은 2, 3, 4, 5, 6이며 Z의 확률분포는 **표 3-4**와 같다.

표 3-4 카드 뽑기의 확률분포(Z=X+Y)

Z	2	3	4	5	6	계
$P(Z=z)$	$\frac{4}{9}$	$\frac{1}{9}$	$\frac{2}{9}$	$\frac{1}{9}$	$\frac{1}{9}$	1

만약 두 확률변수 X, Y가 서로 독립이라면 결합확률분포는 어떻게 달라질까? 두 확률변수가 독립적이라는 것은 모든 x, y에 대하여 사건들 $X=x$, $Y=y$가 서로 독립적이라는 것을 뜻하며 다음과 같이 정리할 수 있다.

정석 사고

두 확률변수의 독립성 개념

두 확률변수 X, Y의 결합분포에서 모든 (x, y)에 대하여

$$f(x,\ y)=f_1(x)f_2(y)$$

가 성립할 때 X, Y는 서로 독립이라고 한다.

제4절 정석 통계학 공분산과 상관계수

1. 공분산

만약 두 변수가 독립이 아니라면 변수들 간에 어떤 (선형)연관성(association)이 존재할 것이고, 그 연관성 정도는 높을 수도 있고 낮을 수도 있다. 변수들 간에 존재하는 연관성 정도는 여러 가지 방법에 의하여 측정할 수 있다. 그중 하나가 **공분산**(covariance)인데, 두 변수는 크기가 측정되는 수량변수(metric variable), 즉 **질적 변수**(qualitative variable)가 아닌 **양적 변수**(quantitative variable)여야 한다.

두 변수 간의 선형연관성은 방향성을 갖게 된다. 다시 말해서, 한 변수의 값이 커질 때(작아질 때) 다른 변수의 값도 커지면(작아지면) 두 변수는 양(+)의 연관성이 있고, 반대로 한 변수의 값이 커질 때(작아질 때) 다른 변수의 값이 작아지면(커지면) 두 변수는 음(−)의 연관성이 있다고 한다. 예를 들어 사람들의 키와 몸무게 간에는 양(+)의 연관성이 있고, 흡연량과 기대수명 간에는 음(−)의 연관성이 있다.

이때 두 변수 간의 선형 연관성을 나타내는 척도가 공분산이며 다음과 같이 정의된다. 이러한 공분산은 측정단위에 영향을 받으며, 선형관계의 측도라는 특징을 갖는다.

정석 사고

공분산 정의

두 확률변수 X, Y의 공분산은 모든 (x, y)에 대하여

$$Cov(X, Y) = \sigma_{xy} = E[(X-\mu_x)(Y-\mu_y)],\ \ \mu_x = E(X),\ \mu_y = E(Y)$$

정석 사례연구

다음의 명제가 성립하는지에 대해 설명하시오. 성립하지 않는다면 그 이유를 밝히시오.

"$Cov(X, Y)=0$이면 X와 Y는 독립이다."

해설

독립은 "X, Y의 교집합이 있지만 영향을 주지 않는다"는 의미로서 $Cov(X, Y)\neq 0$이더라도 X와 Y가 독립일 수 있다.

따라서 X, Y가 서로 독립이라면 항상 $Cov(X, Y)=0$이 되지만, 역은 성립하지 않는다.

이상의 공분산은 기댓값의 성질을 이용하여 전개하면 다음과 같은 간편한 계산식을 얻을 수 있다.

정석 사고

공분산의 간편계산식

$$Cov(X, Y) = \sigma_{xy} = E(XY) - \mu_x\mu_y, \quad \mu_x = E(X), \mu_y = E(Y)$$

정석 사례연구

두 이산확률변수 X와 Y의 결합확률분포표가 다음과 같을 때, X와 Y의 공분산은?

X \ Y	−2	0	2
0	$\frac{1}{6}$	$\frac{1}{3}$	$\frac{1}{6}$
1	$\frac{1}{6}$	0	$\frac{1}{6}$

해설

X \ Y	−2	0	2	$f_x(x)$
0	$\frac{1}{6}$	$\frac{1}{3}$	$\frac{1}{6}$	$\frac{2}{3}$
1	$\frac{1}{6}$	0	$\frac{1}{6}$	$\frac{1}{3}$
$f_y(y)$	$\frac{1}{3}$	$\frac{1}{3}$	$\frac{1}{3}$	1.0

각 확률변수의 기댓값을 구해보면

$$E(X) = \sum_{x=1}^{2} xf_X(x) = (0 \times 2/3) + (1 \times 1/3) = 1/3$$

$$E(Y) = \sum_{y=-1}^{1} yf_Y(y) = (-2 \times 1/3) + (0 \times 1/3) + (2 \times 1/3) = 0$$

공분산의 간편계산식은

$Cov(X, Y) = \sigma_{xy} = E(XY) - \mu_x\mu_y, \quad \mu_x = E(X), \quad \mu_y = E(Y)$

$Z=XY$라 하면 Z가 취할 수 있는 값은 −2, 0, 2이며 Z의 확률분포는 다음과 같다.

Z	−2	0	2	계
$P(Z=z)$	$\frac{1}{6}$	$\frac{2}{3}$	$\frac{1}{6}$	1

따라서 $cov(X, Y)=E(XY)=-2\times(1/3)+2\times(1/3)=0$

두 변수 X, Y가 서로 어떤 선형 패턴(pattern)을 보여주는가를 나타내는 공분산에서 부호가 갖는 의미는 다음과 같다.

정석 사고

공분산 부호의 의미

① $cov(X, Y)>0$이면 X가 증가(감소)할 때 Y도 증가(감소), 양의 선형관계 존재
② $cov(X, Y)<0$이면 X가 증가(감소)할 때 Y는 감소(증가), 음의 선형관계 존재
③ $cov(X, Y)=0$이면 두 변수는 아무런 상관이 없음,
즉, X, Y는 독립이며 선형관계가 존재하지 않음.

공분산이 양(+)의 값을 가지는 경우 많은 관측값들은 1사분면과 3사분면에 분포하게 된다 (그림 3-4 참조).

그림 3-4 양의 공분산

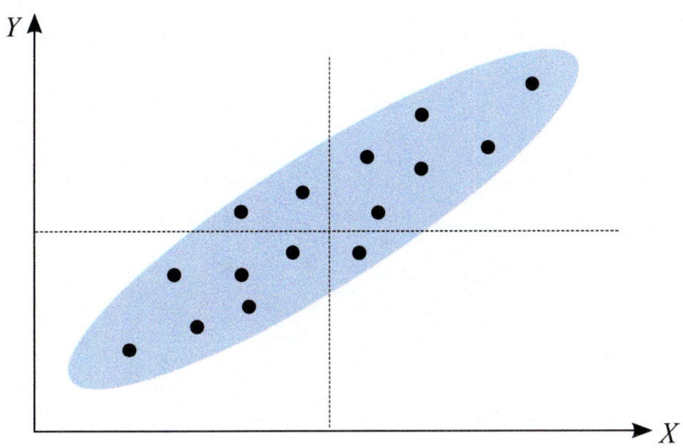

공분산이 음(−)의 값을 가지는 경우 많은 관측값들은 2사분면과 4사분면에 분포하게 된다(그림 3-5 참조).

제1편
제2편
제3편
제4편

그림 3-5 음의 공분산

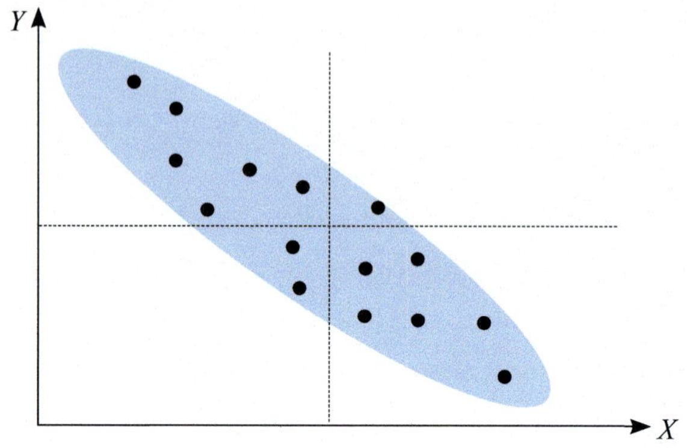

공분산이 0의 값, 즉 관측값들이 4개 면에 균일하게 분포되어 있으면 어떤 선형관계도 존재하지 않고 서로 독립이 된다(그림 3-6 참조).

그림 3-6 공분산=0

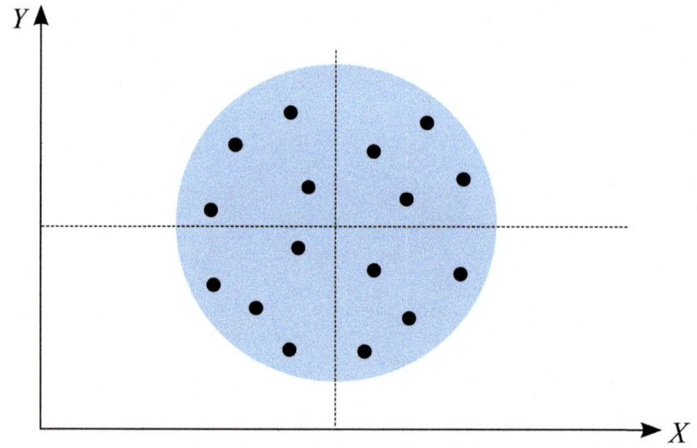

X와 Y가 확률변수이고 a와 b가 상수일 때, 이제까지 학습한 기댓값, 분산, 공분산의 성질을 정리하여 요약하면 다음과 같다.

정석 사고

기댓값, 분산, 공분산의 성질

① $E(aX+b)=aE(X)-b$

② $Var(aX+b)=a^2Var(X)$

③ $Cov(aX,\ bY)=E[(aX-aE(X))(bY-bE(Y))]=E[ab(X-E(X))(Y-E(Y))]$
$=ab\times Cov(X,\ Y)$

④ $Var(X+Y)=Var(X)+Var(Y)+2Cov(X,\ Y)$이고, X와 Y가 독립이면
$Cov(X,\ Y)=0$이 되어
$Var(X+Y)=Var(X)+Var(Y)$가 된다.

⑤ $Var(X-Y)=Var(X)+Var(Y)-2Cov(X,\ Y)$이고, X와 Y가 독립이면
$Cov(X,\ Y)=0$이 되어
$Var(X-Y)=Var(X)+Var(Y)$가 된다.

정석 사례연구

두 확률변수 X와 Y가 서로 독립이고 $E(X)=3$, $E(Y)=2$, $Var(X)=4$, $Var(Y)=2$일 때, 다음 중 성립하지 않는 것은 무엇인지 고르고 이를 설명하시오.

(1) $E(XY)=6$
(2) $E(X^2)>E(Y^2)$
(3) $Var(X-Y)=2$

해설

(1), (2)는 성립하지만, (3)이 성립하지 않는다.

(1) $E(XY)=E(X)E(Y)=3\times 2=6$
(2) $Var(X)=E(X^2)-(E(X))^2>Var(Y)=E(Y^2)-(E(Y))^2$
$\therefore\ Var(X)-Var(Y)>0$이므로
$E(X^2)-E(Y^2)>(E(X))^2-(E(Y))^2>9-4>0$
(3) $Var(X-Y)=Var(X)+Var(Y)=4+2=6$

정석 사례연구

서로 독립인 두 확률변수 X_1과 X_2가 평균이 μ, 분산이 σ^2인 모집단에서 추출한 임의 표본(random sample)일 때, 확률변수 $X_1(X_1+2X_2)$의 기댓값은?

해설

$X_1(X_1+X_2)$의 기댓값은 $E[X_1(X_1+X_2)]=E(X_1^2)+2E(X_1X_2)$이다.

이때, X_1과 X_2는 독립이므로, 즉,
공분산 $Cov(X_1, X_2) = E(X_1X_2) - E(X_1)E(X_2) = 0$이므로

$$E(X_1 X_2) = E(X_1)E(X_2) = \mu^2$$

$$\therefore E[X_1(X_1 + 2X_2)] = E(X_1^2) + 2\mu^2 = Var(X_1) + [E(X_1)]^2 + 2\mu^2 = 3\mu^2 + \sigma^2$$

정석 사례연구

두 확률변수 X와 Y에 대하여 $Var(X+Y) = 6$이고 $Var(X-Y) = 12$일 때, 확률변수 X와 Y의 공분산은?

해설

$Var(X+Y) = Var(X) + Var(Y) + 2Cov(X, Y)$이고, $Var(X-Y) = Var(X) + Var(Y) - 2Cov(X, Y)$
두 식을 더하면

$$2[Var(X) + Var(Y)] = 6 + 12 = 18$$

$$\therefore Var(X+Y) = 6 = Var(X) + Var(Y) + 2Cov(X, Y) = 9 + 2Cov(X, Y)$$

$$\therefore Cov(X, Y) = -3/2 = -1.5$$

정석 사례연구

평균이 0이고, 분산이 1인 확률변수 X에 대해 $Cov(X, 1-2X)$를 구하시오.

해설

$Cov(aX, bY) = ab \times Cov(X, Y)$라는 성질이 존재하므로,
$Cov(X, 1-2X) = -2Cov(X, X) = -2Var(X) = -2$

2. 상관계수

공분산의 경우 두 변수 간 관계의 방향은 알 수 있지만, 관계의 정도는 알 수 없다. 왜냐하면 공분산은 두 변수의 측정단위에 따라 그 값이 달라지기 때문이다. 이러한 문제를 해결하기 위해 측정단위에 관계없이 관계의 정도를 비교할 수 있도록 표준화한 것이 **상관계수**(correlation coefficient)이다. 다만, (모)상관계수는 변수들의 선형관계를 나타내는 것이지, 인과관계를 설명하는 것이 아니며, 상관계수가 0이라 하더라도 변수 간의 비선형적 곡선의 상호 연관성은 존재할 수 있다는 가능성을 배제해서는 안 된다.

공분산을 두 변수 X와 Y의 각 표준편차로 나누면 다음과 같은 (모)상관계수를 구할 수 있다.

정석 사고

상관계수 정의

두 확률변수 X, Y의 상관계수는 모든 (x, y)에 대하여

$$\rho = Corr(X, Y) = \frac{\sigma_{xy}}{\sqrt{\sigma_x^2}\sqrt{\sigma_y^2}} = \frac{E[(X-\mu_x)(Y-\mu_y)]}{\sqrt{E(X-\mu_x)^2}\sqrt{E(Y-\mu_y)^2}},\ \ \mu_x = E(X),\ \ \mu_y = E(Y)$$

정석 사례연구

확률변수 X와 Y의 분산이 각각 16과와 25이고 X와 Y의 공분산은 -10일 때, $2X+5$과 $Y-9$ 사이의 상관계수는?

해설

$$\begin{aligned} Corr(2X+5, Y-9) &= \frac{Cov(2X+5, Y-9)}{\sqrt{Var(2X+5)}\sqrt{Var(Y-9)}} \\ &= \frac{2Cov(X, Y)}{\sqrt{4Var(X)}\sqrt{Var(Y)}} \\ &= \frac{2Cov(X, Y)}{2\sqrt{Var(X)}\sqrt{Var(Y)}} \\ &= -\frac{10}{4\times 5} = -0.5 \end{aligned}$$

정석 사례연구

두 확률변수 X와 Y의 표준편차는 각각 σ_x와 σ_y이고 X와 Y의 상관계수가 0.6일 때, $Var\left(\frac{X}{\sigma_x} - \frac{Y}{\sigma_y}\right)$의 값은? (단, $\sigma_x>0$이고 $\sigma_y>0$이다.)

해설

$Var(X-Y) = Var(X) + Var(Y) - 2Cov(X, Y)$이므로

$$Var\left(\frac{X}{\sigma_x} - \frac{Y}{\sigma_y}\right) = \frac{1}{\sigma_x^2}Var(X) + \frac{1}{\sigma_y^2}Var(Y) - 2\frac{1}{\sigma_x\sigma_y}Cov(X, Y)$$

따라서

$$Var\left(\frac{X}{\sigma_x} - \frac{Y}{\sigma_y}\right) = 1 + 1 - 2\times 0.6 = 0.8 \qquad (\because r = \frac{cov(X, Y)}{\sigma_x\sigma_y})$$

정석 사례연구

다음은 두 확률변수 X와 Y의 상관계수 ρ에 대한 설명인데, 빈 칸을 채우시오.

① X와 Y가 서로 독립이면 ( )이다.
② ( )이면 $Y=X$이다.
③ $X+1$과 $\frac{Y+2}{2}$의 상관계수는 ( )이다.

해설

① $\rho=0$

$\rho = \frac{Cov(X,Y)}{\sigma_X \sigma_Y}$이기 때문에 X와 Y가 서로 독립이면 $Cov(X, Y)=0$이므로 $r=0$이다.
그러나 역은 성립하지 않는다.

② $\rho=1$

$Y=X$이면 $\rho=1$이지만, $\rho=1$라고 해서 반드시 $Y=X$인 것은 아니다.
예를 들어, $Y=aX+b$인 경우, $Cov(X, Y)=Cov(X, aX+b)=aVar(X)$, $\sigma_X = \sqrt{Var(X)}$,
$\sigma_X = |a|\sigma_X$이므로, $\rho = \frac{Cov(X,Y)}{\sigma_X \sigma_Y} = \frac{aVar(X)}{|a|Var(x)} = 1$, $(a>0)$이다.

③ ρ

임의의 상수 a, b, c, d에 대하여 X, Y의 상관계수는, $a+bX$와 $c+dY$의 상관계수와 $bd>0$일 때는 동일하며, $bd<0$일 때는 부호만 달라진다.

정석 사례연구

확률변수 X와 Y가 다음 조건을 만족할 때, 다음을 계산해보자.

$$E(X)=0, \quad Var(X)=4,$$
$$E(Y)=-2, \quad Var(Y)=8,$$
$$Cov(X,Y)=-5$$

(1) $E(X-5Y)$
(2) $Var(X-Y)$
(3) $Cov(X, X-Y)$
(4) $Corr(3X+3, 2Y-4)$

해설

① $E(X-5Y)=E(X)-5E(Y)=0+(-5\times-2)=10$

② $Var(X-Y)=Var(X)+Var(Y)-2Cov(X,Y)=4+8+(-2\times-5)=22$

③ $Cov(X, X-Y)=Cov(X,X)-Cov(X,Y)=Var(X)-Cov(X,Y)=4+5=9$

④ $Corr(3X+3, 2Y-4) = \frac{Cov(3X+3, 2Y-4)}{\sqrt{Var(3X+3)}\sqrt{Var(2Y-4)}}$

$= \frac{6Cov(X,Y)}{\sqrt{9Var(X)}\sqrt{4Var(Y)}}$

$= \frac{6Cov(X,Y)}{6\sqrt{Var(X)}\sqrt{Var(Y)}}$

$= -\frac{5}{4\sqrt{2}}$

이때 상관관계가 0과 1 사이의 값이면 양(+)의 상관관계, −1과 0 사이의 값이면 음(−)의 상관관계, 0이면 상관관계가 없다는 의미가 아니라 선형의 상관관계가 아니라는 의미이다.

상관계수에는 단순히 두 개의 변수가 어느 정도 강한 관계에 있는가를 측정하는 단순상관분석(simple correlation analysis)이 있고, 3개 이상의 변수들 간의 관계에 대한 강도를 측정하는 다중상관분석(multiple correlation analysis)이 있다. 다중상관분석에서 다른 변수들과의 관계를 고정하고 두 변수만의 관계에 대한 강도를 나타내는 것을 편상관분석(partial correlation analysis)이라고 한다. 그 외에도 순위척도로 측정된 변수의 선형 연관성을 나타내는 **스피어만의 순위상관계수**(spearman's rank correlation coefficient)나 **켄달의 타우**(kendall's tau) 등을 통해 순위에 대한 상관분석을 실시할 수 있다.

상관계수의 경우 모집단(population)과 표본(sample)의 상관계수를 엄격히 구분하고 있다. 모상관계수는 상수인 반면, 표본상관계수는 변수이다. 그러나 모집단에서 어떤 표본이 추출되느냐에 따라 표본상관계수는 달라진다. **표본상관계수**는 표본공분산을 각각의 표본표준편차로 나누어 표준화한 값을 나타내며 'r'로 표기한다. 표본상관계수는 피어슨(Karl Pearson)에 의하여 제안되었기 때문에 '피어슨의 표본상관계수'라고도 한다.

정석 사고

표본상관계수 정의

두 확률변수 X, Y의 표본상관계수는

$$r(X,Y) = \frac{\sum(x_i-\bar{x})(y_i-\bar{y})}{\sqrt{\sum(x_i-\bar{x})^2}\sqrt{\sum(y_i-\bar{y})^2}}$$

두 변수의 선형(직선) 관계 정도를 나타내는 표본상관계수는 다음과 같은 특징이 있다.

(1) 표본상관계수(r)는 항상 −1과 1 사이에 있다.

(2) 표본상관계수의 절댓값의 크기는 선형(직선)관계에 가까운 정도를 나타내고, 표본상관계수의 부호는 선형(직선)관계의 방향을 나타낸다.

정석 사고

표본상관계수 부호와 산점도

① $r>0$: 산점도에서 점들이 우상향의 형태
② $r<0$: 산점도에서 점들이 우하향의 형태
③ $r=1$: 모든 점들이 기울기가 양수인 직선상에 위치
④ $r=-1$: 모든 점들이 기울기가 음수인 직선상에 위치

일반적으로 표본상관계수의 크기에 따라 다음과 같이 해석한다.

정석 사고

표본상관계수의 크기와 해석

① 0.2 이하 상관관계 거의 없음
② 0.2~0.4 낮은 상관관계
③ 0.4~0.6 보통 관계
④ 0.6~0.8 높은 상관관계
⑤ 0.8 이상 매우 높은 상관관계

이상에서 설명한 표본상관계수 r에 대한 특징을 요약하여 정리하면 다음과 같다.

정석 사고

표본상관계수 특징

① 상관계수가 1 또는 −1이면 완전한 선형관계에 있으며 산점도를 그렸을 때 모든 관측값이 일직선상에 있게 된다. r이 −1인 경우 완전한 음의 선형관계에 있으며 모든 관측값은 산점도상에서 일직선 위에 있다.
② 상관계수, 공분산의 부호는 항상 동일하다. 따라서 상관계수 r이 양수이면 공분산도 양수이다.

정석 사례연구

다음과 같은 산점도를 갖는 각 관측값들의 표본상관계수를 작은 것부터 순서대로 바르게 나열해 보시오.

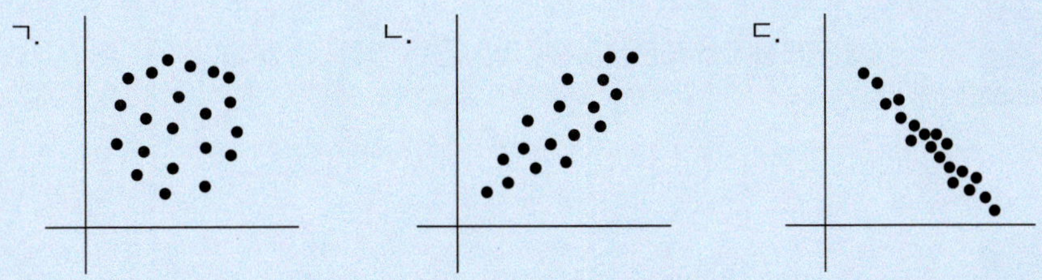

해설

ㄱ. 중심점을 중심으로 관측값들이 무작위로 분포되어 있기 때문에 표본상관계수 r은 0에 가깝다.

ㄴ. 관측값들이 양의 기울기를 보이면서 일직선에 가깝게 분포되어 있어 r은 1에 가깝다.

ㄷ. 관측값들이 음의 기울기를 갖는 직선상에 근접하여 분포되어 있기 때문에 r은 -1에 가깝다.

따라서 표본상관계수 r을 작은 크기순으로 나열하면 "ㄷ<ㄱ<ㄴ"이 된다.

정석 사례연구

다음은 표본상관계수 r에 대한 설명을 제시한 것이다. 빈 칸을 채우시오.

① r가 -1이면 산점도에서 모든 관측값은 (　) 위에 있다.
② r가 -0.5이면 단순회귀분석에서 (　)는 0.25이다.
③ r가 양수이면 단순회귀분석에서 (　)도 양수이다.
④ X가 설명변수(또는 독립변수), Y가 반응변수(또는 종속변수)인 절편이 있는 단순선형회귀모형에서 얻은 결정계수는 (　)와 같다.

해설

① 일직선

상관계수가 1 또는 -1이면 완전한 선형관계에 있으며 산점도를 그렸을 때 모든 관측값이 일직선상에 있게 된다. r가 -1인 경우 완전한 음의 선형관계에 있으며 모든 관측값은 산점도상에서 일직선 위에 있다.

② 결정계수

절편이 존재하는 단순회귀분석에서 상관계수의 제곱이 결정계수가 된다. 따라서 r이 -0.5이면 단순회귀분석에서 결정계수는 0.25가 된다.

③ 기울기의 추정값

상관계수, 공분산, 단순회귀분석에서 기울기의 부호는 항상 동일하다. 따라서 상관계수 r가 양수이면 단순회귀분석에서 기울기의 추정값도 양수이다.

④ r^2

단순회귀모형에서 표본상관계수의 제곱은 결정계수가 된다.

정석 사례연구

두 확률변수 X와 Y에 대한 관측 쌍 $(x_1,\ y_1)$, $(x_2,\ y_2)$, $\cdots$, $(x_{10},\ y_{10})$으로부터 계산된 통계량이 다음과 같을 때, 표본상관계수(Sample Correlation Coefficient)는?

$$\sum_{i=1}^{10}(x_i-\overline{x})^2=16,\ \sum_{i=1}^{10}(y_i-\overline{y})^2=25,\ \sum_{i=1}^{10}(x_i-\overline{x})(y_i-\overline{y})=9$$

해설

표본상관계수 $r=\dfrac{\sum(x_i-\overline{x})(y_i-\overline{y})}{\sqrt{\sum(x_i-\overline{x})^2}\sqrt{\sum(y_i-\overline{y})^2}}$이다.

$\therefore r=\dfrac{9}{\sqrt{16}\sqrt{25}}=0.45$

정석 사례연구

두 변수 X와 Y에 대한 10개의 관측쌍 $(x_1,\ y_1)$, $(x_2,\ y_2)$, $\cdots$, $(x_{10},\ y_{10})$에 대하여 x_i와 y_i를 다음과 같이 표준화하였다.

$$z_{1i}=\frac{x_i-\overline{x}}{s_x},\quad z_{2i}=\frac{y_i-\overline{y}}{s_y},\ i=1,\ 2,\ \cdots,\ 10$$

$\sum_{i=1}^{10}z_{1i}z_{2i}=0.3$일 때, X와 Y의 표본상관계수는 어떻게 계산될까?

단, $\overline{x}=\sum_{i=1}^{10}x_i/10,\ \overline{y}=\sum_{i=1}^{10}y_i/10,\ s_x=\sqrt{\sum_{i=1}^{10}(x_i-\overline{x})^2/9},\ s_y=\sqrt{\sum_{i=1}^{10}(y_i-\overline{y})^2/9}$

해설

표본상관계수는

$$r = \frac{\sum (x_i - \overline{x})(y_i - \overline{y})}{\sqrt{\sum (x_i - \overline{x})^2}\sqrt{\sum (y_i - \overline{y})^2}}$$

$$\sum_{i=1}^{10} z_{1i} z_{2i} = \frac{\sum_{i=1}^{10}(x_i - \overline{x})(y_i - \overline{y})}{s_x s_y} = \frac{\sum_{i=1}^{10}(x_i - \overline{x})(y_i - \overline{y})}{\sqrt{\sum_{i=1}^{10}(x_i - \overline{x})^2/9}\sqrt{\sum_{i=1}^{10}(y_i - \overline{y})^2/9}} = 9r = 0.3$$

$$\therefore r = \frac{1}{30} \fallingdotseq 0.033$$

심화통계

1. 확률질량함수

(1) 개념

이산확률변수 X가 취할 수 있는 값 x_1, x_2, x_3, …의 각각에 대해서 확률 $P\{X=x_1\}$, $P\{X=x_2\}$, $P\{X=x_3\}$…를 대응시켜주는 관계를 X의 확률질량함수(probability mass function) 또는 확률분포라고 함

$$f(x) = \begin{cases} P(X = x_i) & x = x_i \text{ 일 때} (j = 1, 2, \ldots) \\ 0 & \text{기타} \end{cases}$$

→ 함수 f는 확률변수 X의 확률질량함수

(2) 확률질량함수의 성질

이산확률변수의 경우, 이산확률변수 X의 확률질량함수 $f(x_j)=P\{X=x_j\}$에 대하여 다음이 성립함

① $f(x_j) \geq 0,\ \sum_{j=1}^{\infty} f(x_j) = 1$

② $P(a < X \leq b) = \sum_{a<x_j\leq b} f(x_j)$

(3) 확률밀도함수의 성질

연속확률변수의 경우 확률변수 X가 어떤 구간 $|l,\ u|$의 모든 값을 취하고, 이 구간 위에서의 함수 $f(x)$가

① $f(x) \geq 0,\ \int_l^u f(x)dx = 1$

② $P\{a \leq X \leq b\} = \int_a^b f(x)dx$ (단, $l \leq a < b \leq u$)

를 만족할 때, 확률변수 X를 연속확률변수라고 하며, 함수 $f(x)$를 X의 확률밀도함수(probability density function)라고 함

③ X가 연속확률변수일 때 다음이 성립

- 임의의 x에 대해서 $P\{X=x\}=0$
- $P(a \leq X \leq b\} = P\{a \leq X < b\} = P\{a < X \leq b\} = P\{a < X < b\}$

2. 확률변수

(1) 확률변수의 평균

확률변수 X의 확률질량함수 또는 확률밀도함수를 $f(x)$라고 할 때,

$$E(X)=\begin{cases}\sum_{i=1}^{\infty} x_i f(x_i) & (\text{이산확률변수}) \\ \int_l^u x f(x)\,dx & (\text{연속확률변수})\end{cases}$$

(2) 확률변수의 함수의 기댓값

확률변수 X의 확률질량함수 또는 확률밀도함수를 $f(x)$라고 할 때,

$$E[g(X)]=\begin{cases}\sum_{i=1}^{\infty} g(x_i) f(x_i) & (\text{이산확률변수}) \\ \int_l^u g(x) f(x)\,dx & (\text{연속확률변수})\end{cases}$$

(3) 기댓값의 성질

① $E(aX+b)=aE(X)+b$ (a, b는 상수)

② $E[c_1 g_1(x)+c_2 g_2(X)]=c_1 E[g_1(X)]+c_2 E[g_2(X)]$ (c_1, c_2는 상수)

(4) 확률변수의 분산과 표준편차

X의 평균이 μ일 때,

① $Var(X)=E[(X-\mu)^2]=\begin{cases}\sum (x_i-\mu)^2 f(x_i) & (\text{이산확률변수}) \\ \int (x-\mu)^2 f(x) & (\text{연속확률변수})\end{cases}$

② $sd(X)=\sqrt{Var(X)}=\sqrt{E[(X-\mu)^2]}$

(5) 분산의 간편계산법과 성질

① $Var(X)=E(X^2)-[E(X)]^2$ [2)]

② $E(aX+b)=a^2 Var(X)$ (a, b는 상수)

---

2) $Var(X)=E[(X-\mu)^2]=E[X^2-2\mu X+\mu^2]=E(X^2)-2\mu E(X)+\mu^2=E(X^2)-\mu^2$

3. 확률변수의 결합분포

(1) 두 확률변수의 결합분포

두 개의 확률변수 X와 Y를 생각할 때, 수직선의 두 개의 부분집합 A, B에 대하여 확률 $P\{X \in A, Y \in B\}$를 대응시켜주는 관계를 확률변수 X와 Y의 결합확률분포 또는 결합분포라고 함

예제

서로 다른 동전 A, B, C를 동시에 던지는 실험에서 확률변수 X, Y, Z를 다음과 같이 정의

$$X = \begin{cases} 1 \text{ 동전 } A\text{가 앞면} \\ 0 \ otherwise \end{cases}, \quad Y = \begin{cases} 1 \text{ 동전 } A, B\text{가 앞면} \\ 0 \ otherwise \end{cases}, \quad Z = \begin{cases} 1 \text{ 동전 } B, C\text{가 모두 앞면} \\ 0 \ otherwise \end{cases}$$

- Y와 Z의 각각의 분포는 같은 분포로서 그 분포표는 다음과 같음

취하는 값	0	1
확률	3/4	1/4

- Y와 Z의 각각의 분포가 같다고 해도, 2개의 확률변수들을 동시에 고려하는 경우에 X와 Y의 확률적 관계가 X와 Z의 그것과 반드시 일치하지는 않음

- $X=0$일 때 반드시 $Y=0$이지만, Z가 0, 1일 확률은 3/4, 1/4가 됨
  → 2개의 확률변수를 다룰 때는 이들 각각의 분포를 아는 것만으로는 불충분하고, 결합확률분포(joint probability distribution)의 개념이 필요함
- 결합확률분포

표본공간	HHH	HHT	HTH	HTT	THH	THT	TTH	TTT
X	1	1	1	1	0	0	0	0
Y	1	1	0	0	0	0	0	0
Z	1	0	0	0	1	0	0	0

(2) 결합확률질량함수의 성질

이산확률변수 X와 Y의 결합확률질량함수 $f(x_i, y_j)=P\{X=x_i, Y=y_j\}$에 대해서 다음이 성립

① $f(x_i, y_j) \geq 0, \quad \sum_{i=1}^{\infty}\sum_{j=1}^{\infty} f(x_i, y_j) = 1$

② $P\{a < X \leq b, c < Y \leq d\} = \sum_{a<x_i \leq b} \sum_{c<y_j \leq d} f(x_i, y_j)$

(3) 두 확률변수의 함수의 기댓값

두 확률변수 X, Y의 임의의 함수 U, U_1, U_2에 대하여 다음이 성립함

① $E[U(X, Y)] = \sum_{i=1}^{\infty}\sum_{j=1}^{\infty} U(x_i, y_j)f(x_i, y_j)$ (이산확률변수 경우)

② $E[c_1U_1(X, Y) + c_2U_2(X, Y)] = c_1E[U_1(X, Y)] + c_2E[U_2(X, Y)]$ 단, c_1c_2는 상수

4. 공분산과 상관계수

(1) 공분산과 상관계수

$$Cov(X, Y) = E[(X - \mu_1)(Y - \mu_2)]$$

$$Corr(X, Y) = \frac{Cov(X, Y)}{sd(X)sd(Y)}$$

(2) 공분산의 간편 계산법

$$Cov(X, Y) = E(XY) - E(X)E(Y)$$

(3) 공분산과 상관계수의 성질

① $Cov(aX + b, cY + d) = acCov(X, Y)$

② $Corr(aX + b, cY + d) = \begin{cases} Corr(X, Y) & ac > 0\text{인 경우} \\ -Corr(X, Y) & ac < 0\text{인 경우} \end{cases}$

③ $-1 \le Corr(X, Y) \le 1$

(4) 두 확률변수의 합의 분산

① $Var(X + Y) = Var(x) + Var(Y) + 2Cov(X, Y)$

② $Var(X - Y) = Var(X) + Var(Y) - 2Cov(X, Y)$

5. 두 확률변수의 독립성

(1) 개념

두 확률변수 X, Y의 결합분포에서 모든 (x, y)에 대하여

$f(x, y)=f_1(x)f_2(y)$

가 성립하는 경우 X, Y는 서로 독립이라고 함

(만일 X, Y가 서로 독립이 아니면 서로 종속[dependent]이라고 함)

(2) 성질 : 두 확률변수가 독립인 경우

① $E(XY)=E(X)E(Y)$

② $Cov(X, Y)=0$, $Corr(X, Y)=0$

③ $Var(X\pm Y)=Var(X)+Var(Y)$

제1편 제2편 제3편 제4편

정석 실전문제

1. 모표준편차가 알려져 있는 모집단으로부터 10개의 표본을 임의추출하여 얻은 표본평균의 표준오차는 같은 모집단으로부터 40개의 표본을 임의추출하여 얻은 표본평균의 표준오차의 몇 배인가? (9급 11)

정석힌트 크기 n인 확률표본으로부터 표본평균 $\overline{X}$에 대하여 모평균이 μ이고 모분산이 σ^2이면

$E(\overline{X}) = \mu$

$Var(\overline{X}) = \frac{\sigma^2}{n}$

$s.d.(\overline{X}) = \frac{\sigma}{\sqrt{n}}$

따라서 $\frac{\sigma}{\sqrt{10}} \rightarrow \frac{\sigma}{\sqrt{40}} = \frac{1}{2}\frac{\sigma}{\sqrt{10}}$ 따라서 표본의 크기가 10인 경우에 표본평균의 표준오차인 $\frac{\sigma}{\sqrt{10}}$는 표본크기가 40일 때 표본평균의 표준오차인 $\frac{1}{2}\frac{\sigma}{\sqrt{10}}$보다 2배가 된다.

2. 어떤 음료수 공장에서 생산되는 음료수의 용량은 평균 μ, 분산 16인 확률분포를 따른다고 한다. 이 공장에서 n개의 음료수를 독립적으로 랜덤하게 추출하여 표본평균 $\overline{X}$를 구할 때, $\overline{X}$의 기댓값은 200, 표준편차는 0.2였다. $\mu+n$의 값은? (9급 14)

정석힌트 $E(\overline{X}) = \mu$이므로 $\mu=200$이다.

$Var(\overline{X}) = \frac{\sigma^2}{n}$이므로 $0.2^2=16/n$ $\therefore n=400$

따라서 $\mu+n=200+400=600$

3. 두 이산확률변수 X와 Y의 결합확률분포표가 다음과 같을 때, X와 Y의 공분산은?

(9급 15)

X \ Y	−2	0	2
0	0	$\frac{1}{3}$	0
1	$\frac{1}{3}$	0	$\frac{1}{3}$
합계	$\frac{1}{3}$	$\frac{1}{3}$	$\frac{1}{3}$

정석힌트 결합확률분포는 다음과 같다.

X \ Y	−2	0	2	$f_x(x)$
0	0	$\frac{1}{3}$	0	$\frac{1}{3}$
1	$\frac{1}{3}$	0	$\frac{1}{3}$	$\frac{2}{3}$
$f_y(y)$	$\frac{1}{3}$	$\frac{1}{3}$	$\frac{1}{3}$	1.0

각 확률변수의 기댓값을 구해보면

$$E(X)=\sum_{x=1}^{2} xf_X(x)=(0\times 1/3)+(1\times 2/3)=2/3$$

$$E(Y)=\sum_{y=-1}^{1} yf_Y(y)=(-2\times 1/3)+(0\times 1/3)+(2\times 1/3)=0$$

공분산의 간편계산식은

$Cov(X,Y)=\sigma_{xy}=E(XY)-\mu_x\mu_y,\ \ \mu_x=E(X),\ \ \mu_y=E(Y)$

$Z=XY$라 하면 Z가 취할 수 있는 값은 −2, 0, 2이며 Z의 확률분포는 다음과 같다.

Z	−2	0	2	계
$P(Z=z)$	$\frac{1}{3}$	$\frac{1}{3}$	$\frac{1}{3}$	1

따라서 $E(XY)=-2\times(1/3)+2\times(1/3)=0$

4. 어떤 항아리에 1, 2, 2, 3, 3, 3이 하나씩 적혀 있는 6개의 공이 들어 있다. 이 항아리에서 임의로 하나의 공을 선택할 때, 이 공에 적혀있는 숫자를 확률변수 X라고 하자, 확률변수 $Y=aX+b$의 평균과 분산이 각각 10과 5일 때, $a+b$의 값은? (단, a는 양수이다.) (7급 11)

정석힌트 기댓값과 분산의 성질에 의하여

$E(aX+b)=aE(X)+b$

$Var(aX+b)=a^2Var(X)$

x	1	2	3
$f(x)$	1/6	2/6	3/6

$$E(X)=1\times\frac{1}{6}+2\times\frac{2}{6}+3\times\frac{3}{6}=14/6=7/3$$

$$Var(X)=E(X^2)-E(X)^2=1^2\times\frac{1}{6}+2^2\times\frac{2}{6}+3^2\times\frac{3}{6}-\left(\frac{14}{6}\right)^2=6-(49/9)=5/9$$

$\therefore aE(X)+b=a(7/3)+b=10$

$a^2Var(X)=a^2(5/9)=5$

$\therefore a=3,\ \ b=3$

제2편
확률분포

제4장
이산확률분포

창조적 파괴, 즉 혁신은 자본주의뿐만 아니라
모든 경제발전의 원동력이다.

– 조지프 슘페터 –

제1절 베르누이분포

정석 통계학

앞 장에서는 확률변수의 확률분포와 그 성질을 살펴보았다. 이 장과 다음 장에서는 확률분포를 살펴보는데, 통계적 추론에 자주 사용되고 실제 현상에서도 많이 나타나는 확률분포들은 다음 **그림 4-1**에 나타나 있다.

그림 4-1 확률분포의 분류와 종류

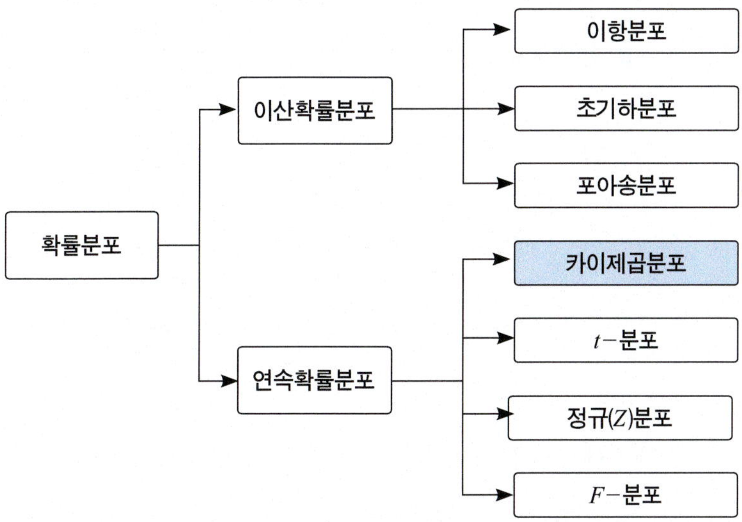

이 장에서는 이산확률분포를 살펴보고 다음 장에서는 연속확률분포를 알아볼 것이다. 이산확률분포의 대표적 확률분포인 이항분포를 살펴보기 위해서는 베르누이분포를 먼저 알아볼 필요가 있다.

어떤 실험이 오직 두 가지의 결과만 가능할 때 이를 **베르누이시행**(Bernoulli trial)이라 한다. 예를 들어 동전을 던질 때 앞면 아니면 뒷면이 가능한 결과이므로 베르누이시행이 된다. 1회의 시행에서 가능한 두 결과는 성공(s)과 실패(f)일 때 **베르누이확률변수**는 다음과 같이 정의할 수 있다.

정석 사고

베르누이확률변수

베르누이시행의 표본공간 (s, f)에서 $Y(s)=1$, $Y(f)=0$인 확률변수를 베르누이확률변수라고 한다. 확률변수 Y가 모수 p(성공확률)을 갖는 베르누이시행을 따를 때 $Y \sim B(1-p)$로 표현한다.

표 4-1 베르누이확률분포

y	0	1
$f(y)$	$1-p$	p

베르누이확률분포가 **표 4-1**과 같을 때 베르누이분포의 평균과 분산은 다음과 같이 구해진다.

$$E(Y) = 0 \times (1-p) + 1 \times p = p$$
$$E(Y^2) = 0^2 \times (1-p) + 1^2 \times p = p$$

따라서 분산은

$$Var(Y) = E(Y^2) - E(Y)^2 = p - p^2 = p(1-p) = pq$$

정석 사례연구

주사위를 한 번 던져서 “1” 또는 “6”의 눈이 나오면 성공이라 하자. 이때, “1” 또는 “6”의 눈이 나오는 사건에 대한 확률분포, 평균, 분산을 구해보자.

해설

① “1” 또는 “6”의 눈이 나올 확률은 1/3이며, 이 경우 1 또는 6이 나오는 확률변수 $X=1$, 나머지 경우에는 $X=0$이다. 따라서 다음과 같은 확률분포를 가진다.

X	0	1
$f(X)$	2/3	1/3

② X의 평균: $\mu = E(X) = 1/3$

X의 분산: $\sigma^2 = \frac{1}{3} \times \frac{2}{3} = \frac{2}{9}$

정석 사례연구

0 또는 1의 값만 가질 수 있는 확률변수 X가 $E(X)=5Var(X)$를 만족할 때 X의 기댓값은? (단, $Var(X)\neq 0$이다.)

해설

베르누이확률변수 X의 평균과 분산은

$E(X)=0\times(1-p)+1\times p=p$

$Var(X)=E(X^2)=E(X)^2=p-p^2=p(1-p)=pq$

$\therefore\ p=5pq \rightarrow q=1/5,\ \ p=4/5$

제2절 이항분포와 초기하분포

정석 통계학

1. 이항분포

일반적으로 베르누이시행을 독립적으로 n회 반복하는 실험을 **이항시행**(binomial trial)이라고 부른다. 이항시행은 다음 조건을 만족시킨다.

정석 사고

이항시행

① n회의 상호독립적인 반복시행으로 이루어진다.
② 각 시행의 결과는 두 가지의 상호배타적인 상태로만 분류된다.
③ 매 시행의 성공확률은 p로 일정하다.

이때 성공확률 p인 베르누이시행이 n번 반복되었을 때 확률변수 X는 **이항분포**(binomial distribution)를 따른다고 한다. n이 충분히 큰 경우 이항분포는 정규분포(normal distribution)로 근사한다.

정석 사고

이항분포

어떠한 실험에서 성공확률이 p인 베르누이시행을 독립적으로 n번 반복 시행했을 때 성공의 횟수를 확률변수 X라 하면, 확률변수 X는 시행횟수 n과 성공확률 p를 모수로 갖는 이항분포를 따른다. 즉

$$X \sim B(n, p)$$

이때 $X=x$에서의 확률질량함수는

$$P(X=x) = b(x; n, p) = {}_nC_x\, p^x (1-p)^{n-x}$$

이다. 이항계수는 다음 **그림 4-2**와 같은 이항계수의 배열을 나타내는 **파스칼의 삼각형**(Pascal's triangle)에서 쉽게 구할 수 있다.

이항계수는 $(p+q)^n$의 전개식의 일반항인데, 이 전개식을 이항정리라고 한다. 즉,

그림 4-2 파스칼의 삼각형과 이항계수

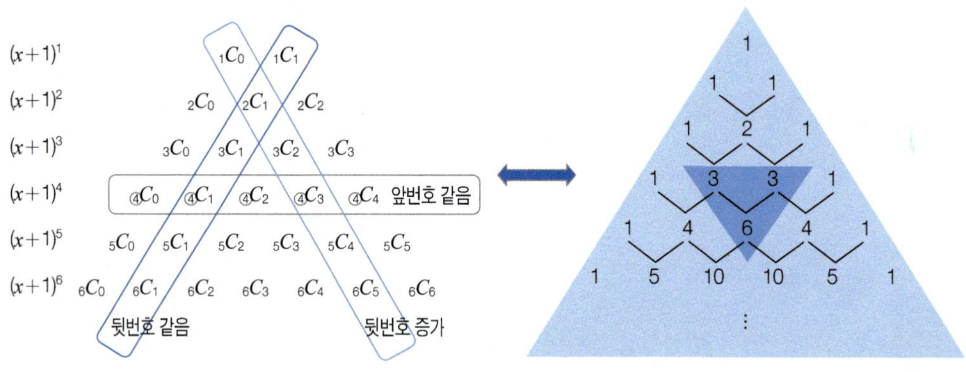

이항분포의 평균과 분산은 다음과 같이 요약하여 정리할 수 있다.

$$(p+q)^n = {}_nC_0 p^n + {}_nC_1 p^{n-1} q^1 + \cdots + {}_nC_n q^n$$

정석 사고

이항분포의 평균과 분산

어떠한 실험에서 성공의 확률이 p인 베르누이시행을 독립적으로 n번 반복 시행했을 때 성공의 횟수를 확률변수 X라 하면, 확률변수 X는 시행횟수 n과 성공의 확률 p를 모수로 갖는 이항분포를 따른다. 이항분포 $B(n, p)$의 평균과 분산은 다음과 같다.

평균$=np$
분산$=np(1-p)=npq$
표준편차$=\sqrt{npq}$

(증명) 베르누이확률변수와 이항분포와의 관계를 보면 $Y_1, Y_2, \cdots, Y_n$을 서로 독립적이고 동일한 성공률 p를 갖는 베르누이확률변수들이라 할 때, $X=Y_1+Y_2+\cdots+Y_n$이라 하면 $X\sim B(n, p)$.

이 성질을 이용하면

$E(X) = E(Y_1) + \cdots + E(Y_n) = np$

$Var(X) = Var(Y_1) + \cdots + Var(Y_n) = npq$

그리고 이항확률변수에 대한 확률의 성질은 다음과 같다.

정석 사고

이항확률분포 확률의 성질

① $P(X \geq a) = \sum_{x=a}^{\infty}(x)$

② $P(X = a) = P(X \leq a) - P(X \leq a-1)$

③ $P(a \leq X \leq b) = P(X \leq b) - P(X \leq a-1)$

④ $P(X \leq a) = 1 - P(X \geq a+1)$

$P(X \geq a) = 1 - P(X \leq a-1)$

정석 사례연구

X가 이항분포 $B(10,\ p)$를 따를 때, $10-X$의 분포를 구해보자.

해설

X가 이항분포 $B(10, p)$를 따를 때,

$$E(X) = 10p,\ \ Var(X) = 10p(1-p)$$

이므로,

$$E(10-X) = 10 - E(X) = 10 - 10p = 10(1-p)$$
$$Var(10-X) = Var(X) = 10p(1-p)$$

이 성립한다. 즉, $10-X$는 이항분포 $B(10, 1-p)$를 따른다.

정석 사례연구

확률변수 X는 시행횟수가 n이고 성공확률이 p인 이항분포를 따른다고 한다. $E(X)=10$이고 $E(X^2)=105$일 때, p의 값은?

해설

$E(X)=np=10$

$Var(X)=E(X^2)-E(X)^2=105-10^2=5$

이므로

$np=10,\ \ np(1-p)=5$

$1-p=\frac{5}{10}=0.5 \quad \therefore p=0.5$

2. 초기하분포

이항분포는 복원추출의 확률처럼 각 시행의 성공확률의 독립성이 보장되고 일정하다. 만약 비복원추출의 경우 각 시행의 성공확률은 독립적이지 않게 된다. 먼저 선택한 추출의 성공확률이 다음 시행의 성공확률에 영향을 미치게 된다. 이때 나타나는 확률분포가 **초기하분포**(hypergeometric distribution)이다.

정석 사고

초기하분포

어떠한 모집단 N(속성 A의 개수=M)에서 크기 n의 표본을 임의추출할 때, 추출된 표본에서 속성 A를 갖고 있는 것의 개수를 X라고 하면 X의 확률분포가 초기하분포이다. 확률변수 X의 값이 x일 경우의 수는 M개 중에서 x개를 뽑고 나머지 $N-M$개 중에서 $n-x$개를 뽑는 경우의 수이므로

$$_{M}C_{x} \cdot {}_{N-M}C_{n-x}$$

가지이며 임의추출의 정의에 따라 각각의 경우가 나타날 확률은 $1/_{N}C_{n}$이므로 다음과 같은 초기하분포의 확률분포를 가진다.

$$P(X=x)=\frac{_{M}C_{x} \cdot {}_{N-M}C_{n-x}}{_{N}C_{n}}$$

비복원 임의추출의 초기하분포의 평균과 분산은 다음과 같다.

정석 사고

초기하분포의 평균과 분산

평균$=np$

분산$=npq\left(\dfrac{N-n}{N-1}\right)$

여기서 주목할 것은 초기하분포의 평균은 이항분포와 동일하지만 초기하분포의 분산은 $\left(\dfrac{N-n}{N-1}\right)$의 비율만큼 이항분포의 분산보다 작아진다. 따라서 비복원추출의 경우에 이항분포를 사용하면 평균에는 문제가 없으나 분산이 과대평가된다. 그러나 n이 커짐에 따라 $\left(\dfrac{N-n}{N-1}\right)$은 1에 접근하므로 이항분포의 분산이 초기하분포의 분산에 접근하게 된다. n이 충분히 클 경우 비복원추출의 경우에도 이항분포를 근사적으로 사용할 수 있다.

초기하분포 H와 이항분포 B의 관계는 다음 **그림 4-3**과 같다.

그림 4-3 초기하분포와 이항분포

$$X \sim H(N, r, n)$$

$$N \to \infty \quad \Big\downarrow \quad p = \frac{r}{N}: \text{일정}$$

$$X \sim B(n, p)$$

정석 사례연구

50개의 마이크로 칩이 들어 있는 상자 안에 4개의 불량품이 섞여 있다고 한다. 이 상자에서 임의로 칩 5개를 선정할 때,

(1) 5개 안에 포함될 불량품의 수(X)에 대한 확률질량함수
(2) 불량품이 한 개 또는 두 개 나올 확률
(3) X의 평균과 분산

해설

(1) $f(x) = \dfrac{\binom{4}{x}\binom{46}{5-x}}{\binom{50}{5}}, \quad x = 0, 1, 2, 3, 4$

X	0	1	2	3	4
$f(X)$	0.64696	0.30808	0.04299	0.00195	0.00002

(2) $P(X=1 \; or \; X=2)=f(1)+f(2)=0.30808+0.04299=0.35107$

(3) $\mu = E(X) = 5 \cdot \frac{4}{50} = 0.4, \;\; \sigma^2 = Var(X) = 5 \cdot \frac{4}{50}\left(1 - \frac{4}{50}\right)\frac{45}{49} = 0.33796$

제3절 포아송분포

우리는 때때로 컨테이너 박스 안의 수입 물품에 포함된 불량품의 수, 어떤 물질에 의하여 방출된 방사능 입자의 수, 어떤 주어진 시간 안에 걸려온 전화의 수 또는 소설책의 한 면당 오자의 수 등과 같이 한정된 단위 시간이나 공간에서 발생하는 사건의 수에 관련되는 확률에 관심을 가지기도 한다. 이때 확률변수는 **포아송분포**(Poisson distribution)를 따른다고 한다.

성공확률 p인 베르누이시행이 n번 반복되었을 때 확률변수 X는 이항분포를 따르는데, 평균 $np=m$으로 일정하게 하고 n을 충분히 크게 하면 다음 근사분포에 따른다.

$$\begin{aligned} nC_x p^x(1-p)^{n-x} &= \frac{1}{x!}n(n-1)\cdots(n-x+1)\left(\frac{m}{n}\right)^x\left(1-\frac{m}{n}\right)^{n-x} \\ &= \frac{m^x}{x!}\left(1-\frac{m}{n}\right)^n\left(1-\frac{m}{n}\right)^{-x}\cdot 1\cdot\left(1-\frac{1}{n}\right)\cdots \end{aligned}$$

이고, $\lim_{n\to\infty}\left[\left(1-\frac{m}{n}\right)^{-\frac{n}{m}}\right]^{-m} \approx e^{-m}$이므로 n이 확률변수의 성공횟수 x에 비해서 충분히 클 때

$$nC_x p^x(1-p)^{n-x} \approx \frac{e^{-m}m^x}{x!}$$

이다. 이처럼 n이 충분히 크고 p가 0에 가까운 경우 이항분포를 따르는 확률변수 X에 대하여 x가 n에 비하여 상당히 작은 0 이상의 정수라면 이항분포의 근사분포로서 다음의 포아송분포를 정의할 수 있다.

정석 사고

포아송분포

$$P(X=x) = \frac{e^{-m}m^x}{x!}(x=0, 1, \cdots)$$

평균$=m$
분산$=m(m\geq 0)$

포아송분포는 모수(m)가 클수록 기댓값이 커짐과 동시에 기댓값을 중심으로 퍼지는 정도도 넓어지며, 외형은 종 모양에 근접한다. 포아송분포 P와 이항분포 B의 관계는 다음 **그림 4-4** 와 같다.

그림 4-4 포아송분포와 이항분포

$$X \sim B(n, p)$$

$n \to \infty$ ↓ $\mu = np$: 일정

$$X \sim P(\mu)$$

정석 사례연구

10개들이 CD 1묶음에 평균 0.15개의 결함이 있으며, 결함이 있는 CD의 수는 포아송분포에 따른다. CD 10 묶음에 대하여

(1) 결함이 있는 CD가 2개일 확률

(2) 적어도 2개 이상의 CD에 결함이 있을 확률

해설

(1) CD 1묶음에 평균 0.15개의 결함이 있으므로, 10묶음에는 평균 1.5개 결함 있는 CD의 수: $X \sim P(1.5)$

X의 확률질량함수: $f(x) = \frac{1.5^x}{x!} e^{-1.5}, \quad x = 0, 1, 2, \cdots$

구하고자 하는 확률: $P(X = 2) = \frac{1.5^2}{2!} e^{-1.5} = 0.251$

(2) $P(X \geq 2) = 1 - P(X \leq 1) = 1 - f(0) - f(1)$

$$= 1 - \frac{1.5^0}{0!} e^{-1.5} - \frac{1.5^1}{1!} e^{-1.5}$$

$$= 1 - (0.223 + 0.335) = 0.442$$

정석 사례연구

어떤 보험회사의 조사에 따르면 어느 특수한 병으로 인하여 한 사람이 1년 동안에 사망할 확률이 0.000001이다. 만약 이 회사의 보험가입자가 백만 명이라면 어느 1년 동안에 그 특수한 병으로 사망할 사람에게 보험금이 지급되는 건수가 5건 이상일 확률은?

해설

n=1,000,000, p=0.000001에 대한 이항분포의 근사분포인 포아송분포를 이용한다. $m=np=10$이므로 다음과 같이 표에서 구할 수 있다.

$$P(X \geq 5) = 1 - P(X \leq 4) = 1 - 0.996 = 0.004$$

이 사례연구나 어느 지역의 1일 교통사고 사망자수에서처럼 단위공간이나 단위시간에서 드물게 일어나는 사건의 횟수 등에 유용하게 사용된다.

정석 사례연구

어느 제품이 불량일 확률은 0.1이고, 각 제품이 불량일 사건은 서로 독립이다. 각 상자가 2개의 제품으로 구성되어 있을 때, 20개의 상자 중 불량품을 적어도 하나 포함하는 상자 수의 기댓값은?

해설

한 상자에 불량품이 포함되어 있을 확률은 ${}_2C_1(0.1)^1(0.9)^1 + {}_2C_2(0.1)^2(0.9)^0 = 0.18 + 0.01 = 0.19$가 된다.

20개의 상자 중에서 불량품이 포함되어 있는 상자 수는 이항분포인 $B(20,\ 0.19)$를 따르게 되므로 기댓값은 $20 \times 0.19 = 3.80$이다.

정석 사례연구

어떤 사람이 5분당 평균 3건의 문자메시지를 받는다. 이 사람이 1시간 동안 받은 문자메시지의 수가 포아송분포를 따르는 확률변수 X일 때, X의 변동계수(Coefficient of Variation)는? (단, 변동계수의 단위는 백분율(%)이다.)

해설

변동계수는

$$v = \frac{\text{표준편차}}{\text{평균}} = \frac{S}{\overline{X}}$$

포아송분포는

평균$=m$

분산$=m(m \geq 0)$

1시간당 메시지수 x의 평균은 $m=$(60분당 x)$=$(5분당 3)$\times 12 =$(60분당 36)

따라서 $v = \dfrac{\text{표준편차}}{\text{평균}} = \dfrac{\sqrt{36}}{36} = \dfrac{1}{6} \quad \dfrac{\sqrt{36}}{36} = \dfrac{6}{36} = \dfrac{1}{6}$

정석 사례연구

어느 도시에서 시행하고 있는 승용차 요일제에 등록된 자동차의 연간 운휴일 위반 횟수는 평균이 2인 포아송분포를 따른다고 한다. 승용차 요일제 준수를 독려하기 위해 1년 동안 운휴일 위반이 없는 자동차에 대해 다음 해의 자동차세를 추가로 감면하려고 한다. 다음 해의 추가 감면 대상 승용차의 비율이 포함되는 구간은? (단, 자연상수 e는 약 2.7이다.)

해설

승용차 등록제에서 등록된 자동차의 연간 운휴일 위반 횟수(X)는 평균이 2라고 했으므로 X는 포아송분포를 따르며 $m=2$이다. 평균$=m$, 분산$=m$이다.

운휴일 위반이 없는 자동차는 $X=0$인 경우로 포아송확률밀도함수를 이용하면 다음과 같이 구할 수 있다.
$P(X=0)=\frac{e^{-m}m^{x}}{x!}=\frac{e^{-2}2^{0}}{0!}=e^{-2}=2.7^{-2}=\frac{1}{(2.7)^{2}}=\frac{1}{7.29}$으로 $\frac{1}{9}\sim\frac{1}{4}$ 사이에 포함된다.

제4절 기하분포

정석 통계학

현실에서 첫 번째 성공할 때까지 몇 번을 실행해보아야 하는가에 관심이 있을 때가 있다. 만약 첫 번째 성공할 때까지의 시행횟수를 X로 정의하면 확률변수 X는 **기하분포**(geometric distribution)를 따른다고 한다. 이항분포는 시행횟수가 정해져 있지만 기하분포는 시행횟수에 제한이 없다는 점이 다르다.

항상 마지막 시행에서 1회 성공하므로 성공확률은 p이며 이때 기하분포의 확률은

$$P(X=x)=(1-p)^{x-1}p=pq^{x-1}$$

그림 4-5 기하분포

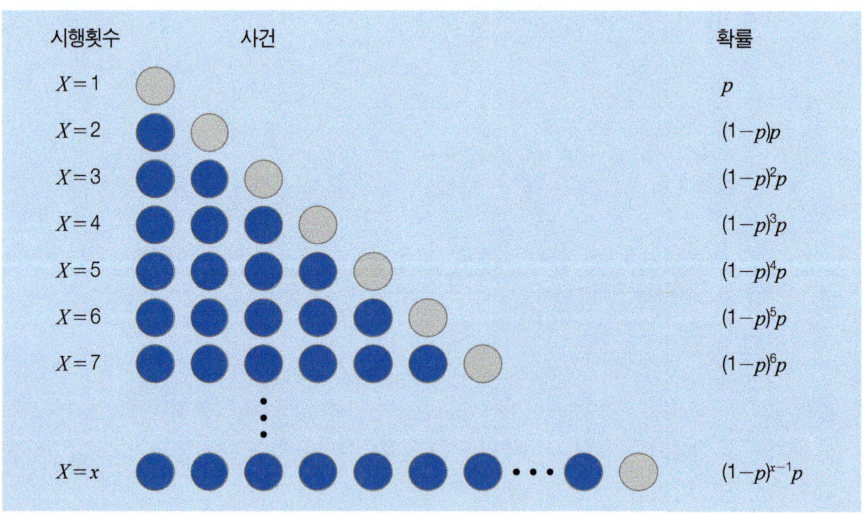

이러한 이유로 기하분포를 이산기대시간분포라고도 하며 기하분포에서 확률변수의 평균과 분산은

$$
\begin{aligned}
m = E(X) &= \sum xf(x) = \sum xpq^{x-1} = p\sum xq^{x-1} \\
&= p\sum_{x=1}^{\infty}\frac{d}{dq}(q^x) = p\frac{d}{dq}\left(\sum_{x=1}^{\infty}q^x\right) \\
&= p\frac{d}{dq}\left(\frac{q}{1-q}\right) = \frac{p}{(1-p)^2} \\
&= \frac{1}{p}
\end{aligned}
$$

$$
\begin{aligned}
s^2 = Var(X) &= E(X^2) - E(X)^2 = E[X(X-1)] + E(X) - E(X)^2 \\
&= \frac{2q}{p^2} + \frac{1}{p} - \left(\frac{1}{p}\right)^2 \\
&= \frac{q}{p^2}
\end{aligned}
$$

정석 사고

기하분포

$$P(X = x) = (1-p)^{x-1}p = pq^{x-1}$$

평균$=1/p$

분산$=q/p^2$

정석 사례연구

"1"의 눈이 나올 때까지 반복해서 던지는 실험을 할 때 확률변수 X를 처음 "1"의 눈이 나올 때까지 시행한 횟수라고 할 때 다음을 구해보자.

(1) X의 확률질량함수

(2) X의 평균과 분산

(3) 세 번째에서 처음으로 "1"의 눈이 나올 확률

해설

(1) 주사위 1개를 던져서 "1"의 눈이 나올 확률은 1/6이므로 $X \sim G(1/6)$

X의 확률질량함수:

$$f(x) = \frac{1}{6}\cdot\left(\frac{5}{6}\right)^{x-1}, \quad x = 1, 2, 3, \cdots$$

(2) X의 평균: $\mu = 1/p = \dfrac{1}{1/6} = 6$

X의 분산: $\sigma^2 = q/p^2 = \dfrac{5/6}{(1/6)^2} = 30$

(3) $P(X=3) = f(3) = \dfrac{1}{6}\cdot\left(\dfrac{5}{6}\right)^{3-1} = \dfrac{25}{216} = 0.1157$

정석 사례연구

어느 공장에서 생산되는 제품의 불량률이 5%라고 한다. 이 공장에서 생산되는 제품을 임의로 추출하여 추출된 순서대로 조사할 때 10번째 제품이 첫 번째 불량품일 확률은?

해설

불량률이 q=0.05일 때 합격률 $p=1-q$=0.95가 된다. 10번째 제품이 첫 번째 불량품일 확률은 처음 추출된 제품부터 9번째 제품까지는 모두 양품이고 10번째 추출된 제품만 불량품이 나와야 한다. 따라서 이를 구하면 $0.95^9 \times 0.05$이다.

앞의 4절에 걸쳐 여러 가지 형태의 이산확률분포를 살펴보았다. 지금까지의 분포형태에 대한 확률밀도함수, 평균, 분산을 요약하여 정리하면 다음 **표 4-2**와 같다.[3)]

표 4-2 이산확률분포의 유형과 유형별 평균 및 분산

확률분포	확률변수의 의미	확률밀도함수	평균	분산
베르누이분포	한 번 시행할 때의 성공 여부	$p^x(1-p)^{1-x}$	p	$p(1-p)$
이항분포	n번 시행할 때의 성공횟수	$\binom{n}{x}p^x(1-p)^{n-x}$	np	$np(1-p)$
초기하분포	n번 비복원추출할 때의 성공횟수	$\dfrac{\binom{D}{x}\binom{N-D}{n-x}}{\binom{N}{n}}$	$np\left(p=\dfrac{D}{N}\right)$	$np(1-p)\cdot\left(\dfrac{N-n}{N-1}\right)$
포아송분포	단위시간 혹은 단위공간에서의 희귀한 성공의 횟수	$\dfrac{e^{-m}\cdot m^x}{x!}$	m	m
기하분포	처음 성공할 때까지의 시행횟수	$(1-p)^{x-1}\cdot p$	$\dfrac{1}{p}$	$\dfrac{1-p}{p^2}$

3) 정운찬 · 전성인, 《통계학》, 경문사, 1998, p. 96.

심화통계

1. 베르누이시행

(1) 개념

① 시행의 결과는 일반적으로 '성공(s)'과 '실패(f)'로 나타내는 경우, 표본공간은 $S=\{s, f\}$임

② 성공의 확률(성공률)을 $p=P(s)$, 실패의 확률을 $q=P(f)$로 나타내며 따라서 $p\geq 0$, $q\geq 0$, $p+q=1$이 됨

(2) 베르누이확률변수

베르누이시행의 표본공간 $\{s, f\}$에서 $Y(s)=1$, $Y(f)=0$인 확률변수를 베르누이확률변수라고 함

(3) 베르누이확률분포

y	0	1
$f(y)$	$1-p$	p

① 평균$=p$

② 분산$=pq$

- $E(Y)=1\times p+0\times(1-p)=p$
- $E(Y^2)=1^2\times p+0^2\times(1-p)=p$
- $Var(Y)=E(Y^2)-[E(Y)]^2=p-p^2=p(1-p)=pq$

2. 이항분포

(1) 개념

시행횟수 n이고 성공확률 p일 때,

$$P(X=x)=b(x:n, p)=\binom{n}{x}p^x(1-p)^{n-x}$$

$x=0, 1, \cdots, n$

- $b(x:n, p)$에서 $\binom{n}{x}$를 이항계수(binomial coefficient)라고 하며, $(a+b)^n$의 이항전개식에서 계수에 해당
- $(a+b)^n=a^n+\binom{n}{1}a^{n-1}b+\cdots+\binom{n}{x}a^{n-x}b^x+\ldots+b^n$의 계수임

(2) 평균과 분산

시행횟수 n, 성공률 p인 이항분포

① 평균=np

② 분산=$np(1-p)=npq$

③ 표준편차=$\sqrt{np(1-p)}=\sqrt{npq}$

3. 초기하분포

(1) 개념

$$P(X=x)=\frac{\binom{M}{x}\binom{N-M}{n-x}}{\binom{N}{n}},\ n-x \le N-m,\ x \le n,\ x \le M$$

단, $n \le N$(N=모집단의 크기, M=모집단에서 속성 A를 갖는 것의 개수, n=표본의 크기, X=표본에서 속성 A를 갖는 것의 개수)

(2) 초기하분포의 평균과 분산

① 평균=np, 단 $p=\frac{M}{N}$

② 분산=$npq\left(\frac{N-n}{N-1}\right)$, 단, $q=1-p$

→ 초기하분포에서 만일 $p=\frac{M}{N}(0<p<1)$가 일정한 상수가 되고, 모집단의 크기 N을 무한히 크게 하면, X의 분포는 점차적으로 이항분포에 가까워짐

예제

흰 공 3개와 빨간 공 2개가 들어 있는 주머니에서 랜덤하게 2개를 뽑는 경우에 X=빨간 공의 개수로 정의할 때, 초기하분포의 경우 X가 취할 수 있는 값의 확률을 계산하여라.

풀이

① X는 N=5, M=2, n=2인 초기하분포를 따름

② X는 0, 1, 2의 값을 취할 수 있음

③ $P\{X=0\}=\frac{\binom{2}{0}\binom{3}{2}}{\binom{5}{2}}=\frac{3}{10}=0.3$

$$P\{X=1\}=\frac{\binom{2}{1}\binom{3}{1}}{\binom{5}{2}}=\frac{6}{10}=0.6$$

$$P\{X=2\}=\frac{\binom{2}{2}\binom{3}{0}}{\binom{5}{2}}=\frac{1}{10}=0.1$$

4. 포아송분포

(1) 개념

$$P(X=x)=\frac{e^{-m}m^x}{x!}(x=0,1,2,\cdots)$$

① 확률변수 X의 확률질량함수가 $P(X=x)=\dfrac{e^{-m}m^x}{x!}(m>0)$일 때, X가 포아송분포를 따른다고 함

→ 확률변수 X가 모수 (혹은 평균) m인 포아송분포를 따를 때, $X \sim p(m)$라고 나타냄

② 단위시간이나 단위공간에서 희귀하게 일어나는 사건의 횟수 등에 유용하게 사용

[예] 단위시간 내 전화신청 횟수, 단위길이의 철선 결함 수, 어느 지역의 1일 교통사고 사망자 수, 타이프된 보고서의 페이지당 오탈자 수 등

(2) 도출

① 포아송분포는 이항분포의 근사분포로서 정의 가능

② 이항분포 $B(n, p)$에서 평균 $np=m$으로 일정하게 하고, n을 충분하게 크게 하는 경우 근사분포

$$\begin{aligned}\binom{n}{x}p^x(1-p)^{n-x}&=\frac{1}{x!}n(n-1)\cdots(n-x+1)\left(\frac{m}{n}\right)^x\left(1-\frac{m}{n}\right)^{n-x}\\&=\frac{m^x}{x!}\left(1-\frac{m}{n}\right)^n\left(1-\frac{m}{n}\right)^{-x}\cdot 1\cdot\left(1-\frac{1}{n}\right)\cdots\left(1-\frac{x-1}{n}\right)\end{aligned}$$

이고 n이 충분히 클 경우에

$\left(1-\dfrac{m}{n}\right)^n \backsimeq e^{-m}$이므로 $\dbinom{n}{x}p^x(1-p)^{n-x} \backsimeq \dfrac{e^{-m}m^x}{x!}$이 성립

③ n이 충분히 크고, p가 0에 가까운 경우에, 이항분포 $B(n, p)$를 따르는 확률변수 X에 대해서 x가 n에 비하여 상당히 작은 0 이상의 정수라면 다음의 근사관계가 성립

$$P(X=x)\backsimeq\frac{e^{-m}m^x}{x!}$$

(3) 이항분포와 포아송근사

① 이항분포 $B(n, p)$에서 n이 충분히 크고, p가 0에 가까운 경우, 이항분포는 포아송분포로 근사시킬 수 있음

② [예] $m=np=2$일 경우, 여러 가지 n, p 값에 대한 이항분포의 확률과 포아송분포의 확률을 비교하면 다음과 같음

	n	p	$P(X=0)$	$P(X=4)$
이항분포	10	0.2	0.1074	0.0881
	20	0.1	0.1216	0.0898
	50	0.04	0.1299	0.0902
	100	0.02	0.1326	0.0902
포아송분포	$m=2$		0.1353	0.0902

(4) 평균과 분산

① 평균$=m$

② 분산$=m$ (단, $m>0$)

정석실전문제

1. 어느 공장에서 하루 동안 생산되는 부품의 개수가 500개이고 부품의 불량률은 10%이며 하루 동안 발생하는 불량 부품의 개수는 이항분포를 따른다고 한다. 이 공장에서 하루 동안 발생하는 불량 부품의 개수가 40개보다 많게 될 확률은? (9급 11)

정석힌트 확률변수 $X \sim B(n, p)$에 따르면

$E(X)=np$

$Var(X)=npq$

따라서

$$P(X > 40) = P\left(\frac{X-\mu}{\sigma} > \frac{40-\mu}{\sigma}\right) = P\left(Z > \frac{40-50}{\sqrt{500 \times 0.1 \times 0.9}}\right)$$

2. 한 사무실에 시간당 걸려오는 전화의 횟수는 포아송분포를 따르며, 시간당 평균 30회의 전화가 걸려온다. 다음 각 경우의 확률을 구하라.

(A) 특정한 1분에 전화가 한 번 걸려올 확률

(B) 특정한 1분에 전화가 두 번 이상 걸려올 확률

(C) 특정한 5분에 전화가 한 번도 걸려오지 않을 확률

정석힌트 시간당 평균 30회이므로 1분당 평균 0.5회, 5분당 평균 2.5회이다.

(A) $P_r(X=1) = P_r(X \le 1) - P_r(X \le 0) = 0.91 - 0.607 = 0.303,\ \mu = 0.5$

(B) $P_r(X \ge 2) = 1 - P_r(X \le 1) = 1 - 0.91 = 0.09,\ \mu = 0.5$

(C) $P_r(X=0) = \frac{2.5^0}{0!} e^{-2.5} = 0.082,\ \mu = 2.5$

제5장
연속확률분포

세상에 공짜 점심은 없다.

– 밀턴 프리드먼 –

제1절 균일분포

우리는 앞 장에서 이산확률변수와 그 확률분포에 대해 살펴보았다. 그렇다면 이 세상의 모든 사건이 이산적일까? 그렇지 않다. 이와 대조적으로 적절한 범위 내에서 어떠한 값이라도 취할 수 있는 변수들을 우리가 접하고 있는 여러 현상에서 찾을 수 있다. 예를 들어 강우량, 길이, 속도, 시간, 실업률, 물가상승률 등은 자연수, 정수뿐만 아니라 연속적으로 어떠한 값으로도 쪼갤 수 있다. 이와 같이 적절한 범위 내의 모든 실숫값이 확률적으로 나타날 수 있는 변수를 연속확률변수라고 한다. 또, 이 확률변수가 따르는 분포를 연속확률분포라고 한다. 그리고 이산확률분포는 높이로 확률을 나타내는 반면 연속확률분포는 면적으로 확률을 나타낸다.

연속확률분포 가운데 가장 단순한 형태에는 균일분포가 있다. 임의의 실수 구간 $[a, b]$에서 나타날 가능성이 동일한 확률변수를 **균일확률변수**(uniform random variable)라 하고, 이 확률변수 X의 확률밀도함수는

$$f(x) = \begin{cases} 1/(b-a), & a \le x \le b \\ 0, & \text{기타} \end{cases}$$

이다. 이때, 확률변수 X는 **균일분포**(uniform distribution; 일양분포, 균등분포)를 따른다고 한다. 기호로는 다음처럼 표시한다.

$$\text{균일분포} : X \sim U(a, b)$$

따라서 균일분포는 확률변수가 정의되는 구간 (a, b)에서 확률의 값이 모두 동일한 확률분포를 의미한다. 다음의 사례를 통해 구체적인 의미와 적용을 알아보자.[4)]

어떤 원판에 숫자가 50부터 75까지 균일한 간격으로 적혀 있고 소수점 첫째자리까지 알 수 있도록 눈금이 표시되어 있으며, 원판 중심에 긴 바늘 하나가 고정되어 있다고 가정하자. 원판을 회전시켰을 때 원판이 멈추고 바늘이 가리키는 수치를 기록했다. 이와 같이 원판 돌

4) 정운찬 · 전성인, 《통계학》, 경문사, 1998, p. 96.

리는 것을 100회 시행하고, 매회의 결과를 일정 계급의 크기로 막대그래프를 그린다. 점차 시행횟수를 늘리고 계급크기를 줄이면 그래프는 그림 5-1과 같이 접근하게 된다.

그림 5-1 균일분포의 형태

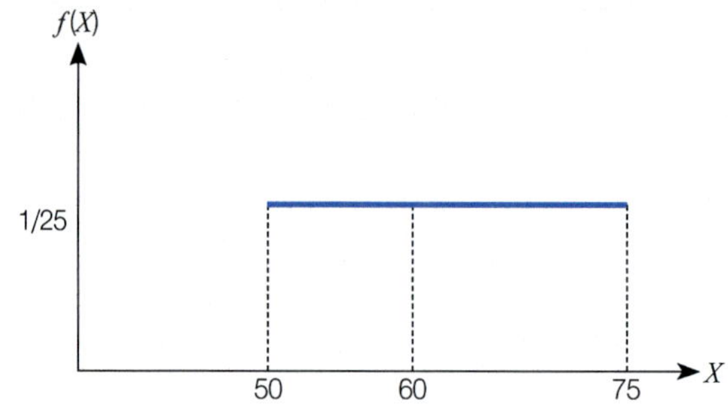

그림 5-1에서 확률밀도함수 $f(X) = \frac{1}{75-50} = \frac{1}{25}$이다. 예를 들어 $50 \le x \le 60$에서의 확률은 $10 \times \frac{1}{25} = 0.4$, 즉 40%가 된다.

균일분포가 가지는 특징은 다음과 같다.

정석 사고

균일분포의 특징

① $f(X) = \frac{1}{b-a},\ a \le X \le b,\ X \sim U(a, b)$

② $E(X) = \frac{a+b}{2}$

그 이유는 $\int_a^b xf(x)\,dx = \frac{1}{b-a}\left[\frac{x^2}{2}\right]_a^b$의 결과를 정리하면 도출된다.

③ $Var(X) = \frac{(b-a)^2}{12}$

그 이유는 $\int_a^b [x-E(x)]^2 f(x)\,dx = \int_a^b \left[x - \frac{a+b}{2}\right]^2 \frac{1}{b-a}dx$에서 적분 내의 제곱항을 전개하여 적분하면 도출된다.

④ 누적분포함수

$F(x) = P(X \le x) = \int_{-\infty}^{x} f(t)\,dt = \int_a^x \frac{1}{b-a}dt$

정석 사례연구

어떤 역의 지하철은 배차 간격이 10분이고 지하철이 도착할 확률은 10분 사이에서 일정하다고 한다. 한 사람이 그 역에 우연히 도착하였을 때, 다음을 구하시오.(단위: 분)

(1) 확률밀도함수

(2) 그 사람이 지하철을 5분 이내로 기다릴 확률

해설

(1) 지하철이 도착할 때까지의 시간을 확률변수 X라 하면,

균등분포이므로 확률밀도함수는 $f(x) = \begin{cases} 1/(10-0), & 0 \le x \le 10 \\ 0, & \text{기타} \end{cases}$

(2) $P(X \le 5) = \int_{-\infty}^{5} f(x)\,dx$

정석 사례연구

서로 독립이고 구간 (0, 1)에서 균일분포를 따르는 확률변수 X_1, ⋯, X_{10}에 대해 확률변수 U_i를 다음과 같이 정의하였다.

$$U_i = \begin{cases} 3, & X_i \le 0.1 \\ 0, & X_i > 0.1 \end{cases}$$

$S=U_1+U_2+\cdots+U_{10}$일 때, S의 기댓값 $E(S)$는?

해설

S의 기댓값 $E(S)$는

$$E(S) = \int_{1}^{10} U_i f(x)\,dx = (3+\cdots+3)\times 0.1 = 30 \times 0.1 = 3$$

정석 사례연구

구간 (−1, 3)에서 균일분포(Uniform Distribution)를 따르는 확률변수의 중앙값(Median)과 사분위범위(Interquartile Range)는?

해설

균일분포는 확률변수가 정의되는 구간 (a, b)에서 확률의 값이 모두 동일한 확률분포를 의미한다.
따라서 $E(X) = \dfrac{a+b}{2} = \dfrac{-1+3}{2} = 1$, 중앙값은 1이며 사분위수 두 개 사이에 존재하는 범위를 사분위범위(interquartile range, IQR)이라고 한다.
따라서 $Q_3-Q_1=2-0=2$

제2절 지수분포

정석 통계학

포아송분포는 발생하는 사건의 횟수이므로 이산확률변수이지만, 어떤 사건이 일어날 때까지 걸리는 시간(구간)은 어떠한 값도 가질 수 있기 때문에 연속확률변수가 된다. 바로 이때 어떤 사건이 일어날 때까지 걸리는 시간(구간)의 분포는 **지수분포**(exponential distribution)를 따른다고 하고, 기호로는 $X \sim \epsilon(\lambda)$과 같이 표시한다.

예를 들어 제품의 수명기간이나 병원의 대기시간 등과 관련한 분포가 지수분포의 대표적 사례인데, 어떤 제품이 지수분포를 따르면 남은 전구의 수명은 지금까지 사용한 시간과는 연관성이 없게 되는 무기억성(memoryless property)의 성질을 갖는다. 지수분포의 확률밀도함수는 다음과 같은 형태를 가진다.

$$f(x) = \lambda e^{-\lambda x}, \ 0 \leqq x < \infty$$

λ는 단위시간당 사건발생횟수

지수분포의 확률밀도함수를 통해 알 수 있는 지수분포의 특징은 다음과 같다.

첫째, 확률변수 X는 0에서 ∞까지의 값을 가질 수 있다.

둘째, 분포의 최빈값은 0이다. 즉 λ값에 관계없이 확률밀도함수의 정점은 $X=0$에서 나타나고 X가 증가하면 함수는 감소한다.

셋째, 분포는 오른쪽으로 비대칭이므로 대푯값의 크기는 "최빈치<중앙값<평균"이다(그림 5-2 참조).

그림 5-2 지수분포의 형태

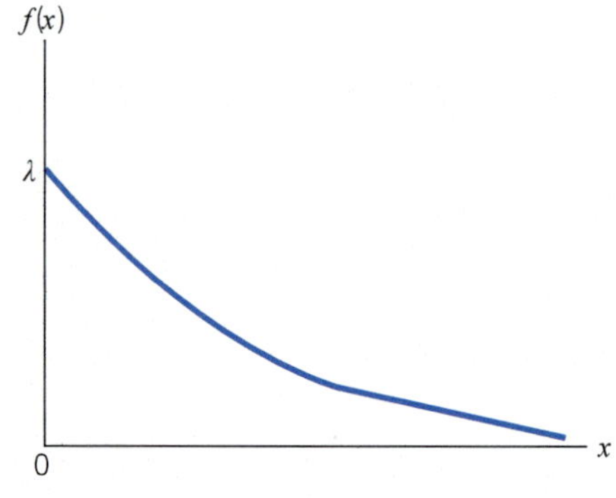

지수분포가 어디에 응용되는지 그 의미를 확실히 파악하기 위해서는 지수분포의 누적분포함수를 도출해볼 필요가 있다. X가 $X=0$과 $X=x$ 사이의 값을 취할 확률은

$$P(X \leqq x) = \int_0^x \lambda e^{-\lambda x} dx = 1 - e^{-\lambda x},\ 0 \leqq x < \infty$$

이것을 다음처럼 가정하여 도출해보자. 어떤 확률변수가 포아송분포를 따른다고 할 때 즉, $Y \sim P(\lambda)$일 때 X는 사건이 1번 발생할 때까지의 시간이다. 이때

$$\begin{aligned} P(X > x) &= P(x\text{시간 후에 } Y = 1) \\ &= P(x\text{시간까지 } Y = 0) \\ &= \frac{e^{-\lambda x}(\lambda x)^0}{0!} = e^{-\lambda x} \end{aligned}$$

따라서

$$F(x) = P(X \leq x) = 1 - P(X > x) = 1 - e^{-\lambda x}$$

이처럼 지수분포는 누적분포함수가 어떤 확률의 의미를 부여한다.

한편 지수분포의 평균과 분산을 도출해보자. 먼저 결과를 보면 다음과 같다.

$$E(X) = \frac{1}{\lambda}$$
$$Var(X) = \frac{1}{\lambda^2}$$

이를 증명하기 위해서는 **적률생성함수**(moment-generating function)가 필요한데, **적률**(moment)은 다음과 같이 정의된다.

정석 사고

적률

양수 n에 대해 확률변수 X^n의 기댓값 $E(X^n)$을 확률변수 X의 원점에 대한 n차 적률이라고 한다.

적률의 정의를 보면 연속형의 경우 적분을 해야 하는데, 이 적분이 번거롭거나 존재하지 않는 경우도 있으므로 적률생성함수를 만들어 적률을 생성할 수 있다. 이때 적률생성함수는

다음과 같은 수학적 기댓값을 말한다.

$$M(t)=E[e^{tX}]$$

이 적률생성함수가 중요한 이유는 어떤 확률분포가 주어져 있을 때 이 함수가 존재하기만 하면 유일하다는 것이며 주어진 확률분포에 일대일 대응함수가 된다는 것이다. 그리고 적률생성함수가 확률분포의 평균과 분산과는 어떤 관계를 가지고 있을까? 적률의 정의에서 보듯이 적률생성함수를 1차미분하고 $t=0$에서 값을 구하면 확률변수 X의 평균(기댓값)이 되며, 2차미분하여 $t=0$에서 값을 구하면 X^2의 평균(기댓값)이 된다. 따라서 이를 이용하면 분산도 구해진다.

지수분포에 이를 적용하면 다음과 같은 적률생성함수를 생각할 수 있다.

$$\begin{aligned}M(t)&=\int_0^\infty e^{tx}\lambda e^{-\lambda x}dx\\&=\lambda\int_0^\infty e^{-(\lambda-t)x}dx\\&=\lambda\left[-\frac{1}{\lambda-t}e^{-(\lambda-t)x}\right]_0^\infty\\&=\frac{\lambda}{\lambda-t}\end{aligned}$$

이를 한 번 미분하고 0을 대입하면 평균이 도출되고 두 번 미분하고 0을 대입하면 간접적으로 분산이 도출된다.

$$M'(t)=\frac{\lambda}{(\lambda-t)^2};\ M'(0)=\frac{1}{\lambda}=E(X)$$

$$M''(t)=\frac{2\lambda}{(\lambda-t)^3};\ M''(0)=E(X^2)=\frac{2}{\lambda^2};\ V(X)=E(X^2)-(E(X))^2=\frac{2}{\lambda^2}-\left(\frac{1}{\lambda}\right)^2=\frac{1}{\lambda^2}$$

이상의 적률생성함수를 이용하지 않고 도출하는 다른 방법은 부분적분을 이용하는 방법이 있다. 부분적분의 공식이 $\int uv'dx=uv-\int u'vdx$이므로

$$\begin{aligned}E(x)&=\int_0^\infty xf(x)dx=\int_0^\infty \lambda xe^{-\lambda x}dx=\left[\lambda x(-\frac{1}{\lambda}e^{-\lambda x})\right]_0^\infty-\int_0^\infty -e^{-\lambda x}dx\\&=0-\left[\frac{1}{\lambda}e^{-\lambda x}\right]_0^\infty=0-(-\frac{1}{\lambda})=\frac{1}{\lambda}\end{aligned}$$

이 성립된다.

정석 사례연구

어떤 건전지의 수명(X)이 평균 100시간인 지수분포를 따를 때, 이 건전지가 50시간 안에 수명이 다할 확률은?

해설

지수분포의 정의에 의하여

$$P(X < 50) = \int_0^{50} \frac{1}{100} exp(-\frac{x}{100}) dx = 1 - e^{-\frac{1}{2}}$$

정석 사례연구

지수분포의 확률밀도함수는 다음과 같다.

$$f(x) = \begin{cases} \lambda e^{-\lambda x}, & x > 0 \\ 0, & x \le 0 \end{cases}, \ \lambda > 0$$

어느 주민센터에 민원인이 도착하여 민원서류를 발급받기까지 기다리는 시간이 평균 2분인 지수분포를 따른다고 할 때, 한 민원인이 2분 이상 기다릴 확률은?

해설

지수분포의 정의에 의하여

$$P(X \ge 2) = 1 - \int_0^{2} \frac{1}{2} exp(-\frac{x}{2}) dx = e^{-1}$$

제3절 정석 통계학 정규분포

정규분포(normal distribution)는 연속확률분포 중에서 가장 잘 알려져 있으며 가장 많이 이용되는 분포이다. 다른 많은 분포들이 표본의 크기를 무한히 증가시킬 때 정규분포에 접근하게 되므로 매우 중요한 분포이다. 정규분포는 라플라스(P. S. Laplace)에 의해 정립되었지만 가우스(K. F. Gauss)가 처음 도입한 분포이다.

정규분포는 평균 μ와 표준편차 σ에 의해 결정되는 분포로서 다음과 같은 좌우대칭적 벨(bell) 혹은 종 모양의 확률밀도함수를 갖는다.

정석 사고

확률밀도함수

$$f(x) = \frac{1}{\sqrt{2\pi}\,\sigma} e^{-\frac{(x-\mu)^2}{2\mu^2}}, \quad (-\infty < x < \infty)$$

그림 5-3 정규분포의 형태

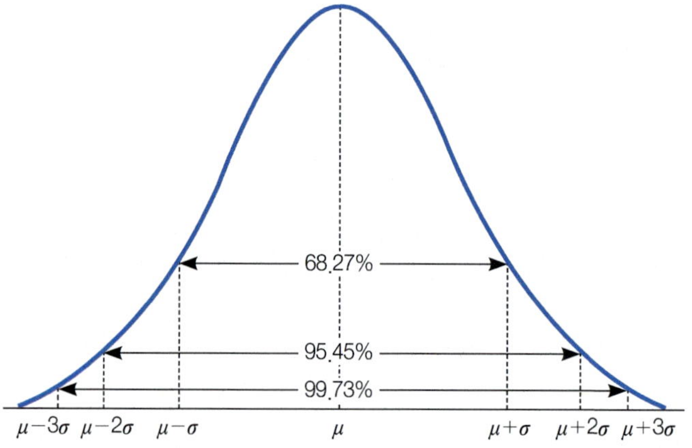

확률변수 X가 평균 μ와 표준편차 σ인 정규분포를 따를 때

$$X \sim N(\mu, \sigma^2)$$

을 사용한다. 정규분포의 확률밀도함수로부터 확률밀도곡선은 그림 5-3과 같이 평균값에 관해 좌우대칭이고 평균값에서 가장 높은 높이를 보여준다. 이와 같은 정규분포의 확률밀도함수의 적분을 통해 알려진 대표적인 범위의 면적(확률)은 다음과 같다.

정석 사고

정규분포의 대표적 확률

$X \sim N(\mu, \sigma^2)$일 때,

(1) $P(\mu - \sigma \le X \le \mu + \sigma) = 0.683$

(2) $P(\mu - 2\sigma \le X \le \mu + 2\sigma) = 0.954$

(3) $P(\mu - 3\sigma \le X \le \mu + 3\sigma) = 0.997$

모집단의 평균(μ)과 표준편차(σ)의 크기에 따라 정규분포의 모양은 상당히 뾰족할 수도 있고 납작한 형태의 펑퍼짐한 형태일 수도 있다. 그림 5-4는 여러 가지 형태의 정규분포를 나타내고 있는데, (A)는 평균은 같은데 표준편차가 다른 경우이고 표준편차가 작아짐에 따라 뾰족해지는 모양을 하게 되며, (B)는 표준편차는 같은데 평균이 다른 경우이고 평균값이 커짐에 따라 중심위치가 오른쪽으로 이동하지만 곡선의 형태는 바뀌지 않는다.

그림 5-4 정규분포의 여러 가지 형태

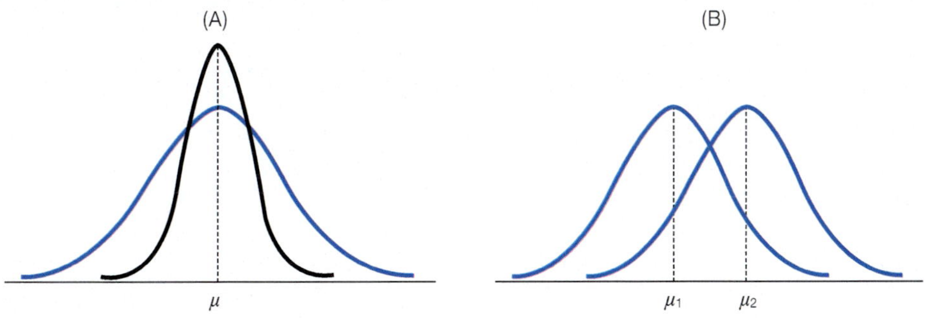

정규분포의 중요한 성질들은 정규분포에 대한 확률을 구하는 데 유용하게 이용된다.

정석 사고

정규분포의 중요한 성질

(1) 선형변환: $X \sim N(\mu, \sigma^2)$일 때 임의의 상수 a, b에 대하여

$$aX + b \sim N(a\mu + b, a^2\sigma^2)$$

(2) 가법성: 정규분포 $N(\mu_1, \sigma_1^2)$으로부터의 확률표본을 $X_1, \cdots, X_n$, 정규분포 $N(\mu_2, \sigma_2^2)$으로부터의 확률표본을 $Y_1, \cdots, Y_n$이고 X와 Y가 서로 독립이면

$$X + Y \sim N(\mu_1 + \mu_2,\ \sigma_1^2 + \sigma_2^2)$$

이 된다.

한편 정규분포에 따르는 확률변수 X가 평균을 중심으로 표준편차의 일정구간 내에 있을 확률은 항상 일정하다. 이러한 정규분포의 성질을 이용하여 확률계산을 편리하게 할 수 있는데, 확률변수 X를 선형 변환한 $Z=(X-\mu)/\sigma$라는 확률변수의 분포는 평균이 0이고 표준편차가 1인 정규분포를 따르고 이를 **표준정규분포**(standard normal distribution)라고 한다. 보통 표준정규분포의 확률변수를 Z로 표기하며 표준정규분포의 중요한 성질은 다음과 같다.

정석 사고

표준정규분포의 중요한 성질

(1) $P(Z \le 0) = 0.5$

(2) $P(Z \le -x) = 1 - P(Z \le x)$

(3) 양수 X에 대하여 $P(Z \le x) = 0.5 + P(0 < Z \le x)$

$P(Z \le -x) = 0.5 - P(0 < Z \le x)$

정석 사례연구

어느 지역의 남자 고등학생들의 키는 평균 170cm, 표준편차 3cm인 정규분포를 따른다고 한다. 한 명의 남학생을 랜덤하게 선택했을 때, 이 남학생의 키가 167cm 이하일 확률과 같은 것은? (단, Z는 표준정규분포를 따르는 확률변수이다.)

해설

$$P\{\overline{X} \le 167 \mid \mu\} = P\left\{Z \le \frac{\overline{X} - \mu}{\sigma/\sqrt{n}}\right\} = P\left(Z \le \frac{167 - 170}{3/\sqrt{1}}\right)$$

$$\therefore P\left(Z \le \frac{167 - 170}{3}\right) = P(Z \le -1) = 1 - P(Z \le 1)$$

정석 사례연구

어떤 볼트의 직경은 평균 20mm, 표준편차 0.3mm인 정규분포를 따르고, 너트의 직경은 평균 21.5mm, 표준편차 0.4mm인 정규분포를 따른다. 이 볼트가 너트에 안 들어갈 확률을 구해보자.

해설

볼트의 확률표본 X, 너트의 확률표본 Y라 하면

$$X \sim N(20, 0.3^2),\quad Y \sim N(21.5, 0.4^2)$$
$$Y - X \sim N(1.5, 0.4^2 + 0.3^2)$$

볼트가 너트에 들어가지 않는다는 조건은 볼트가 더 커서 $Y-X<0$을 만족해야 한다. 따라서

$$P(Y - X < 0) = P(Z < \frac{0-1.5}{\sqrt{0.25}}) = P(Z < -3) = 1 - P(Z < 3)$$
$$= 1 - 0.9987 = 0.0013$$

이 된다.

정석 사례연구

확률변수 X가 정규분포 $N(6,\ 2^2)$을 따르고 확률변수 Y가 정규분포 $N(4,\ 2^2)$을 따르며 서로 독립일 때, $P(X<6<Y)$의 값은? (단, Z가 표준정규분포를 따르는 확률변수일 때, $P(Z\leq -1)=0.16$이다.) (9급 17)

해설

X와 Y가 독립이므로,

$$P(X < 6 < Y) = P(X < 6) \times P(6 < Y)$$

이다.

$$P(X < 6) = P(Z < \frac{6-6}{2} = P(Z < 0) = 0.5$$
$$P(6 < Y) = P(\frac{6-4}{2} < Z) = P(1 < Z) = 1 - P(-1 < Z) = P(-1 \geq Z) = 0.16$$

이므로 구하고자 하는 확률은 $0.5 \times 0.16 = 0.08$이다.

정석 사례연구

음료를 판매하는 회사에서 나온 어느 제품의 한 개당 용량은 평균이 105ml, 표준편차가 10ml인 정규분포를 따른다고 할 때, 이 제품에서 임의로 추출한 25개의 표본평균이 101ml 이상 107ml 이하일 확률은? (단, 아래의 표는 Z가 표준정규분포를 따르는 확률변수일 때 $P(Z \le z)$의 값에 상응하는 z의 값을 나타낸 것이다.)

$P(Z \le z)$	z
0.8413	1.0
0.9332	1.5
0.9772	2.0

해설

어느 제품의 한 개당 용량을 확률변수 X라 할 때, $X \sim N(105, 10^2)$을 따른다. 이때, 임의로 25개를 추출한 표본평균이 101ml 이상 107ml 이하일 확률을 구하면 다음과 같다.

$$P(101 \le \overline{X} \le 107) = P\left(\frac{101-105}{10/\sqrt{25}} \le \overline{X} \le \frac{107-105}{10/\sqrt{25}}\right) = P(-2.0 \le Z \le 1)$$

$$= P(Z \le 1) - [1 - P(Z \le 2.0)] = 0.8413 - (1 - 0.9772) = 0.8185$$

정석 사례연구

확률변수 X는 평균이 50이고 분산이 σ^2인 정규분포를 따르고, 확률변수 Y는 평균이 70이고 분산이 $9\sigma^2$인 정규분포를 따른다고 할 때 $P(X>60)=P(Y<c)$를 만족하는 c의 값은? (단, $\sigma^2>0$)

해설

$X \sim N(50, \sigma^2)$, $Y \sim N(70, \sigma^2)$

$$P(X > 60) = P\left(Z > \frac{60-50}{\sigma}\right) = P\left(Z > \frac{10}{\sigma}\right) = P\left(Z < \frac{c-70}{3\sigma}\right)$$

정규분포는 평균을 중심으로 좌우대칭이라는 성질을 이용하면

$P\left(Z > \frac{10}{\sigma}\right) = P\left(Z < \frac{c-70}{3\sigma}\right) = P\left(Z < \frac{-10}{\sigma}\right)$이 만족하는 c를 찾아야 한다.

따라서 $\frac{c-70}{3\sigma} = \frac{-10}{\sigma}$를 만족하기 위해서는 $c=40$이 된다.

정석 사례연구

새로 개발된 신제품이 고장 없이 작동하는 시간은 평균 400일이고 표준편차가 100일인 정규분포를 따른다고 한다. 판매한 제품의 5% 이내만 보증기간 내에 수리가 요구되도록 보증기간을 정하고자 한다면, 보증기간을 얼마 이내로 정해야 하는가? (단, 표준정규확률변수 Z에 대해 $P(Z \geq 1.65) = 0.05$라고 하자)

해설

$$P\left\{Z \geq \frac{c-\mu}{\sigma/\sqrt{n}}\right\} = P\left(Z \geq \frac{c-400}{100}\right) = 0.05$$

따라서 $\frac{c-400}{100} = 1.65$

$\therefore c = 400 + 165 = 565$

정석 사례연구

위치 A에서 0 또는 1의 메시지 x를 송신하면 위치 B에서는 x에 표준정규분포를 따르는 확률변수 ϵ을 더한 값 $R = x + \epsilon$으로 수신한다. 위치 B에서는 수신된 메시지 R이 0.3 이하이면 0으로 판독하고, 0.3보다 크면 1로 판독한다. 위치 A에서 1을 송신할 때, 위치 B에서 수신한 메시지를 0으로 판독할 확률은? (단, Z가 표준정규분포를 따르는 확률변수일 때, $P(Z \leq 0.7) = 0.76$이다.)

해설

위치 A에서 0을 송신하면 $R = 0 + \epsilon$로 표준정규분포 $N(0, 1)$을 따르며, 위치 A에서 1을 송신하면 $R = 1 + \epsilon$로 $N(1, 1^2)$을 따른다.

위치 A에서 1을 송신할 때, $N(1, 1^2)$을 따르므로 위치 B에서 수신한 메시지를 0으로 판독할 확률은 $P(R \leq 0.3) = P(Z \leq \frac{0.3-1}{1}) = P(Z \leq -0.7) = 0.24$이다.

제4절 이항분포의 정규근사

하나의 사례로서 어느 공장에서 하루 동안 생산되는 부품의 개수가 500개이고 부품의 불량률은 10%이며 하루 동안 발생하는 불량 부품의 개수는 이항분포를 따른다고 하자. 이 공장에서 하루 동안 발생하는 불량 부품의 개수가 40개보다 많게 될 확률은 어떻게 계산될까?

해설

불량 부품의 개수를 확률변수 X라 할 때 이항분포를 따르게 되는 $X \sim B(n, p)$이 되기 때문에 그 기댓값과 분산은

$$E(X) = np$$
$$Var(X) = npq$$

따라서

$$P(X > 40) = P\left(\frac{X-\mu}{\sigma} > \frac{40-\mu}{\sigma}\right) = P\left(Z > \frac{40-50}{\sqrt{500 \times 0.1 \times 0.9}}\right)$$

즉, n이 충분히 큰 경우 근사적으로 이항분포는 정규분포를 따르게 되므로, 정규분포표를 이용하여 위의 확률을 구할 수 있다.

이항분포의 특징은 시행횟수 n이 커짐에 따라 점점 대칭형의 모양을 갖게 된다. **그림 5-5**에서 시행횟수가 증가할 때 **이산적 이항분포가 연속적 정규분포로 근사한다**는 사실을 보여주고 있다.

그림 5-5 시행횟수에 따른 이항분포의 변화

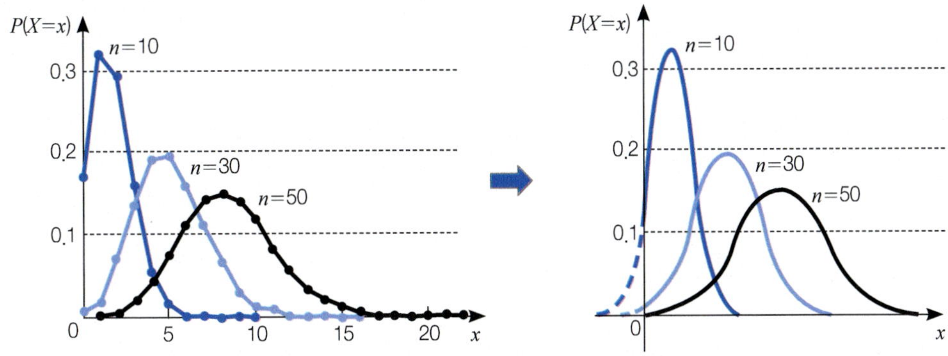

이항분포의 정규근사 문제는 그 내용을 정리하면 다음과 같이 요약될 수 있다.

정석 사고

이항분포의 정규근사

확률변수 X가 이항분포 $X \sim B(n, p)$를 따르고 n이 충분히 클 때

$$Z = \frac{X - np}{\sqrt{npq}}$$

는 근사적으로 표준정규분포 $N(0, 1)$을 따르게 된다. (단 $q=1-p$)

위의 사실을 이용하면 이항분포에 대한 확률의 근삿값을 표준정규분포표를 이용하여 구할 수 있다. 하지만 다음과 같은 사례를 한번 생각해보자.

"1의 눈부터 12의 눈까지 표시된 정12면체를 40번 던질 때 1의 눈이 1회 이상 3회 이하 나올 확률을 구하여라."

상기 예의 답은 다음과 같이 풀 수 있는데, 1의 눈이 나오는 횟수 X는 B(40,1/12)을 따르므로 평균은 $m=40\times1/12=3.333$, 표준편차는 $\sigma=40\times1/12\times11/12=1.748$이고 이항분포표를 이용하면

$$P(1 \le X \le 3) = P(X \le 3) - P(X \le 0)$$
$$= 0.56985 - 0.030793 \fallingdotseq 0.53906$$

을 구할 수 있으며 이 값은 정확한 값이 된다.

한편 정규근사를 이용하여 계산하는 경우에는 확률변수 X는 근사적으로 $N(m, \sigma^2)$을 따르게 된다. 따라서

$$P(1 \le X \le 3) = P(1 - m\sigma \le X - m\sigma \le 3 - m\sigma) = 0.33342$$

와 같이 구할 수 있다. 이 경우 확률의 참값과는 0.20564만큼이나 차이가 발생한다.

이항분포의 정규근사 계산을 정확하게 하기 위하여 대학과정에서는 연속성의 수정을 도입하는데, 이것은 X가 이항분포와 같은 이산확률변수인 경우의 확률값 $P(a \le X \le b)$을 구하는 경우에 $P(a-1/2 \le X \le b+1/2)$를 이용하여 정규근사를 한다는 이론이다. 따라서 위의 예인 경우에 **연속성의 수정**(continuity correction)을 이용하여 확률값을 구하면 0.48546이 됨을 알 수 있으며, 따라서 참값과의 차이는 0.0536으로 줄어든다. 하지만 확률의 차이 0.0536 역시 적지 않은 오차라고 할 수 있다.

정석 사례연구

불량률 $p=0.2$인 공정에서 $n=25$개의 제품을 검사했을 때, 4개 이하의 불량품이 발견될 확률을 구하시오.

해설

(1) 먼저 정규분포를 이용하여 근삿값을 구해보자. 표본에서 불량품 수를 X라고 하면

$$np = 25 \times 0.2 = 5, \quad npq = 25 \times 0.2 \times 0.8 = 4$$

이므로 구하는 확률은

$$P(X \le 4) = P\left(\frac{X-5}{2} \le \frac{4-5}{2}\right) = P(Z \le -0.5) \fallingdotseq 0.3085$$

(2) 만약 이항분포를 이용하여 구해보면

$$P(X \le 4) = \sum_{x=0}^{4} {}_{25}C_X (0.2)^X (0.8)^{25-x} \fallingdotseq 0.4207$$

이항분포의 정규근사에서 연속성의 수정(보정)을 해보면

$$P(X \le 4) = P(X \le 4 + \tfrac{1}{2}) = P\left(\frac{X-5}{2} \le \frac{4.5-5}{2}\right) = P(Z \le -0.25) \fallingdotseq 0.4013$$

정석 사례연구

어느 지역 19세 이상 성인의 흡연율이 70%보다 높다는 주장을 이항분포의 정규근사를 이용하여 검정하려고 한다. 이 지역에서 19세 이상 성인 1,000명을 임의추출하고 흡연자 비율을 구하여 검정통계량의 값을 계산한 결과가 1.81일 때 이것의 의미는? (단, Z가 표준정규분포를 따르는 확률변수일 때 $P(|Z|<1.645=0.9$, $P(|Z|<1.96)=0.95$이다.)

해설

확률변수 X가 이항분포 $X\sim B(n, p)$를 따르고 n이 충분히 클 때 $Z=\dfrac{X-np}{\sqrt{npq}}$는 근사적으로 표준정규분포를 따르게 된다. (단 $q=1-p$)

예문에서 $1.645<Z=1.81<1.960$이고 90%와 95% 사이에 있다.

앞의 4절에 걸쳐 여러 가지 형태의 연속확률분포를 살펴보았다. 지금까지의 분포형태에 대한 확률밀도함수, 평균, 분산을 요약하여 정리하면 다음 **표 5-1**과 같다.[5)]

표 5-1 연속확률분포의 평균 및 분산

확률분포	확률변수의 의미	확률밀도함수*	평균	분산
균일분포	각 실현치의 확률값이 동일함	$f(x)=\dfrac{1}{b-a}$	$\dfrac{a+b}{2}$	$\dfrac{(b-a)^2}{12}$
지수분포	한 사건 이후 다른 사건이 발생할 때까지의 시간	$f(x)=\lambda e^{-\lambda x}$	$\dfrac{1}{\lambda}$	$\dfrac{1}{\lambda^2}$
정규분포	–	$M_X(\theta)=exp\left(\mu\theta+\dfrac{\sigma^2\theta^2}{2}\right)$	μ	σ^2

주: $M_X(\theta)$는 적률생성함수를 의미함

5) 정운찬 · 전성인, 《통계학》, 경문사, 1998, p. 96.

심화통계

1. 정규분포

(1) 개념

평균이 μ이고, 표준편차가 σ인 정규분포의 확률밀도함수

$$f(x) = \frac{1}{\sqrt{2\pi\sigma}} e^{-\frac{(x-\mu)^2}{2\sigma^2}}, \quad -\infty < x < \infty$$

(2) 정규분포에서 대표적인 확률

$X \sim N(\mu,\ \sigma^2)$일 때,

$P\{\mu-\sigma<X<\mu+\sigma\}=0.683$

$P\{\mu-2\sigma<X<\mu+2\sigma\}=0.954$

$P\{\mu-3\sigma<X<\mu+3\sigma\}=0.997$

(3) 정규분포의 성질

① 선형변환 : $X \sim N(\mu,\ \sigma^2)$일 때, 임의의 상수 a, b에 대하여, $aX+b$가 정규분포를 따르는 경우에 $aX+b \sim N(a\mu+b,\ a^2\sigma^2)$이 성립

② 표준화 : X의 분포가 $X \sim N(\mu,\ \sigma^2)$이면 $Z = \dfrac{X-\mu}{\sigma}$의 분포는 $N(0,\ 1)$이므로

$$P\{X \le b\} = P\left\{\frac{X-\mu}{\sigma} \le \frac{b-\mu}{\sigma}\right\} = P\left\{Z \le \frac{b-\mu}{\sigma}\right\}$$

$$P\{a \le X \le b\} = P\left\{\frac{a-\mu}{\sigma} \le \frac{X-\mu}{\sigma} \le \frac{b-\mu}{\sigma}\right\} = P\left\{\frac{a-\mu}{\sigma} \le Z \le \frac{b-\mu}{\sigma}\right\}$$

③ 가법성 : $X_1 \sim N(\mu_1, \sigma_1^2)$, $X_2 \sim N(\mu_2, \sigma_2^2)$이고, X_1과 X_2가 서로 독립이면

$X_1 + X_2 \sim N(\mu_1 + \mu_2, \sigma_1^2 + \sigma_2^2)$

예제

어느 학생의 경제학 성적이 $N(80, 3^2)$이고, 통계학 성적은 $N(70, 4^2)$을 따른다고 한다. 두 과목의 성적의 합이 140점 이하일 확률을 구하여라.

풀이

이 학생의 경제학 성적을 X_1, 통계학 성적을 X_2라고 하고, 두 과목 성적의 합을 Y라고 하면

$Y = X_1 + X_2 \sim N(150, 5^2)$이 됨

표준정규분포표를 이용한 확률은 다음과 같이 계산됨

$$P\{Y \le 140\} = P\left\{\frac{Y-150}{2} \le \frac{140-150}{5}\right\} = P\{Z \le -2\} = 1 - P\{Z \le 2\} = 0.0228$$

2. 이항분포의 정규근사

이항분포 $B(n, p)$를 하는 확률변수 X에 대해, n이 충분히 크고, p가 0 또는 1에 가깝지 않다면 표준화된 확률변수 $\frac{X-np}{\sqrt{npq}}$의 분포는 근사적으로 표준정규분포 $N(0, 1)$을 따름

$$P\{a \le X \le b\} \fallingdotseq P\left\{\frac{a-np}{\sqrt{npq}} \le Z \le \frac{b-np}{\sqrt{npq}}\right\} \fallingdotseq P\left\{\frac{a-0.5-np}{\sqrt{npq}} \le Z \le \frac{b+0.5-np}{\sqrt{npq}}\right\}$$

정석실전문제

1. 어느 도시에서 근로자의 한 달 수입은 평균이 300만 원이고 표준편차는 100만 원인 정규분포를 따른다고 한다. 이 도시에서 임의 추출한 근로자 100명에 대한 한 달 수입의 표본평균이 290만 원보다 크게 나올 확률은? (단, Z가 표준정규분포를 따르는 확률변수일 때, $P(Z<1)=0.84$이고 $P(Z<0.1)=0.54$이다.) (9급 11)

정석힌트 확률변수 X가 평균 μ와 표준편차 σ인 정규분포를 따를 때 $Z=\frac{X-\mu}{\sigma}$는 표준정규분포 $N(0,\ 1)$에 따른다. 따라서

$$\begin{aligned}&P(X>290)\\&=P\left(Z>\frac{290-300}{100/\sqrt{100}}\right)\\&=P(Z>-1)\\&=1-P(Z>1)\\&=P(Z\le 1)\\&=0.84\end{aligned}$$

2. 어느 지역 주민의 수축기 혈압이 평균 120이고 표준편차 20인 정규분포를 따른다고 한다. 이 지역 주민 중 랜덤하게 선택된 25명의 수축기 혈압 평균을 $\overline{X}$라 할 때, $P(\overline{X}\ge x)=0.05$인 x의 값은? (단, 아래의 표는 Z가 표준정규분포를 따르는 확률변수일 때 $P(Z\le z)$의 값에 상응하는 z의 값을 나타낸 것이다.)

$P(Z\le z)$	z
0.010	−2.33
0.025	−1.96
0.050	−1.64
0.075	−1.44
0.100	−1.28

정석힌트

$$P\left\{Z\ge\frac{x-\mu}{\sigma/\sqrt{n}}\right\}=P\left(Z\ge\frac{x-120}{20/5}\right)=0.05$$

따라서 $\frac{x-120}{4}=1.64$

$\therefore\ x=120+6.56=126.56$

3. 평균이 μ_A이고 분산이 σ_A^2인 정규모집단 A와 평균이 μ_B이고 분산이 σ_B^2인 정규모집단 B의 분포가 다음과 같을 때 두 정규모집단의 평균과 분산의 관계를 등호 또는 부등호로 나타내면? (7급 14)

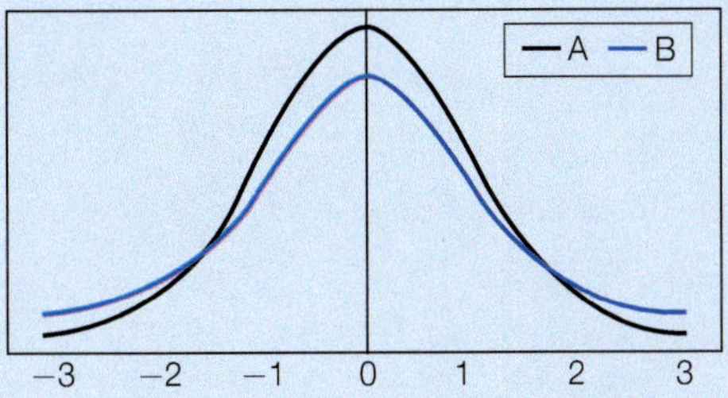

정석힌트 일반적으로 꼬리가 두껍고 긴 분포는 아닌 분포에 비해 평균은 같아도 분산이 더 크다고 볼 수 있다. 따라서

$\mu_A=\mu_B,\ \sigma_A^2<\sigma_B^2$

4. 어느 대학의 학기별 성적에 대한 평점은 평균이 2.95이고 표준편차가 0.5인 정규분포를 따른다고 한다. 이 대학에서 학기별 성적이 상위 10%에 해당하는 학생들에게 장학금을 지급할 때 한 학생이 장학금을 받기 위한 최소 평점은? (단, Z는 표준정규분포를 따르는 확률변수이고, $P(Z<1.28)=0.9$이다.) (7급 14)

정석힌트 $P\left\{Z \geq \dfrac{c-\mu}{\sigma/\sqrt{n}}\right\} = P\left(Z \geq \dfrac{c-2.95}{0.5}\right) = 0.1$

따라서 $\dfrac{c-2.95}{0.5} = 1.28$

$\therefore\ c=2.95+0.64=3.59$

제1편
제2편
제3편
제4편

5. X_1, X_2, ⋯, X_n은 평균이 4이고 분산이 25인 정규모집단에서의 임의표본(Random Sample)이다. $P(\overline{X} \le 4+5y)=0.5$를 만족하는 y값은? (단, 표본의 크기 n은 16이고, 표본평균 $\overline{X} = \frac{1}{n}\sum_{i=1}^{n} X_i$이다.) (9급 15)

정석힌트 크기 n인 확률표본으로부터 표본평균 $\overline{X}$에 대하여 모평균이 μ이고 모분산이 σ^2이면

$E(\overline{X}) = \mu = 4$

$Var(\overline{X}) = \frac{\sigma^2}{n} = 25/16$

$s.d.(\overline{X}) = \frac{\sigma}{\sqrt{n}} = 5.4$

$Z = \frac{\overline{X} - \mu}{\sigma/\sqrt{n}} \sim N(0, 1)$

을 따르다.

따라서 $P(\overline{X} < 4 + 5y) = P\left(Z \le \frac{4 + 5y - 4}{5/4}\right) = 0.5$

확률분포의 중간이므로 Z=0이므로 y=0.

제6장
표본분포와 중심극한정리

나는 절대로 미래를 생각하는 일이 없다.

미래는 너무도 빨리 닥쳐오기 때문이다.

– 알베르트 아인슈타인 –

제1절 확률표본과 표본분포

1. 확률표본

모집단(population)은 분석의 대상 또는 관심의 대상이 전부 포함되어 있는 집단을 말한다. 이론적으로 분석의 대상이 모두 포함되어 있는 집단을 통하여 분석을 하는 것이 가장 이상적이기는 하지만, 모든 대상을 조사하는 데에는 많은 시간과 비용이 소요된다. 따라서 모집단의 일부를 조사, 분석하여 모집단의 특성을 파악하는 것이 효과적일 수 있으며, 이러한 이유로 모집단에서 추출된 집단을 **표본**(sample) 또는 표본집단이라고 한다.

예를 들어 한 회사가 생산하는 전구는 회사가 문을 닫을 때까지는 무한히 생산할 수 있으며, 생산된 전구의 수명시간이 다 똑같지는 않을 것이다. 이러한 경우 무한히 생산되는 전구의 수명시간이 어떤 미지의 확률분포를 따를 것이라고 생각해볼 수 있다. 이러한 전구의 수명시간이 따르는 미지의 확률분포를 모집단의 분포라고 한다. 이때 수많은 전구 중 10개를 뽑아 수명시간을 관측해볼 수 있으며 이 수명시간의 관측값들은 서로 독립적이고 미지의 수명시간의 분포를 따르는 확률변수 즉, 표본이라고 생각할 수 있다.

이와 같이 서로 독립이고 동일한 (모집단의) 분포를 따르는 확률변수들을 **확률표본**(random sample)이라 한다. 따라서 확률표본의 개념은 모집단을 구성하는 모든 X가 표본으로 뽑힐 확률을 동일하게 하여 추출한 표본을 말한다. 이때 랜덤(random)이란 **무작위**라는 의미로서 어떠한 의도를 가지지 않는다. 즉, 임의로 추출되었다는 것을 의미하며, 이것이 모든 X가 뽑힐 확률이 동일하다는 것과 동일한 개념이다.

확률표본은 모집단에서 n개의 표본을 추출한 경우 다음과 같이 표기한다.

$$X_1, \cdots, X_n$$

(단, X_1은 첫 번째 표본, X_n은 n번째 표본)

확률표본의 개념에서 **동일독립분포**(identical independent distribution)의 의미는 표본을 추출할 때, '동일독립분포에서 추출'이라는 용어로 사용하며, 약자로 '$i.i.d$'로 표현하기도 한다. 좀 더 알아보면 확률표본이 동일한 분포에서 추출되었다는 의미는 표본을 추출한 모집단이 동일하다는 것을 의미한다. 즉, 추출한 표본이 관심 대상인 하나의 모집단에서 추출된 것이라는 의미이다. 그리고 확률표본이 독립적이라는 의미는 추출된 구성원(요소)이 상호 간 확률적으로 독립인 것을 의미한다. 즉, 동일한 확률을 가지고 추출된 것이라는 의미이다.

모집단을 효과적으로 설명하기 위해서 표본을 추출하는 것이므로 표본을 합리적으로 추출하는 것이 필요하며, 확률적으로 동일한 표본들을 추출하는 것이 이상적인 방법이다. 이 방법이 바로 확률표본(random sample)인 것이다. 이렇게 추출된 표본을 통하여 미지의 정보에 대한 추정을 하게 되는 것이 통계학의 중요한 한 분야인 것이다. 다음 **그림 6-1**을 통해 스스로 이해하기 쉽도록 하고 이상의 설명을 요약 정리하도록 한다.

그림 6-1 모집단과 확률표본

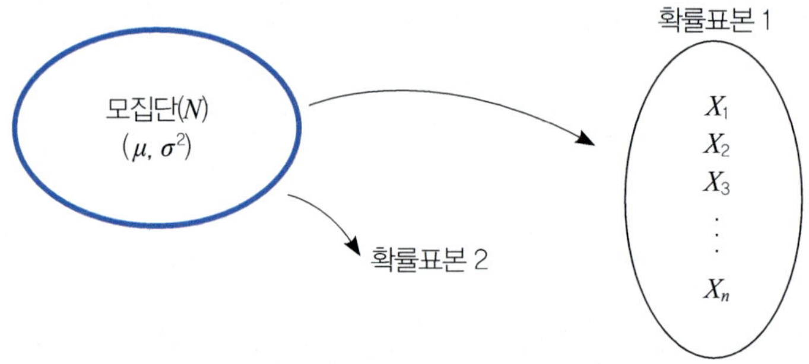

정석 사고

모집단의 분포와 확률표본

(1) 미지인 모집단의 분포는 확률밀도함수 $f(x)$로 나타내며, 서로 독립적이고 동일한 분포를 따르는 확률변수들 $X_1, \cdots, X_n$을 **확률표본**이라고 한다.
(2) 위의 정의에서 확률변수들 $X_1, \cdots, X_n$의 관측값을 **자료**(data)라고 하며 이들 자료를 **표본**(sample)이라고도 한다.

2. 표본분포

집단이 모집단과 표본집단으로 구분되듯이 모집단을 표현하는 방식과 표본집단을 표현하는 방식도 구분할 필요가 있다. 먼저 모집단을 표현하는 방식으로서 모집단의 특성을 나타내는 수치 또는 모집단의 분포를 결정하는 수치는 **모수**(parameter)라고 한다. 확률분포의 모수를 알면, 모든 정보를 아는 것과 동일하므로, 통계학에서는 이러한 미지의 모수가 추정하고자 하는 대상이 된다. 예를 들어 정규분포의 평균이 관심 대상인 경우 모수인 모집단의 평균은 μ이며, 모평균이라고 한다. 일반적으로 모수는 θ로 표기한다.

다음 표본집단을 표현하는 방식으로서 모수를 파악하고자 추출된 확률표본 $X_1, \cdots, X_n$으로 이루어진 함수를 **통계량**(statistic)이라 하며, 표본이 어떻게 추출되느냐에 따라 값이 변하므로, 이것도 확률변수이다. 모수의 추정에 사용되는 통계량을 **추정량**(estimator)이라 하며 일반적으로 $\widehat{\theta}$으로 표기한다. 결론적으로 확률표본으로 구성된 모든 함수는 통계량이라 할 수 있으며, 그중에서 모수를 추정하기 위해서 사용되는 통계량을 가리켜 추정량이라고 한다.

예를 들어 $\frac{\sum_{i=1}^{n} X_i}{n}$ 등은 확률표본으로 이루어진 함수이므로 모두 통계량이 되는 것이다. 한편 모평균 μ를 추정하기 위해서 $\frac{\sum_{i=1}^{n} X_i}{n}$라는 통계량을 사용한다면 이것이 모수의 추정량이 되는 것이다.

> 정석 사고
>
> **통계량과 추정량**
>
> ① 통계량: 모수 θ를 파악하고자 추출된 확률표본 $X_1, \cdots, X_n$으로 이루어진 함수
>
> ② 추정량: 확률표본으로 구성된 모든 함수는 통계량이라 할 수 있고, 그중에서 모수의 추정에 사용되는 통계량이며 일반적으로 $\widehat{\theta}$으로 표기한다.

먼저 제1장에서 다룬 것으로서 정규분포의 모수 중 중요한 평균과 분산의 추정량인 표본평균과 표본분산은 다음과 같다.

> 정석 사고
>
> **표본의 평균과 분산**
>
> ① 표본평균은 $\overline{X} = \frac{1}{n}\sum_{i=1}^{n} X_i$
>
> ② 표본분산은 $S^2 = \frac{\sum_{i=1}^{n}(X-\overline{X})^2}{(n-1)} = \left[\sum_{i=1}^{n} X_i^2 - n\overline{X}^2\right] / (n-1)$

표 6-1 확률표본

x	0	1	2	3
$f(x)$	0.3	0.4	0.2	0.1

모집단의 분포가 다음 **표 6-1**과 같을 때 이 모집단에서 크기 2인 확률표본 X_1, X_2를 추출하려고 한다. 표본평균 $\overline{X}=(X_1+X_2)/2$의 확률분포를 구해 보도록 하자.[6)]

확률표본의 정의에 따라 X_1, X_2는 서로 독립이고 각각의 확률분포는 **표 6-1**에 주어진 분포와 같다. 따라서 이들의 결합확률은 각각의 주변확률의 곱으로 주어진다. 예를 들어,

$$f(0,1)=P(X_1=0, X_2=1)=P(X_1=0)\times P(X_2=1)=0.3\times 0.4=0.12$$

이와 같은 방법으로 모든 셀의 값을 구하면 다음 **표 6-2**와 같이 주어진다.

표 6-2 결합확률분포

x_1 \ x_2	0	1	2	3	행합
0	0.09	0.12	0.06	0.03	0.3
1	0.12	0.16	0.08	0.04	0.4
2	0.06	0.08	0.04	0.02	0.2
3	0.03	0.04	0.02	0.01	0.1
열합	0.3	0.4	0.2	0.1	1

표본평균 $\overline{X}=(X_1+X_2)/2$의 확률분포를 구하기 위해서는 먼저 $\overline{X}$가 가질 수 있는 가능한 값을 찾고 이들의 확률을 표에서 찾을 수 있다. 예를 들어 $\overline{X}=0$일 때 $(X_1, X_2)=(0, 0)$인 경우이므로

$$P(\overline{X}=0)=P(X_1=0, X_2=0)=0.09$$

6) 김우철 외 7인, 《현대통계학》, 영지, 1986, p. 99.

마찬가지로 다른 셀들을 구해보면 다음 **표 6-3**과 같은 표본평균의 확률분포를 얻을 수 있다.

표 6-3 표본평균의 확률분포

$\bar{x}$	0	0.5	1	1.5	2	2.5	3	합
확률	0.09	0.24	0.28	0.22	0.12	0.04	0.01	1

이처럼 통계량은 확률분포를 따르게 되며, 통계량의 확률분포를 **표본분포**(sampling distribution)라고 한다.

정석 사고

표본분포

통계량(흔히 표본평균과 표본분산)의 확률분포를 표본분포라고 한다.

정석 사례연구

어떤 음료수 공장에서 생산되는 음료수의 용량은 평균 μ, 분산 16인 확률분포를 따른다고 한다. 이 공장에서 n개의 음료수를 독립적으로 랜덤하게 추출하여 표본평균 $\bar{X}$를 구할 때, $\bar{X}$의 기댓값은 400, 표준편차는 0.2였다. $\mu+n$의 값은?

해설

$E(\bar{X})=\mu$이므로 $\mu=400$이다.

$Var(\bar{X})=\dfrac{\sigma^2}{n}$이므로 $0.2^2=16/n$ $\therefore n=400$

따라서 $\mu+n=400+400=800$

정석 사례연구

$X_1, X_2, \cdots, X_n$이 어떤 모집단으로부터의 임의표본(Random Sample)일 때, 표본평균 $\bar{X}=\dfrac{1}{n}\sum_{i=1}^{n}X_i$이고 표본분산 $S^2=\dfrac{1}{n-1}\sum_{i=1}^{n}(X_i-\bar{X})^2$이다. 다음 통계량을 이용하여 계산한 표본분산은?

$$n=3,\ \bar{X}=2,\ \sum_{i=1}^{n}X_i^2=30$$

해설

분산의 간편계산식은

$$S^2 = \sum_{i=1}^{n}(X_i - \overline{X})^2 / (n-1) = (\sum X_i^2 - n\overline{X}^2) / (n-1)$$

따라서 $S^2 = \frac{1}{3-1}[30 - 3 \times 2^2] = 18/2 = 9$

제2절 정석 통계학 표본평균의 분포와 중심극한정리

1. 표본평균의 분포

통계적 실험 분석을 위하여 표본을 추출하고, 추정하고자 모수의 추정량을 결정하게 되는데, 이런 추정과정에서 알아야 하는 것이 분포이다. 분포를 알고 있어야 확률 등의 계산을 할 수 있지만 모집단의 분포를 모르는 경우가 대부분이다. 따라서 모수의 추정량을 통하여 근사확률을 구할 수 있는 분포가 필요하다. 근사확률 계산을 위하여 중요한 역할을 담당하는 것이 표본평균과 정규분포이다.

확률표본 $X_1, \cdots, X_n$이 모집단의 평균 μ와 분산 σ^2인 집단에서 추출되었다는 것은 확률표본이 동일 독립분포에서 추출되었다는 것과 같은 의미이며 다음처럼 나타낼 수 있다.

$$X_1, \cdots, X_n \sim i.i.d(\mu, \sigma^2)$$

이때 문제는 이것이 어떤 분포를 따르는지 모른다는 점이다. 그러나 이 확률표본으로부터의 표본평균인

$$\overline{X} = \frac{1}{n}\sum_{i=1}^{n} X_i$$

는 하나의 통계량으로서 그 자신의 분포, 즉 표본분포를 가진다는 사실을 알고 있다. 이러한 표본평균의 표본분포에 대한 성질을 알기 위해서 표본평균의 기댓값(평균)과 분산을 구해보자.

(1) 표본평균의 기댓값(평균)

$$\begin{aligned} E(\overline{X}) &= \frac{1}{n}E\left(\sum_{i=1}^{n} X_i\right) \\ &= \frac{1}{n}[E(X_1) + \cdots + E(X_n)] \\ &= \frac{1}{n}[\mu + \cdots + \mu] \\ &= \mu \end{aligned}$$

(2) 표본평균의 분산

$$\begin{aligned} Var(\overline{X}) &= \frac{1}{n^2}Var\left(\sum_{i=1}^{n} X_i\right) \\ &= \frac{1}{n^2}[Var(X_1) + \cdots + Var(X_n)] \\ &= \frac{1}{n^2}[\sigma^2 + \cdots + \sigma^2] \\ &= \frac{\sigma^2}{n} \end{aligned}$$

따라서 표본평균의 표본분포에 대한 중요한 성질을 다음처럼 정리할 수 있다.

정석 사고

표본평균의 평균과 분산, 표준편차

크기 n인 확률표본으로부터 표본평균 $\overline{X}$에 대하여 모평균이 μ이고 모분산이 σ^2이면

$$E(\overline{X}) = \mu$$
$$Var(\overline{X}) = \frac{\sigma^2}{n}$$
$$s.d.(\overline{X}) = \frac{\sigma}{\sqrt{n}}$$

위의 결과로부터 표본평균은 모집단의 평균과 같으며 표본의 크기가 클수록 그 분산이 0에 가까워진다는 것을 알 수 있다.

정석 사례연구

모표준편차가 알려져 있는 모집단으로부터 10개의 표본을 임의추출하여 얻은 표본평균의 표준오차는 같은 모집단으로부터 40개의 표본을 임의추출하여 얻은 표본평균의 표준오차의 몇 배인가?

해설

크기 n인 확률표본으로부터 표본평균 $\overline{X}$에 대하여 모평균이 μ이고 모분산이 σ^2이면

$$E(\overline{X}) = \mu$$
$$Var(\overline{X}) = \frac{\sigma^2}{n}$$
$$s.d.(\overline{X}) = \frac{\sigma}{\sqrt{n}}$$

따라서

$$\frac{\sigma}{\sqrt{10}} \rightarrow \frac{\sigma}{\sqrt{40}} = \frac{1}{2}\frac{\sigma}{\sqrt{10}}$$

즉, 표준오차는 1/2배가 된다.

만약 모집단의 분포가 정규분포를 따른다면 정규분포를 따르는 확률변수들의 합이나 선형결합도 정규분포를 따른다는 성질을 적용함으로써 표본평균 $\overline{X}$도 정규분포를 따른다는 사실을 알 수 있으며 그 기댓값과 분산은 각각 $\mu, \frac{\sigma^2}{n}$이므로

$$\overline{X} \sim N(\mu, \sigma^2/n)$$

이 성립한다. 따라서 표본평균의 분포는 다음과 같다.

정석 사고

표본평균의 분포

모집단이 정규분포 $N(\mu, \sigma^2)$를 따를 때 이로부터 추출한 크기 n인 확률표본의 표본평균 $\overline{X}$는

$$\overline{X} \sim N(\mu, \sigma^2/n)$$

을 따른다.

한 가지 주의할 점은 이 사실이 모집단의 분포가 정규분포가 아닐 때에도 성립하는 것은 아니다. 그러나 크기 n이 충분히 클 때에는 모집단이 정규분포가 아닐 때에도 표본평균의 표본분포는 정규분포에 근사한다는 사실이 알려져 있다. 이것이 **중심극한정리**(central limit theorem)이며, 다음 항에서 이에 대하여 알아보자.

정석 사례연구

평균이 μ, 분산이 σ^2인 정규모집단에서 추출한 임의표본(random sample) $X_1, \cdots, X_n$의 표본평균과 표본분산에 대한 설명으로 옳은 것은 ○를, 옳지 않은 것은 ×를 표기한 후 이유를 설명하시오.

① 모집단이 정규분포를 따를 때 표본평균의 분포는 정규분포이다.
② 표본의 크기가 커질수록 표본평균의 분산은 커진다.
③ $\dfrac{\overline{X}}{\sigma}$는 평균이 $\dfrac{\mu}{\sigma}$이고 분산이 $\dfrac{1}{n}$인 정규분포를 따른다.
④ $\sum_{i=1}^{n} X_i$는 평균이 $n\mu$이고 분산이 $n\sigma^2$인 정규분포를 따른다.
⑤ $\dfrac{\sqrt{n}(\overline{X}-\mu)}{\sigma}$는 평균이 0이고 분산이 1인 표본정규분포를 따른다.

해설

①, ③, ④, ⑤ (○)

② (×) $Var(\overline{X}) = \dfrac{\sigma^2}{n}$이므로 표본의 크기가 커질수록 표본평균의 분산은 작아진다.

2. 중심극한정리

중심극한정리(central limit theorem)는 평균이 μ, 분산이 σ^2인 모집단에서 n개의 표본 $X_1, \cdots, X_n$을 추출하는 경우, 즉 모평균이 μ, 모분산이 σ^2인 확률표본 $X_1, \cdots, X_n$을 추출하는 경우 표본평균은 표본의 크기가 일정 수준 이상이 되면, 정규분포에 근사해 간다는 이론으로서, 다음과 같이 표기할 수 있다.

$$\overline{X} \sim N(\mu, \sigma^2/n)$$

여기서 표본평균의 기댓값과 분산은 위에서 구한 결과와 동일하며, 일정 수준 이상의 표본크기는 통상적으로 30 이상을 의미한다.

중심극한정리의 의미는 모집단의 분포를 모르는 경우 모수의 추정량에 대한 확률 계산이 불가하였으나, 모집단의 분포와 상관없이 표본평균을 이용하면 정규분포를 활용하여 확률의 계산이 가능하다는 것이다. 또한 정규분포를 따르는 경우, 표준화를 통하여 앞 장에서 제시된 표준정규분포표를 활용하여 하나의 표로 모든 확률 계산이 가능해진다는 의미이다.

정석 사고

중심극한정리

평균이 μ, 분산이 σ^2인 모집단에서 n개의 표본 X_1, …, X_n을 추출하는 경우
이로부터 추출한 크기 n인 확률표본의 표본평균 $\overline{X}$는 n이 충분히 크면 근사적으로

$$\overline{X} \sim N(\mu, \sigma^2/n)$$

인 정규분포를 따른다.
즉, 표준화된 표본평균 Z는 n이 충분히 크면 근사적으로

$$Z = \frac{\overline{X} - \mu}{\sigma/\sqrt{n}} \sim N(0, 1)$$

인 표준정규분포를 따른다.

중심극한정리를 수리적으로 증명하기보다 다음의 사례를 통해 알아보자.

정석 사례연구

어떤 회사에서 판매하는 건전지의 수명이 평균 500시간, 표준편차가 35시간인 어떤 확률분포를 따른다. 이 건전지 100개의 표본에 대하여 평균수명이 488시간에서 505시간 사이에 있을 확률을 구해보자.

해설

건전지의 수명을 X라 하면 중심극한정리에 의해 표본평균 $\overline{X}$는 근사적으로 정규분포

$$\overline{X} \sim N(500, 35^2/100)$$

을 따른다. 즉, $n=100$으로 충분히 큰 표본(보통 $n \geq 30$이면 큰 표본)이므로

$$Z = \frac{\overline{X} - \mu}{\sigma / \sqrt{n}} \sim N(0, 1)$$

을 따른다.
따라서

$$P(488 \leq \overline{X} \leq 505) = P\left(\frac{488 - 500}{35/10} \leq \overline{X} \leq \frac{505 - 500}{35/10}\right)$$
$$\therefore P(-3.43 \leq Z \leq 1.43) = 0.9236 - 0.0003 = 0.9233$$

정석 사례연구

중심극한정리(central limit theorem)에 대한 설명으로 옳은 것은 무엇인지 골라보시오.

① 이항분포에서 표본크기 n이 충분히 크고 성공확률 p가 작으면 근사적으로 $\lambda = np$인 포아송분포를 따른다.
② 임의의 모집단에서 표본크기 n이 충분히 커지면 표본평균 $\overline{X} = \frac{1}{n}\sum_{i=1}^{n} X_i$는 근사적으로 정규분포를 따른다.
③ 확률실험의 횟수가 증가하면 어떤 사건이 관측되는 비율은 그 사건의 확률로 수렴한다.
④ 표본평균과 표본분산은 독립이다.

해설

②가 옳다. 표본크기 $n \geq 30$으로 충분히 크면 대표본으로 간주되어 모집단의 분포와 관계없이 $\overline{X} \sim N\left(\mu, \frac{\sigma^2}{n}\right)$가 된다. 즉, $E(\overline{X}) = \mu$, $Var(\overline{X}) = \frac{\sigma^2}{n}$인 정규분포로 근사한다.

앞서 이항분포의 정규근사도 사실 중심극한정리에서 유도된다. 확률변수 X가 이항분포를 따를 때 서로 독립이며 베르누이분포를 따르는 확률변수 Y_1, $\cdots$, Y_n으로부터의 표본평균 $\overline{Y}$에 대하여 중심극한정리를 적용해보자. 베르누이분포의 평균이 p, 분산이 $p(1-p)$이므로

$$\frac{\overline{Y} - p}{\sqrt{\frac{p(1-p)}{n}}}$$

는 n이 충분히 클 때 근사적으로 표준정규분포를 따르게 된다. 베르누이분포에서 표본평균 $\overline{Y}$는 표본에서의 성공횟수의 비율을 나타내므로 흔히 $\overline{Y}$ 대신 표본비율 $\widehat{p} = X/n$을 사용한다. 이 표본비율에 중심극한정리를 적용해보면 다음과 같다.

정석 사고

표본비율의 정규근사

베르누이분포 $B(1, p)$로부터의 표본크기가 n인 확률분포에 대하여 표본비율 $\widehat{p} = X/n$의 분포는 n이 충분히 크면(보통 $np \geq 5$, $nq \geq 5$) 근사적으로 정규분포

$$\widehat{p} \sim N(p,\ p(1-p)/n)$$

을 따른다.

즉, n이 충분히 크면 표준화된 표본비율 Z는

$$Z = \frac{\widehat{p} - p}{\sqrt{p(1-p)/n}} \sim N(0, 1)$$

인 표준정규분포를 따른다.

제3절 정석 통계학 정규모집단에서의 표본분포

그림 6-2에서 보듯이 정규분포에서 파생되는 표본분포에는 표준정규분포를 비롯해서 **t-분포, 카이제곱(χ^2-)분포, F-분포** 등이 있다. 이에 대한 분포를 차례대로 살펴볼 것이다. 가장 먼저 카이제곱분포를 살펴보고 이를 이용하여 t-분포를 살펴볼 것이며, 마지막으로 F-분포를 살펴볼 것이다.

그림 6-2 정규분포의 파생분포

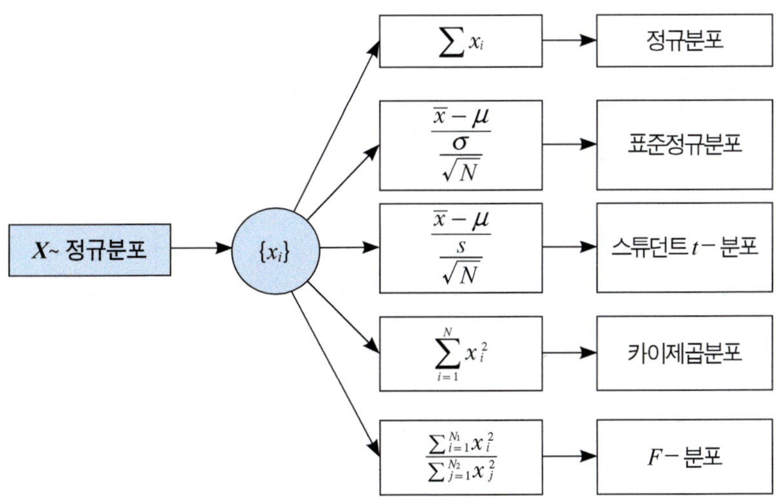

1. 카이제곱분포

정규분포 $N(\mu, \sigma^2)$으로부터의 확률표본을 $X_1, \cdots, X_n$이라 할 때 표본분산

$$S^2 = \frac{\sum_{i=1}^{n}(X_i - \overline{X})^2}{n-1}$$

에 대한 표본분포는 분산의 추론에 매우 유용한데 표본분산에 관련되는 분포는 다음의 **카이**

제곱분포(chi-square distribution)가 있다. 두 범주형 변수 간의 연관관계를 검정하는 데에 주로 사용되며, 모집단이 정규분포일 때 모분산의 검정에도 사용된다. 카이제곱분포는 감마분포에서 파생된 것으로 볼 수 있다.

카이제곱이라는 이름에는 표준정규분포를 제곱한다는 의미가 내포되어 있고, 실제로 **자유도** k인 카이제곱분포를 따르는 확률변수 X^2을 k개 합한 것의 분포로 정의한다. 여기서 자유도는 변수 중에서 자유롭게 선택될 수 있는 변수의 개수라는 의미이며 독립적인 변수의 개수를 말한다. 예를 들어 두 변수의 합이 10으로 주어지면 한 변수의 값이 정해지면 다른 변수는 자동적으로 정해진다. 따라서 이 경우 자유도는 1이 되는 것이다.

더 정확히 카이제곱분포를 정의하면 다음과 같다.

정석 사고

카이제곱분포의 정의

확률변수 $X_1, \cdots, X_n$가 각각 표준정규분포를 따르고 서로 독립일 때

$$Q = X_1^2 + \cdots + X_n^2$$

의 분포는 확률변수의 개수만큼 자유도가 k인 카이제곱분포를 따른다고 정의하고

$$Q \sim \chi^2(k)$$

로 표현한다.

정석 사례연구

다음 중 카이제곱분포에 대한 설명으로 옳은 것을 모두 고르고, 그 이유를 설명하시오.

① Z가 정규분포를 따르는 확률변수일 때, Z^2은 자유도가 1인 카이제곱분포를 따른다.
② 서로 독립인 두 확률변수가 각각 카이제곱분포를 따른 때, 두 확률변수의 합도 카이제곱분포를 따른다.

해설

①과 ② 모두 옳다.

① 자유도가 확률변수 개수이므로 자유도 1인 카이제곱분포를 따른다.
② 가법성에 의하여 서로 독립인 두 확률변수가 각각 카이제곱분포를 따를 때, 두 확률변수의 합도 카이제곱분포를 따른다.

다음 그림 6-3을 통해 카이제곱분포의 대략적인 모양을 확인해보자. 표본의 크기 n이 작을 때에는 그림과 같이 비대칭적 분포이지만 표본의 크기가 커짐에 따라 점점 정규분포의 형태로 바뀌면서 0보다 큰 대칭적 분포로 형태가 바뀐다. 카이제곱분포의 기댓값은 k가 되고, 분산은 기댓값의 두 배인 $2k$가 된다.

그림 6-3 카이제곱분포의 형태

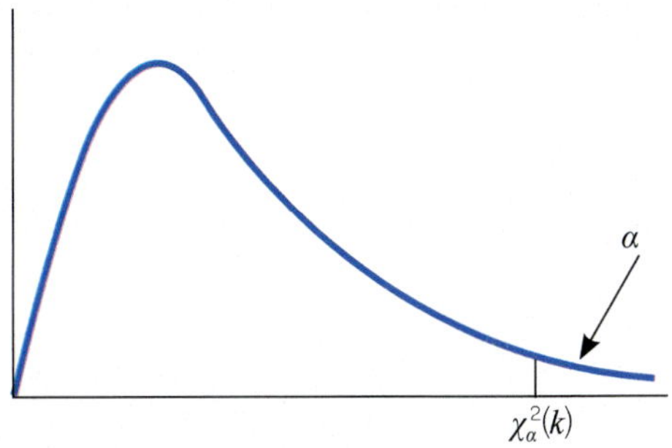

카이제곱분포는 모양이 왼쪽으로 치우쳐 있고 오른쪽으로 긴 꼬리를 가지는데 그 이유는 확률변수값들이 0 근처에 주로 분포하기 때문이다. 따라서 최빈값이 0에 치우쳐 있고 꼬리가 길기 때문에 중앙값과 평균은 최빈값과 상당히 멀어지는 비대칭형 분포를 하게 된다. 카이제곱분포의 중요한 성질은 가법성인데 다음과 같다.

정석 사고

카이제곱분포의 가법성

카이제곱분포를 따르는 확률변수 V_1, V_2가 서로 독립이고 자유도가 각각 k_1, k_2일 때 두 변수의 합($V=V_1+V_2$)은 두 변수의 자유도를 합한 자유도(k_1+k_2)인 카이제곱분포를 따르게 된다.

즉, $V \sim X^2(k_1+k_2)$

정석 사례연구

다음의 빈 칸을 채우고 이에 대해 설명하시오.

"X_1과 X_2는 서로 독립이며 표준정규분포를 따르는 확률변수일 때, $X_1^2+X_2^2$의 분포는 자유도가 (　)인 (　)분포를 따른다."

제1편 제2편 제3편 제4편

해설

'2, 카이제곱분포'가 정답이다. 정규분포를 따르는 확률변수의 제곱합은 카이제곱분포를 따르며, 확률변수의 개수가 자유도가 되므로 자유도는 2이다.

이 성질을 이용하여 정규모집단에서 추출된 확률표본의 분산이 아래와 같이 성립함을 알 수 있다. 즉 확률변수 $X_1, \cdots, X_n$을 정규분포 $N(\mu, \sigma^2)$으로부터의 확률표본이라고 할 때 표본분산 S^2은 다음과 같은 자유도 $n-1$인 카이제곱분포를 따르게 된다.

정석 사고

정규모집단에서의 표본분산의 분포

$$\frac{\sum_{i=1}^{n}(X_i-\overline{X})^2}{\sigma^2}=\frac{(n-1)S^2}{\sigma^2}\sim\chi^2(n-1)$$

정석 사례연구

평균이 5이고 분산이 1인 정규모집단에서 얻은 임의표본(Random Sample)을 X_1, X_2, $\cdots$, X_n라 할 때, $Y_i=(X_i-5)^2(i=1, 2, \cdots, n)$ 은 어떠한 분포를 따르게 되는지 보이시오.

해설

카이제곱분포가 정답이다.

$X_i\sim N(\mu, \sigma^2)$일 때, $Z_i=(X_i-\mu)/\sigma\sim N(0, 1)$을 따르며 $Z_i^2\sim\chi^2(1)$,

즉 카이제곱분포를 따른다.

따라서 $X_i\sim N(5, 1)$이므로 $Z_i^2=\left(\frac{X_i-5}{1}\right)^2\sim\chi^2(1)$이다.

즉, $Y_i=(X_i-5)^2$는 자유도가 1인 카이제곱분포를 따른다.

정석 사례연구

X_1, X_2, $\cdots$, X_n이 평균 3, 분산 4인 정규모집단에서의 임의표본(Random Sample)일 때, $\sum_{i=1}^{n}(X_i-3)^2$의 평균과 분산은? (단, $n\geq2$)

해설

$X_i \sim N(\mu, \sigma^2)$일 때, $Z = (X-\mu)/\sigma \sim N(0,1)$을 따르며 $Z^2 \sim \chi^2(1)$,

즉 카이제곱분포를 따른다.

$Z^2 = \sum_{i=1}^{n}(X_i-\mu)^2/\sigma^2 \sim \chi^2(n)$이며,

이때 $E\left(\sum_{i=1}^{n}(X_i-\mu)^2/\sigma^2\right) = n,\ Var\left(\sum_{i=1}^{n}(X_i-\mu)^2/\sigma^2\right) = 2n$이기 때문에

$\mu = 3, \sigma^2 = 4$로 주어졌을 때, $E\left(\sum_{i=1}^{n}(X_i-3)^2\right) = 4n,\ Var\left(\sum_{i=1}^{n}(X_i-3)^2\right) = 32n$

정석 사례연구

$X_1, X_2, \cdots, X_{20}$을 평균 μ, 분산 σ^2인 정규모집단에서의 임의표본(Random Sample)이라고 하자. 이들의 표본평균과 표본분산이 각각 $\overline{X} = \frac{1}{20}\sum_{i=1}^{20}X_i$와 $S^2 = \frac{1}{19}\sum_{i=1}^{20}(X_i-\overline{X})^2$일 때, 다음 중 이에 대한 설명으로 옳은 것을 모두 고르고, 그 이유를 설명하시오.

(1) $\frac{19S^2}{\sigma^2}$의 분포는 자유도가 19인 카이제곱분포를 따른다.

(2) $\frac{\sqrt{20}(\overline{X}-\mu)^2}{\sigma^2}$의 분포는 자유도가 20인 카이제곱분포를 따른다.

해설

(1) (○)

표본분산 $S^2 = \frac{1}{n-1}\sum_{i=1}^{n}(X_i-\overline{X})^2$이 주어졌을 때 $\frac{(n-1)S^2}{\sigma^2} \sim \chi^2(n-1)$

이때 n=20이므로 $\frac{19S^2}{\sigma^2} \sim \chi^2(19)$, 즉, 자유도가 19인 카이제곱분포를 따른다.

(2) (×)

임의확률표본 $X_1, X_2, \cdots, X_{20}$일 때 $Z = \frac{\overline{X}-\mu}{\sigma/\sqrt{n}} \sim N(0,1)$

이때 $Z^2 = \frac{20(\overline{X}-\mu)^2}{\sigma^2}\left(\neq \frac{\sqrt{20}(\overline{X}-\mu)^2}{\sigma^2}\right) \sim \chi^2(20)$

그렇다면 여기서 분산이 동일한 두 정규모집단 X, Y의 표본분산은 어떻게 정리되는지 살펴보자. 분산이 동일한 두 정규모집단에서의 확률표본을 생각해보자. 정규분포 $N(\mu_1, \sigma^2)$으로부터의 확률표본을 $X_1, \cdots, X_n$, 정규분포 $N(\mu_2, \sigma^2)$으로부터의 확률표본을 $Y_1, \cdots, Y_n$이라 할 때 합동표본분산은 공통분산(모분산)의 추정량으로 분산이 동일하다는 가정과 정규분포 또는 카이제곱분포의 가법성에 의해 다음 식이 성립되며 이는 두 확률표본을 모두 이용하여 계산된다.

정석 사고

분산이 동일한 두 정규모집단에서의 표본분산의 분포

분산이 동일한 두 정규모집단에서의 두 확률표본의 합동표본분산의 분포는 다음과 같다.

$$\frac{(n_1+n_2-2)S_p^2}{\sigma^2} \sim \chi^2(n_1+n_2-2)$$

$$\text{단, } S_p^2 = \frac{(n_1-1)S_1^2}{n_1+n_2-2} + \frac{(n_2-1)S_2^2}{n_1+n_2-2}$$

정석 사례연구

분산이 같고 서로 독립인 두 정규모집단 1와 2로부터 각각 16인 표본을 임의로 추출하여 두 모평균의 차에 대한 검정을 하려고 한다. 모집단 A의 표본분산이 75이고 모집단 공통분산의 추정량인 합동표본분산이 50일 때, 모집단 B의 표본분산은? (단, 확률변수 $X_1, X_2, \cdots, X_n$의 표본평균 $\overline{X} = \frac{1}{n}\sum_{i=1}^{n} X_i$, 표본분산 $S^2 = \frac{1}{n-1}\sum_{i=1}^{n}(X_i - \overline{X})^2$)

해설

공통분산의 합동추정량은 다음과 같다.

$$\widehat{\sigma^2} = S_p^2 = \frac{\sum(X_i-\overline{X})^2 + \sum(Y_i-\overline{Y})^2}{n_1+n_2-2} = \frac{(n_1-1)S_1^2 + (n_2-1)S_2^2}{n_1+n_2-2}$$

따라서 $\frac{(n_1-1)S_1^2 + (n_2-1)S_2^2}{n_1+n_2-2} = \frac{15 \times 75 + 15 \times S_2^2}{16+16-2} = \frac{1}{2}(75 + S_2^2) = 50$

$\therefore S_2^2 = 25$

2. t-분포

확률변수 $X_1, \cdots, X_n$을 정규분포 $N(\mu_1, \sigma^2)$으로부터의 확률표본이라고 할 때 표본평균 $\overline{X}$도 정규분포를 따른다는 사실을 알 수 있으며 그 기댓값과 분산은 각각 $\mu, \frac{\sigma^2}{n}$이므로

$$\overline{X} \sim N(\mu, \sigma^2/n)$$

이 성립한다는 사실을 알고 있다. 그런데 μ에 관한 통계적 추론에서 σ가 미지인 경우에는 미지의 모분산 대신에 표본표준편차를 대입하여, 소위 **스튜던트화**(studentized)된 확률변수의 분포를 필요로 하는 경우가 많다. 다음에 정의되는 t-분포는 이러한 확률변수의 분포를 잘 나타내 준다.

정석 사고

t-분포의 정의

표준정규분포를 따르는 확률변수를 Z라 하고 이와는 독립이며 자유도 k인 카이제곱분포를 따르는 확률변수를 V라 하면, $T = \frac{Z}{\sqrt{V/k}}$의 분포를 자유도 k인 t-분포라 한다. 이때 기호로서 $T \sim t(k)$로 나타낸다.

정석 사례연구

X_1과 X_2는 서로 독립이며 표준정규분포를 따르는 확률변수일 때 $\frac{X_1 + X_2}{\sqrt{(X_1 - X_2)^2}}$의 분포는 어떠한 분포를 따르게 되는지 설명하시오.

해설

정답은 t-분포이다. 정규분포의 가법성에 따라 $Z_1 = (X_1 + X_2)/\sqrt{2}, Z_2 = (X_1 - X_2)/\sqrt{2}$,는 표준정규분포를 따르며 $Z_2^2 = (X_1 - X_2)^2/2$는 카이제곱분포를 따르게 된다.

카이제곱분포를 따르는 확률변수를 $V = (X_1 - X_2)^2/2$라 하면, $T = \frac{Z}{\sqrt{V/1}} = \frac{(X_1 + X_2)/\sqrt{2}}{\sqrt{(X_1 - X_2)^2/2}}$의 분포는 자유도 1인 t-분포를 따른다.

그림 6-4를 통해 t-분포의 대략적인 모양을 확인해보자. t-분포는 보통 정규모집단에서 표본의 크기가 작을 때 많이 사용된다. t-분포도 표준정규분포와 마찬가지로 0을 중심으로 좌우대칭형이지만, 표준정규분포에 비하여 두터운 꼬리를 갖고 있는 것이 특징이다. 그

리고 자유도가 커질수록 정규분포의 형태에 접근해가는 것도 알 수 있다. t-분포의 기댓값(평균)은 0이며, 분산은 $k/(k-2)$가 된다.

그림 6-4 표준정규분포와 t-분포의 형태 비교

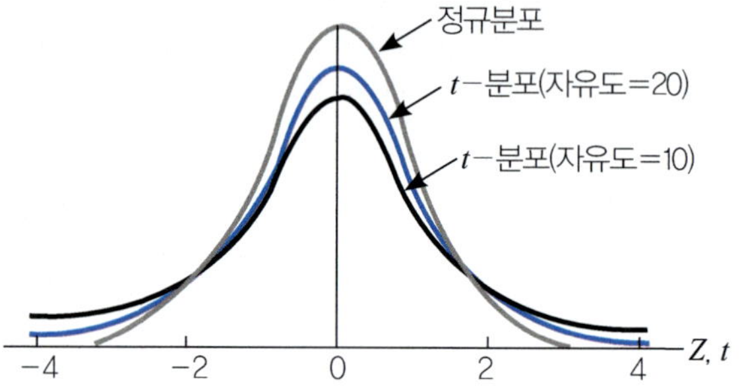

확률변수 $X_1, \cdots, X_n$을 정규분포 $N(\mu, \sigma^2)$으로부터의 확률표본이라고 할 때 $\dfrac{\overline{X}-\mu}{S/\sqrt{n}}$의 분포는

$$\frac{\overline{X}-\mu}{S/\sqrt{n}}=\frac{(\overline{X}-\mu)/(\sigma/\sqrt{n})}{\sqrt{(n-1)S^2/\sigma^2/(n-1)}}\sim\frac{N(0,1)}{\chi^2(n-1)}$$

따라서 표본평균의 스튜던트화된 확률표본은 자유도 $n-1$인 t-분포를 따르게 된다.

정석 사고

스튜던트화 확률변수의 분포

확률변수 $X_1, \cdots, X_n$을 정규분포 $N(\mu, \sigma^2)$으로부터의 확률표본이라고 할 때

$$\frac{\overline{X}-\mu}{S/\sqrt{n}}\sim t(n-1) : \text{자유도 } (n-1)\text{인 } t\text{-분포}$$

정석 사례연구

평균이 μ이고 분산이 σ^2인 정규모집단에서의 임의표본(Random Sample) $X_1, X_2, \cdots, X_n$에 대하여 표본평균 $\overline{X}=\frac{1}{n}\sum_{i=1}^{n}X_i$, 표본분산 $S^2=\frac{1}{n-1}\sum_{i=1}^{n}(X_i-\overline{X})^2$일 때, $\dfrac{\sqrt{n}(\overline{X}-\mu)}{S}$는 어떠한 분포를 따르게 되는지 설명하시오.

해설

정답은 t-분포이다. $(\overline{X}-\mu)/(\sigma/\sqrt{n}) \sim N(0, 1)$, $\frac{(n-1)S^2}{\sigma^2} \sim \chi^2(n-1)$을 따르게 될 때

$\overline{X}$와 S^2이 독립일 때 $\frac{\overline{X}-\mu}{S/\sqrt{n}} = \frac{(\overline{X}-\mu)/(\sigma/\sqrt{n})}{\sqrt{((n-1)S^2/\sigma^2)/(n-1)}} = \frac{\sqrt{n}(\overline{X}-\mu)}{S} = \sim t(n-1)$

즉, $\frac{\sqrt{n}(\overline{X}-\mu)}{S}$의 분포는 자유도 n–1인 t–분포를 따른다.

정석 사례연구

평균이 μ이고 분산이 9인 정규모집단에서 얻은 임의표본(Random Sample) X_1, X_2, ⋯, X_9이 있다고 하자. 확률변수 $V=\overline{X}-\mu$, $W=\frac{3(\overline{X}-\mu)}{S}$에 대한 다음의 설명 중 옳은 것을 고르고 그 이유를 설명하시오. (단, $\overline{X}=\frac{1}{9}\sum_{i=1}^{9}X_i$, $S^2=\frac{1}{8}\sum_{i=1}^{9}(X_i-\overline{X})^2$)

① V의 분포는 0에 대해 대칭이다.
② W의 분포는 0에 대해 대칭이다.
③ 1보다 큰 모든 실수 c에 대해 $P(V\geq c)<P(W\geq c)$이다.

해설

정답은 ①, ②, ③ 모두 옳다.

① $\overline{X} \sim N\left(\mu, \frac{3^2}{9}\right)$이며 $(\overline{X}-\mu)/(3/\sqrt{9}) = \overline{X}-\mu \sim N(0, 1)$, 즉 표준정규분포를 따른다.
표준정규분포는 0을 중심으로 좌우대칭이다.

② $Z=(\overline{X}-\mu)/(\sigma/\sqrt{n}) \sim N(0, 1)$을, $\frac{(n-1)S^2}{\sigma^2} \sim \chi^2(n-1)$을 따르게 될 때
$\overline{X}$와 S^2이 독립이면

$$\frac{\overline{X}-\mu}{S/\sqrt{n}} = \frac{(\overline{X}-\mu)/(\sigma/\sqrt{n})}{\sqrt{((n-1)S^2/\sigma^2)/(n-1)}} = \frac{\sqrt{n}(\overline{X}-\mu)}{S}$$
$$= \frac{3(\overline{X}-\mu)}{S} = W \sim t(n-1) = t(8)$$

즉, 자유도가 8인 t–분포를 따르며, t–분포는 0을 중심으로 좌우대칭이다.

③ t–분포는 표준정규분포보다 양쪽 꼬리부분에서 두터운 형태를 가지며 중심은 표준정규분포보다 낮다.

여기서 분산이 동일한 두 정규모집단 X, Y의 표본분산은 어떻게 정리되는지 살펴보기 위해 분산이 동일한 두 정규모집단에서의 확률표본을 생각해보자. 정규분포 $N(\mu_1, \sigma^2)$으로부터

의 확률표본을 $X_1, \cdots, X_n$, 정규분포 $N(\mu_2, \sigma^2)$으로부터의 확률표본을 $Y_1, \cdots, Y_n$이라 할 때 합동표본분산은 공통분산(모분산)의 추정량으로 분산이 동일하다는 가정하에 정규분포 또는 카이제곱분포의 가법성에 의해 다음 식이 성립되며 이는 두 확률표본을 모두 이용하여 계산된다.

$$\frac{(\overline{X}-\overline{Y})-(\mu_1-\mu_2)}{S_p\sqrt{\frac{1}{n_1}+\frac{1}{n_2}}}=\frac{(\overline{X}-\overline{Y})-(\mu_1-\mu_2)/(\sigma/\sqrt{1/n_1+1/n_2})}{\sqrt{(n_1+n_2-2)S_p^2/\sigma^2/(n_1+n_2-2)}}\sim\frac{N(0,1)}{\chi^2(n_1+n_2-2)}$$

따라서 자유도 n_1+n_2-2인 t-분포를 따르게 된다.

정석 사고

분산이 동일한 두 정규모집단에서의 t-분포

분산이 동일한 두 정규모집단에서의 확률표본을 생각해보자. 정규분포 $N(\mu_1, \sigma^2)$으로부터의 확률표본을 $X_1, \cdots, X_n$, 정규분포 $N(\mu_2, \sigma^2)$으로부터의 확률표본을 $Y_1, \cdots, Y_n$이라 할 때

$\dfrac{(\overline{X}-\overline{Y})-(\mu_1-\mu_2)}{S_p\sqrt{\frac{1}{n_1}+\frac{1}{n_2}}}$는 자유도 n_1+n_2-2인 t-분포를 따른다.

3. F-분포

F-분포는 두 정규모집단의 분산의 비교(분산비 검정) 또는 세 집단 이상의 모평균의 비교에 대한 추론에 주로 사용된다. F-분포는 다음과 같이 정의된다.

정석 사고

F-분포의 정의

서로 독립이면서 각각 자유도 k_1, k_2인 카이제곱분포를 따르는 확률변수를 V_1, V_2라 하면,

$$T^2=\frac{V_1/k_1}{V_2/k_2}$$

의 분포는 자유도 k_1, k_2인 F 분포라 하고, $T^2\sim F(k_1, k_2)$로 나타낸다.

정석 사례연구

'X가 자유도가 10인 t-분포를 따를 때, X^2은 분자의 자유도가 1, 분모의 자유도가 10인 F-분포를 따른다'는 참인지 거짓인지 여부에 대해 판단하고 그 이유를 제시하시오.

해설

참이다. $T \sim t_{(n)}$일 때, $T^2 \sim F_{(1,\ n)}$을 따른다.

정석 사례연구

다음 빈 칸을 채우고 이에 대해 설명하시오.

"X_1과 X_2는 서로 독립이며 표준정규분포를 따르는 확률변수일 때, $(X_1-X_2)^2/(X_1+X_2)^2$의 분포는 분자의 자유도가 (　　), 분모의 자유도가 (　　)인 (　　)분포를 따른다."

해설

'1, 1, F-분포'가 정답이다.

정규분포의 가법성에 따라 $Z_1 = (X_1 - X_2)/\sqrt{2}$, $Z_2 = (X_1 + X_2)/\sqrt{2}$는 표준정규분포를 따르며 $Z_1^2 = (X_1 - X_2)^2/2$, $Z_2^2 = (X_1 + X_2)^2/2$는 각각 자유도가 1인 카이제곱분포를 따르게 된다.

이때 $F = \dfrac{Z_1^2}{Z_2^2} = \dfrac{(X_1 - X_2)^2/2}{(X_1 + X_2)^2/2}$의 분포는 분자의 자유도 1, 분모의 자유도가 1인 t-분포를 따른다.

F-분포도 카이제곱분포처럼 자유도에 따라 모양이 달라지지만 그 대략적인 형태는 다음 **그림 6-5**와 같다.

그림 6-5 F-분포의 형태

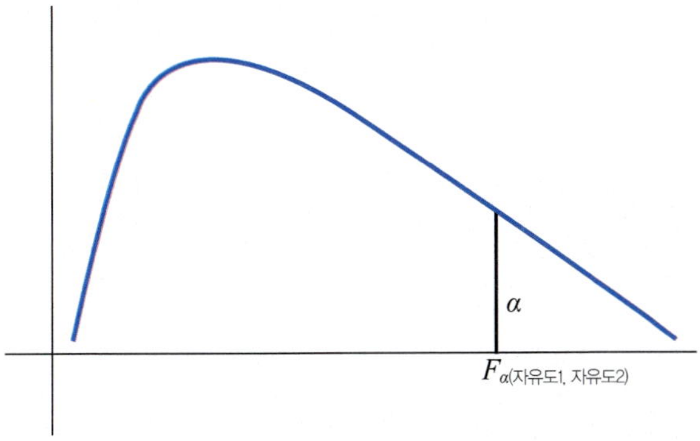

F-분포의 다음 성질은 F-분포를 따르는 확률변수들의 확률을 계산하는 데 유용하게 사용될 수 있다.

정석 사고

F-분포의 성질

확률변수 F가 자유도 k_1, k_2인 F-분포를 따를 때 다음의 관계가 성립한다.

$$\frac{1}{F(k_1, k_2, \alpha)} = F(k_2, k_1, 1-\alpha)$$

그렇다면 여기서 두 정규모집단 X, Y의 표본분산의 비율에 대한 분포는 어떻게 정리되는지 살펴보기 위해 두 정규모집단에서의 확률표본을 생각해보자. 정규분포 $N(\mu_1,\ \sigma^2)$으로부터의 확률표본을 X_1, $\cdots$, X_n, 정규분포 $N(\mu_2,\ \sigma^2)$으로부터의 확률표본을 Y_1, $\cdots$, Y_n이라 할 때 합동표본분산은 공통분산(모분산)의 추정량으로 분산이 동일하다는 가정하에 정규분포 또는 카이제곱분포의 가법성에 의해 다음 식이 성립되며 이는 두 확률표본을 모두 이용하여 계산된다.

$$\frac{(n_1-1)S_1^2/\sigma_1^2}{(n_2-1)S_2^2/\sigma_2^2} \sim \frac{\chi^2(n_1-1)}{\chi^2(n_2-1)}$$

이 성립하고 서로 독립이므로 두 정규모집단 X, Y의 표본분산의 비율에 대한 분포는 다음과 같다.

정석 사고

두 정규모집단에서의 표본분산의 비에 대한 분포

정규분포 $N(\mu_1,\ \sigma^2)$으로부터의 확률표본을 X_1, $\cdots$, X_n, 정규분포 $N(\mu_2,\ \sigma^2)$으로부터의 확률표본을 Y_1, $\cdots$, Y_n이라 할 때

$$\frac{S_1^2/\sigma_1^2}{S_2^2/\sigma_2^2} \sim F(n_1-1, n_2-1)$$

F-분포와 t-분포와의 관계

확률변수 T가 자유도 k인 t-분포를 따를 때 다음이 성립한다.

$$T^2 \sim F(1, k)$$

이를 증명하기 위해 자유도 k인 t-분포를 따르는 확률변수를 T라 하면

$$T = \frac{Z}{\sqrt{V/k}}$$

따라서

$$T^2 = \frac{Z^2/1}{V/k} \sim \frac{\chi^2(1)}{\chi^2(k)}$$

그러므로 확률변수 T는 F-분포의 정의에 따라 F-분포를 따르게 된다.

정석 사고

F-분포와 t-분포와의 관계

확률변수 T가 자유도 k인 t-분포를 따를 때 다음이 성립한다.

$$T^2 \sim F(1, k)$$

엄밀히 두 관계를 정의하면,
자유도가 k인 t-분포의 $100\times(1-\alpha)$번째 백분위수는 $t_\alpha(k)$, 분자의 자유도가 1이고 분모의 자유도가 k인 F-분포의 $100\times(1-\alpha)$번째 백분위수는 $F_\alpha(1, k)$로 나타낼 때

$$t^2_{\alpha/2}(k) \sim F_\alpha(1, k)$$

정석 사례연구

자유도가 v인 t-분포의 $100\times(1-\alpha)$번째 백분위수는 $t_\alpha(v)$, 분자의 자유도가 1이고 분모의 자유도가 v인 F-분포의 $100\times(1-\alpha)$번째 백분위수는 $F_\alpha(1, v)$로 나타낸다. $F_\alpha(1, v)=2$일 때 $t_{\alpha/2}(v)$의 값을 구해보자.

해설

확률변수 t가 자유도 v인 t-분포를 따를 때 다음이 성립한다.

$$t^2_{\alpha/2} \sim F_\alpha(1, v)$$

따라서

$$t_{\alpha/2}(v) = \sqrt{2}$$

정석 사례연구

다음 서술 중 옳은 것은 ○, 틀린 것은 × 표시를 해보자. (7급 14)

① $\frac{Z_1^2}{Z_2^2}$의 분포는 분자의 자유도가 1, 분모의 자유도가 1인 F-분포를 따른다.

② $Z_1^2+Z_2^2$은 자유도가 1인 카이제곱분포를 따른다.

③ Z_1-Z_2와 Z_1+Z_2는 같은 분포를 따른다.

④ Z_1-Z_2와 Z_1+Z_2는 서로 독립이다.

해설

① ○

② × ($\therefore$ $X_1, \cdots, X_n$가 표준정규분포를 따를 때 $Q=X_1^2+\cdots+X_n^2$의 분포는 자유도가 k인 카이제곱분포를 따른다. 따라서 자유도가 2인 카이제곱분포를 따른다.)

③ ○

④ ○

심화통계

1. 확률분포

(1) 모집단의 분포와 확률표본

① 미지인 모집단의 분포는 확률밀도함수 $f(x)$로 나타냄

② 모집단 $f(x)$로부터의 확률표본 X_1, X_2, ⋯, X_n이란 $f(x)$를 확률밀도함수로 갖는 서로 독립인 확률변수를 의미

(2) 통계량과 표본분포

① 통계량 : 관측 가능한 확률표본의 함수

② 표본평균 : $\overline{X} = \dfrac{\sum_{i=1}^{n} X_i}{n}$

③ 표본분산 : $S^2 = \dfrac{\sum_{i=1}^{n}(X_i - \overline{X})^2}{n-1}$

④ 표본분포 : 통계량의 확률분포를 표본분포라고 함

예제

모집단의 분포가 다음과 같은 경우, 이 모집단에서 크기가 2인 확률표본 X_1, X_2를 추출하려고 한다. 이때 표본평균 $\overline{X} = \dfrac{X_1 + X_2}{2}$의 확률분포를 구하여라.

x	0	1	2	3
$f(x)$	0.3	0.4	0.2	0.1

풀이

■ 결합확률분포 구하기

① 확률표본의 정의에 따라서 X_1, X_2는 서로 독립일 때, 이들의 결합확률은 각각의 주변확률의 곱으로 주어짐

x_1 \ x_2	0	1	2	3	합
0	0.09	0.12	0.06	0.03	0.3
1	0.12	0.16	0.08	0.04	0.4
2	0.06	0.08	0.04	0.02	0.2
3	0.03	0.04	0.02	0.01	0.1
합	0.3	0.4	0.2	0.1	1

② $\overline{X}$가 될 가능성이 있는 값들을 찾고 이들의 확률을 구함

→ $\overline{X}$=1.5이 되는 경우는 (X_1, X_2)=(0, 3), (1, 2), (2, 1), (3, 0)의 5가지가 있고 이때의 확률의 합은 0.22가 됨

→ $P\{\overline{X}=1.5\}=0.3+0.08+0.08+0.03=0.22$

새로운 $\overline{X}=\frac{X_1+X_2}{2}$ 확률분포

$\bar{x}$	0	0.5	1	1.5	2	2.5	3	합계
확률	0.09	0.24	0.28	0.22	0.12	0.04	0.01	1

2. 표본평균의 분포와 중심극한정리

(1) 표본평균의 평균과 표준편차

크기 n인 확률표본으로부터의 표본평균 $\overline{X}$에 대해서 모평균이 μ이고, 모분산이 σ^2이면

① $E(\overline{X})=\mu$ 7)

② $Var(\overline{X})=\frac{\sigma^2}{n}$ 8)

③ $sd(\overline{X})=\frac{\sigma}{\sqrt{n}}$

(2) 표본평균의 분포

정규분포 $N(\mu, \sigma^2)$으로부터의 표본평균 $\overline{X}$는 정규분포를 따름. 즉, $\overline{X}\sim N\left(\mu, \frac{\sigma^2}{n}\right)$

7) 분포에 대한 성질을 알기 위해서, 표본평균의 기댓값과 분산을 구하면 다음과 같다. 기댓값의 가법성으로부터 표본평균의 기댓값은 다음과 같다.

$$E(\overline{X})=\frac{1}{n}E(X_1+\cdots X_n)=\frac{1}{n}[E(X_1)+\cdots+E(X_n)]=\frac{1}{n}n\mu=\mu$$

8) $\overline{X}$의 분산은 $X_1, \cdots, X_n$이 서로 독립이므로 분산의 가법성을 이용하면 다음과 같다.

$$Var(\overline{X})=\frac{1}{n^2}Var(X_1+\cdots X_n)=\frac{1}{n^2}[Var(X_1)+\cdots+Var(X_n)]=\frac{1}{n^2}n\sigma^2=\frac{\sigma^2}{n}$$

3. 중심극한정리

(1) 개념

평균이 μ이고, 분산이 σ^2인 임의의 모집단으로부터의 크기 n인 확률표본에서의 표본평균 $\overline{X}$는 n이 충분히 크면 근사적으로 정규분포 $N\left(\mu, \frac{\sigma^2}{n}\right)$을 따름, 즉, $\overline{X} \sim N\left(\mu, \frac{\sigma^2}{n}\right)$

즉, n이 충분히 클 때, $Z = \dfrac{\overline{X}-\mu}{\frac{\sigma}{\sqrt{n}}} \sim N(0, 1)$이 성립함

(2) 표본비율의 정규근사

① 베르누이분포 $B(1, p)$로부터의 크기 n인 확률분포에 대하여, 표본비율 $\hat{p}$의 분포는 n이 클 때, 근사적으로 $N\left(p, \frac{p(1-p)}{n}\right)$를 따르게 됨

② 즉, n이 클 때, $Z = \dfrac{\hat{p}-p}{\sqrt{p(1-p)/n}} \sim N(0, 1)$이 성립

4. 카이제곱분포

(1) 정의

① 확률변수 $Z_1, \cdots, Z_k$가 각각 표준정규분포 $N(0, 1)$을 따르고 서로 독립일 때 $Z_1^2+\cdots+Z_k^2$의 분포를 자유도(degrees of freedom) k인 카이제곱분포(Chi-square distribution)이라 함

② 기호는 $Z_1^2+\cdots+Z_k^2 \sim \chi^2(k)$로 나타냄

(2) 카이제곱분포의 가법성

① $V_1 \sim \chi^2(k_1)$, $V_2(k_2) \sim \chi^2(k_2)$이고 V_1과 V_2가 서로 독립이면 $V_1+V_2 \sim \chi^2(k_1+k_2)$

② $V_1 \sim \chi^2(k_1)$, $V_2(k_2) \sim \chi^2(k_2)$, $k_1 > k_2$, $V_1 = V_2+V_3$그리고 V_2와 V_3가 독립이면 $V_3 \sim \chi^2(k_1-k_2)$이 성립

(3) 정규모집단에서의 표본분산의 분포

$X_1, \cdots, X_k$을 정규분포 $N(\mu, \sigma^2)$으로부터의 확률표본이라 할 때,

표본분산 $S^2 = \dfrac{\sum_{i=1}^{n}(X_i-\overline{X})}{n-1}$에 대하여 $\dfrac{(n-1)S^2}{\sigma^2} \sim \chi^2(n-1)$이 성립함

(4) 분산이 동일한 두 정규모집단에서의 표본분산의 분포

위와 같은 가정 아래 다음이 성립함

$$\frac{(n_1+n_2-2)S_p^2}{\sigma^2} \sim \chi^2(n_1+n_2-2)$$

단, $S_p^2 = \dfrac{(n_1-1)S_1^2+(n_2-1)S_2^2}{n_1+n_2-2}$

5. t-분포

(1) 정의

표준정규분포 $N(0,\ 1)$을 따르는 확률변수를 라 하고 이와는 독립이며 자유도 k인 카이제곱분포를 따르는 확률변수를 V라 하면,

$T = \dfrac{Z}{\sqrt{V/k}}$의 분포를 자유도 k인 t-분포라 함 (이때 기호로서 $T \sim t(k)$로 나타남)

(2) 스튜던트화된 확률변수의 분포

정규분포 $N(\mu,\ \sigma^2)$으로부터의 확률표본 $X_1,\ \cdots,\ X_n$에 대해서 다음이 성립함

$$\frac{\overline{X}-\mu}{S/\sqrt{n}} \sim t(n-1)$$

(3) 분산이 동일한 두 정규모집단에서의 t-분포

$$\frac{(\overline{X}-\overline{Y})-(\mu_1-\mu_2)}{S_p\sqrt{\dfrac{1}{n_1}+\dfrac{1}{n_2}}} \sim t(n_1+n_2-2)$$

6. F-분포

(1) 정의

① V_1과 V_2를 각각 자유도 $k_1,\ k_2$인 카이제곱분포를 따르는 서로 독립인 확률변수들이라고 할 때, $F = \dfrac{V_1/k_1}{V_2/k_2}$의 분포를 자유도 $(k_1,\ k_2)$인 F-분포라고 함

② 기호로 $F \sim F(k_1,\ k_2)$로 나타냄

(2) 성질

확률변수 F가 자유도 $(k_1,\ k_2)$인 F-분포를 따를 때 다음이 성립

$$\frac{1}{F} \sim F(k_2,\ k_1)$$

(3) 두 정규모집단에서 표본분산의 비에 대한 분포

$\frac{\sigma_2^2}{\sigma_1^2}\frac{S_1^2}{S_2^2} \sim F(n_1 - 1, n_2 - 1)$

(4) F-분포와 t-분포와의 관계

확률변수 T가 자유도 k인 t-분포를 따를 때 다음이 성립함

$T^2 \sim F(1, k)$

정석실전문제

1. 확률변수 Z가 표준정규분포를 따른다고 할 때, $X=Z^2$으로 정의되는 확률변수는 어떤 분포를 가지는가? (9급 11)

정석힌트 카이제곱분포를 따르게 되는데, 모양이 왼쪽으로 치우쳐 있고 오른쪽으로 긴 꼬리를 가진다. 그 이유는 확률변수값들이 0 근처에 주로 분포하기 때문이다. 따라서 평균은 0에 치우쳐 있고 중앙값은 꼬리가 길기 때문에 평균과 상당히 멀어지게 되는 비대칭형 분포를 하게 된다.

2. X_1과 X_2는 서로 독립이며 표준정규분포를 따르는 확률변수일 때, 옳지 않은 것은? (7급 16)

① $\dfrac{X_1-2X_2}{\sqrt{5}}$의 분포는 표준정규분포이다.

② $\dfrac{X_1+X_2}{\sqrt{(X_1-X_2)^2}}$의 분포는 자유도가 1인 $t-$분포이다.

③ $\dfrac{X_1^2}{X_2^2}$의 분포는 자유도가 1인 카이제곱분포이다.

④ $\dfrac{(X_1-X_2)^2}{(X_1+X_2)^2}$의 분포는 분자의 자유도가 1, 분모의 자유도가 1인 $F-$분포이다.

정석힌트 ① 정규분포의 가법성으로 맞다.

② 카이제곱분포를 따르는 확률변수를 V라 하면, $T=\dfrac{Z}{\sqrt{V/1}}$의 분포를 자유도 1인 $t-$분포이다.

③ 정규분포를 따르는 확률변수의 제곱합이 카이제곱분포를 따른다.

④ 자유도 k_1, k_2인 카이제곱분포를 따르는 확률변수를 V_1, V_2라 하면,

$F=\dfrac{V_1/k_1}{V_2/k_2}$의 분포는 자유도 k_1, k_2인 $F-$분포라 한다.

따라서 ③이 틀린 설명이다.

3. 서로 독립인 세 개의 확률변수 X_i, $i=1, 2, 3$은 평균이 i이고 분산이 i^2인 정규분포를 따른다고 할 때 다음 중 옳지 않은 것은? (7급 11)

① $\displaystyle\sum_{i=1}^{3}\left(\frac{X_i-i}{i}\right)^2$은 자유도가 3인 카이제곱분포를 따른다.

② $\dfrac{3(X_1-1)}{\sqrt{(X_3-3)^2}}$은 자유도가 1인 $t-$분포를 따른다.

③ $\frac{4(X_1-1)^2}{(X_2-2)^2}$은 분자의 자유도가 1, 분모의 자유도가 2인 F-분포를 따른다.

④ $(X_1-1)^2$은 자유도가 1인 카이제곱분포를 따른다.

정석힌트

① 확률변수들의 제곱의 합은 카이제곱분포의 정의이며 자유도는 변수 개수, 즉 3과 같다.

② t-분포정의는 정규분포 변수를 카이제곱분포 변수의 제곱근으로 나눈 것이고 자유도는 카이제곱분포 변수의 개수, 즉 1개와 동일하다.

③ F-분포는 카이제곱분포 변수를 카이제곱분포 변수로 나눈 것이고 자유도는 분자와 분모의 자유도로 나오는데 분자, 분모 모수 변수가 1개이므로 자유도가 각각 1이다.

④ 정규분포를 따르는 1개의 확률변수의 제곱은 카이제곱분포를 따르며 자유도는 1이다.

따라서 ③이 틀린 설명이다.

4. 다음은 분산이 같고 서로 독립인 두 정규모집단 A와 B에서 임의로 표본을 추출하여 정리한 결과이다. 두 모집단의 공통분산에 대한 추정량인 합동표본분산(Pooled Sample Variance)과 합동표본분산의 자유도를 구하면?(단, 두 모집단의 공통분산은 알려져 있지 않다.) (7급 18)

모집단	표본크기	표본분산
A	5	2
B	6	4

정석힌트

$\frac{(\overline{X}-\overline{Y})-(\mu_1-\mu_2)}{S_p\sqrt{\frac{1}{n_1}+\frac{1}{n_2}}}$ 와 자유도 n_1+n_2-2 인 t-분포를 이용하여 구해보면

합동표본분산= $\frac{28}{9}$,

자유도=9

제3편
추정과 검정

제7장
추정이론

나의 여러 가지 발명은 그 어느 것이나 우연히 된 것은 아니다.

그것은 모두 일함으로써 성취된 것이다.

– 토머스 에디슨 –

제1절 기본원리

통계적 추정(statistical inference)이란 그림 7-1 처럼 모집단에서 추출한 표본들의 통계량을 통해 역으로 모집단을 추정하는 과정을 의미한다. 통계적 추정에서는 확률분포를 모집단의 분포에 대한 이론적 모형으로 하고 이 분포의 평균, 표준편차 등과 같이 모집단의 특성을 나타내는 수치적 측도를 **모수**(population parameter)라고 한다. 따라서 대부분의 경우 통계적 추정은 모수에 대한 추정인 경우가 많다.

그림 7-1 통계적 추정

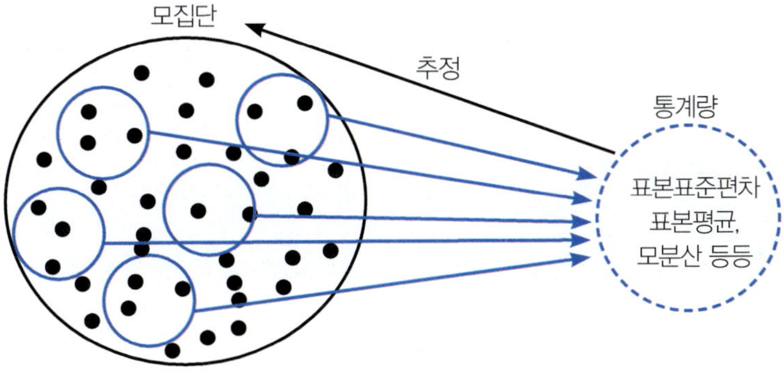

통계적 추정의 이론적 근거는 "대수(大數)의 법칙"에 두고 있다. 이 법칙은 다음과 같이 설명 가능하다.

$$P(\overline{X} - \epsilon < \mu < \overline{X} + \epsilon)$$

이 식의 의미는 모집단의 평균 μ가 일정한 구간 사이에 포함될 확률은 얼마인가를 말해준다. 이 식을 표준화하여 변형하면 $P(-\epsilon < \overline{X} - \mu < \epsilon)$이고 양변을 $\sigma/\sqrt{n}$으로 나누면

$$P\left(-\epsilon\frac{\sqrt{n}}{\sigma} < Z < \epsilon\frac{\sqrt{n}}{\sigma}\right)$$

양변에 lim를 취하면, 즉 n이 충분히 커지면서 극한값에 이를 때

$$\lim_{n \to \infty} P\left(-\epsilon\frac{\sqrt{n}}{\sigma} < Z < \epsilon\frac{\sqrt{n}}{\sigma}\right) = 1$$

즉 추출횟수인 n이 충분히 크면 $\overline{X}$에서 모평균을 알아낼 수 있는 확률이 1이라는 사실을 알 수 있다.

추정은 주로 모평균, 모비율, 모분산 혹은 모표준편차 등의 모수의 참값을 추측하는 과정이며 하나의 수치로 모수를 추정하는 과정을 **점추정**(point estimation)이라 하고 모수의 참값이 속할 것으로 기대되는 범위 혹은 구간을 추정하는 과정을 **구간추정**(interval estimation)이라 한다. 이 두 가지 추정을 통틀어 **추정**(estimation)이라고 한다. 추정에 이어 모수에 대한 예상, 추정의 옳고 그름에 대한 결정을 내리는 과정을 **가설검정**(hypothesis testing)이라 하는데 다음 장에서 살펴볼 것이며 이 장에서는 추정에 대해서만 다루기로 한다.

제2절 정석 통계학 점추정

점추정(point estimation)은 표본에서 얻은 정보를 이용하여 미지의 모수에 대한 참값을 하나의 수치로 추정하는 과정이다. 이때 어떤 수치를 선택할 것인가를 지정해주는 방법을 **점추정량** 혹은 추정량(estimator)이라 하고 정해진 추정량을 사용하여 선택된 그 수치를 추정값(estimate)이라 한다.

> **정석 사고**
>
> **추정량과 추정값**
>
> 미지의 모수 θ의 추정에 사용되는 통계량 $\widehat{\theta}(X_1, \cdots, X_n)$을 (점)추정량이라 하고
> 추정량의 관측값 $\widehat{\theta}(x_1, \cdots, x_n)$을 θ의 추정값이라 한다.

어떤 추정량 $\widehat{\theta}(X_1, \cdots, X_n)$의 좋고 나쁨은 그 표본분포가 참값 θ 주위에 어떤 형태로 나타나는가에 따라 결정된다. 이와 같은 추정량의 분포에 관한 성질로서 일반적으로 요구되는 것은 **불편성**(unbiasness)과 **일치성**(consistency)이다. 한 가지 더 추가하자면 **효율성**

(efficiency)을 들 수 있고, 가능한 표본정보를 많이 내포해야 한다는 충분성(sufficiency)이 있는데, 이에 대해 차례로 알아보자.

불편성은 추정량의 분포가 모수의 참값이 추정량의 기댓값, 즉 균형점으로 나타나는 성질을 일컫는다. 요약하면 다음과 같다.

정석 사고

불편추정량

미지의 모수 θ의 추정에 사용되는 통계량 $E[\widehat{\theta}(X_1, \cdots, X_n)] = \theta$을 θ의 불편추정량이라 한다.

정석 사례연구

불편추정량(Unbiased Estimator)에 대한 설명 중 옳은 것은 ○, 틀린 것은 × 표시를 해보자.

① 평균이 μ이고 표준편차가 σ인 정규분포를 따르는 모집단에서 추출한 임의표본 $X_1, \cdots, X_n$의 표본평균은 μ의 불편추정량이다.
② 구간 $(\theta, \theta+1)$에서 균일분포(Uniform Distribution)를 따르는 모집단에서 추출한 임의표본 $X_1, \cdots, X_n$의 표본평균은 θ의 불편추정량이다.
③ 시행횟수가 n이고 성공확률이 p인 이항분포에서 얻은 확률표본 X에 대하여 $\frac{X}{n}$는 p의 불편추정량이다.

해설

① (○)
② (×) 불편성의 개념은 추정량의 분포가 참값을 균형점으로 하여 나타나는 성질이므로 미지의 모수 θ 추정에 사용되는 통계량 $E[\hat{\theta}(X_1, \cdots, X_n)] = \theta$을 θ의 불편추정량이라 한다. 정규분포의 표본평균, 이항분포의 비율평균 등은 불편추정량이지만 균일분포는 표본의 선택되는 구간에 따라 표본평균이 계속 바뀐다.
③ (○)

정석 사례연구

X_1, X_2, X_3은 평균이 μ인 모집단에서의 임의표본(Random Sample)이다. 다음의 μ에 대한 추정량 중 불편추정량(Unbiased Estimator)만을 모두 고르고, 이를 설명하시오.

$$Y_1 = \frac{X_1 + X_2 + X_3}{3}, \quad Y_2 = \frac{2X_1 + 3X_2}{5}, \quad Y_3 = X_3$$

해설

미지의 모수 θ의 추정에 사용되는 통계량 $E[\hat{\theta}(X_1, \cdots, X_n)] = \theta$을 θ의 불편추정량이라 한다. 따라서 각 추정량의 기댓값이 모두 같으므로 모두 불편추정량이 된다.

그리고 일치성은 표본의 크기가 매우 크다면 참값에 매우 가까운 추정값을 나타내는 성질을 일컫는다. 요약하면 다음과 같다.

정석 사고

일치추정량

크기 n인 표본을 이용한 추정량 $\widehat{\theta_n} = \widehat{\theta}(X_1, \cdots, X_n)$에 대하여

$$\lim_{n\to\infty} P\{|\widehat{\theta_n} - \theta| < \epsilon\} = 1$$

이면 추정량 $\widehat{\theta_n}$을 θ의 일치추정량이라 한다.

정석 사례연구

평균이 μ이고 분산이 σ^2인 정규모집단에서의 임의표본(Random Sample)을 $X_1, X_2, \cdots, X_n$라고 하자. σ^2의 추정량은 $\hat{\sigma}^2 = \frac{1}{n}\sum_{i=1}^{n}(X_i - \overline{X})^2$일 때 이 추정량은 불편추정량이고 일치추정량인지에 대해 설명하시오.

해설

$E(\sum_{i=1}^{n}(X_i - \overline{X})^2/\sigma^2) = E(n\hat{\sigma}^2/\sigma^2) = n-1$이므로 $E(\hat{\sigma}^2) = (n-1)\sigma^2/n \neq \sigma^2$이 되어 불편추정량이 아니다.
σ^2이 일치추정량이 되기 위해서는 $\lim_{n\to\infty} P\{|\hat{\theta}_n - \theta| > \epsilon\} = 0$이 성립해야 하는데 체비세프 부등식(하단 참조)에 의해 이를 증명해 보면 주어진 추정량은 일치추정량이 된다.

추정량의 일치성을 밝히는 데 다음 체비셰프 부등식(Chebyshev's inequality)은 매우 유용하게 활용된다. 예를 들어, 표본평균에 대한 구간 추정 시 그 길이를 조정할 때 사용되고, 확률변수의 값이 표준편차의 상수배 이상 떨어지게 될 확률의 상한값이나 하한값을 구할 때 체비셰프 부등식이 사용된다.

정석 사고

체비셰프 부등식

확률변수 X의 평균을 μ, 분산을 σ^2이라 하면 임의의 양수 ϵ에 대하여

$$P\{|X-\mu| \geq c\} \leq \frac{\sigma^2}{\epsilon^2}$$

정석 사례연구

체비세프 부등식(Chebyshev's Inequality)은 "확률변수 X의 평균이 μ, 분산이 $\sigma^2(<\infty)$일 때, 0보다 큰 k에 대해 $P(|X-\mu|\geq k\sigma)\leq 1/k^2$"이다. $E(X)=18$이고 $E(X^2)=333$이라면 체비세프 부등식을 이용하여 $P(12<X<24)$의 하한값을 구하시오.

해설

$E(X)=18$, $E(X^2)=333$이므로, $\sigma^2=Var(X)=E(X^2)-[E(X)]^2=333-324=9$

$\sigma=3$이므로, 체비세프 부등식에 의해 $P(|X-18|\geq 3k)\leq 1/k^2$이 성립하고
0보다 큰 $k=2$를 대입하면, $P(X\leq 12)+P(X\geq 24)\leq 1/4$이 된다.
이때 $P(12<X<24)=1-(P(X\leq 12)+P(X\geq 24))\geq 1-1/4=3/4$

따라서 $P(12<X<24)$의 하한값은 3/4이 된다.

효율성은 어느 추정량이 불편성을 만족하더라도 추정량의 분산의 크기가 문제가 될 수 있다. 보통 추정량의 표준편차를 사용하고 이를 추정량의 표준오차라고 하는데, 두 불편추정량 중 표준오차가 작은 추정량을 더 효율적이라고 한다. 이를 정리하면 다음과 같다.

정석 사고

효율성

추정량 $\hat{\theta}$의 표준편차를 $\hat{\theta}$의 표준오차라 하고 이를

$$s.e.(\hat{\theta})=\sqrt{Var(\hat{\theta})}$$

으로 나타내며 두 불편추정량 $\hat{\theta_1}$, $\hat{\theta_2}$에 대하여

$$s.e.(\hat{\theta_1})<s.e.(\hat{\theta_2})$$

이면 추정량 $\hat{\theta_1}$이 더 효율적이라 한다.

정석 사례연구

평균이 μ, 분산이 σ^2인 무한모집단으로부터의 임의표본 X_1, X_2, X_3, X_4가 주어졌을 때, μ에 대한 다음 추정량 중 분산이 가장 작은 것은 무엇인지에 대해 설명하시오. (단, $\sigma^2>0$)

① $\dfrac{X_1+X_2+X_3+X_4}{4}$

② $\dfrac{X_1+X_2+3X_3+X_4}{6}$

③ $\dfrac{0.5X_1+X_2+1.5X_3+2X_4}{5}$

④ $\dfrac{X_1+2X_2+2X_3}{5}$

해설

정답은 ①이다.

분산의 성질을 이용하여 임의표본 X_1, X_2, X_3, X_4를 이용한 각각의 분산을 구하면 다음과 같다.

① $Var\left(\dfrac{X_1+X_2+X_3+X_4}{4}\right)=\dfrac{1}{4^2}(Var(X_1)+Var(X_2)+Var(X_3)+Var(X_4))=\dfrac{1}{16}\sigma^2$

② $Var\left(\dfrac{X_1+X_2+3X_3+X_4}{6}\right)=\dfrac{1}{6^2}(Var(X_1)+Var(X_2)+Var(X_4))+\left(\dfrac{3}{6}\right)^2 Var(X_3)=\dfrac{1}{3}\sigma^2$

③ $Var\left(\dfrac{0.5X_1+X_2+1.5X_3+2X_4}{5}\right)=0.1^2(Var(X_1)+0.2^2 Var(X_2)+0.3^2 Var(X_3)+0.4^2 Var(X_4))=0.3\sigma^2$

④ $Var\left(\dfrac{X_1+2X_2+2X_3+X_4}{5}\right)=\dfrac{1}{5^2}Var(X_1)+\left(\dfrac{2}{5}\right)^2(Var(X_2)+Var(X_3))=\dfrac{9}{25}\sigma^2$

위의 분산을 비교해보면 ①<③<②<④ 순이므로, 추정량 중 분산이 가장 작은 효율추정량은 표본평균인 ①이다.

이상에서 불편성과 효율성을 동시에 고려하여 가장 좋은 추정량을 찾는 방법을 **최소분산 불편추정량**(minimum variance unbiased estimate)이라고 한다.

1. 모평균의 추정

정규모집단에서 모평균의 추정량의 경우 표본평균이 가장 좋은 추정량으로 알려져 있다.

> **정석 사고**
>
> **모평균의 점추정**
>
> 추정량: 표본평균 $\widehat{\mu} = \overline{X}$
>
> 표준오차: $S.E.(\widehat{\mu}) = \dfrac{\sigma}{\sqrt{n}}$
>
> 표준오차의 추정량: $\widehat{S.E.}(\widehat{\mu}) = \dfrac{S}{\sqrt{n}}$
>
> 단, $S = \sqrt{\sum_{i=1}^{n}(X_i - \overline{X})^2/(n-1)}$

모평균의 추정값이 구해졌다고 해서 모평균이 정확히 그 수치라고 기대할 수 없다. 따라서 추정값의 오차에 대한 정보를 제시할 필요가 있다. 이때 오차에 대한 정보는 추정량의 표준오차를 단위로 제시하는 것이 바람직하다. 예를 들어 정규모집단의 경우 표본평균의 분포가 정규분포이므로 표준정규분포로부터

$$P\{|\overline{X} - \mu| \geq 1.96 \times \sigma/\sqrt{n}\} = 0.95$$

로 나타낼 수 있다. 이때 모평균에 대한 추정량 $\widehat{\mu} = \overline{X}$의 95% **오차한계**(limit of error) 또는 최대허용오차가 $1.96 \times \sigma/\sqrt{n}$라고 하며 그 의미는 추정량을 사용하여 모평균을 100번 추정할 때 참값으로부터 $1.96 \times \sigma/\sqrt{n}$ 이내의 추정값을 95번 정도 관측하게 될 것으로 기대한다는 것이다.

그림 7-2 표본평균과 오차한계

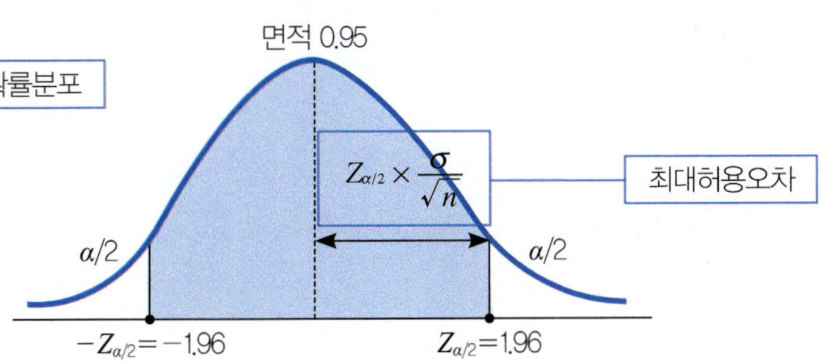

정석 사례연구

어느 화장품회사에서 생산하는 화장품 한 병의 용량은 평균 m이고 표준편차가 10인 정규분포를 따른다. 이 회사에서 생산한 화장품 중에서 임의추출한 25병의 용량의 표본평균이 2,000 이상일 확률이 0.9772일 때 모평균 m의 값은?

해설

한 병의 용량을 확률변수 X라고 하면 X는 정규분포 $N(m, 10^2)$을 따르므로 표본크기가 25인 표본으로부터 얻은 표본평균은 정규분포 $N(m, 10^2/25)$를 따른다.

$Z = \dfrac{\overline{X} - m}{2}$으로 표준화하면

$$P(\overline{X} \geq 2000) = P(Z \geq \frac{2000 - m}{2}) = 0.9772$$

m>2000이므로

$$0.5 + P(0 \leq Z \leq \frac{2000 - m}{2}) = 0.9772$$

$$\therefore\ P(0 \leq Z \leq \frac{2000 - m}{2}) = 0.4772$$

표준정규분포표에서 $Z = \dfrac{2000 - m}{2} = 2$이고 m=1996이다.

2. 모비율의 추정

어떤 모집단에서 특정한 속성을 가진 것들의 비율 p에 대해 알아보고자 하는 경우 이론적인 모형으로서 모비율 p를 모수로 하는 베르누이분포가 사용된다. 크기 n인 확률표본에서 특정한 속성을 가진 것들의 개수를 X라고 한다면 직관적으로 p의 가장 좋은 추정량은 표본비율 $\widehat{p} = X/n$을 생각해볼 수 있다.

정석 사고

모비율 점추정

추정량: 표본비율 $\widehat{p} = X/n$

표준오차: $S.E.(\widehat{p}) = \sqrt{\dfrac{pq}{n}}$ (이항분포에서 $Var(X) = npq$이므로 $Var(X/n) = Var(X)/n^2$)

표본의 크기 n이 큰 경우 95% 근사오차한계는 $1.96\sqrt{pq/n}$이 된다.

정석 사례연구

주어진 자료의 개수 n=1,600이고 실업자수 x=96일 때 실업률 p의 추정값과 95% 근사오차한계를 구해보자.[9)]

해설

실업률 $\widehat{p} = 96/1600 = 0.06$이므로

$$\widehat{S.E.}(\widehat{p}) = \sqrt{\frac{\widehat{pq}}{n}} = \sqrt{0.06 \times 0.94/1600} = 0.006$$

95% 오차한계는 근사적으로 $1.96\sqrt{pq/n} = 0.012$이 된다.

3. 모분산의 추정

모분산은 모집단의 분포가 흩어져 있는 정도를 나타내는 양이므로 확률표본 $X_1, \cdots, X_n$으로부터 모분산에 가장 많은 정보를 주는 통계량으로 $\sum_{i=1}^{n}(X_i - \overline{X})^2$ 즉 평균과의 편차제곱의 합인 것으로 알려져 있다.

$$E\left[\sum_{i=1}^{n}(X_i - \overline{X})^2\right] = (n-1)\sigma^2$$

이므로 표본분산을

$$S^2 = \sum_{i=1}^{n}(X_i - \overline{X})^2 / (n-1)$$

따라서 모분산의 가장 적합한 추정량은 표본분산이 되며 다음과 같다.

정석 사고

모분산 점추정

추정량: $\widehat{\sigma^2} = S^2 = \sum_{i=1}^{n}(X_i - \overline{X})^2 / (n-1)$

9) 김우철 외 7인, 《현대통계학》, 영지, 1986, p. 126.

제1편 제2편 제3편 제4편

정석 사례연구

어느 의료기관에서 한 달 동안 내원한 환자들 중 10명을 랜덤추출하여 연령을 조사한 결과가 다음과 같다. 모분산의 추정량인 표본분산은 얼마인지 구해보자. (단, 10명 연령의 합은 400이고, 연령제곱의 합은 18,286이다.) (9급 14)

14, 21, 29, 33, 40, 45, 49, 50, 52, 67

해설

표본평균은

$$\overline{X} = \frac{1}{n}\sum_{i=1}^{n} X_i = 40$$

따라서 표본분산은

$$S^2 = \sum_{i=1}^{n}(X_i - \overline{X})^2(n-1) = \left[\sum_{i=1}^{n} X_i^2 - n\overline{X}^2\right]/(n-1)$$
$$= \frac{18286 - 10 \times 40}{9} = \frac{17886}{9} = 1987$$

제3절 구간추정

정석 통계학

구간추정(interval estimation)은 표본에서 얻어지는 정보를 이용하여 미지의 모수의 참값이 속할 것으로 기대되는 범위를 일정한 방법에 따라 선택하는 과정이다. 점추정과 마찬가지로 구간추정법의 좋고 나쁨을 고려하려면 특정한 관측값에 따른 하나의 **신뢰구간**(confidence interval)을 기준으로 할 수는 없다. 동일한 구간추정법을 반복적으로 사용할 때 얻어지는 신뢰구간들이 참값을 포함하는 횟수가 미리 정해진 한계 이상이 되도록 한다. 예를 들어 미리 지정된 확률 $1-\alpha$에 대하여 모수의 추정값이 구간에 포함될 확률이 지정된 확률보다 높게 나오도록 신뢰구간을 정한다.

$$min_\theta P\{\widehat{\theta_L} \leq \theta \leq \widehat{\theta_U}\} = 1 - \alpha$$

이때 $1-\alpha$를 **신뢰수준**(confidence level)이라 하고 $\widehat{\theta_L} \le \theta \le \widehat{\theta_U}$을 $100(1-\alpha)\%$ **신뢰구간**(confidence interval)이라 한다. 신뢰수준은 구간추정값이 모수의 참값을 얼마나 잘 설명할 수 있는지를 나타내는 확률값이고, 신뢰구간은 모수의 참값이 포함되었을 것이라고 확신하는지를 나타내는 구간을 의미한다.

정석 사례연구

평균이 μ이고 분산이 1인 정규분포로부터의 확률표본은 $X_1, X_2, \cdots, X_n$으로 μ에 대한 90% 신뢰구간을 구하는 실험을 독립적으로 반복한다고 하자. 다음의 서술 중 옳은 것은 ○, 틀린 것은 × 표시를 해보자.

① 이 실험을 100회 반복하면 μ가 해당 신뢰구간에 포함되는 횟수는 항상 90회이다.
② 각 실험에서 μ는 신뢰구간에 포함되거나 그렇지 않거나 둘 중에 하나이다.
③ 표본의 크기 n이 커지면 신뢰구간의 폭은 줄어든다.
④ 각 실험에서 신뢰수준을 95%로 높이면 신뢰구간의 폭은 늘어난다.

해설

신뢰구간의 의미를 묻는 문제로서 신뢰구간은 참값이 그 구간 안에 포함되는 것을 몇 % 확신을 가지는가라는 의미이다. 따라서 신뢰구간 $[-\infty, \infty]$에 대해서는 항상 100% 확신을 가지게 되지만 무의미하다.

① × (∵ 항상이 아니라 확률적인 얘기이다.)
② ○ (확률의 의미이므로 타당한 서술이다.)
③ ○ (표본크기가 증가하면 정확도가 높아지므로 신뢰구간은 그만큼 좁아진다.)
④ ○ (신뢰수준을 높이면 그만큼 참값이 포함될 범위를 넓게 잡아야 더 확신을 하게 된다.)

1. 모평균의 구간추정

정규모집단 $N(\mu, \sigma^2)$에서의 모평균 μ에 대한 구간추정에 대하여 생각해보자. 크기 n인 확률표본의 평균이 정규분포를 따르므로 다음 통계량은 표준정규분포를 따른다. 즉,

$$\frac{\overline{X}-\mu}{\sigma/\sqrt{n}} \sim N(0,1)$$

따라서

$$P\left\{-z_{\alpha/2} \le \frac{\overline{X}-\mu}{\sigma/\sqrt{n}} \le z_{\alpha/2}\right\} = 1-\alpha$$

그러므로 모평균 μ에 대한 $100(1-\alpha)\%$ 신뢰구간은 다음과 같다.

정석 사고

모평균의 구간추정: 모분산이 알려진 경우 정규모집단의 신뢰구간

모평균 μ에 대한 $100(1-\alpha)\%$ 신뢰구간은

$$(\overline{X}-z_{\alpha/2}\sigma/\sqrt{n} \le \mu \le \overline{X}+z_{\alpha/2}\sigma/\sqrt{n})$$

그림 7-3 은 $\alpha=5\%$ 즉, 95% 신뢰수준에서의 신뢰구간을 나타내고 있다. 그런데 90%와 99% 신뢰수준에서는 어떻게 변하는지 그림 내의 오른쪽 표에서 나타내고 있다.

그림 7-3 95% 신뢰수준에서의 신뢰구간

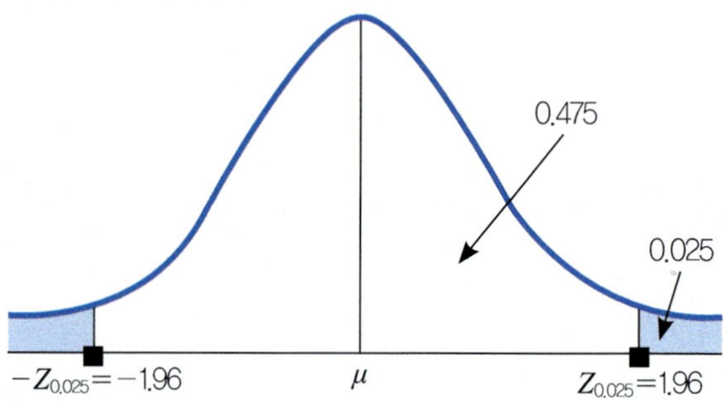

신뢰도 $(1-\alpha)$	$Z=0$에서 $Z_{\alpha/2}$까지의 면적	$Z_{\alpha/2}$
0.90 (90%)	0.450	1.64
0.95 (95%)	0.475	1.96
0.99 (99%)	0.495	2.57

정석 사례연구

어느 지역의 고등학생 키는 정규분포를 따르고, 이 지역 고등학생 100명을 임의추출하여 조사한 키의 표본평균과 표본편차는 각각 180cm와 15cm이었다. 이 지역 고등학생 키의 모평균에 대한 95% 신뢰구간은? (단, z_α는 표준정규분포의 $(1-\alpha)\times100$번째 백분위를 나타낸다.)

해설

모평균 μ에 대한 $100(1-\alpha)\%$ 신뢰구간은

$$(\overline{X}-z_{\alpha/2}\sigma/\sqrt{n} \le \mu \le \overline{X}+z_{\alpha/2}\sigma/\sqrt{n})$$

따라서

$$(180-z_{0.025}15/\sqrt{100} \le \mu \le 180+z_{0.025}15/\sqrt{100})$$
$$=(180-(1.96\times15)/10 \le \mu \le 180+(1.96\times15)/10)$$

정석 사례연구

평균이 μ이고 표준편차가 6인 정규모집단에서 크기 36인 랜덤표본을 추출했을 때, 모평균 μ에 대한 95% 신뢰구간의 길이는? (단, Z가 표준정규분포를 따르는 확률변수일 때, $P(|Z|<2)=0.05$로 가정한다.)

해설

모평균 μ에 대한 $100(1-\alpha)\%$ 신뢰구간은

$$P\left\{-z_{\alpha/2} \leq Z = \frac{\overline{X}-\mu}{6/\sqrt{36}} \leq z_{\alpha/2}\right\} = 1-\alpha = 0.95$$

$$\therefore -2 < Z < 2$$

따라서 신뢰구간의 길이는 4이다.

정석 사례연구

평균이 μ이고 분산이 4인 정규모집단에서 μ에 대한 95% 신뢰구간을 추정하고자 한다. 크기가 16과 49인 임의표본(Random Sample)으로부터 추정된 신뢰구간의 길이를 각각 A와 B라고 할 때, $\frac{B}{A}$의 값은?

해설

모평균 μ에 대한 $100(1-\alpha)\%$ 신뢰구간은

$$(\overline{X} - z_{\alpha/2}\sigma/\sqrt{n} \leq \mu \leq \overline{X} - z_{\alpha/2}\sigma/\sqrt{n})$$

따라서 $n=16$일 때

$$(\overline{X} - z_{0.025}2/\sqrt{16} \leq \mu \leq \overline{X} + z_{0.025}2/\sqrt{16})$$

$n=49$일 때

$$(\overline{X} - z_{0.025}2/\sqrt{49} \leq \mu \leq \overline{X} + z_{0.025}2/\sqrt{49})$$

그러므로 길이는 1/4에서 1/7로 되고 (1/7)/(1/4)=4/7이다.

제1편 제2편 제3편 제4편

2. 모비율의 구간추정

어떤 모집단에서 특정한 속성을 가진 것들의 비율 p에 대해 알아보고자 하는 경우 이론적인 모형으로서 모비율 p를 모수로 하는 베르누이분포가 사용된다. 크기 n인 확률표본에서 특정한 속성을 가진 것들의 개수를 X라고 한다면 직관적으로 p의 가장 적합한 추정량으로 표본비율 $\widehat{p} = X/n$을 생각해볼 수 있다.

정석 사고

모비율 구간추정

추정량: 표본비율 $\widehat{p} = X/n$

모비율 p에 대한 $100(1-\alpha)\%$ 신뢰구간은

$$\left(\widehat{p} - z_{\alpha/2}\sqrt{\frac{\widehat{pq}}{n}} \le p \le \widehat{p} + z_{\alpha/2}\sqrt{\frac{\widehat{pq}}{n}}\right)$$

정석 사례연구

주어진 자료의 개수 n=1600이고 실업자수 x=96일 때 실업률 p에 대한 95%의 신뢰구간을 구해보자.

해설

$\widehat{p} = 96/1600 = 0.06$

$\widehat{s.e.}(\widehat{p}) = \sqrt{\frac{\widehat{pq}}{n}} = \sqrt{0.06 \times 0.94/1600} = 0.006$

따라서

$$(0.06 - z_{\alpha/2} \times 0.006 \le p \le 0.06 + z_{\alpha/2} \times 0.006)$$

95% 오차한계는 $z_{0.025}$=1.96이므로 근사적으로 $1.96\sqrt{pq/n} = 0.012$

$$\therefore (0.06 - 0.012 \le p \le 0.06 + 0.012) = (0.048 \le p \le 0.072)$$

정석 사례연구

어느 볼펜 제조 공장에서 100개의 표본을 임의로 추출하여 불량 여부를 조사한 결과 10개가 불량품이었다. 이항분포의 정규분포근사를 이용하여 불량품의 비율에 대한 95% 신뢰구간을 구한 것은? (단, Z가 표준정규분포를 따르는 확률변수일 때, $P(|Z|<1.645)=0.90$이고 $P(|Z|<1.96)=0.95$이다.)

해설

확률변수 X가 이항분포 $X \sim B(n, p)$를 따르고 n이 충분히 클 때 $Z = \dfrac{X - np}{\sqrt{npq}}$는 근사적으로 표준정규분포를 따르게 된다. (단 $q=1-p$)

표본비율의 추정량 $\hat{p} = X/n = 10/100 = 0.1$

$$P\left(\hat{p} - z_{\alpha/2}\sqrt{\frac{\hat{p}\hat{q}}{n}} \le p \le \hat{p} + z_{\alpha/2}\sqrt{\frac{\hat{p}\hat{q}}{n}}\right) = 1 - \alpha = 0.95$$

모비율 p에 대한 $100(1-\alpha)\%$ 신뢰구간, 즉, 95% 신뢰구간은

$$\left(0.1 - 1.96\sqrt{\frac{0.10 \times 0.90}{100}} \le p \le 0.1 + 1.96\sqrt{\frac{0.10 \times 0.90}{100}}\right)$$

3. 모분산의 구간추정

크기 n인 확률표본 $X_1, \cdots, X_n$으로부터 모분산의 추정량인 표본분산

$$S^2 = \sum_{i=1}^{n}(X_i - \overline{X})^2 / (n-1)$$

이므로

$$(n-1)S^2/\sigma^2 \sim \chi^2(n-1)$$

즉, 자유도가 $(n-1)$인 카이제곱분포를 따르게 된다. 표본분산의 신뢰수준은

$$P\left\{\chi^2(n-1, 1-\frac{\alpha}{2}) \le (n-1)S^2/\sigma^2 \le \chi^2(n-1, \frac{\alpha}{2})\right\} = 1 - \alpha$$

따라서 모분산의 구간추정량은 다음과 같다.

정석 사고

모분산 구간추정

모분산 σ^2에 대한 100(1−α)% 신뢰구간:

$$\left(\frac{(n-1)S^2}{\chi^2(n-1, \alpha/2)} \le \sigma^2 \le \frac{(n-1)S^2}{\chi^2(n-1, 1-\alpha/2)}\right)$$

정석 사례연구

커피믹스를 생산하는 회사에서 품질검사를 통과한 제품 중 10개를 골라 제품 간 중량 차이를 기록한 결과 $\overline{X} = 0.7g$, $\hat{s} = 0.4g$이었다. 이 중량 차이가 정규분포를 따를 때 표준편차 σ에 대한 90%의 신뢰구간을 구해보자.

해설

모분산 σ^2에 대한 100(1−α)% 신뢰구간은

$$\left(\frac{(n-1)S^2}{\chi^2(n-1, \alpha/2)} \le \sigma^2 \le \frac{(n-1)S^2}{\chi^2(n-1, 1-\alpha/2)}\right)$$

이므로

$$\left(\frac{9 \times 0.16}{\chi^2_{0.05}(9)}, \frac{9 \times 0.16}{\chi^2_{0.95}(9)}\right)$$

자유도 9인 카이제곱분포표를 찾아보면 $\chi^2_{0.05}(9) = 16.9$, $\chi^2_{0.95} = 3.33$이므로
모집단의 표준편차에 대한 90% 신뢰구간은

$$\left(\sqrt{\frac{9 \times 0.16}{16.9}} \le \sigma \le \sqrt{\frac{9 \times 0.16}{3.33}}\right) \fallingdotseq (0.292 \le \sigma \le 0.658)$$

이 된다.

제4절 표본크기의 결정

이제까지 표본의 크기가 주어졌을 때 추정량을 구하는 방법을 살펴보았다. 그러나 실제 모집단에 대한 조사를 할 때 가장 우선 생각하는 것이 표본의 크기를 얼마나 크게 해야 하느냐는 질문이다. 이제 점추정이나 구간추정에서 표본의 크기를 결정하는 방식을 생각해보자.

모분산 σ^2이 알려진 경우 모평균 μ의 추정량 $\widehat{\mu} = \overline{X}$에 대한 $100(1-\alpha)\%$ 오차한계(최대허용오차)를 d 이하로 하려면 표본크기 n은

$$z_{\alpha/2}\frac{\sigma}{\sqrt{n}} \le d$$

을 만족해야 한다. 이것은 μ에 대한 $100(1-\alpha)\%$ 신뢰구간의 길이가 $2d$ 이하가 되도록 하는 것과 마찬가지이다. 이는 모집단의 분포가 정규분포인 경우에 한하여 정확한 것이지만 표본의 크기가 큰 경우 모집단에 대하여 근사적으로 사용될 수 있다. 따라서

$$n \ge \left(z_{\alpha/2}\frac{\sigma}{d}\right)^2$$

여기서 X가 표준정규분포를 따를 때

$$P[|X| \ge z_{\alpha/2}] = \alpha$$

혹은

$$P[|X| \le z_{\alpha/2}] = 1-\alpha$$

로 z의 값이 주어진다.

정석 사례연구

확률변수 $X_1, \cdots, X_n$은 평균이 μ, 표준편차가 5인 정규모집단에서의 임의표본일 때, 모평균 μ에 대한 추정에서 95% 신뢰수준의 오차한계가 1이 되기 위한 표본의 개수는? (9급 11)
(단, Z가 표준정규분포를 따르는 확률변수일 때, $P(|Z|<2)=0.95$로 가정한다.)

해설

모분산 σ^2이 기지인 경우 모평균 μ의 추정량 $\widehat{\mu}=\overline{X}$에 대한 $100(1-\alpha)\%$ 오차한계를 d 이하로 하려면 표본크기 n은

$$z_{\alpha/2}\frac{\sigma}{\sqrt{n}} \le d$$

을 만족해야 한다.
따라서

$$n \ge \left(z_{\alpha/2}\frac{\sigma}{d}\right)^2 = \left(2\times\frac{5}{1}\right)^2 = 100$$

정석 사례연구

어느 자격시험 성적은 평균이 65점이고 표준편차가 20점인 정규분포를 따른다고 한다. 이 단체에서 임의추출한 성인 남성 n명의 평균시험성적이 60점보다 클 확률이 0.95 이상이 되도록 하는 최소 표본크기 n은? (단, Z가 표준정규분포를 따르는 확률변수일 때, $P(|Z|<1.645)=0.9$, $P(|Z|<1.96)=0.95$이다.)

해설

모평균 μ의 추정량 $\hat{\mu}=\overline{X}$에 대한 $100(1-\alpha)\%$ 오차한계를 d 이하로 하려면 표본크기 n은 $z_{\alpha/2}\frac{\sigma}{\sqrt{n}} \le d$을 만족해야 한다.
예문에서는 $d=65-60=5$, 단측 유의수준 95%는 양측 유의수준 90%에 해당되므로,

$$n \ge \left(z_{\alpha/2}\frac{\sigma}{d}\right)^2 = \left(1.645\times\frac{20}{5}\right)^2 = (1.645\times 4)^2 = 43.2964$$

즉, 44개 이상의 표본이 필요하다.

정석 사례연구

표준편차가 알려진 모집단으로부터 20개의 표본을 임의추출하였을 때, 표본평균의 표준오차가 8로 주어졌다. 표본의 크기를 다르게 하여 표본평균의 표준오차를 반으로 줄이고자 할 때, 모집단으로부터 임의추출해야 할 표본의 크기는?

해설

모평균 μ의 추정량 $\hat{\mu} = \overline{X}$에 대한 $100(1-\alpha)\%$ 오차한계를 d 이하로 하려면 표본크기 n은

$$n \geq \left(z_{\alpha/2}\frac{\sigma}{d}\right)^2 = \left(z_{\alpha/2}\frac{\sigma}{d/2}\right)^2 = 4\left(z_{\alpha/2}\frac{\sigma}{d}\right)^2$$

따라서 표본의 크기를 4배 늘려야 한다. 즉 표본의 크기는 80(=20×4)이다.

표본의 크기가 큰 경우 모비율의 추정량인 표본비율 $\widehat{p}$에 대한 $100(1-\alpha)\%$ 오차한계를 d 이하로 하려면 표본크기 n은

$$z_{\alpha/2}\sqrt{\frac{pq}{n}} \leq d$$

을 만족해야 한다. 이것은 $\widehat{p}$에 대한 $100(1-\alpha)\%$ 신뢰구간의 길이가 $2d$ 이하가 되도록 하는 것과 마찬가지이다. 이는 모집단의 분포가 정규분포인 경우에 한하여 정확한 것이지만 표본의 크기가 큰 경우 모집단에 대하여 근사적으로 사용될 수 있다. 따라서

$$n \geq pq\left(z_{\alpha/2}\frac{1}{d}\right)^2$$

여기에서 p, q가 미지수이므로

(1) p가 알려져 있지 않은 경우: $n \geq \frac{1}{4}\left(z_{\alpha/2}\frac{1}{d}\right)^2$

(2) p가 p^* 근방이라고 예상하는 경우: $n \geq p^* q^*\left(z_{\alpha/2}\frac{1}{d}\right)^2$

정석 사례연구

어떤 정책에 대한 지지율을 알아보기 위하여 유권자 900명을 단순임의표본추출(simple random sampling)하여 조사하였더니 630명이 지지하는 것으로 나타났다. 이 경우 표본비율의 표준오차 추정치는 약 0.015로 계산된다. 표본비율의 추정치가 같다고 할 때 표준오차 추정치를 0.005로 줄이기 위해서는 표본의 크기를 얼마로 해야 하는가? (단, 유한모집단 수정은 고려하지 않는다.) (9급 13)

해설

$\widehat{s.e.}(\hat{p}) = \sqrt{\frac{\hat{p}\hat{q}}{n}} = \sqrt{0.7 \times 0.3/900} = 0.015$를 0.005로 줄이려면, 즉 표준오차를 1/3배 되도록 하려면 n은 3배 되어야 하는데 제곱근이 있으므로 9배가 되어야 한다.
따라서 900×9=8,100, 즉 표본크기를 8,100명으로 할 때 표준오차는 0.005로 줄어든다.

심화통계

1. 점추정

(1) 추정량과 추정값

미지의 모수인 θ의 추정에 사용되는 통계량 $\hat{\theta}(X_1, \cdots, X_n)$을 θ의 추정량이라 하고, 추정량 $\hat{\theta}$의 관측값 $\hat{\theta}(X_1, \cdots, X_n)$을 θ의 추정값이라고 함

(2) 불편추정량

모수 θ의 모든 참값에 대해서 $E\hat{\theta} = \theta$이면, $\hat{\theta} = \hat{\theta}(X_1, \cdots, X_n)$을 θ의 불편추정량이라고 함

(3) 일치추정량

크기가 n인 표본을 이용한 추정량 $\hat{\theta}_n = \hat{\theta}(X_1, \cdots, X_n)$에 대하여

$\lim_{n \to \infty} P\{|\hat{\theta} - \theta| < \varepsilon\} = 1$ (ε은 임의의 양수)

이 성립하면 $\hat{\theta}_n$을 θ의 일치추정량이라고 함

(4) 체비세프(Chebyshev) 부등식

확률변수 X의 평균을 μ, 분산을 σ^2이라고 하면, 임의의 양수 ε에 대하여 다음이 성립

$$P\{|X - \mu| \geq \varepsilon\} \leq \frac{\sigma^2}{\varepsilon^2}$$

■ 증명

$$\begin{aligned} P\{|X - \mu| \geq \varepsilon\} &= \int_{\varepsilon \leq |x-\mu|} f(x)\,dx \\ &= \frac{1}{\varepsilon^2}\int_{\varepsilon \leq |x-\mu|} \varepsilon^2 f(x)\,dx \\ &= \frac{1}{\varepsilon^2}\int_{\varepsilon \leq |x-\mu|} (x-\mu)^2 f(x)\,dx \\ &= \frac{1}{\varepsilon^2}\int (x-\mu)^2 f(x)\,dx \\ &= \frac{\sigma^2}{\varepsilon^2} \end{aligned}$$

(5) 모평균 μ의 점추정

① 추정량 : 표본평균 $\hat{\mu} = \overline{X}$

② 표준오차 : $S.E.(\hat{\mu}) = \dfrac{\sigma}{\sqrt{n}}$

③ 표준오차의 추정량 : $\widehat{S.E.(\hat{\mu})} = \dfrac{S}{\sqrt{n}}$

(6) 추정량 $\hat{\mu} = \overline{X}$의 오차 한계

① 정규모집단인 경우의 95.4% 오차한계

② 표본크기가 큰 경우의 95.4% 근사오차 한계

→ $2S.E.(\hat{\mu}) = \dfrac{2\sigma}{\sqrt{n}}$

예제

새로운 전구를 개발한 어느 기업이 판매되는 전구 중 9개를 랜덤추출하여 그 수명기간을 기록한 결과가 다음과 같다.

2000, 1975, 1900, 2000, 1950, 1850, 1950, 2100, 1975

전구의 수명은 정규분포를 따른다고 한다. 이때 주어진 자료를 이용해서 평균수명 μ를 추정하고, 이에 대한 95.4% 오차한계를 추정하여라.

풀이

(1) 자료에서 표본평균과 표준편차는 다음과 같음

$$\overline{x} = \frac{\sum_{i=1}^{9} x_i}{9} = 1966.7$$

$$s = \sqrt{\sum_{i=1}^{9} (x_i - \overline{x})^2 / 8} = 69.6$$

평균수명 μ의 추정값은 $\hat{\mu} = 1966.7$

95.4% 오차한계는 $2s/\sqrt{n} = 46.4$

2. 모비율의 추정

(1) 비율의 점추정

① 추정량 : 표본비율 $\hat{p} = \dfrac{X}{n}$

② 표준오차 : $S.E.(\hat{p}) = \sqrt{\dfrac{pq}{n}}$

③ 표본크기가 큰 경우의 95.4% 근사오차 한계 : $2\sqrt{\dfrac{\hat{p}\hat{q}}{n}}$

(2) 모분산과 모표준편차의 점추정

① 모분산의 추정량 : $\hat{\sigma}^2 = S^2 = \dfrac{\sum_{i=1}^{n}(X_i - \overline{X})^2}{n-1}$

② 모표준편차의 추정량 : $\hat{\sigma} = \sqrt{S^2} = S$

예제

어느 기계에 의해서 생산된 플라스틱판의 두께는 약간의 변이정도는 어쩔 수 없는 것으로 간주되나, 두께의 표준편차가 1.5mm를 넘으면 생산공정에 이상이 있는 것으로 간주한다. 어느 날 점검에서 10개의 판을 랜덤추출하여 그 두께를 측정한 결과 mm단위로 다음의 값을 얻었다.

226, 228, 226, 225, 232, 228, 227, 229, 225, 230

이 플라스틱판 두께의 분산(σ^2)과 표준편차(σ)를 구하여라.

풀이

$n = 10, \sum_{i=1}^{10} x_i = 2,276, \sum_{i=1}^{10} x_i^2 = 518,064$

분산과 표준편차는 다음과 같이 추정됨

$$s^2 = \frac{\sum_{i=1}^{10}(x_i - \overline{x})^2}{9} = \frac{\sum_{i=1}^{10} x_i^2 - \dfrac{\left(\sum_{i=1}^{10} x_i\right)^2}{10}}{9} = 5.155$$

$$s = \sqrt{s^2} = 2.27$$

3. 구간추정

(1) 개념

① 구간추정 : 표본에서 얻어지는 정보를 이용하여 미지의 모수의 참값이 속할 것으로 기대되는 범위를 일정한 방법에 따라 택하게 되는 과정

② (가정) 미지인 모수 θ에 의해 특징지어지는 모집단으로부터 확률표본을 X_1, $\cdots$, X_n이라고 가정

③ 구간추정량(interval estimator), 신뢰구간(confidence interval)

- 확률표본 $X_1, \cdots, X_n$을 관측하여, 자료 $x_1, \cdots, x_n$이 얻어지면 지정된 방법 L, U에 의하여 $L(x_x, \cdots, x_n)$, $U(x_1, \cdots, x_n)$을 계산하고, θ의 참값이 구간 $(L(x_1, \cdots, x_n), U(x_1, \cdots, x_n))$에 속할 것으로 추측
- $L(x_x, \cdots, x_n)$, $U(x_1, \cdots, x_n)$은 통계량으로 θ의 구간추정에 사용됨으로 명시하기 위해 $\hat{\theta}_L(X_1, \cdots, X_n)$과 $\hat{\theta}_U(X_1, \cdots, X_n)$ 혹은 $\hat{\theta}_L, \hat{\theta}_U$로 나타내고 이를 구간추정량, 혹은 신뢰구간이라고 함

④ 구간추정값(interval estimate)

특정한 관측값에 대한 구간추정량 $(\hat{\theta}_L(X_1, \cdots, X_n)$과 $\hat{\theta}_U(X_1, \cdots, X_n))$의 관측값인 $\hat{\theta}_L(X_1, \cdots, X_n)$과 $\hat{\theta}_U(X_1, \cdots, X_n)$을 θ의 구간추정값이라고 함

⑤ 신뢰수준(confidence level)

- 동일한 구간추정방법의 반복적인 사용에 의해서 얻어진 신뢰구간들이 참값 θ를 품게 될 확률이 미리 정해진 한계 이상이 되도록 함
- 미리 지정된 확률 $(1-\alpha)$에 대해서 다음이 성립하도록 신뢰구간 $(\hat{\theta}_L, \hat{\theta}_U)$을 정함

$$P\{\theta \in (\hat{\theta}_L(X_1, \cdots, X_n), \hat{\theta}_U(X_1, \cdots, X_n))\} \geq 1-\alpha$$

→ 여기서 $(1-\alpha)$를 신뢰수준이라고 하고, 신뢰구간 $(\hat{\theta}_L, \hat{\theta}_U)$을 θ에 대한 $100(1-\alpha)\%$ 신뢰구간이라고 함

(2) 모평균의 구간추정

① 모분산 σ^2이 알려진 정규모집단의 모평균 μ에 대한 $100(1-\alpha)\%$ 신뢰구간은 다음과 같음

$$\left(\overline{X} - z_{\alpha/2}\frac{\sigma}{\sqrt{n}}, \overline{X} + z_{\alpha/2}\frac{\sigma}{\sqrt{n}}\right)$$

② 모분산 σ^2이 알려져 있지 않은 정규모집단의 모평균 μ에 대한 $100(1-\alpha)\%$ 신뢰구간은 다음과 같음

$$\left(\overline{X} - t\left(n-1, \frac{\alpha}{2}\right)\frac{S}{\sqrt{n}}, \overline{X} + t\left(n-1, \frac{\alpha}{2}\right)\frac{S}{\sqrt{n}}\right)$$

③ 표본의 크기가 큰 경우, 임의의 모집단의 모평균 μ에 대한 $100(1-\alpha)\%$ 신뢰구간

- σ^2을 아는 경우 $\left(\overline{X} - z_{\alpha/2}\frac{\sigma}{\sqrt{n}}, \overline{X} + z_{\alpha/2}\frac{\sigma}{\sqrt{n}}\right)$
- σ^2을 모르는 경우 $\left(\overline{X} - z_{\alpha/2}\frac{S}{\sqrt{n}}, \overline{X} + z_{\alpha/2}\frac{S}{\sqrt{n}}\right)$

예제

어느 한 화학약품공장의 하루 생산량은 표준편차가 $\sigma=21$인 정규분포를 따른다. 이 공장에서 50일간 하루 생산량을 기록한 결과, 평균이 $\bar{x}=871$이었다. 하루 생산량의 평균 μ에 대한 90%의 신뢰구간을 구하시오.

풀이

표준정규분포표에서 $z_{0.05}=1.645$이므로 μ의 90% 신뢰구간은 다음과 같음

$$\left(871-1.645\frac{21}{\sqrt{50}},\ 871+1.645\frac{21}{\sqrt{50}}\right)$$

(3) 모비율의 구간추정

표본크기 n이 큰 경우, 모비율 p에 대한 $100(1-\alpha)\%$ 신뢰구간

$$\left(\overline{p}-z_{\alpha/2}\sqrt{\frac{\hat{p}\hat{q}}{n}},\ \overline{p}+z_{\alpha/2}\sqrt{\frac{\hat{p}\hat{q}}{n}}\right)$$

(4) 모분산의 구간추정

정규모집단의 모분산 σ^2에 대한 $100(1-\alpha)\%$ 신뢰구간은 근사적으로

$$\left(\frac{(n-1)S^2}{\chi^2\left(n-1,\frac{\alpha}{2}\right)},\ \frac{(n-1)S^2}{\chi^2\left(n-1,1-\frac{\alpha}{2}\right)}\right)$$

4. 표본크기 결정

(1) 모평균의 추정에서 표본크기의 결정

모분산이 알려진 경우, $100(1-\alpha)\%$ 오차한계를 d 이하로, 또는 $100(1-\alpha)\%$ 신뢰구간의 길이를 $2d$ 이하로 하는 데 필요한 표본크기 n은 다음을 만족

$$n \geq (z_{\alpha/2}\sigma/d)^2$$

- μ에 대한 $100(1-\alpha)\%$ 신뢰구간의 길이가 $2d$ 이하이도록 하는 것과 마찬가지 의미로 모집단의 분포가 정규분포인 경우에는 정확하고, 주어진 표본의 크기가 큰 경우에는 임의의 모집단에 대해서 근사적으로 적용가능
- $z_{\alpha/2}\dfrac{\sigma}{\sqrt{n}} \leq d$

예제

새로운 전구를 개발한 어느 기업이 판매되는 전구 중 9개를 무작위 추출하여 그 수명기간을 기록한 결과가 다음과 같다.

2000, 1975, 1900, 2000, 1950, 1850, 1950, 2100, 1975

전구의 수명은 정규분포를 따른다고 한다. 전구의 평균수명 μ에 대한 추정의 90% 오차한계가 25시간 이내가 되도록 한다. 주어진 자료가 이를 위한 예비표본추출 결과라고 할 때 필요한 표본크기를 구하시오.

풀이

$\overline{x} = 1966.7,\ s = 69.6$이므로

$n \geq (1.645 \times 69.6/25)^2 = 20.9$

따라서 필요한 표본의 크기는 21개임

(2) 모비율의 추정에서 표본크기 결정

① p에 대한 사전 지식이 없는 경우 : $n \geq \frac{1}{4}(z_{\alpha/2}/d)^2$

② p가 p^* 근방이라고 예상되는 경우 : $n \geq p^* q^* (z_{\alpha/2}/d)^2$

- 표본크기가 큰 경우에 모비율 p의 추정량인 표본비율 $\hat{p}$의 $100(1-\alpha)\%$ 오차한계는 $z_{\alpha/2}\sqrt{pq/n}$로 주어지므로, $100(1-\alpha)\%$ 오차한계를 d 이하가 되기 위한 표본의 크기는 다음과 같음

$$z_{\alpha/2}\sqrt{pq/n} \leq d \text{ 즉, } n \geq pq(z_{\alpha/2}/d)^2$$

예제

어느 한 도시의 사람들 중에서 시력장애자의 비율 p를 추정하려고 한다. 95%의 확신을 가지고 추정오차가 0.05 이하가 되도록 할 때, 필요한 표본크기를 구하여라.(단, 다른 도시의 예로 보아서 p는 약 0.3 근방이라고 예상된다.)

풀이

$n \geq 0.3 \times 0.7 \times (1.96/0.05)^2 = 322.69$가 되어 필요한 표본의 크기는 323임

정석실전문제

1. 어떤 지역의 백화점 A와 B를 이용하는 고객의 나이는 분산이 각각 48과 50인 정규분포를 따른다고 한다. 백화점 A를 이용하는 고객 중 12명, 백화점 B를 이용하는 고객 중 10명을 임의추출하였을 때 나이의 표본평균은 각각 40과 34이며, 두 표본은 서로 독립이다. 백화점 A를 이용하는 고객의 평균나이를 μ_A, 백화점 B를 이용하는 고객의 평균나이를 μ_B라 할 때, $\mu_A-\mu_B$에 대한 95% 신뢰구간은? (단, z_α와 $t_\alpha(k)$는 각각 표준정규분포와 자유도가 k인 t분포의 $(1-\alpha)\times100$번째 백분위수를 나타낸다.) (7급 11)

정석힌트 두 모평균의 차를(δ_0) 표준화한 통계량은 표준정규분포를 따르므로 검정통계량은 다음과 같다.

$$Z=\frac{(\overline{X}-\overline{Y})-\delta_0}{\sqrt{\frac{S_1^2}{n_1}+\frac{S_2^2}{n_2}}}=\frac{40-34-\delta_0}{\sqrt{48/12+50/10}}$$

따라서 $|\delta_0|\le(40-34)\pm z_{\alpha/2}\times3$

2. 어느 단체에 속한 성인 남성 몸무게는 평균이 65kg이고 표준편차가 15kg인 정규분포를 따른다고 한다. 이 단체에서 임의추출한 성인 남성 n명의 평균몸무게가 60kg보다 클 확률이 0.95 이상이 되도록 하는 최소표본크기 n은 무엇인가?

정석힌트

$$\frac{60-65}{15/\sqrt{n}}\le-1.645$$

$$\sqrt{n}\ge\frac{-1.645\times15}{-5}=4.935$$

$n\ge24.3542$

따라서 평균몸무게가 60kg보다 클 확률이 0.95 이상이 되도록 하는 최소표본크기 n은 25명이다.

제8장
가설검정

장기적으로 보면, 우리는 모두 죽는다.

– 존 케인즈 –

제1절 정석 통계학 검정의 원리

통계적 추론은 크게 추정과 가설검정으로 구분되는데, 추정은 이미 앞 장에서 살펴보았고 이 장에서는 가설검정의 의미와 검정절차를 중심으로 살펴볼 것이다. 우리 생활에서 일어나는 어떤 현상을 이론적으로 잘 설명하더라도 그 설명이 실제와 얼마나 가까운지 판단해야 할 상황이 종종 발생한다. 예를 들어 어느 제빵회사가 새로운 제빵기술을 도입하여 생산하는 빵의 품질이 기존 빵의 품질보다 더 좋은 것인지 아닌지를 평가해야 하는 상황이 발생한다. 물론 평가를 위해 공급될 빵을 모두 먹어보아야 하지만 낭비적일 수 있으므로 몇 개의 빵을 표본으로 선택하여 판단하는 것이 효율적이다. 따라서 모집단의 특성에 대한 설명, 즉 가설을 설정하고 일정수 이상의 표본을 선택하여 그 표본의 관측값이 모수와 일치하는지를 분석함으로써 가설이 타당한지를 판단하는 통계적 방법이 **가설검정**(Hypothesis Testing)이다. 가설검정은 귀무가설과 대립가설 설정은 물론, 검정통계량 계산, 유의수준 및 기각역 설정에 따른 통계적 의사결정을 단계별로 수행하게 된다. 이와 관련된 개념과 절차에 대해 구체적으로 살펴보자.

모든 표본으로부터 얻는 정보로부터 모수에 대한 추측의 옳고 그름을 판정하는 과정을 통계적 가설검정 또는 검정이라 한다. 모수에 대한 추측을 **통계적 가설**(hypothesis)이라 하고 자료로부터의 강력한 증거를 통하여 새로운 사실이나 주장을 입증하고자 하는 가설을 **대립가설**(alternative hypothesis, H_1), 이에 상반된 가설로서 새로운 사실이나 주장이 타당하지 않아 현재 통용되는 사실이나 주장으로 회귀한다는 것을 지지하는 가설을 **귀무가설**(null hypothesis, H_0)이라 한다.

예를 들어 어느 대학 신입생의 수능 수학시험 평균점수에 대한 가설검정을 실시하고자 한다. 이전의 경험으로 평균이 30점 정도로 주장하고자 한다면 양측, 우측, 좌측 검정에 사용될 각각의 귀무가설(H_0)과 대립가설(H_1)을 설정해보면 다음과 같다. 여기서 **양측검정**(two-sided test)은 표본분포의 양쪽에 모두 관심을 가진 상태에서 시행하는 검정법이고, **단측검정**(one-sided test)은 표본분포의 한쪽에만 관심을 가지고 시행하는 검정법이다. 단측 검정은 관심을 가지는 쪽에 따라 **좌측 검정**과 **우측 검정**으로 구분된다.

양측검정
$H_0 : \mu = 30 \qquad H_1 : \mu \neq 30$

우측검정
$H_0 : \mu = 30 \ \ or \ \mu \leq 30 \qquad H_1 : \mu > 30$

좌측검정
$H_0 : \mu = 30 \ \ or \ \ \mu \geq 30 \qquad H_1 : \mu < 30$

귀무가설의 의미는 수능수학의 평균성적이 예전과 같다는 것으로 변화가 없다는 의미이다. 반면 대립가설은 기존과 달리 변화가 유의미하게 존재한다는 의미이다. 일반적으로 기존 또는 현재까지 주장되어 온 것을 귀무가설로 설정하고 새로이 주장하고자 하는 것을 대립가설로 설정한다. 따라서 대립가설에 대한 확증이 표본자료에 의해 강력히 지지되지 않는 한 귀무가설을 고수하려는 태도는 바람직하다.

가설설정의 문제가 해결되고 나면 통계적 방법에 의해 두 가설 중 하나를 택하는 문제가 남게 된다. 이와 같이 두 가설 중 어느 것을 택해야 하는지를 판단할 때 기준점으로 사용되는 통계량을 **검정통계량**(test statistic)이라 한다. 이 검정통계량의 관측값에 따라 귀무가설을 기각하든지 기각하지 못하든지 판단하게 된다. 이에 따라 귀무가설을 기각하게 되는 검정통계량의 관측값의 영역을 **기각역**(critical region)이라 한다. 이러한 기각역의 범위를 식별해주는 값을 **임계값**(critical value) 또는 **기각치**라고 하고, 이를 기준으로 하여 기각역에 포함되면 귀무가설을 기각하고 대립가설을 채택한다. 앞의 예에서 좌측검정의 경우 미지의 모수 μ에 대한 검정통계량은 표본평균 $\overline{X}$가 사용될 수 있으며 기각역은 $\overline{X} < c$(c: 임계값)의 형태로 주어지게 된다.

일반적으로 모수는 알려져 있지 않으므로 두 가설 중 하나를 택할 때 검정결과에 따른 결정에 수반되는 두 종류의 오류들이 존재한다. **표 8-1**은 그 두 종의 오류를 보여주고 있다.

표 8-1 가설검정에서의 오류

검정결과 \ 실제현상	H_0사실	H_1사실
H_0채택(H_1 기각)	옳은 결정($1-\alpha$)	제2종오류(β)
H_0기각(H_1 채택)	제1종오류(α)	옳은 결정($1-\beta$)

제1종오류($\alpha-$오류)는 귀무가설 H_0가 사실일 때 H_0를 기각하는 오류이고 **제2종오류**($\beta-$오류)는 귀무가설 H_0가 사실이 아닐 때(H_1이 사실일 때) H_0를 채택하는 오류이다. 이와 같이 오류를 범할 확률을 가능한 한 최소화해주는 것이 바람직한 검정법이다. 그러나 두 오류가 서로 반대로 작용하므로 두 가지 오류를 범할 확률을 동시에 최소화하여 주는 검정법은 존재하지 않는다. 따라서 대립가설을 채택하는 경우가 실제로 중요한 의미를 주는 경우이므로 제1종오류($\alpha-$오류)를 범할 확률($\alpha=P$(제1종오류)$=P(H_1$ 채택$|H_0$ 사실))을 미리 지정된 확률 이하로 하여 주는 검정법을 찾는 것이다. 이때 제1종오류를 범할 확률의 최대허용한계를 **유의수준**(significance level)이라 하며 흔히 $\alpha=0.01$, $\alpha=0.05$, $\alpha=0.10$ 등과 같이 나타낸다. 유의수준 5%의 의미는 검정을 반복적으로 할 때 잘못하여 귀무가설을 기각하게 될 경우는 전체의 5% 이하일 것이라는 것이다.

일반적으로 유의수준 α를 정하여 놓고 **제2종오류**($\beta-$오류)를 범할 확률($\beta=P$(제2종오류)$=P(H_0$ 채택$|H_1$ 사실))을 최소화하여 주는 검정법을 찾는 것이 전통적인 통계적 가설검정법이다. 가설검정을 할 때 연구자는 내심 기존의 주장 즉, 귀무가설을 기각하고 새로운 주장인 대립가설을 채택하고 싶어 한다. 따라서 귀무가설이 사실이 아닌 경우 이를 기각할 확률이 중요한 의미를 가지는데 이 확률을 검정력이라고 한다. 달리 말하면 **검정력**(power)은 '1−제2종오류($1-\beta=1-P$(제2종오류)$=P(H_0$ 기각$|H_1$ 사실)'와 같다. 동일한 유의수준하에서 표본크기 n이 주어졌다면 검정력이 클수록 더 좋은 검정방법이 된다.

여기서 귀무가설을 기각할 확률을 모수의 함수로 나타낸 것을 **검정력함수**(power function)라고 한다. 검정력함수는 모수가 귀무가설과 일치하는 영역에서는 제1종오류를 나타내고, 모수가 귀무가설과 일치하지 않는 영역(대립가설과 일치하는 영역)에서는 검정력(power)을 나타낸다.

정석 사고

오류 종류와 유의수준, 검정력함수

제1종오류($\alpha-$오류)는 귀무가설 H_0가 사실일 때 H_0를 기각하는 오류이고,
제2종오류($\beta-$오류)는 귀무가설 H_0가 사실이 아닐 때(H_1이 사실일 때) H_0를 채택하는 오류이다.
유의수준은 제1종오류를 범할 확률의 최대허용한계이며,
검정력함수는 귀무가설을 기각할 확률을 나타내는 모수의 함수이다.

정석 사례연구

확률변수 X는 시행횟수가 10이고 성공확률이 p인 이항분포를 따른다. 가설 $H_0: p=0.3$대 $H_1: p>0.3$의 검정에서 기각역이 $X\geq 9$라면, 제1종오류를 범할 확률은?

해설

검정력은 제1종오류를 범할 확률의 최댓값과 같으므로

$$\begin{aligned}\gamma(\mu) = P\{X \geq 9 \mid \text{성공확률} = p = 0.3\} &= \sum_{x=9}^{10} {}_{10}C_x (p)^x (1-p)^{10-x} \\ &= {}_{10}C_9 (p)^9 (1-p)^1 + {}_{10}C_{10}(p)^{10}(1-p)^0 \\ &= 10 \times 0.3^9 \times 0.7^1 + 0.3^{10} \times 0.7^0 \\ &= 7.3 \times (0.3)^9\end{aligned}$$

정석 사례연구

확률변수 X가 이항분포 $B(5, p)$를 따를 때, p에 대한 다음과 같은 가설을 검정하려고 한다.

$$H_0: p = \frac{1}{2} \text{ 대 } H_1: p \neq \frac{1}{2}$$

기각역이 '$|X-2.5|>2$'일 때, $p=\frac{2}{3}$에서 제2종오류를 범할 확률은?

해설

제2종오류는 대립가설이 참일 때 귀무가설을 채택하는 오류를 범할 확률을 의미한다.

즉, $P(H_0\text{채택} \mid H_1\text{이 참})$이다.

$$P(|X-2.5| \leq 2 \mid p = \frac{2}{3}) = P(0.5 < X < 4.5 \mid p = \frac{2}{3})$$

$$= P(X=1) + P(X=2) + P(X=3) + P(X=4)$$

$$= 1 - P(X=0) - P(X=5) = 1 - {}_5C_0\left(\frac{2}{3}\right)^0\left(\frac{1}{3}\right)^5 - {}_5C_5\left(\frac{2}{3}\right)^5\left(\frac{1}{3}\right)^0 = \frac{210}{243} = \frac{70}{81}$$

정석 사례연구

두 분포 f_0와 f_1이 다음과 같을 때, 확률변수 X에 대한 가설 H_0: "X는 f_0의 분포를 따른다" 대 H_1: "X는 f_1의 분포를 따른다"를 검정하기 위해 하나의 X를 관측하고 이에 대한 기각역을 $X=0$ 또는 $X=3$으로 설정하였다. 이때, 제1종오류를 범할 확률과 제2종오류를 범할 확률은?

X	0	1	2	3	합계
f_0	0.1	0.2	0.3	0.4	1
f_1	0.5	0.2	0.2	0.1	1

해설

귀무가설을 기각할 확률을 모수의 함수로 나타낸 것을 검정력함수(power function)라고 한다. 검정력함수는 모수가 귀무가설과 일치하는 영역에서는 제1종오류를 나타내고, 모수가 귀무가설과 일치하지 않는 영역(대립가설과 일치하는 영역)에서는 검정력(power) 즉, '1−제2종오류' $(1-\beta)$와 같다.

기각역 $X=3$일때
제1종오류$=0.1+0.2+0.3=0.6$
제2종오류$=0.1$
기각역 $X=0$일때
제1종오류$=0.1$
제2종오류$=0.2+0.2+0.1=0.5$

정석 사례연구

평균이 μ이고 분산이 4인 정규분포로부터 n개의 표본을 임의추출하여 μ에 대한 가설 $H_0 : \mu=100$ 대 $H_1 : \mu>100$을 검정하고자 한다. 귀무가설 H_0에 대한 기각역이 '$\overline{X}>104$'일 경우, 실제 모평균 μ가 110일 때의 검정력(power of test)을 나타내는 식은? (단, $\overline{X}$는 표본평균이고, Z는 표준정규분포를 따르는 확률변수이다.)

해설

검정력함수는 $\gamma(\mu) = P\{\overline{X} > 104 \mid \mu\} = P\left\{Z > \dfrac{\overline{X}-\mu}{\sigma/\sqrt{n}}\right\}$

$\therefore P\left\{Z > \dfrac{104-110}{\sqrt{4}/\sqrt{n}}\right\}$

정석 사례연구

$X_1, X_2, \cdots, X_n$이 평균 μ, 표준편차 σ인 정규모집단에서의 확률표본일 때, 모평균에 대한 귀무가설 $H_0 : \mu=0$ 대 대립가설 $H_1 : \mu=1$을 검정하고자 한다. 이 검정에서 H_0에 대한 기각역을 $\overline{X}>0.560$으로 사용할 경우 이 검정의 검정력은?

해설

귀무가설 $H_0 : \mu=0$가 참인데 기각할 확률 즉, 제1종오류를 범할 확률의 함수가 바로 검정력함수이다.
검정력은 $(1-\beta)$로 β는 제2종오류로 대립가설이 참인 경우에 귀무가설을 채택할 오류이다.

$\beta = P(\overline{X} \le 0.560 \mid H_1 : \mu = 1)$

따라서 $1-\beta = 1 - P(\overline{X} \le 0.560 \mid H_1 : \mu = 1) = P(\overline{X} > 0.560 \mid H_1 : \mu = 1)$

이 검정력함수를 그래프로 그리기 위하여 표본평균 $\overline{X}$이 75이고, 모분산이 4로 알려진 경우 모평균 μ=73, 75, 77에 대한 다음 값들을 구해보자.

$$\gamma(73) = P\left[\frac{\overline{X}-\mu}{2} > \frac{75-73}{2}\right] = 0.159$$
$$\gamma(75) = P\left[\frac{\overline{X}-\mu}{2} > \frac{75-75}{2}\right] = 0.5$$
$$\gamma(77) = P\left[\frac{\overline{X}-\mu}{2} > \frac{75-77}{2}\right] = 0.841$$

이때 μ와 $\gamma(\mu)$를 그래프로 옮기면 **그림 8-1**과 같다.

그림 8-1 모평균 변화에 따른 검정력함수

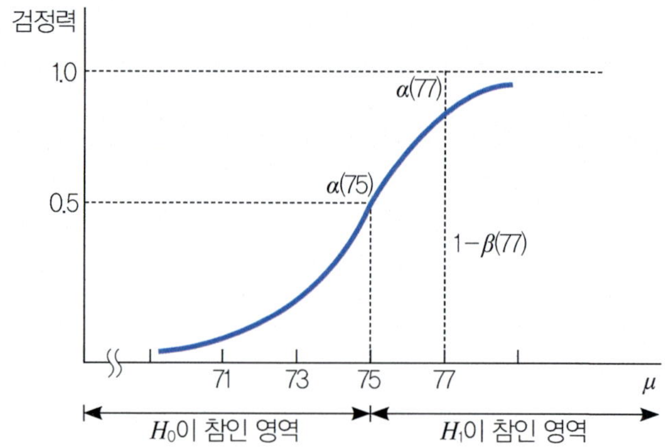

그림 8-1에서 $\mu \le 75$인 영역, 즉 H_0이 참인 영역에서는 $\gamma(\mu)$는 α를 나타내고, $\mu > 75$인 영역, 즉 H_1이 참인 영역에서는 $\gamma(\mu)$는 $1-\beta$를 나타낸다. 유의수준은 제1종오류의 최댓값이므로 $\gamma(\mu=75)=0.5$인 것을 알 수 있다. 즉, $\mu=75$일 때 귀무가설을 기각할 확률이 0.5라는 의미이다. 그리고 $\gamma(\mu=77)=0.841$인데 이것은 '$1-(\beta-$오류)'가 0.841이며 $\beta(77)=0.159$라는 의미이다. 이 사례에서는 제1종오류의 최댓값이 0.5지만 실제 검정에서는 보통 이것의 수치를 0.05로 낮추어 미리 결정해놓고 제2종오류를 최소화하는 검정법을 사용한다.

한편 검정통계량의 관측값에 대하여 귀무가설을 기각할 수 있는 최소의 유의수준을 **유의확률**(significance probability)이라 한다. 다시 말해서 검정통계량 X의 관찰값 x에 대하여 귀무가설을 기각할 수 있는 최소의 유의수준을 의미한다. 흔히 유의확률을 **p−값**(p−value)이라고도 부른다.

정석 사고

유의확률과 의미

유의수준과 달리 유의확률은 일명 p−값이라고도 하며 검정통계량의 관측값에서 귀무가설이 기각될 최소한의 유의수준을 말한다. 쉽게 말하면 귀무가설이 맞을 확률수준을 말한다고 볼 수 있다. 검정통계량이 증가하는 경우 귀무가설을 기각할 확률이 높아진다는 것은 유의확률이 작아진다는 의미이다.

정석 사례연구

어느 공장에서 생산되는 쇠파이프의 지름은 평균이 μ이고 표준편차가 9인 정규분포를 따른다고 한다. 평균 μ에 대한 가설 H_0 : $\mu=20$ 대 H_1 : $\mu\neq20$을 검정하기 위해 임의추출한 9개의 쇠파이프를 조사한 결과 지금의 표본평균이 23이었다. 이 검정에 대한 p−값(유의확률)은? (단, Z는 표준정규분포를 따르는 확률변수이다.)

해설

검정력함수는 $\gamma(\mu)=P\left\{|Z|\geq\dfrac{\overline{X}-\mu}{\sigma/\sqrt{n}}\right\}$

$$\therefore P\left\{|Z|\geq\frac{23-20}{9/\sqrt{9}}\right\}=P(|Z|\geq1)$$

정석 사례연구

한 기업의 기존 생산방식이 제품생산소요시간 평균이 30분, 표준편차 5인 정규분포라고 하자. 새로운 생산방식이 생산을 더 빨리 한다. 회사는 이를 확인하기 위해 50개의 제품을 생산하고 평균 $\overline{X}$를 관측하기로 하였다. 이때 기각역이 $\overline{X}\leq28.5$인 검정법이 유의수준 5%인 검정법인지 확인하여라.[10)]

해설

이 사례의 가설은 제품생산의 평균시간을 μ라고 하면 귀무가설은 H_0 : $\mu\geq30$. 제1종오류를 범할 확률은 $\mu\geq30$일 때 H_0를 기각할 확률이므로 표준정규 확률분포 Z를 이용하여 다음과 같이 표시할 수 있다.

10) 김우철 외 7인, 《현대통계학》, 영지, 1986, p. 142.

$$\gamma(\mu) = P\{\overline{X} \le 28.5 \mid \text{실제평균} = \mu\} = P\left\{Z \le \frac{28.5-\mu}{5/\sqrt{50}}\right\}$$

H_0를 기각할 확률은 μ에 관하여 감소하므로 제1종오류를 범할 확률의 최댓값은 μ=30이다. 이때

$$P\left\{Z \le \frac{28.5-\mu}{5/\sqrt{50}} \mid \mu = 30\right\} = P\{Z \le -2.12\} = 0.017$$

유의수준 5%하에서의 검정법이란 제1종오류를 범할 확률이 5% 이하인 검정법이다. 따라서 이 검정법은 유의수준 5%인 검정법이다.

이와 같이 알려지지 않은 실제평균에 따라 귀무가설을 기각하는 확률의 변화를 나타내는 함수를 **검정력함수**라고 한다(그림 8-2 참조). 그리고 검정력함수값을 **검정력**이라 한다.

그림 8-2 평균값에 따른 귀무가설을 기각할 확률의 변화

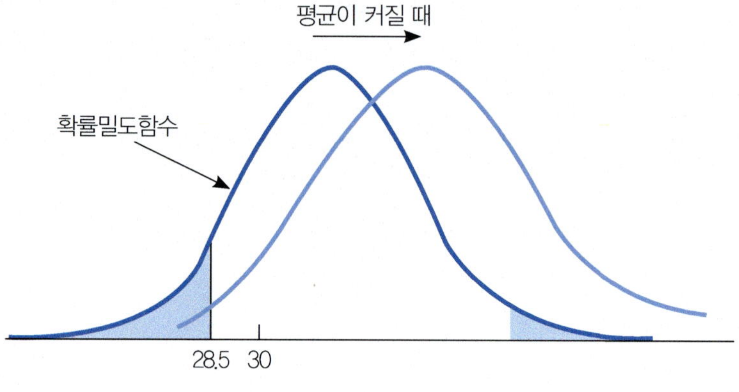

이상의 설명을 일반화해서 정리하면 다음과 같다.

정석 사고

검정력함수

한 검정법에 의해 귀무가설 $H_0: \theta \in \theta_0$를 기각할 확률을 나타내는 모수 θ의 함수 $\gamma(\theta)$를 **검정력함수**라고 한다. 검정통계량이 X, 기각역이 R이면 $\gamma(\theta) = P\{X \in R \mid \theta\}$이고 다음이 성립한다.

제1종오류를 범할 확률$=\gamma(\theta)$, $\theta \in \theta_0$ (귀무가설이 사실),
제2종오류를 범할 확률$=1-\gamma(\theta)$, $\theta \notin \theta_0$ (대립가설이 사실),
유의수준는 제1종오류를 범할 확률의 최대허용한계가 된다.

정석 사례연구

표본의 크기가 25이고 $\overline{X} \sim N(\mu,\ 4)$라고 하며 이때 관측값 $\overline{X}$가 75보다 크면 H_0를 기각하기로 결정했다고 하자. 이때 기각역과 검정력함수에 대하여 알아보자.

해설

기각역(C)은

$$C = [(X_1, \cdots, X_{25}) \mid \overline{X} > 75]$$

이 경우 검정법은 $\sum_{i=1}^{25} X_i / 25 > 75$이면 H_0를 기각하므로 검정통계량은 $\overline{X}$가 된다.

이 검정법의 검정력함수는

$$\gamma(\mu) = P[(X_1, \cdots, X_{25}) \in C] = P[\overline{X} > 75 \mid \mu] = P\left[\frac{\overline{X} - \mu}{2} > \frac{75 - \mu}{2}\right]$$

제2절 정석 통계학 모평균의 검정

1. 우측검정

모분산 σ_2이 알려진 정규모집단 $N(\mu,\ \sigma_2)$의 모평균에 관한 다음 가설의 검정에 대하여 생각해보자.

$$H_0 : \mu \le \mu_0 \qquad H_1 : \mu > \mu_0$$

이때 크기 n인 확률표본으로부터의 표본평균 $\overline{X}$의 값이 클수록 귀무가설을 기각하고 대립가설이 사실이라는 증거가 명백해진다. 따라서 다음과 같은 기각역을 생각해볼 수 있다.

$$\text{기각역} \ \ R: X \ge c$$

여기에서 c는 유의수준이 α가 되도록 정해주어야 한다.

(1) 검정력함수

이 검정법의 검정력함수를 Z를 이용하여 나타내면 다음과 같다.

$$\gamma(\mu) = P\{\overline{X} \geq c \mid \mu\} = P\left\{Z \geq \frac{c-\mu}{\sigma/\sqrt{n}}\right\}$$

제1종오류를 범할 확률의 최댓값은 $\mu=\mu_0$이다. 이때 유의수준이 α가 되려면

$$\gamma(\mu_0) = \alpha,\ \text{즉},\ z_\alpha = \frac{c-\mu_0}{\sigma/\sqrt{n}}$$

에 의해 c를 정해주면 된다.

(2) 기각역

따라서 기각역은

$$\text{기각역}\quad R: \frac{\overline{X}-\mu_0}{\sigma/\sqrt{n}} \geq z_\alpha$$

그림 8-3에서 보듯이 유의수준 $\alpha=0.05$이 주어지면 $z_\alpha=1.645$의 값을 이용하여 기각역을 구체적으로 정할 수 있다.

그림 8-3 우측검정의 기각역

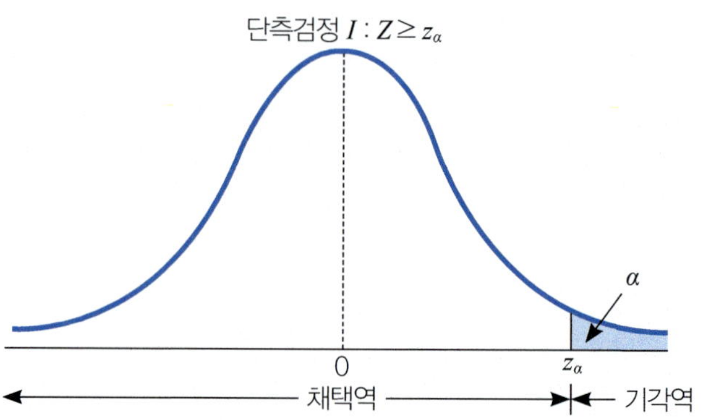

2. 좌측검정

이제 반대의 경우를 생각해보자. 모분산 σ^2이 알려진 정규모집단 $N(\mu, \sigma^2)$의 모평균에 관한 다음 가설의 검정에 대하여 생각해보자.

$$H_0 : \mu \geq \mu_0 \quad H_1 : \mu < \mu_0$$

이때 크기 n인 확률표본으로부터의 표본평균 $\overline{X}$의 값이 작을수록 귀무가설을 기각하고 대립가설이 사실이라는 증거가 명백해진다. 따라서 다음과 같은 기각역을 생각해볼 수 있다.

$$\text{기각역} \ R: \overline{X} \leq c$$

여기에서 c는 유의수준이 α가 되도록 정해주어야 한다.

(1) 검정력함수

이 검정법의 검정력함수를 Z를 이용하여 나타내면 다음과 같다.

$$\gamma(\mu) = P\{\overline{X} \leq c \mid \mu\} = P\left\{\frac{c-\mu}{\sigma/\sqrt{n}} \leq -Z_\alpha\right\}$$

제1종오류를 범할 확률의 최댓값은 $\mu = \mu_0$이다. 이때 유의수준이 α가 되려면

$$\gamma(\mu_0) = \alpha, \ \text{즉}, \ -z_\alpha = \frac{c-\mu_0}{\sigma/\sqrt{n}}$$

에 의해 c를 정해주면 된다.

(2) 기각역

따라서 기각역은

$$\text{기각역 } R: \frac{\overline{X}-\mu_0}{\sigma/\sqrt{n}} \le -z_\alpha$$

그림 8-4 에서 보듯이 유의수준 $\alpha=0.05$이 주어지면 $z_\alpha=1.645$의 값을 이용하여 기각역을 구체적으로 정할 수 있다.

그림 8-4 좌측검정의 기각역

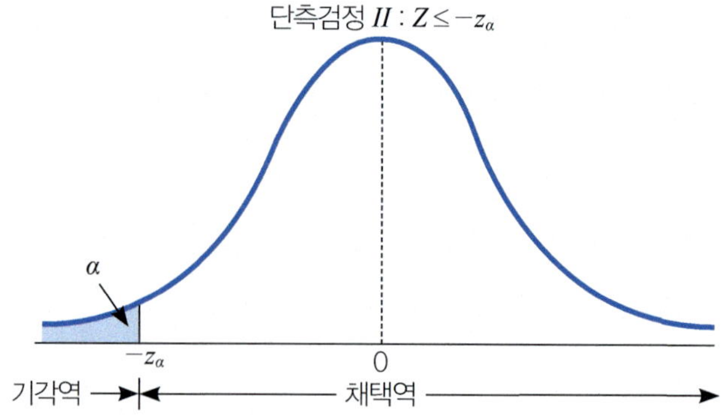

3. 양측검정

모분산 σ^2이 알려진 정규모집단 $N(\mu, \sigma^2)$의 모평균에 관한 다음 가설의 검정에 대하여 생각해보자.

$$H_0: \mu = \mu_0 \quad H_1: \mu \ne \mu_0$$

이때 크기 n인 확률표본으로부터의 표본평균 $\overline{X}$의 값이 작거나 클수록 귀무가설을 기각하고 대립가설이 사실이라는 증거가 명백해진다. 따라서 다음과 같은 기각역을 생각해볼 수 있다.

$$\text{기각역 } R: |\overline{X}| \ge c$$

여기에서 c는 유의수준이 α가 되도록 정해주어야 한다.

(1) 검정력함수

이 검정법의 검정력함수를 Z를 이용하여 나타내면 다음과 같다.

$$\gamma(\mu) = P\{|\overline{X}| \geq c \mid \mu\} = P\left\{\left|\frac{c-\mu}{\sigma/\sqrt{n}}\right| \geq Z_{\alpha/2}\right\}$$

제1종오류를 범할 확률의 최댓값은 $\mu=\mu_0$이다. 이때 유의수준이 α가 되려면

$$\gamma(\mu_0) = \alpha/2,\ 즉,\ z_{\alpha/2} = \frac{c-\mu_0}{\sigma/\sqrt{n}}$$

에 의해 c를 정해주면 된다.

(2) 기각역

따라서 기각역은

$$기각역\ R: \left|\frac{\overline{X}-\mu_0}{\sigma/\sqrt{n}}\right| \geq z_{\alpha/2}$$

그림 8-5에서 보듯이 유의수준 $\alpha=0.10$이 주어지면 $Z_{\alpha/2}=1.645$의 값을 이용하여 기각역을 구체적으로 정할 수 있다.

그림 8-5 양측검정의 기각역

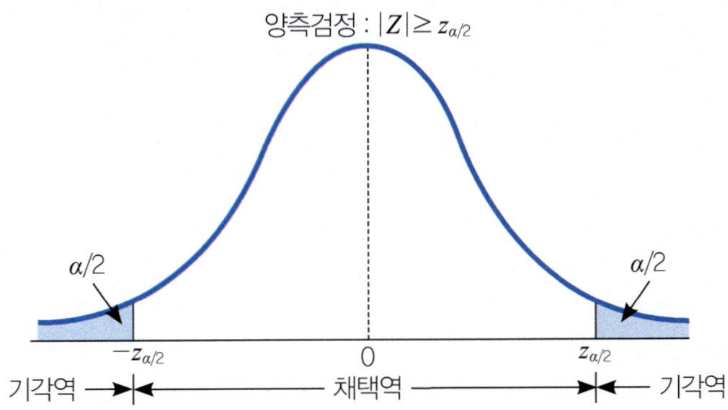

4. 모분산이 알려지지 않은 경우

모분산 σ^2이 알려지지 않은 경우 정규모집단의 모평균 μ에 관한 가설의 검정에 대하여 알아보자. 크기 n인 확률표본으로부터의 표본평균을 $\overline{X}$, 표본분산을 S^2이라 하면

$$T = \frac{\overline{X} - \mu}{S/\sqrt{n}} \sim t(n-1)$$

이 성립하므로 앞항에서 소개된 정규검정법의 검정통계량에서 σ 대신 표본표준편차 S를 사용하여 검정하게 된다. 이때의 검정법을 **t-검정법**(t-test)이라 하며, 표본크기가 적은 소표본인 경우에도 적합하다. 좌측검정, 우측검정, 양측검정을 요약하면 **표 8-2**와 같다.

표 8-2 단측검정과 양측검정의 가설과 기각역

귀무가설	대립가설	유의수준 α인 기각역
$H_0 : \mu \le \mu_0$	$H_1 : \mu > \mu_0$	$T \ge t(n-1, \alpha)$
$H_0 : \mu \ge \mu_0$	$H_1 : \mu < \mu_0$	$T \le -t(n-1, \alpha)$
$H_0 : \mu = \mu_0$	$H_1 : \mu \ne \mu_0$	$\lvert T \rvert \ge t(n-1, \frac{\alpha}{2})$

만약 표본의 크기가 충분히 크면 모분산이 알려져 있는지 여부에 상관없이 근사적으로 정규분포이론을 적용할 수 있다.

정석 사례연구

모평균의 추정과 가설검정에 대한 설명 중 옳은 것은 ○, 틀린 것은 × 표시를 해보자.

① 신뢰도가 낮아질수록 신뢰구간의 길이가 짧아지며 신뢰도가 높아질수록 신뢰구간의 길이는 길어진다. (○)
② 검정력은 귀무가설이 거짓일 때 귀무가설을 기각할 확률이다. (○)
③ 유의수준은 귀무가설이 참일 때 대립가설을 채택하는 오류를 범할 확률이다. 5%에서 기각된 귀무가설은 유의수준 10%에서도 기각된다. (○)

제3절 정석 통계학 모비율의 검정

1. 표본의 크기가 작은 경우

모비율의 검정에서 표본의 크기가 작은 경우 확률변수 X가 이항분포를 따를 때 모비율에 관한 다음 가설의 검정에 대하여 생각해보자.

$$H_0 : p \le p_0 \quad H_1 : p > p_0$$

이때 크기 n인 확률표본으로부터의 표본평균 $\overline{X}$의 값이 클수록 귀무가설을 기각하고 대립가설이 사실이라는 증거가 명백해진다. 따라서 다음과 같은 기각역을 생각해볼 수 있다.

$$\text{기각역 } R : |\overline{X}| \ge c$$

여기에서 c는 유의수준이 α가 되도록 정해주어야 한다.

이 검정법의 검정력함수를 나타내면 다음과 같다.

$$\gamma(p) = P\{\overline{X} \ge c \mid p = p_0\} \le \alpha$$

제1종오류를 범할 확률의 최댓값은 $p=p_0$이다. 이때 유의수준이 α가 되려면

$$\gamma(p_0) \le \alpha$$

에 의해 c를 정해주면 된다. 이와 같은 모비율의 검정법은 **이항검정법**(binomial test)이라 한다.

2. 표본의 크기가 큰 경우

(1) 모비율이 작은 경우($np_0<5$)

이 경우는 X의 분포가 근사적으로 평균 np_0의 포아송분포를 따른다. 따라서 이항검정법에서 포아송분포를 사용하여 기각역을 정할 수 있다. 예를 들어 가설을 다음처럼 설정하여

$$H_0 : p \le p_0 \quad H_1 : p > p_0$$

일 때 포아송분포로부터 검정력함수는 다음과 같이 나타낼 수 있다.

$$\gamma(p) = P\{X \ge c \mid p = p_0\} \fallingdotseq 1 - \sum_{x=0}^{c-1} e^{-np_0}(np_0)^x / x! \le \alpha$$

를 만족하는 c 중에서 최솟값을 취하여 기각역을 다음과 같이 정하는 검정법을 사용한다.

$$\text{기각역 } R: X \ge c$$

만약 귀무가설과 대립가설이 서로 반대인 경우에는 검정력함수를 다음과 같이 나타낸다. 즉,

$$\gamma(p) = P\{X \le c \mid p = p_0\} \fallingdotseq \sum_{x=0}^{c} e^{-np_0}(np_0)^x / x! \le \alpha$$

를 만족하는 c 중에서 최솟값을 취하여 기각역을 다음과 같이 정하는 검정법을 사용한다.

$$\text{기각역 } R: X \le c$$

(2) 모비율이 작지 않은 경우($np_0>5,\ nq_0>5$)

표본의 크기 n이 충분히 크고 모비율이 작지 않은 경우만 생각해보자. 확률변수 X가 이항분포를 따르고, 표본크기 n이 충분히 크며 모비율이 작지 않은 경우 확률변수 X의 분포를 근사적으로 **정규분포** $N(np_0,\ np_0q_0)$를 따르게 되므로 모비율에 관한 검정통계량은

$$Z=\frac{X-np_0}{\sqrt{np_0q_0}}=\frac{\widehat{p}-p_0}{\sqrt{p_0q_0/n}}$$

이며 각각의 가설에 대한 기각역은 **표 8-3**과 같다.

표 8-3 단측검정과 양측검정의 가설과 기각역

귀무가설	대립가설	유의수준 α인 기각역
$H_0: p\le p_0$	$H_1: p>p_0$	$Z\ge z_\alpha$
$H_0: p\ge p_0$	$H_1: p<p_0$	$Z\le -z_\alpha$
$H_0: p=p_0$	$H_1: p\ne p_0$	$\lvert Z\rvert\ge z_{\alpha/2}$

정석 사례연구

확률변수 X는 시행횟수가 5이고 성공확률이 p인 이항분포를 따른다. 성공확률 p에 대한 가설 $H_0: p=0.4$ 대 $H_0: p>0.4$의 기각역이 '$X\ge5$'일 때, 성공확률 $p=0.5$에서의 검정력(power)은?

해설

검정력은 제1종오류를 범할 확률의 최댓값과 같으므로

$$\begin{aligned}\gamma(\mu)&=P\{X\ge5 \mid \text{성공확률 } p=0.5\}=1-P\{X\le5 \mid \text{성공확률 } p=0.5\}\\&=1-\sum_{x=0}^{5}{}_5C_x(p)^x(1-p)^{5-x}\\&={}_5C_5(p)^5(1-p)^0\\&=\left(\frac{1}{2}\right)^5\end{aligned}$$

정석 사례연구

어떤 동전을 100번 던졌더니 앞면이 60번 나왔다. 이 결과를 이용하여 '이 동전의 앞면이 나올 확률은 0.5이다'라는 귀무가설을 검정하기 위하여 피어슨 카이제곱검정을 실시할 때, 검정통계량 값은? (단, 이 동전은 앞면 또는 뒷면만 나온다.)

해설

동전의 앞면이 나올 확률을 p라고 하면

귀무가설은 $H_0 : p=0.5$

$n=100$, $\widehat{p}=0.6$, $p_0=0.5$이므로 표준정규 확률변수 Z를 이용하여

$$Z=\frac{\widehat{p}-p_0}{\sqrt{p_0 q_0 / n}}=\frac{0.6-0.5}{\sqrt{0.5 \times 0.5/100}}=\frac{0.1}{0.5/10}=2$$

$Z^2 \sim \chi_1^2$분포를 따르므로 검정통계량은 4이다.

스튜던트 정리에 의해 표준정규분포의 제곱이 카이제곱분포를 따른다.

따라서 $X \sim N(\mu, \sigma^2)$이면 $V=\left(\frac{X-\mu}{\sigma}\right)^2 \sim \chi_1^2$

정석 사례연구

어느 지역의 남녀 출생률이 같은지를 검정하기 위하여 이 지역에서 태어난 100명의 신생아를 임의로 추출하여 조사하였더니 이 중 남아가 58명이었다. 이 지역의 남녀 출생률에 대한 설명해 보시오. (단, Z가 표준정규분포를 따르는 확률변수일 때, $P(Z \geq 1.96)=0.025$, $P(Z \geq 1.645)=0.05$, $P(Z \geq 1.282)=0.1$로 가정한다.)

해설

남녀 출생률이 같다면 $p=0.5$이다. 이에 따라 가설을 설정하면, 다음과 같다.

귀무가설 $H_0 : p=0.5$, 대립가설 $H_0 : p>0.5$

$\hat{p}=0.58$, $n=100$으로 대표본이므로 모비율 p에 대한 검정통계량은

$$Z=\frac{\widehat{p}-p}{\sqrt{\frac{p(1-p)}{n}}}=\frac{0.58-0.5}{\sqrt{\frac{0.5 \times 0.5}{100}}}=\frac{0.08}{0.05}=1.6$$

이는 우측 단측검정에 해당하고, 유의수준 5%에서의 임계값은 1.645이며, 유의수준 10%에서의 임계값은 1.282이다. 따라서 검정통계량 값이 1.6이므로 유의수준 5%하에서는 기각되지 않으나(여아의 출생률이 남아의 출생률보다 더 크다고 할 수 없다.), 유의수준 10%하에서 귀무가설은 기각된다. 즉, 유의수준 10%하에서 남아의 출생률이 여아의 출생률보다 더 크다고 할 수 있다.

제4절 정식 통계학 모분산의 검정

모평균 μ와 모분산 σ^2이 알려지지 않은 정규모집단 $N(\mu,\ \sigma^2)$의 모분산에 관한 다음 가설의 검정에 대하여 생각해보자.

$$H_0 : \sigma^2 \geq \sigma_0^2 \quad H_1 : \sigma^2 < \sigma_0^2$$

이때 크기 n인 확률표본으로부터의 표본분산 S^2의 값이 작을수록 귀무가설을 기각하고 대립가설이 사실이라는 증거가 명백해진다. 따라서 다음과 같은 기각역을 생각해볼 수 있다.

$$\text{기각역 } R: S^2 \leq c$$

여기에서 c는 유의수준이 α가 되도록 정해주어야 한다.

확률변수 $X_1,\ \cdots,\ X_n$을 정규분포 $N(\mu,\ \sigma^2)$으로부터의 확률표본이라고 할 때 표본분산 S^2에 대하여

$$\frac{(n-1)S^2}{\sigma^2} \sim \chi^2(n-1)$$

따라서 자유도 $(n-1)$인 카이제곱분포를 따르는 확률변수를 v라고 하면 검정력함수는

$$\begin{aligned}\gamma(\sigma^2) = P\{S^2 \leq c \mid \text{실제분산} = \sigma^2\} &= P\left\{\frac{(n-1)S^2}{\sigma^2} \leq \frac{(n-1)c}{\sigma^2}\right\} \\ &= P\left\{v \leq \frac{(n-1)c}{\sigma^2}\right\}\end{aligned}$$

이 검정력함수는 귀무가설하에서 제1종오류를 범할 확률의 최댓값이 $\sigma^2 = \sigma_0^2$에서 이루어진다. 이때 유의수준이 α가 되려면

$$\gamma(\sigma_0^2) = \alpha,\ \text{즉},\ \frac{(n-1)c}{\sigma^2} = \chi^2_{1-\alpha}(n-1)$$

에 의해 c를 정해주면 된다. 따라서 기각역은 다음과 같이 나타낼 수 있다.

기각역 $R: S^2 \le \dfrac{\sigma_0^2 \chi^2_{1-\alpha}(n-1)}{n-1}$

혹은

기각역 $R: \dfrac{(n-1)S^2}{\sigma_0^2} \le \chi^2_{1-\alpha}(n-1)$

만약 귀무가설과 대립가설이 서로 반대인 경우에는 기각역이 다음과 같다.

기각역 $R: \dfrac{(n-1)S^2}{\sigma_0^2} \ge \chi^2_{\alpha}(n-1)$

한편 양측검정($H_0: \sigma^2 = \sigma_0^2$, $H_1: \sigma^2 \ne \sigma_0^2$)의 경우에는 기각역이 다음과 같다.

기각역 $R: \dfrac{(n-1)S^2}{\sigma_0^2} \ge \chi^2_{\alpha/2}(n-1)$ 또는 $\dfrac{(n-1)S^2}{\sigma_0^2} \le \chi^2_{1-\alpha/2}(n-1)$

이와 같은 검정법을 **카이제곱검정법**(chi–square test)이라 한다. 이상의 결과를 요약하면 **표 8–4**와 같다.

표 8-4 단측검정과 양측검정의 가설과 기각역

귀무가설	대립가설	유의수준 α인 기각역
$H_0: \sigma^2 \le \sigma_0^2$	$H_1: \sigma^2 > \sigma_0^2$	$\chi^2 = \dfrac{(n-1)S^2}{\sigma_0^2} \ge \chi^2_{\alpha}(n-1)$
$H_0: \sigma^2 \ge \sigma_0^2$	$H_1: \sigma^2 < \sigma_0^2$	$\chi^2 = \dfrac{(n-1)S^2}{\sigma_0^2} \le \chi^2_{1-\alpha}(n-1)$
$H_0: \sigma^2 = \sigma_0^2$	$H_1: \sigma^2 \ne \sigma_0^2$	$\chi^2 = \dfrac{(n-1)S^2}{\sigma_0^2} \ge \chi^2_{\alpha/2}(n-1)$ 또는 $\chi^2 = \dfrac{(n-1)S^2}{\sigma_0^2} \le \chi^2_{1-\alpha/2}(n-1)$

정석 사례연구

어떤 자동차회사에서 타이어를 생산하는데, 그 두께의 표준편차가 1.5mm 이상이면 생산공정에 이상이 있다고 간주한다. 어느 날 생산된 타이어 중 10개를 임의추출하여 그 두께를 측정한 결과 평균이 225mm이고 표준편차가 2였다. 타이어두께의 분포가 정규분포라고 할 때 자료에 의해 공정에 이상이 있다고 할 수 있는지 유의수준 5%에서 검정해보자.

해설

타이어두께의 분산을 σ^2이라 하면 귀무가설과 대립가설은 다음과 같이 세울 수 있다.

$$H_0 : \sigma^2 \leq 1.5^2 \quad H_1 : \sigma^2 > 1.5^2$$

표본의 크기 n=10으로부터의 표본분산을 S^2이라 하면 유의수준 α=0.05인 기각역은 다음과 같다.

$$R: \frac{(n-1)S^2}{\sigma_0^2} = \frac{(10-1)S^2}{1.5^2} \geq \chi^2_{0.05}(10-1) = 16.919$$

따라서 $S^2 \geq 4.229750$이다. 그런데 주어진 자료에서 표준편차가 2이므로 $S^2=4$이므로 귀무가설을 기각할 수 없다. 다시 말해서 유의수준 5%에서 공정에 이상이 있다고 볼 수 없다.

정석 사례연구

$X_1, X_2, \cdots, X_{15}$이 평균 μ, 분산 σ^2인 정규모집단에서의 임의표본일 때, 가설 $H_0 : \sigma^2 = 30$ 대 $H_1 : \sigma^2 > 30$을 유의수준 5%에서 검정하기 위한 기각역(Rejection Region)은? (단, μ는 미지의 모수이고, $\overline{X} = \frac{1}{15}\sum_{i=1}^{15} X_i$이며, $\chi^2_\alpha(k)$는 자유도가 k인 카이제곱분포의 $100 \times (1-\alpha)$번째 백분위수를 나타낸다.)

해설

기각역 $R: \frac{(n-1)S^2}{\sigma_0^2} \geq \chi^2_\alpha(n-1)$

$$\therefore \frac{(n-1)S^2}{30} \geq \chi^2_{0.05}(15-1) = \chi^2_{0.05}(14)$$

심화통계

1. 검정의 원리

(1) 오류의 종류와 유의수준

① 제1종오류 : 귀무가설 H_0가 사실일 때, 이를 기각하는 오류

② 제2종오류 : 대립가설 H_1이 사실일 때, 이를 채택하는 오류

③ 유의수준 : 제1종오류를 범할 확률의 최대허용한계

(2) 검정력함수(power function)

① 한 검정법에 의해서 귀무가설 $H_0 : \theta \in \Theta_0$을 기각할 확률을 모수 θ의 함수로 나타낸 것을 말함

② 검정통계량이 X, 기각역이 R이면 검정력함수는 $\gamma(\theta) = P\{X \in R \mid \theta\}$로 주어지고 다음이 성립

- 제1종오류를 범할 확률$=\gamma(\theta)$, $\theta \in \Theta_0$
- 제2종오류를 범할 확률$=1-\gamma(\theta)$, $\theta \notin \Theta_0$

구분	$H_0 : \mu \geq 30$ 사실	$H_0 : \mu < 30$ 사실
H_0 채택	옳은 결정	2종 오류
H_1 기각	1종 오류	옳은 결정

(3) 유의확률(significance probability)

검정통계량 X의 관측값 x에 대한 유의확률 $\hat{\alpha}(x)$는 관측값 x에 대해서 귀무가설을 기각할 수 있는 최소의 유의수준을 말함

2. 모평균의 검정

(1) 모분산이 알려진 경우

① 모분산 σ^2이 알려진 정규모집단에서 검정통계량은 $Z = \dfrac{\overline{X} - \mu_0}{\dfrac{\sigma}{\sqrt{n}}}$이고 기각역은 다음과 같음

② 정규검정법(normal test)

구분	귀무가설	대립가설	유의수준 α인 기각역
단측가설	$H_0 : \mu \leq \mu_0$	$H_1 : \mu > \mu_0$	$Z \geq z_\alpha$
단측가설	$H_0 : \mu \geq \mu_0$	$H_1 : \mu < \mu_0$	$Z \leq -z_\alpha$
양측가설	$H_0 : \mu = \mu_0$	$H_1 : \mu \neq \mu_0$	$\lvert Z \rvert \geq z_{\alpha/2}$

(2) 모분산이 알려지지 않은 경우

① t−검정법(t−test) : 모분산 σ^2이 알려지지 않은 정규모집단에서 검정통계량은 $Z=\dfrac{\overline{X}-\mu_0}{\dfrac{S}{\sqrt{n}}}$ 이고 기각역은 다음과 같음

② 정규검정법

구분	귀무가설	대립가설	유의수준 α인 기각역
단측가설	$H_0:\mu\le\mu_0$	$H_1:\mu>\mu_0$	$T\ge t(n-1,\ \alpha)$
단측가설	$H_0:\mu\ge\mu_0$	$H_1:\mu<\mu_0$	$T\le -t(n-1,\ \alpha)$
양측가설	$H_0:\mu=\mu_0$	$H_1:\mu\neq\mu_0$	$\lvert T\rvert\ge t(n-1,\ \frac{\alpha}{2})$

(3) 표본의 크기가 큰 경우

① 표본의 크기가 큰 경우에 임의의 모집단에 대해서 검정통계량

■ σ^2을 아는 경우 : $Z=\dfrac{\overline{X}-\mu_0}{\dfrac{\sigma}{\sqrt{n}}}$

■ σ^2을 모르는 경우 : $Z=\dfrac{\overline{X}-\mu_0}{\dfrac{S}{\sqrt{n}}}$

구분	귀무가설	대립가설	유의수준 α인 기각역
단측가설	$H_0:\mu\le\mu_0$	$H_1:\mu>\mu_0$	$Z\ge z_\alpha$
단측가설	$H_0:\mu\ge\mu_0$	$H_1:\mu<\mu_0$	$Z\le -z_\alpha$
양측가설	$H_0:\mu=\mu_0$	$H_1:\mu\neq\mu_0$	$\lvert Z\rvert\ge z_{\alpha/2}$

(4) 표본의 크기

모분산 σ^2이 알려지지 않은 정규모집단에서

$H_0:\mu\le\mu_0,\ H_1:\mu>\mu_0$ 또는

$H_0:\mu\ge\mu_0,\ H_1:\mu<\mu_0$에 대한 유의수준 α인 정규검정법에서 대립가설하의 평균값 $\mu=\mu_1$이 사실일 때, 제2종오류를 범할 확률이 β 이하가 되도록 하기 위한 표본크기 n의 범위

$$n\ge\left\{\frac{z_\alpha+z_\beta}{\left(\dfrac{\mu_1-\mu_0}{\sigma}\right)}\right\}^2$$

예제

새로운 치료법에 의한 평균치료기간이 μ=13(일)로 된다면 이는 상당한 진전으로 생각된다. 실제로 μ=15일 때, 잘못 결정하는 확률을 β=0.1 이하로 하고자 한다. 유의수준 α=0.05인 검정법에서 표본의 크기를 얼마로 해야 하는가? (단, 표준편차는 3이다.)

풀이

$\mu = \mu_1(\mu_1 > \mu_0)$에서 검정력은 다음과 같이 된다.

$$\gamma(\mu_1) = P\left\{\overline{X} \geq \mu_0 + z_\alpha \frac{\sigma}{\sqrt{n}} \mid \mu = \mu_1\right\}$$

μ=13일 때 검정력을 $1-\beta$=0.9 이상으로 해야 하므로 다음을 만족해야 한다.

$$\gamma(13) = P\left\{Z = \frac{15-13}{3/\sqrt{n}} \geq 1.645\right\} \geq 0.9$$

표준정규분포로부터 $z_{0.1} = 1.282$이므로, $\frac{15-13}{3/\sqrt{n}} \geq 1.645 + 1.282$

즉, $n \geq \left(\frac{1.645+1.282}{(15-13)/3}\right)^2 = 19.2$가 되어 필요한 표본의 크기는 n=20이 된다.

정석실전문제

1. 확률변수 X는 시행횟수가 6이고 성공확률이 p인 이항분포를 따른다고 한다. 성공확률 p에 대한 가설 $H_0: p=0.5$ 대 $H_1: p<0.5$의 기각역이 '$X \leq 1$'일 때, 제1종오류(Type I Error)를 범할 확률은?

정석힌트 검정력은 제1종오류를 범할 확률의 최댓값과 같으므로

$$\gamma(\mu) = P\{X \leq 1 \mid 성공확률 = 0.5\} = \sum_{x=0}^{1} {}_6C_x(1/2)^x(1-1/2)^{6-x}$$
$$= {}_6C_0(1/2)^6(1/2)^0 + {}_6C_1(1/2)^5(1/2)^1$$
$$= \frac{7}{2^6}$$

2. 어느 자격시험 성적은 평균이 68.4점이고, 표준편차가 10점인 정규분포를 따른다고 한다. 이 시험에서 88점을 받은 응시자는 상위 α%에 해당한다. α의 값은? (단, Z가 표준정규분포를 따르는 확률변수일 때, $P(|Z|<1.645)=0.9$, $P(|Z|<1.96)=0.95$이다.)

정석힌트 검정력함수는 $\gamma(\mu) = P\left\{|Z| > \frac{\overline{X}-\mu}{\sigma/\sqrt{n}}\right\}$

$$\therefore P\left\{|Z| > \frac{88-68.4}{10}\right\} = P(|Z| > 1.96)$$
$$= 1 - 0.95$$
$$= 0.05$$

이것은 양쪽 끝 영역이 5%이라는 의미이므로 상위 끝 영역은 2.5%가 된다.

3. 병원에서 사용되는 진통제가 진통효과를 나타내는 데까지 걸리는 시간은 평균적으로 3.5분이라고 한다. 한 제약회사가 새로운 진통제를 만들었는데 이 진통제는 진통효과가 나타나는 데까지 걸리는 시간이 기존의 다른 진통제의 평균이 3.51분보다 짧다고 주장한다. 한 병원에서 15명의 환자를 대상으로 이 진통제를 임상실험한 결과 진통효과가 나타나는 데까지 걸린 시간의 평균과 분산이 각각 $\overline{X}=3.0$분, $S^2=0.90$분이었다. 새로운 진통제의 진통효과가 나타나는 데까지 걸린 시간이 기존의 진통제의 평균시간보다 적게 걸리는가에 대한 검정을 실시하시오($\alpha=0.05$).

정석힌트 $H_0: \mu=3.5$, $H_1: \mu<3.5$, $\overline{X}=3.0$, $S^2=0.9$, $n=15$이므로

$$T=\frac{3.0-3.5}{\sqrt{\frac{0.9}{15}}}=\frac{-0.5}{0.2449}=-2.0416$$

자유도 14인 t분포에서 $P_r(t-1.761)=0.05$이며,

$T=-2.0416>1.761$이므로 H_0을 기각한다. 즉, 새로운 진통제의 평균시간이 기본의 진통제보다 적게 걸린다고 할 수 있다.

제9장
두 모집단의 비교

한 명의 죽음은 비극이요, 백만 명의 죽음은 통계이다.

– 요시프 스탈린 –

제1절 정석 통계학 기본원리

이제까지 한 모집단의 평균, 분산, 모비율 등에 대한 추론을 하였다. 그러나 현실에서는 두 모집단 또는 두 개 이상의 모집단의 특성을 비교하는 문제에 자주 마주치게 된다. 이 장에서는 두 모집단의 평균, 분산, 모비율 등의 비교에 대한 추론을 하려고 한다. 두 모집단의 비교문제로 자주 마주치는 사례들은 다음과 같다.

사례 1: 두 기업에서 생산하는 타이어의 수명을 비교하고자 할 때 시장에서 판매되고 있는 두 기업의 타이어제품을 표본으로 추출하여 이를 비교하여 타이어의 수명을 비교할 수 있다.

사례 2: 한 기업이 새로운 생산라인을 개발하였을 때 이 새로운 생산라인의 평가는 시간당 평균생산량 혹은 평균불량률 등으로 행해지게 된다. 기존의 생산라인에서의 평균 생산성과 평균 불량률을 기록하고 새로운 생산라인의 평균 생산성과 평균 불량률을 기록하기로 한다. 이에 의한 자료를 비교함으로써 개발된 새로운 생산라인의 효과를 검토할 수 있다.

이상의 사례에서처럼 비교하려는 대상을 통계적 용어로 **처리**(treatment)라고 하며 두 처리를 비교하는 방법에는 다음 두 가지가 있다.

(1) 독립표본

두 모집단 또는 두 처리에서 독립적으로 확률표본을 추출하고 각 표본의 표본평균을 비교함으로써 두 모평균 또는 두 처리효과를 비교할 수 있다. 다시 말해서 실험대상을 임의로 두 그룹으로 나누어 한 그룹에는 처리 1을, 다른 그룹에는 처리 2를 적용하여 그 처리효과를 비교하는 것이다.

(2) 대응표본

실험단위를 동질적인 쌍으로 선택하여 각 쌍에서 임의로 한 실험단위에는 처리 1을 다른 실험단위에는 처리 2를 적용시켜서 각 쌍에서 두 처리효과를 관측하여 비교하는 것이다. 다시 말해서 실험단위가 사람이라면 서로 비슷한 쌍을 짝지어서 각 쌍에서 임의로 한 명에는 처리 1을, 다른 한 명에는 처리 2를 적용하여 그 처리효과를 비교하는 것이다.

다음 **그림 9-1**에서 A는 그룹 간 공통점이 없이 실험대상을 무작위로 두 그룹으로 배정하는 경우이며 각 그룹에 다른 처리를 적용시키는 독립표본을 보여준다. 반면에 B는 그룹 간 공통점이 있는 1명씩 쌍을 이루도록 배정을 하며 각 쌍 내 1명에는 처리 1을, 다른 1명에는 처리 2를 적용하는 대응표본을 보여준다. 예를 들어 유사한 점을 가진 사람 (1,6)이 한 쌍을 이루고, (2,7)이 또 한 쌍을 이루는 식으로 표본을 배정하는 것이다.

그림 9-1 독립표본과 대응표본의 비교

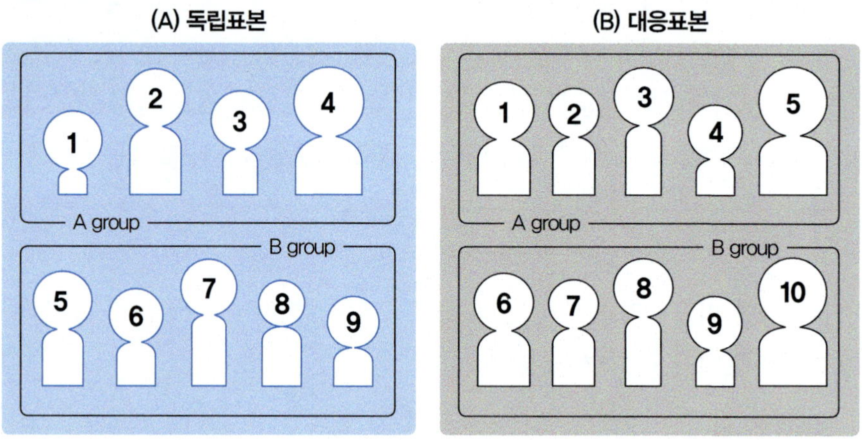

요약하면, 독립표본은 두 표본의 관측개수가 다를 수 있으며, 서로 다른 집단을 비교하게 됨에 따라 두 표본이 서로 독립이라는 성질을 갖는다. 반면에 대응표본은 두 표본 간의 관측값들이 서로 짝을 이루게 되며 전후 개념이 적용되는 경우가 대부분이기에 두 표본은 서로 독립이 아니라는 성질을 갖는다.

제2절 (정식 통계학) 두 모평균의 비교: 독립표본 및 대응표본

1. 두 모평균의 차에 관한 추론: 모분산이 알려진 경우

두 정규모집단에서의 확률표본을 생각해보자. 정규분포 $N(\mu_1,\ \sigma_1^2)$으로부터의 확률표본을 $X_1,\ \cdots,\ X_n$ 정규분포 $N(\mu_2,\ \sigma_2^2)$으로부터의 확률표본을 $Y_1,\ \cdots,\ Y_n$이라 할 때 X와 Y의 두 독립표본에서 두 모평균의 차에 관한 추론에 사용될 통계량은 $\overline{X}-\overline{Y}$ 이 직관적으로 가장 적합하다고 알 수 있다. 그리고 $\widehat{X}, \widehat{Y}$ 의 분포는 각각

$$\overline{X} \sim N\left(\mu_1, \frac{\sigma_1^2}{n_1}\right),\ \overline{Y} \sim N\left(\mu_2, \frac{\sigma_2^2}{n_2}\right)$$

이고 서로 독립이므로 그 차이는 정규분포에 따르며 그 차의 평균과 분산은 다음과 같다.

$$\overline{X}-\overline{Y} \sim N\left(\mu_1-\mu_2, \frac{\sigma_1^2}{n_1}+\frac{\sigma_2^2}{n_2}\right)$$

모분산이 알려진 경우 다음 가설검정에 대하여 생각해보자. 귀무가설과 대립가설을 다음과 같이 설정하면

$$H_0 : \mu_1-\mu_2 \le \delta_0,\ \ H_1 : \mu_1-\mu_2 > \delta_0$$

두 모평균의 차에 대한 가설의 검정통계량은

$$Z=\frac{(\overline{X}-\overline{Y})-(\mu_1-\mu_2)}{\sqrt{\frac{\sigma_1^2}{n_1}+\frac{\sigma_2^2}{n_2}}}=\frac{(\overline{X}-\overline{Y})-\delta_0}{\sqrt{\frac{\sigma_1^2}{n_1}+\frac{\sigma_2^2}{n_2}}}$$

이때 검정통계량의 기각역은 다음과 같이 나타낼 수 있다.

$$\text{기각역 } R: Z = \frac{(\overline{X}-\overline{Y})-\delta_0}{\sqrt{\frac{\sigma_1^2}{n_1}+\frac{\sigma_2^2}{n_2}}} \geq z_\alpha$$

귀무가설과 대립가설이 반대일 때 좌측검정, 우측검정, 양측검정의 경우를 요약하면 **표 9-1**과 같다.

표 9-1 두 모평균에 대한 가설과 기각역의 설정(모분산이 알려진 경우)

귀무가설	대립가설	유의수준 α에 대한 기각역
$H_0 : \mu_1 - \mu_2 \leq \delta_0$	$H_1 : \mu_1 - \mu_2 > \delta_0$	$Z \geq z_\alpha$
$H_0 : \mu_1 - \mu_2 \geq \delta_0$	$H_1 : \mu_1 - \mu_2 < \delta_0$	$Z \leq -z_\alpha$
$H_0 : \mu_1 - \mu_2 = \delta_0$	$H_1 : \mu_1 - \mu_2 \neq \delta_0$	$\lvert Z \rvert \geq z_{\alpha/2}$

정석 사례연구

다음은 어느 식이요법이 몸무게에 미치는 영향을 알아보기 위하여 임의로 추출한 10명의 식이요법 전후 몸무게를 측정하여 얻은 결과이다.

(단위:kg)

실험대상	1	2	3	4	5	6	7	8	9	10	평균	표준편차
식이요법 전	68	76	74	71	71	72	75	83	75	74	73.9	4.01
식이요법 후	67	77	74	74	69	70	71	77	71	74	72.4	3.34
차이	1	−1	0	−3	2	2	4	6	4	0	1.5	2.68

식이요법 전과 후의 몸무게 평균을 각각 μ_1, μ_2라 할 때, 귀무가설 $H_0 : \mu_1 = \mu_2$ 대 대립가설 $H_1 : \mu_1 \neq \mu_2$에 대한 검정의 유의확률(p−값)은?

(단, $t_1 = \dfrac{73.9-72.4}{\sqrt{\dfrac{9\times4.01^2+9\times3.34^2}{18}}\times\sqrt{\dfrac{1}{10}+\dfrac{1}{10}}}$, $t_2 = \dfrac{1.5}{2.68/\sqrt{10}}$이며 T_1은 자유도가 18인 t−분포를 따르는 확률변수이며 T_2는 자유도가 9인 t 분포를 따르는 확률변수이다.)

해설

유의확률(p−값)이란 귀무가설(H_0)이 참일 때 표본에서 얻어진 결과가 귀무가설을 기각하게 하는 확률이다. p−값이 α보다 작거나 같으면 H_0을 기각하고 p−값이 α보다 크면 H_0을 기각하지 못하게 된다.

설문에서 식이요법 전과 후의 몸무게 차이 비교이므로 이는 대응표본 t−검정에 해당하며 검정통계량은 $t = \dfrac{\overline{D}}{S_D/\sqrt{n}}$이다.

대립가설이 $H_1 : \mu_1 \neq \mu_2$이므로 양측검정이며, 이때 유의확률(p−값)은

$P(T_2 > t_2) + P(T_2 < -t_2) = 2P(T_2 > |t_2|)$이다.

2. 두 모평균의 차에 관한 추론: 모분산이 알려지지 않은 경우

두 모평균의 차에 관한 추론에서 일반적으로 모분산들이 알려져 있지 않은 경우가 더 많다. 이때에는 두 모집단이 정규분포를 따른다는 가정 이외에 두 모집단은 알려지지 않은 동일한 모분산을 갖는다는 조건이 필요하다. 앞 절에서처럼 X와 Y의 두 독립표본에서 두 모평균의 차에 관한 추론에 사용될 통계량은 $\overline{X}-\overline{Y}$이 적합하다는 것을 알 수 있다. 그리고 $\overline{X}, \overline{Y}$의 분포는 각각

$$\overline{X} \sim N\left(\mu_1, \frac{\sigma^2}{n_1}\right),\ \overline{Y} \sim N\left(\mu_2, \frac{\sigma^2}{n_2}\right)$$

이고 서로 독립이므로 그 차이는 정규분포에 따르며 그 차의 평균과 분산은 다음과 같다.

$$\overline{X}-\overline{Y} \sim N\left(\mu_1-\mu_2, \frac{\sigma^2}{n_1}+\frac{\sigma^2}{n_2}\right)$$

우선 공통의 모분산이 알려지지 않았으므로 공통분산 σ^2에 대한 추정량이 필요한데 첫 표본과 둘째표본의 정보를 이용하여 공통분산의 합동추정량을 구해볼 수 있다. 각 표본의 자유도의 합이

$$(n_1-1)+(n_2-1)=n_1+n_2-2$$

이므로 공통분산의 합동추정량은 다음과 같다.

정석 사고

공통분산의 합동추정량

$$\widehat{\sigma^2}=S_p^2=\frac{\sum(X_i-\overline{X})^2+\sum(Y_i-\overline{Y})^2}{n_1+n_2-2}=\frac{(n_1-1)S_1^2+(n_2-1)S_2^2}{n_1+n_2-2}$$

이로부터 두 모평균의 차에 관한 검정통계량을 도출할 수 있다. 먼저 표본평균의 차의 표준화된 통계량의 분포는 표준정규분포를 따르고, 공통분산 추정량과 모분산의 비는 자유도 (n_1+n_2-2)인 카이제곱분포를 따른다. 즉, 표본평균의 차의 표준화된 통계량의 분포는 다음처럼 표준정규분포를 따르고

$$\frac{\overline{X}-\overline{Y}}{\sigma\sqrt{\frac{1}{n_1}+\frac{1}{n_2}}} \sim N(0, 1)$$

그리고 공통분산 추정량과 모분산의 비는 다음처럼 자유도 (n_1+n_2-2)인 카이제곱분포를 따르므로

$$\frac{(n_1+n_2-2)S_p^2}{\sigma^2} \sim \chi^2(n_1+n_2-2)$$

이 된다. 그러므로 이 검정법의 검정통계량은

$$T=\frac{\dfrac{\overline{X}-\overline{Y}}{\sigma\sqrt{\frac{1}{n_1}+\frac{1}{n_2}}}}{\sqrt{\dfrac{S_p^2}{\sigma^2}}} \sim \frac{N(0,1)}{\sqrt{\dfrac{\chi^2}{n_1+n_2-2}}}$$

이 된다. 따라서 이 검정통계량은 t-분포의 정의에 의하여 자유도 (n_1+n_2-2)인 t-분포를 따른다. 검정통계량을 요약해보면 다음과 같다.

정석 사고

모평균 차의 검정통계량(모분산이 알려지지 않은 경우)

$$T=\frac{\overline{X}-\overline{Y}}{S_p\sqrt{\frac{1}{n_1}+\frac{1}{n_2}}} \sim t(n_1+n_2-2)$$

좌측검정, 우측검정, 양측검정의 경우를 종합하여 가설과 검정통계량의 기각역을 나타내 보면 **표 9-2** 와 같다.

표 9-2 두 모평균에 대한 가설과 기각역의 설정(모분산이 알려지지 않은 경우)

귀무가설	대립가설	유의수준 α에 대한 기각역
$H_0 : \mu_1-\mu_2 \le \delta_0$	$H_1 : \mu_1-\mu_2 > \delta_0$	$T \ge t(n_1+n_2-2,\ \alpha)$
$H_0 : \mu_1-\mu_2 \ge \delta_0$	$H_1 : \mu_1-\mu_2 < \delta_0$	$T \le -t(n_1+n_2-2,\ \alpha)$
$H_0 : \mu_1-\mu_2 = \delta_0$	$H_1 : \mu_1-\mu_2 \ne \delta_0$	$\lvert T\rvert \ge t(n_1+n_2-2,\ \alpha/2)$

정석 사례연구

두 도시의 평균가구소득에 차이가 없다는 귀무가설을 검정하기 위하여 두 도시에서 각각 6가구와 8가구를 임의로 추출하여 조사하였다. 두 도시의 가구소득의 분산이 동일하다는 가정하에서 이 자료에 대한 $t-$검정통계량의 값이 -1.85, 유의확률($p-$값)이 0.09일 때, $t-$검정통계량의 자유도와 유의수준 5%에서 검정 결과를 설명해보자.

해설

두 도시의 평균가구소득에 차이가 없다는 귀무가설을 검정하기 위하여 독립표본 $t-$검정을 실시한다.

$t-$검정의 검정통계량은

$$t_0 = \frac{\overline{X}_1 - \overline{X}_2}{S_p\sqrt{\dfrac{1}{n_1}+\dfrac{1}{n_2}}} \sim t_{n_1+n_2-2}$$

분산의 추정량은

$$S_p^2 = \frac{(n_1-1)S_1^2+(n_2-1)S_2^2}{n_1+n_2-2}$$

이때 분모의 자유도는 $n_1+n_2-2=6+8-2=12$이다.

유의확률이 0.09로서 유의수준 0.05보다 크므로(즉 귀무가설이 맞을 확률이 유의수준보다 더 높아서) 유의수준 5%에서 귀무가설을 기각하지 않는다.

정석 사례연구

다음은 지역 A와 B에서 실시하는 복지 프로그램 대상자들의 평균연령에 차이가 있는지 알아보기 위해 두 지역에서 각각 50명의 복지 프로그램 대상자들을 임의추출하여 연령을 조사한 결과이다. 두 지역의 복지 프로그램 대상자들의 평균연령에 차이가 있는지 알아보기 위한 검정통계량의 값은 -1.86이다. 이에 대한 설명으로 옳지 않은 것은? (단, Z가 표준정규분포를 따르는 확률변수일 때, $P(|Z|<1.96)=0.95$이고 $P(|Z|<1.645)=0.9$이다.)

구분	A지역	B지역
표본평균	37	40
표본표준편차	7	9

① 유의수준 0.05에서 두 지역 대상자들의 평균연령은 다르다고 할 수 있다.

② 유의수준 0.1에서 두 지역 대상자들의 평균연령은 다르다고 할 수 있다.

③ 유의수준 0.05에서 A지역 대상자들의 평균연령이 B지역보다 낮다고 할 수 있다.

④ 유의수준 0.1에서 A지역 대상자들의 평균연령이 B지역보다 낮다고 할 수 있다.

해설

두 모평균의 차를(δ_0) 표준화한 통계량은 표준정규분포를 따르므로 검정통계량은 다음과 같다.

$$Z = \frac{(\overline{X} - \overline{Y}) - \delta_0}{\sqrt{\frac{S_1^2}{n_1} + \frac{S_2^2}{n_2}}}$$

$\therefore$ $Z=-1.86$이라면 양측검정을 실행해야 하므로 유의수준 0.05에서 $P(|Z|<1.96)=0.95$의 (−)의 Z값과 비교할 때 검정통계량이 더 커서 귀무가설을 기각하지 못한다(즉 평균연령이 다르지 않다).

마찬가지로 유의수준 0.1에서 $P(|Z|<1.645)=0.9$의 (−)의 Z값과 비교할 때 검정통계량이 더 작아서 귀무가설을 기각한다(즉 평균연령이 다르다).

$\therefore$ ①은 틀린 문항(설명)이다.

정석 사례연구

두 회사 A와 B에서 생산한 제품의 평균 용량의 차이에 대한 95% 신뢰구간을 구하고자 한다. 두 회사 A와 B에서 생산한 제품의 용량은 모평균이 각각 μ_1, μ_2이고, 분산이 동일한 정규분포를 따른다고 한다. A회사 제품 11개와 B회사 제품 21개를 임의추출하여 조사한 결과가 다음과 같을 때 $\mu_1-\mu_2$에 대한 95% 신뢰구간은? (단, $t_\alpha(k)$는 자유도가 k인 t분포의 제 $100\times(1-\alpha)$ 백분위수이다.)

구분	A회사	B회사
표본의 크기	11	21
표본평균	213	209
표본표준편차	4	5

해설

두 모평균의 차에 대한 t–검정의 검정통계량은

$$t_0 = \frac{\overline{X_1} - \overline{X_2} - (\mu_1 - \mu_2)}{S_p\sqrt{1/n_1 + 1/n_2}} = \frac{4 - (\mu_1 - \mu_2)}{\sqrt{22(1/11 + 1/21)}} \geq t_{\alpha/2}(n_1 + n_2 - 2 = 30)$$

$$S_p^2 = \frac{(n_1 - 1)S_1^2 + (n_2 - 1)S_2^2}{n_1 + n_2 - 2} = 22$$

따라서 $\mu_1-\mu_2$에 대한 95% 신뢰구간은

$$4 \pm t_{0.025}(30) \times \sqrt{22\left(\frac{1}{11} + \frac{1}{21}\right)}$$

3. 두 모평균의 차에 관한 추론: 표본의 크기가 충분히 큰 경우

두 모평균의 차에 관한 추론에서 두 표본의 크기가 모두 큰 경우에는 표본의 크기가 작은 경우에 필요했던 가정들이 필요 없게 된다. 즉, 모집단의 분포에 관계없이 중심극한정리에 의해 각 표본은 근사적으로 정규분포를 따르므로 모집단의 정규성에 대한 가정이 필요 없고, 표본분산을 사용하더라도 근사적으로 정규분포를 따르므로 등분산(동일한 모분산)의 가정도 필요 없다.

따라서 두 모평균의 차를 표준화한 통계량은 표준정규분포를 따르므로 검정통계량은 다음과 같다.

$$Z = \frac{(\overline{X} - \overline{Y}) - \delta_0}{\sqrt{\dfrac{S_1^2}{n_1} + \dfrac{S_2^2}{n_2}}}$$

이것은 근사적으로 표준정규분포 $N(0,\ 1)$을 따른다. 따라서 표본의 크기가 큰 경우의 가설과 검정통계량의 기각역은 **표 9-3**과 같다.

표 9-3 두 모평균에 대한 가설과 기각역의 설정(표본이 충분히 큰 경우)

귀무가설	대립가설	유의수준 α에 대한 기각역
$H_0 : \mu_1 - \mu_2 \le \delta_0$	$H_1 : \mu_1 - \mu_2 > \delta_0$	$Z \ge z_\alpha$
$H_0 : \mu_1 - \mu_2 \ge \delta_0$	$H_1 : \mu_1 - \mu_2 < \delta_0$	$Z \le -z_\alpha$
$H_0 : \mu_1 - \mu_2 = \delta_0$	$H_1 : \mu_1 - \mu_2 \ne \delta_0$	$\lvert Z \rvert \ge z_{\alpha/2}$

정석 사례연구

다음은 지역 A와 B에서 실시하는 복지 프로그램 대상자들의 평균연령에 차이가 있는지 알아보기 위해 두 지역에서 각각 50명의 복지 프로그램 대상자들을 임의추출하여 연령을 조사한 결과이다. 두 지역의 복지 프로그램 대상자들의 평균연령에 차이가 있는지 알아보기 위한 검정통계량의 값은 −1.86이다. 이에 대하여 유의수준 5%와 10%에서 각각 가설검정을 실시해보자. (단, Z가 표준정규분포를 따르는 확률변수일 때, $P(\lvert Z \rvert < 1.96) = 0.95$이고 $P(\lvert Z \rvert < 1.645) = 0.9$이다.)

구분	A지역	B지역
표본평균	37	40
표본표준편차	7	9

해설

두 모평균의 차를(δ_0) 표준화한 통계량은 표본크기 n이 충분히 클 때 근사적으로 표준정규분포를 따르므로 검정통계량은 다음과 같다.

$$Z = \frac{(\overline{X} - \overline{Y}) - \delta_0}{\sqrt{\frac{S_1^2}{n_1} + \frac{S_2^2}{n_2}}} = -1.86$$

∴ $Z = -1.86$이라면 양측검정을 실행해야 하므로 유의수준 0.05에서 $P(|Z|<1.96)=0.95$의 (−)의 Z값과 비교할 때 검정통계량이 음(−)으로 더 커서 귀무가설을 기각하지 못한다(즉 평균연령이 다르지 않다).

마찬가지로 유의수준 0.1에서 $P(|Z|<1.645)=0.9$의 (−)의 Z값 −1.645와 비교할 때 검정통계량이 음(−)으로 더 작아서 귀무가설을 기각한다(즉 평균연령이 다르다).

4. 두 모평균의 차에 관한 추론: 대응비교

우리는 앞서 독립인 두 확률표본에 기초를 둔 추론을 하였는데 이것은 두 모집단의 실험단위들이 동질적이라는 가정을 바탕에 깔고 있다. 예를 들어 두 종류의 생산공정의 생산성을 비교하고자 할 때 나이, 성별 등이 동질적인 사람들이 작업을 한다고 가정을 하는 것이다. 그러나 현실에서 이러한 실험단위의 동질성 조건을 만족시키기 어렵다.

이러한 문제점을 해결하는 하나의 방안이 블록화(blocking)이다. 이것은 동질적인 실험단위들끼리 여러 개의 블록 혹은 쌍으로 나누고, 동질적인 각 블록의 일부에 처리 1을 적용시키고 나머지 일부에는 처리 2를 적용시켜서, 각 블록 내에서 두 처리효과의 차를 관측하여 두 처리를 비교하는 방법이다. 이것을 **대응비교**(paired comparison)라고 한다.

정석 사고

대응비교

실험단위를 동질적인 쌍으로 택하여, 각 쌍에서 랜덤하게 한 실험단위에는 처리 1을 적용시키고 나머지 실험단위에는 처리 2를 적용시켜서, 각 쌍에서 두 처리효과의 차를 관측하여 두 처리를 비교하는 방법이다.

블록화의 가장 간단한 예로서 각 블록이 동질적인 2개의 실험단위의 쌍으로 이루어진 자료를 생각해보자. 각 블록 내의 두 실험단위 중 하나의 실험단위를 임의로 선택하여 처리 1을 적용하고 나머지 한 실험단위에 처리 2를 적용한다.

표 9-4 대응비교의 자료구조

블록(쌍)	처리1	처리2	차이
1	X_1	Y_1	$D_1 = X_1 - Y_1$
2	X_2	Y_2	$D_2 = X_2 - Y_2$
⋮	⋮	⋮	⋮
n	X_n	Y_n	$D_n = X_n - Y_n$

대응비교의 자료구조는 **표 9-4**와 같으며 각 블록 내 두 실험단위에 각각 다른 처리를 적용하는 것이다. 블록화에 의한 대응비교를 할 때 각 실험단위의 반응은 각 블록 내의 어떤 요인, 처리효과, 우연들이 복합적으로 나타나겠지만 반응값의 차이를 선택하면 각 블록 내 공통적인 요인은 제거되기 때문에 $D_1, \cdots, D_n$은 평균과 분산이 다음과 같은 모집단에서의 확률표본으로 생각할 수 있으며 이를 이용하여 두 모평균의 차에 대한 추론을 할 수 있게 된다.

$$E(D_i) = \delta$$
$$Var(D_i) = \sigma_D^2$$

이러한 모집단에서의 확률표본에 사용되는 통계량은

$$\text{표본평균: } \overline{D} = \frac{\sum_{i=1}^{n} D_i}{n}$$
$$\text{표본분산: } S_D^2 = \frac{\sum_{i=1}^{n} (D_i - \overline{D})^2}{n-1}$$

이다.

정석 사고

모평균의 차 δ에 관한 추론: 대응비교

실험단위를 동질적인 쌍으로 택하여, 각 쌍에서 랜덤하게 한 실험단위에는 처리 1을 적용시키고 나머지 실험단위에는 처리 2를 적용시켜서, 각 쌍에서 두 처리효과의 차를 관측하여 두 처리를 비교하는 방법이다.

$D_i = X_i - Y_i$는 서로 독립이고 $N(\delta, \sigma_D^2)$을 따른다고 가정할 때

(1) δ에 대한 $100(1-\alpha)\%$ 신뢰구간은

$$(\overline{D} - t_{\alpha/2}(n-1)S_D/\sqrt{n} \le \overline{D} - t_{\alpha/2}(n-1)S_D/\sqrt{n}$$

(2) 귀무가설 $H_0 : \delta=\delta_0$에 대한 검정통계량

$$T = \frac{(\overline{D} - \delta_0)}{S_D/\sqrt{n}} \sim t_\alpha(n-1)$$

물론 표본의 크기가 큰 경우($n \ge 30$) 표본평균이 근사적으로 표준정규분포를 따른다는 사실을 이용하여 검정을 할 수 있다.

두 처리효과의 결과로서 두 평균의 차를 검정할 때 이상에서 본 대응비교를 할 것인지 독립인 확률표본에 의해 비교할 것인지를 결정해야 한다. 각 방법의 장단점을 생각해보자.

표본 n개의 쌍에서 각각 2개의 측정값이 있는 경우 대응비교법에서의 신뢰구간은 $t_{\alpha/2}(n-1)$에 표준편차의 추정량을 곱하고, 독립표본 t−검정법에서의 신뢰구간은 $t_{\alpha/2}(2n-2)$에 표준편차의 추정량을 곱한다. 따라서 대응비교의 경우 자유도가 작아지게 되어 $t_{\alpha/2}$의 값이 커지게 되므로 신뢰구간의 길이는 커지게 되는 단점이 있다. 반면에 대응비교법의 장점은 표준편차의 추정량에서 나오는데 실험단위의 블록이 잘된 경우 두 표본집단의 공분산은 모두 양(+)의 값을 갖게 되어

$$Var(X-Y) = Var(X) + Var(Y) - 2Cov(X,Y) < Var(X) + Var(Y)$$

이 되므로 독립표본의 표준편차 추정량보다 작게 된다. 결국 효과적으로 블록화하면 자유도의 손실이 발생하지만 표준편차의 추정량을 작게 하여 그 손실을 보충하게 된다. 처리효과 이외의 다른 요인들에 의한 변화를 충분히 감소시킬 수 있거나 다른 특정한 요인들의 변화가 블록 내 실험단위에게 동일하게 영향을 미치는 경우 두 독립표본에 의한 비교보다 대응

비교가 더 바람직하다.

정석 사례연구

관측쌍 (X_1-Y_1), (X_2-Y_2), ⋯, (X_n-Y_n)의 대응(쌍체)비교 t-검정(Paired t-test)에 대한 설명 중 옳지 않은 것은 무엇인지 고르고 그 이유를 설명하시오.

① 각 관측쌍들 간은 독립이고 쌍 내의 자료들은 독립이 아닌 경우에 사용된다.
② 쌍으로 관측된 자료의 차이에 대한 단일표본 t-검정을 적용하는 방법이다.
③ 귀무가설하에서 검정통계량의 자유도는 $(n-1)^2$이다.
④ n이 충분한 경우에는 정규분포로 근사하여 검정할 수 있다.

해설

③이 옳지 않다. 귀무가설하에서 대응(쌍체)비교 t-검정의 검정통계량 자유도는 $(n-1)$이다.

정석 사례연구

다음은 임의추출한 작업자 4명의 실무교육 이전과 이후의 작업 성과점수에 대한 자료이다. 작업성과 점수가 정규분포를 따른다고 하고 실무교육 이전의 작업성과점수 평균을 μ_1, 실무교육 이후의 작업성과점수 평균을 μ_2라 할 때, $\mu_2-\mu_1$에 대한 95% 신뢰구간을 구해보자. (단, $t_\alpha(k)$는 자유도가 k인 t-분포의 $(1-\alpha)\times100$번째 백분위수를 나타낸다.)

실무교육/작업자	가	나	다	라
이전	6	5	6	7
이후	8	6	5	9
차이	2	1	−1	2

해설

다음 두 가지 방식으로 접근해보자.

1. 두 모평균의 차에 대한 독립표본 t-검정

두 도시의 평균가구소득에 차이가 없다는 귀무가설을 검정하기 위하여 독립표본 t-검정을 실시한다.

t-검정의 검정통계량은

$$t_0=\frac{\overline{X}_1-\overline{X}_2}{S_p\sqrt{1/n_1+1/n_2}}\sim t_{n_1+n_2-2}$$

분산의 추정량은

$$S_p^2 = \frac{(n_1-1)S_1^2+(n_2-1)S_2^2}{n_1+n_2-2}$$

따라서 $\mu_1-\mu_2$에 대한 신뢰구간은 다음과 같다.

$$(\overline{X}_1-\overline{X}_2) \pm t_{\alpha/2}(n_1+n_2-2)S_p\sqrt{1/n_1+1/n_2}$$

이때 $\overline{X}_1 = \dfrac{6+5+6+7}{4} = 6$

$$\overline{X}_2 = \frac{8+6+5+9}{4} = 7$$

$$S_p^2 = \frac{\sum(x_{1i}-\overline{x}_1)^2+\sum(x_{2i}-\overline{x}_2)^2}{n_1+n_2-2} = \frac{2+10}{6} = 2$$

그러므로 $\mu_1-\mu_2$에 대한 신뢰구간은

$$(6-7) \pm t_{0.05/2}(6)\sqrt{2}\sqrt{1/4+1/4} = -1 \pm t_{0.025}(6)$$

2. 대응비교법 : 대응표본에 대한 t-검정

각 블록 내 처리의 차인 D_i의 평균과 분산을 구해보면

$$\overline{D} = \frac{\sum_{i=1}^{n} D_i}{n} = \frac{(2+1-1+2)}{4} = 1$$

$$S_D^2 = \frac{\sum_{i=1}^{n}(D_i-\overline{D})^2}{n-1} = \frac{(1+4+1)}{3} = 2$$

그러므로 δ에 대한 $100(1-\alpha)\%$ 신뢰구간은 ($\delta=\mu_2-\mu_1$)

$$\overline{D} \pm t_{\alpha/2}(n-1)S_D/\sqrt{n} = 1 \pm t_{0.05/2}(3)\sqrt{2}/\sqrt{4} = 1 \pm \frac{1}{\sqrt{2}}t_{0.025}(3)$$

이고, 부록의 t-분포표를 참조하여 구할 수 있다.

정석 사례연구

어느 회사에서 업무교육의 성과를 평가하기 위해 임의추출한 직원 8명에 대해 업무교육 전후의 업무평가점수를 조사한 결과가 다음과 같다.

구분	표본평균	표본표준편차
업무교육 전 점수	74	6
업무교육 후 점수	86	4
차이	6	2

위 표에서 차이는 업무교육 후의 점수에서 업무교육 전의 점수를 뺀 값이다. 업무교육 후 업무평가점수가 증가했는지를 검정하기 위한 검정통계량의 값과 자유도는? (단, 각 직원의 교육 전후 업무평가점수 차이는 동일한 정규분포를 따른다고 가정한다.)

해설

두 표본평균의 차에 대한 추론에서 분산 또는 표준편차가 알려져 있으므로

두 평균의 차에 대한 가설의 검정통계량은 $t = \dfrac{\overline{X} - \overline{Y}}{\sqrt{\dfrac{\sigma_1^2}{n_1} + \dfrac{\sigma_2^2}{n_2}}} = \dfrac{86 - 74}{\sqrt{\dfrac{2^2}{8}}} = 12\sqrt{2}$,

이 검정통계량은 자유도는 7인 t–분포를 따른다.

제3절 정석 통계학 두 모비율의 비교

어떤 두 지역의 취업률을 비교하거나 어떤 회사에서 두 제조공정에 의한 제품의 합격비율이 각각 p_1, p_2일 때 이 비율을 비교해야 하는 경우가 종종 발생한다. 이 절에서는 p_1-p_2의 신뢰구간, 귀무가설 $H_0: p_1=p_2$에 대한 검정법에 대해 생각해보자.

한 가지 특징은 표본자료가 연속적인 측정값이 아니라 성공횟수로 나타난다는 것이다. 모집단 1로부터 n_1을 택해 나타나는 성공횟수는 X, 모집단 2로부터 n_2을 택해 나타나는 성공횟수는 Y라 하면 두 확률표본이 독립이므로 표본비율의 차인 $\widehat{p_1}-\widehat{p_2}$의 평균과 분산은 각각

$$E(\widehat{p_1}-\widehat{p_2}) = p_1 - p_2$$
$$Var(\widehat{p_1}-\widehat{p_2}) = \frac{p_1(1-p_1)}{n_1} + \frac{p_2(1-p_2)}{n_2}$$

이 된다.

따라서 표본의 크기가 충분히 큰 경우 다음 통계량은 근사적으로 표준정규분포를 따른다.

$$\frac{(\widehat{p_1}-\widehat{p_2})-(p_1-p_2)}{\sqrt{\dfrac{\widehat{p_1}(1-\widehat{p_1})}{n_1}+\dfrac{\widehat{p_2}(1-\widehat{p_2})}{n_2}}} \sim N(0,1)$$

그러므로 모비율의 차인 p_1-p_2의 신뢰구간, 귀무가설 H_0: $p_1=p_2$에 대한 검정법은 다음과 같다.

정석 사고

(1) p_1-p_2의 신뢰구간

p_1-p_2에 대한 $100(1-\alpha)\%$ 신뢰구간은

$$(\widehat{p_1}-\widehat{p_2}) \pm z_{\alpha/2}\sqrt{\frac{\widehat{p_1}(1-\widehat{p_1})}{n_1}+\frac{\widehat{p_2}(1-\widehat{p_2})}{n_2}}$$

단, $\widehat{p_1} = X/n_1$,

$\widehat{p_2} = Y/n_2$

정석 사고

(2) $H_0 : p_1 = p_2$의 검정통계량

H_0하에서 두 성공확률이 동일하므로 모비율과 분산의 합동추정량을 구하여 표준화하면

$$Z = \frac{(\widehat{p_1} - \widehat{p_2})}{\sqrt{\frac{\widehat{p_1}(1-\widehat{p_1})}{n_1} + \frac{\widehat{p_2}(1-\widehat{p_2})}{n_2}}} \sim N(0, 1)$$

단, 모비율의 합동추정량은 $\widehat{p} = \dfrac{X+Y}{n_1+n_2}$

제4절 두 모분산의 비교

정석 통계학

앞에서 두 모평균의 차에 대한 추론문제를 다룰 때 두 모집단의 분산이 같다는 가정하에서 분산의 합동추정량을 구하고 t-통계량을 만들었다. 이러한 검정을 이용하기 위해서는 우선 두 모집단의 분산이 같다는 가설을 검정하는 것이 바람직하다. 두 모분산의 비교에 필요한 통계적 방법을 유도하기 위하여 다음과 같은 가정을 한다.

정석 사고

두 모분산의 비교를 위한 가정

(1) $X_1, \cdots, X_n : N(\mu_1, \sigma_1^2)$으로부터의 확률표본
(2) $Y_1, \cdots, Y_n : N(\mu_2, \sigma_2^2)$으로부터의 확률표본
(3) 두 확률표본은 서로 독립적이다.

직관적으로 모분산에 대한 추론문제는 표본분산에 의존하게 된다는 사실을 생각해볼 수 있다. 예를 들어 두 모분산이 같다는 검정은 귀무가설

$$H_0 : \frac{\sigma_1^2}{\sigma_2^2} = 1$$

로 나타낸 후 표본분산의 비율 즉 $\frac{S_1^2}{S_2^2}$을 가장 적합한 검정통계량으로 볼 수 있다. 이러한 가정하에

$$F = \frac{S_1^2/\sigma_1^2}{S_2^2/\sigma_2^2} \sim F(n_1-1, n_2-1)$$

이 F–분포를 따르게 된다.

따라서 $\frac{\sigma_1^2}{\sigma_2^2}$의 신뢰구간, 귀무가설 $H_0: \frac{\sigma_1^2}{\sigma_2^2} = 1$에 대한 검정법은 다음과 같다.

정석 사고

(1) $\frac{\sigma_1^2}{\sigma_2^2}$의 신뢰구간

$\frac{\sigma_1^2}{\sigma_2^2}$에 대한 $100(1-\alpha)\%$ 신뢰구간은 $F = \frac{\sigma_1^2}{\sigma_2^2} \cdot \frac{S_2^2}{S_1^2} \sim F(n_2-1, n_1-1)$을 이용하고 $F(k_1, k_2, 1-\alpha) = \frac{1}{F(k_2, k_1, \alpha)}$의 등식을 이용하면

$$\frac{S_1^2}{S_2^2}\frac{1}{F(n_1-1, n_2-1; \alpha/2)} \le \frac{\sigma_1^2}{\sigma_2^2} \le \frac{S_1^2}{S_2^2}F(n_2-1, n_1-1; \alpha/2)$$

(2) $H_0: \frac{\sigma_1^2}{\sigma_2^2}=1$의 검정통계량

H_0하에서 두 모분산이 동일하므로

검정통계량: $F = \frac{S_1^2}{S_2^2}$

유의수준 α인 기각역은 다음과 같다.

$H_1: \frac{\sigma_1^2}{\sigma_2^2} > 1$일 때 기각역: $F \ge F(n_1-1, n_2-1; \alpha)$

$H_1: \frac{\sigma_1^2}{\sigma_2^2} < 1$일 때 기각역: $F \le F(n_1-1, n_2-1; 1-\alpha)$

$H_1: \frac{\sigma_1^2}{\sigma_2^2} \ne 1$일 때 기각역: $F \ge F(n_1-1, n_2-1; \alpha/2)$ 또는

$$F \le F(n_1-1, n_2-1; 1-\alpha/2)$$

두 모분산의 비교에 대한 가설과 검정통계량의 기각역을 요약하여 정리하면 다음 **표 9-5**와 같다.

표 9-5 두 모분산에 대한 가설과 기각역의 설정

대립가설	유의수준 α인 기각역
$H_1 : \sigma_1^2/\sigma_2^2 > 1$	$F \geq F(n_1-1, n_2-1\,;\, \alpha)$
$H_1 : \sigma_2^2/\sigma_2^2 < 1$	$F \leq F(n_1-1, n_2-1\,;\, 1-\alpha)$
$H_1 : \sigma_1^2/\sigma_2^2 = 1$	$F \geq F(n_1-1, n_2-1\,;\, \frac{\alpha}{2})$ 또는 $F \leq F(n_1-1, n_2-1\,;\, 1-\frac{\alpha}{2})$

정석 사례연구

A회사의 디지털 저울보다 정확도가 더 높다고 생각되는 새로운 디지털 저울을 B회사에서 개발하였다고 한다. 이를 검증하기 위해 두 회사의 저울로 각각 열 개의 시료를 측정하여 얻은 표본분산의 비 $f=\frac{S_A^2}{S_B^2}$을 구하였다. B회사의 제품이 A회사의 제품보다 산포가 더 적다고 할 수 있는지 유의수준 5%로 검정할 때 기각역은? (단, $F_\alpha(k_1, k_2)$는 자유도가 k_1, k_2인 F-분포의 제 $(1-\alpha)$분위수를 나타낸다.) (9급 13)

해설

두 모분산의 비에 관한 검정통계량: $F = \frac{S_A^2}{S_B^2}$

두 모분산이 같다는 귀무가설하에서 유의수준 α인 우측검정의 기각역은 다음과 같다.

$H_1 : \frac{\sigma_A^2}{\sigma_B^2} > 1$일 때 기각역 : $F \geq F(n_A-1, n_B-1; \alpha)$

$n_A = n_B = 10$이므로 $F > F_{0.05}(9, 9)$

심화통계

1. 두 모평균의 비교 : 독립표본

(1) 두 모평균의 차에 관한 추론 : σ_1^2, σ_2^2 이 알려진 경우

① (가정) 두 모평균의 차인 $\mu_1-\mu_2$에 관한 추론에 사용될 통계량은 $\overline{X}-\overline{Y}$을 직관적으로 알 수 있음

② (분포)

$$\overline{X} \sim N\left(\mu_1, \frac{\sigma_1^2}{n_1}\right), \overline{Y} \sim N\left(\mu_2, \frac{\sigma_2^2}{n_2}\right)$$

③ (평균과 분산)

$\overline{X}$, $\overline{Y}$는 서로 독립이므로, $\overline{X}-\overline{Y}$는 정규분포를 따르며 평균과 분산은 다음과 같음

$$E(\overline{X}-\overline{Y}) = E(\overline{X}) - E(\overline{Y}) = \mu_1 - \mu_2$$

$$Var(\overline{X}-\overline{Y}) = Var(\overline{X}) + Var(\overline{Y}) = \frac{\sigma_1^2}{n_1} + \frac{\sigma_2^2}{n_2}$$

$\overline{X}-\overline{Y}$의 표준화된 통계량의 분포는$N(0, 1)$

④ (신뢰구간)

$$Z = \frac{(\overline{X}-\overline{Y}) - (\mu_1 - \mu_2)}{\sqrt{\frac{\sigma_1^2}{n_1} + \frac{\sigma_2^2}{n_2}}} \sim N(0, 1)$$

$\mu_1-\mu_2$에 관한 신뢰구간

$$1-\alpha = P\left\{-z_{\alpha/2} < \frac{(\overline{X}-\overline{Y}) - (\mu_1 - \mu_2)}{\sqrt{\frac{\sigma_1^2}{n_1} + \frac{\sigma_2^2}{n_2}}} < z_{\alpha/2}\right\}$$

$$= P\left\{(\overline{X}-\overline{Y}) - z_{\alpha/2}\sqrt{\frac{\sigma_1^2}{n_1} + \frac{\sigma_2^2}{n_2}} < \mu_1 - \mu_2 < (\overline{X}-\overline{Y}) + z_{\alpha/2}\sqrt{\frac{\sigma_1^2}{n_1} + \frac{\sigma_2^2}{n_2}}\right\}$$

> $\mu_1-\mu_2$에 대한 $100(1-\alpha)$%신뢰구간
>
> $$(\overline{X}-\overline{Y}) \pm z_{\alpha/2}\sqrt{\frac{\sigma_1^2}{n_1} + \frac{\sigma_2^2}{n_2}}$$

⑤ (가설검정법)

$\mu_1 - \mu_2$ 대한 가설검정 : σ_1^2, σ_2^2이 알려진 경우

검정통계량 $Z = \dfrac{(\overline{X} - \overline{Y}) - \delta_0}{\sqrt{\dfrac{\sigma_1^2}{n_1} + \dfrac{\sigma_2^2}{n_2}}}$

귀무가설	대립가설	유의수준 α에 대한 기각역
$H_0 : \mu_1 - \mu_2 \le \delta_0$	$H_1 : \mu_1 - \mu_2 > \delta_0$	$Z \ge z_\alpha$
$H_0 : \mu_1 - \mu_2 \ge \delta_0$	$H_1 : \mu_1 - \mu_2 < \delta_0$	$Z \ge -z_\alpha$
$H_0 : \mu_1 - \mu_2 = \delta_0$	$H_1 : \mu_1 - \mu_2 \ne \delta_0$	$\lvert Z \rvert \ge z_{\alpha/2}$

예제

병 속에 5.5리터의 용액제품을 주입하는데 A, B대의 자동주입설비를 사용하고 있다. 병 속에 주입되는 제품의 용량은 대략 정규분포에 따르고 있으며, $\sigma_1^2 = 0.04$, $\sigma_2^2 = 0.09$임을 알고 있다. 이 두 설비에서 주입되는 제품의 평균 용량에 심각한 차이가 있는지 알아보기 위해서 A, B에서 각각 10, 15개의 표본을 추출하여 다음과 같은 자료를 얻었다.

$$n_1 = 10,\ \overline{x} = 5.65,\ \sigma_1^2 = 0.04$$

$$n_2 = 15,\ \overline{x} = 5.40,\ \sigma_2^2 = 0.09$$

(1) 두 평균 용량에 차에 대한 95% 신뢰구간을 구하여라.

(2) 두 평균 용량에 심각한 차이가 있는지를 유의수준 5%에서 검정하여라.

풀이

(1) $\mu_1 - \mu_2$에 대한 95% 신뢰구간

$$(\overline{x} - \overline{y}) \pm z_{\alpha/2}\sqrt{\frac{\sigma_1^2}{n_1} + \frac{\sigma_2^2}{n_2}} = (5.65 - 5.40) \pm 1.96\sqrt{\frac{0.04}{10} + \frac{0.09}{15}}$$

$$= 0.25 \pm 0.196$$

(2) 두 평균 용량에 심각한 차이가 있는지를 검정하기 위한 귀무가설과 대립가설은 각각 다음과 같음

$H_0 : \mu_1 = \mu_2,\ \ H_1 : \mu_1 \ne \mu_2$

검정통계량의 관측값은 $Z = \dfrac{(\overline{X} - \overline{Y}) - \delta_0}{\sqrt{\dfrac{\sigma_1^2}{n_1} + \dfrac{\sigma_2^2}{n_2}}} = \dfrac{(5.65 - 5.40) - 0}{\sqrt{\dfrac{0.04}{10} + \dfrac{0.09}{15}}} = \dfrac{0.25}{0.1} = 2.5$

양측검정에서 유의수준 5%에 대한 기각역은 $R : \lvert Z \rvert \ge z_{\alpha/2} = 1.96$이므로 유의수준 5%에서 귀무가설 $H_0 : \mu_1 = \mu_2$을 기각함

(2) 두 모평균의 차에 관한 추론 : σ_1^2, σ_2^2을 모르는 경우

① (자료 구조) 소표본에서 σ^2을 모르는 경우, $\sigma_1^2 = \sigma_2^2 = \sigma$를 가정

$X_1, X_2, \cdots, X_n : N(\mu_1, \sigma^2)$로부터 확률표본

$Y_1, Y_2, \cdots, Y_n : N(\mu_2, \sigma^2)$로부터 확률표본

$X_1, X_2, \cdots, X_n$과 $Y_1, Y_2, \cdots, Y_n$는 서로 독립

② $\mu_1 - \mu_2$에 대한 추론에 사용될 통계량은 $\overline{X} - \overline{Y}$이며, 평균과 분산이 정규분포 따름

$$E(\overline{X} - \overline{Y}) = \mu_1 - \mu_2, \quad Var(\overline{X} - \overline{Y}) = \sigma^2 \left(\frac{1}{n_1} + \frac{1}{n_2} \right)$$

③ (등분산 σ^2의 합동추정량)

$$S_P^2 = \frac{\sum_{i=1}^{n} (X_i - \overline{X})^2 + \sum_{i=1}^{n} (Y_i - \overline{Y})^2}{n_1 + n_2 - 2} = \frac{(n_1 - 1) S_1^2 + (n_2 - 1) S_2^2}{n_1 + n_2 - 2}$$

④ (t-분포)

$$T = \frac{(\overline{X} - \overline{Y}) - (\mu_1 - \mu_2)}{S_P \sqrt{\frac{1}{n_2} + \frac{1}{n_2}}} \sim t(n_1 + n_2 - 2)$$

⑤ (신뢰구간)

$$(\overline{X} - \overline{Y}) \pm t\left(n_1 + n_2 - 2, \frac{\alpha}{2}\right), S_P \sqrt{\frac{1}{n_1} + \frac{1}{n_2}}$$

⑥ (가설검정) $\mu_1 - \mu_2$에 대한 가설검정, σ^2을 모르는 경우

$\mu_1 - \mu_2$ 대한 가설검정 : σ_1^2, σ_2^2을 모르는 경우

검정통계량 $T = \dfrac{(\overline{X} - \overline{Y}) - \delta_0}{S_P \sqrt{\frac{1}{n_1} + \frac{1}{n_2}}}$

귀무가설	대립가설	유의수준 α에 대한 기각역
$H_0 : \mu_1 - \mu_2 \le \delta_0$	$H_1 : \mu_1 - \mu_2 > \delta_0$	$T \ge t(n_1 + n_2 - 2, \alpha)$
$H_0 : \mu_1 - \mu_2 \ge \delta_0$	$H_1 : \mu_1 - \mu_2 < \delta_0$	$T \le -t(n_1 + n_2 - 2, \alpha)$
$H_0 : \mu_1 - \mu_2 = \delta_0$	$H_1 : \mu_1 - \mu_2 \ne \delta_0$	$\lvert T \rvert \ge t(n_1 + n_2 - 2, 2/\alpha)$

(3) 표본의 크기가 큰 경우

① (근사신뢰구간)

모평균의 차이 $\mu_1-\mu_2$의 $100(1-\alpha)\%$ 근사신뢰구간

$$(\overline{X}-\overline{Y}) \pm z_{\alpha/2}\sqrt{\frac{S_1^2}{n_1}+\frac{S_2^2}{n_2}}$$

② (검정통계량)

귀무가설 $H_0: \mu_1-\mu_2=\delta_0$을 검정하기 위한 검정통계량

$$Z=\frac{(\overline{X}-\overline{Y})-\delta_0}{S_P\sqrt{\frac{1}{n_1}+\frac{1}{n_2}}}$$

(H_0하에서 근사적으로 $N(0,\ 1)$을 따름)

예제

두 종류의 사료가 우유 생산에 미치는 영향의 차이를 조사하기 위해서, 31마리의 젖소를 대상으로 실험하였다. 31마리 중에서 랜덤하게 선택된 16마리에게는 한 종류의 사료를 주고 나머지 15마리에게는 다른 종류의 사료를 준 결과 다음과 같은 자료를 얻었다.

사료 1	41, 44, 42, 45, 49, 46, 48, 50, 42, 44, 46, 46, 47, 48, 47, 45
사료 2	40, 46, 42, 45, 45, 46, 42, 44, 40, 40, 44, 46, 42, 42, 44

(1) 사료 1을 사용할 경우에 사료 2에 비해서 우유 생산량이 많다고 할 수 있는가? 유의수준 5%에서 검정하시오.

(2) 사료에 따른 우유생산량의 차이에 대한 95% 신뢰구간을 구하여라.

풀이

주어진 자료를 이용한 통계량 값에 대한 정보

(사료 1) $\overline{x}=45.625,\ \sum_{i=1}^{n}(x_i-\overline{x})^2=99.75$

(사료 2) $\overline{y}=43.2,\ \sum_{i=1}^{n}(y_i-\overline{y})^2=68.40$

$$S_P^2=\frac{\sum_{i=1}^{n}(x_i-\overline{x})^2+\sum_{i=1}^{n}(y_i-\overline{y})^2}{n_1+n_2-2}=\frac{99.75+68.40}{29}=5.798$$

$$S_P=\sqrt{S_P^2}=2.408$$

(1) 주어진 문제에 대한 귀무가설과 대립가설은 다음과 같음

$$H_0: \mu_1 \le \mu_2 \qquad H1: \mu_1 > \mu_2$$

기각역은 $T=\dfrac{\overline{X}-\overline{Y}}{S_P\sqrt{\dfrac{1}{n_1}+\dfrac{1}{n_2}}}>t(29,\ 0.05)=1.699$

검정통계량 관측값은 $T=\dfrac{\overline{X}-\overline{Y}}{S_P\sqrt{\dfrac{1}{n_1}+\dfrac{1}{n_2}}}=\dfrac{45.625-43.2}{2.408\sqrt{\dfrac{1}{16}+\dfrac{1}{15}}}=2.782$

유의수준 5%에서 사료 1이 더 효과적이라고 할 수 있음

(2) 자유도는 $n_1+n_2-2=29$이므로, t-분포표에서 $t(29,\ 0.025)=2.045$이므로 $\mu_1-\mu_2$에 대한 95% 신뢰구간은 다음과 주어짐

$$2.452\pm 2.045\times 2.408\sqrt{\frac{1}{16}+\frac{1}{15}}=(0.66,\ 4.19)$$

2. 대응비교

(1) 결합(구획화) 필요성

① 두 집단의 처리효과를 비교할 경우에 모집단의 실험단위가 동질적이지 않은 경우

→ 반응에 영향을 주는 요인들은 실험자가 조절할 수 없게 되어 반응측정값의 변동이 심해 실제 처리효과 간의 차이를 알기 어려운 경우

② [예] 두 종류의 진통제를 비교할 때, 나이, 성별, 통증의 정도가 같은 환자를 찾는다는 것은 현실적으로 어려움

③ 결합(matching), 구획화(blocking)는 동질적인 실험단위들끼리 여러 개의 구획(블록) 또는 조를 나누어 두 집단 간 처리를 다르게 함

(2) 대응비교 개념과 아이디어

① (개념) 대응비교(paired comparison)

각 쌍 내의 두 실험단위는 동질적이 되도록 하며, 각 쌍에서 한 실험단위를 랜덤하게 선택하여 처리 1을 적용하고 나머지 한 실험단위에는 처리 2를 적용

② (방법) 대응비교 시, 각 실험의 반응에 영향을 주는 요인들은 (a) 각 집단 내에 있는 어떤 요인, (b) 처리효과, (c) 우연성들이 복합적으로 영향을 주어 나타남

③ 두 실험단위에 공통으로 나타나는 집단 내의 요인을 제거할 수 있고, 이 집단 간 차이는 처리효과 간의 차이와 우연성에 의한 관측값만 남게 됨

(3) 대응비교 자료구조

쌍	처리 1	처리 2	차이
1	X_1	Y_1	$D_1=X_1-Y_1$
2	X_2	Y_2	$D_2=X_2-Y_2$
	:	:	:
n	X_n	Y_n	$D_n=X_n-Y_n$

$(X_1,\ Y_1),\ (X_2,\ Y_2),\ \cdots,\ (X_n,\ Y_n)$은 서로 독립

$$\overline{D}=\frac{1}{n}\sum_{i=1}^{n}D_i$$

$$S_D^2=\frac{\sum_{i=1}^{n}(D_i-\overline{D})^2}{n-1}$$

(4) 대응비교의 모평균 차에 관한 추론

① $D_i=X_i-Y_i$는 서로 독립이고, $N(\delta,\ \sigma_D^2)$을 따른다고 가정

② $\delta=\mu_1-\mu_2$에 대한 $100(1-\alpha)\%$신뢰구간

$$\overline{D}\pm t\left(n-1,\ \frac{\alpha}{2}\right)S_D/\sqrt{n}$$

③ 귀무가설 $H_0:\mu_1-\mu_2=\delta_0$를 검정하기 위한 검정통계량

$$T=\frac{\overline{D}-\delta_0}{S_D/\sqrt{n}}\quad (H_0\text{하에서 } t(n-1)\text{을 따름})$$

예제

자동차 휘발유에 특정한 첨가제를 사용하면 주행거리에 영향을 미치는지 조사하고자 한다. 다섯 종류의 새로 제조된 차에 대하여, 동일한 형태의 차 두 대 중에서 한 대를 랜덤하게 택하여, 한 대에는 첨가제를 사용하고 다른 한 대에는 첨가제를 사용하지 않았다. 같은 장소에서 같은 운전자가 운전한 결과 다음과 같은 자료를 얻었다.

차의 종류	1	2	3	4	5
첨가제 사용 ○	11.8	13.9	16.3	11.6	8.4
첨가제 사용 ×	11.4	13.1	16.1	10.9	8.3

(1) 첨가제를 사용하면 주행거리가 증가된다고 할 수 있는가? 유의수준 5%에서 검정하여라.

(2) 평균 주행거리의 차에 대하여 95% 신뢰구간을 구하여라.

풀이

차의 종류	1	2	3	4	5
첨가제 사용 ○	11.8	13.9	16.3	11.6	8.4
첨가제 사용 ×	11.4	13.1	16.1	10.9	8.3
차이	0.4	0.8	0.2	0.7	0.1

평균과 표준편차는 다음과 같음

$$\overline{d} = \sum_{i=1}^{5} d_i / 5 = 0.44$$

$$S_D = \sqrt{\sum_{i=1}^{5} (d_i - \overline{d})^2 / 4} = 0.305$$

첨가제를 사용할 때와 사용 안 할 때의 평균 주행거리의 차를 $\delta = \mu_1 - \mu_2$라고 하고, 정규모집단의 가정을 함

(1) 관심 대상인 귀무가설과 대립가설은 다음과 같음

$H_0 : \delta = 0,\ H_1 : \delta > 0$

기각역은 $T = \dfrac{\overline{D} - 0}{\dfrac{S_D}{\sqrt{n}}} > T(4, 0.05) = 2.132$

검정통계량의 관측값은 $T = \dfrac{0.44}{\dfrac{0.305}{\sqrt{5}}} = 3.226$

유의수준 5%에서 첨가제의 사용이 효과적이라고 할 수 있음

(2) 자유도 $n-1=4$이고, t-분포표에서 $t(4,\ 0.025)=2.776$이므로

$\delta = \mu_1 - \mu_2$의 95% 신뢰구간은 다음과 같이 됨

$0.44 \pm 2.776 \times \dfrac{0.305}{\sqrt{5}} = (0.06,\ 0.82)$

3. 두 모비율의 비교

(1) $p_1 - p_2$에 대한 신뢰구간 : 표본의 크기가 큰 경우

① $p_1 - p_2$에 대한 $100(1-\alpha)\%$ 신뢰구간

$$(\hat{p}_1 - \hat{p}_2) \pm z_{\alpha/2} \sqrt{\frac{\hat{p}_1(1-\hat{p}_1)}{n_1} + \frac{\hat{p}_2(1-\hat{p}_2)}{n_2}}$$

② 단, $\hat{p}_1 = \dfrac{X}{n_1}$, X=모집단 1에 대한 n_1번의 시행에서 성공횟수

$\hat{p}_2 = \dfrac{Y}{n_2}$, Y=모집단 2에 대한 n_2번의 시행에서 성공횟수

(2) $H_0 : p_1 = p_2$를 검정하기 위한 검정 통계량

① 표본의 크기가 큰 경우, H_0 하에서 근사적으로 $N(0,\ 1)$을 따름

② $Z = \dfrac{\hat{p}_1 - \hat{p}_2}{\sqrt{\hat{p}(1-\hat{p})}\sqrt{\dfrac{1}{n_1} + \dfrac{1}{n_2}}}$

예제

경제학 교육에서 종전대로 강의실에서 실시하는 방법과 시청각자료를 충분히 사용하여 실시하는 방법을 비교하고자 350명의 학급으로부터 150명의 학생을 랜덤추출하여 시청각자료 수업을 받도록 하였다. 나머지 200명의 학생에게는 종전대로 강의실에서 수업을 받게 하고 학기 말에 이들 350명 전부에서 시험을 치른 결과 각 조에서 이 시험에 통과한 학생들의 수가 다음과 같이 주어졌다.

	시청각자료 수업	강의실 수업
합 격	110	120
불합격	40	80
합 계	150	200

(1) 합격률의 차에 대한 95% 신뢰구간을 구하여라.

(2) 시청각자료 수업이 종전의 강의실 수업보다 합격률이 높다고 할 수 있는가? 유의수준 5%에서 검정하여라.

풀이

(1) 주어진 자료로부터 시청각자료 수업과 강의실 수업의 합격률이 p_1, p_2인 경우에

$\hat{p}_1 = \dfrac{110}{150} = 0.73,\ \ \hat{p}_2 = \dfrac{120}{200} = 0.60$

$(p_1 - p_2)$에 대한 95%의 신뢰구간은 다음과 같음

$$(\hat{p}_1 - \hat{p}_2) \pm z_{\alpha/2}\sqrt{\frac{\hat{p}_1(1-\hat{p}_1)}{n_1} + \frac{\hat{p}_2(1-\hat{p}_2)}{n_2}}$$

$$= (0.73 - 0.60) \pm 1.96\sqrt{\frac{0.73 \times 0.27}{150} + \frac{0.60 \times 0.40}{200}}$$

$$= 0.13 \pm 1.96 \times 0.0501$$

$$= 0.31 \pm 0.098 = (0.032,\ 0.228)$$

(2) 귀무가설과 대립가설은 다음과 같음

$H_0 : p_1 = p_2, \quad H_1 : p_1 > p_2$

귀무가설에서 공통인 모비율 p의 추정값은 $\hat{p} = \dfrac{110 + 120}{150 + 200} = 0.657$

검정통계량의 값은

$$Z = \frac{\hat{p}_1 - \hat{p}_2}{\sqrt{\hat{p}(1-\hat{p})}\sqrt{\frac{1}{n_1}+\frac{1}{n_2}}} = \frac{0.13}{\sqrt{0.657 \times 0.343}\sqrt{\frac{1}{150}+\frac{1}{200}}} = 2.534$$

유의수준 5%에서의 기각역은 $R: Z \geq 1.645$이므로 유의수준 5%에서 귀무가설 $H_0: p_1 = p_2$를 기각하게 됨

즉, 시청각자료 수업의 합격률이 강의실 수업의 합격률보다 높다고 확신할 수 있음

4. 두 모분산의 비교

(1) 두 모분산의 비교를 위한 가정

$X_1, X_2, \cdots, X_n : N(\mu_1, \sigma_1^2)$으로부터 확률분포

$Y_1, Y_2, \cdots, Y_n : N(\mu_2, \sigma_2^2)$으로부터 확률분포

두 확률분포는 서로 독립

(2) 귀무가설과 검정통계량

① 귀무가설 $H_0 : \frac{\sigma_1^2}{\sigma_2^2} = 1$에 대한 검정법

② 검정통계량 $F = \frac{S_1^2}{S_2^2} = \frac{S_1^2/\sigma_1^2}{S_2^2/\sigma_2^2} = \frac{\frac{1}{n_1-1}\sum_{i=1}^{n}(X_i - \overline{X})^2/\sigma_1^2}{\frac{1}{n_2-1}\sum_{i=1}^{n}(Y_i - \overline{Y})^2/\sigma_2^2} \sim F(n_1-1, n_2-1)$

대립가설	유의수준 α에 대한 기각역
$H_1 : \frac{\sigma_1^2}{\sigma_2^2} > 1$	$F \geq F(n_1-1, n_2-1; \alpha)$
$H_1 : \frac{\sigma_1^2}{\sigma_2^2} < 1$	$F \geq F(n_1-1, n_2-1; 1-\alpha)$
$H_1 : \frac{\sigma_1^2}{\sigma_2^2} \neq 1$	$F \geq F(n_1-1, n_2-1; \frac{\alpha}{2})$ 또는 $F \leq F(n_1-1, n_2-1; 1-\frac{\alpha}{2})$

(3) $\frac{\sigma_1^2}{\sigma_2^2}$에 대한 100(1−$\alpha$)% 신뢰구간

$$\frac{S_1^2}{S_2^2}\frac{1}{F(n_1-1,\, n_2-1\,;\,\frac{\alpha}{2})} \le \frac{\sigma_1^2}{\sigma_2^2} \le \frac{S_1^2}{S_2^2}F(n_2-1,\, n_1-1\,;\,\frac{\alpha}{2})$$

예제

A, B 두 기계에서 생산되는 뜨개실의 조밀성에 대한 균등성을 비교하려고 한다. 두 기계에서 나온 제품 가운데 100m 뜨개실을 랜덤하게 추출하여 그 무게를 측정한 결과 다음과 같은 자료를 얻었다.

기계 A : 표본크기 n_A=13, 표본표준편차 S_A=2.3

기계 B : 표본크기 n_B=11, 표본표준편차 S_B=1.5

(1) 기계 A의 변이도가 기계 B의 변이도보다 크다고 할 수 있는지를 유의수준 5%에서 검정하여라.

(2) 두 모표준편차의 비에 대한 90% 신뢰구간을 구하여라.

풀이

(1) 주어진 문제에 대한 귀무가설과 대립가설은 다음과 같음

$$H_0 : \frac{\sigma_A^2}{\sigma_B^2} = 1,\quad H_1 : \frac{\sigma_A^2}{\sigma_B^2} > 1$$

검정통계량의 값은 $F = \frac{S_A^2}{S_B^2} = \frac{2.3^2}{1.5^2} = \frac{5.29}{2.25} = 2.35$

유의수준 5%에서 기각역은$F > F(12, 10 : 0.05) = 2.91$ 이므로 유의수준 5%에서 귀무가설 H_0를 기각할 수 없음

기계 A의 변이도가 기계 B의 변이도 보다 크다는 확증은 없음

(2) 모분산의 비 $\frac{\sigma_A^2}{\sigma_B^2}$에 대한 90% 신뢰구간은 다음과 같음

$$\left(\frac{S_A^2}{S_B^2}\frac{1}{F(12, 10; 0.05)},\ \frac{S_A^2}{S_B^2}F(10, 12; 0.05)\right) = (0.807, 6.470)$$

두 모표준편차의 비 $\frac{\sigma_A}{\sigma_B}$에 대한 90% 신뢰구간은 다음과 같이 주어질 수 있음

$$(\sqrt{0.76}, \sqrt{6.81}) = (0.90, 2.54)$$

제1편 제2편 제3편 제4편

정석실전문제

1. 분산이 같고 독립인 두 모집단 A와 B에 대한 표본의 개수와 표본분산은 다음과 같다. 모집단 공통분산의 추정량인 합동표본분산(Pooled Sample Variance)은? (9급 11)

구분	모집단A	모집단B
표본의 개수	6	4
표본분산	2	3

정석힌트 등분산의 합동추정량은

$$\widehat{\sigma^2} = S_p^2 = \frac{\sum(X_i-\overline{X})^2+\sum(Y_i-\overline{Y})^2}{n_1+n_2-2} = \frac{(n_1-1)S_1^2+(n_2-1)S_2^2}{n_1+n_2-2}$$

이므로

$$\frac{5\times2+3\times3}{10-2}=\frac{19}{8}$$

2. 분산이 같고 서로 독립인 두 정규모집단 A와 B로부터 각각 16인 표본을 임의로 추출하여 두 모평균의 차에 대한 검정을 하려고 한다. 모집단 A의 표본분산이 64이고 모집단 공통분산의 추정량인 합동표본분산이 50일 때, 모집단 B의 표본분산은? (단, 확률변수 $X_1, X_2, \cdots, X_n$의 표본평균 $\overline{X}=\frac{1}{n}\sum_{i=1}^{n}X_i$, 표본분산 $S^2=\frac{1}{n-1}\sum_{i=1}^{n}(X_i-\overline{X})^2$ 이다.) (9급 15)

정석힌트 공통분산의 합동추정량은 다음과 같다.

$$\widehat{\sigma^2} = S_p^2 = \frac{\sum(X_i-\overline{X})^2+\sum(Y_i-\overline{Y})^2}{n_1+n_2-2} = \frac{(n_1-1)S_1^2+(n_2-1)S_2^2}{n_1+n_2-2}$$

따라서 다음과 같이 된다.

$$\frac{(n_1-1)S_2^2+(n_2-1)S_2^2}{n_1+n_2-2}=\frac{15\times64+15\times S_B^2}{16+16-2}=\frac{1}{2}(64+S_B^2)=50$$

$$\therefore S_B^2=36$$

3. 어느 지역에서의 특정 스마트폰 모델에 대한 남녀별 선호도 차이를 알아보기 위해 남자 200명, 여자 100명을 임의로 추출하여 조사한 결과가 다음 표와 같다. 이를 검정하기 위한 Z-검정통계량의 값은? (단, Z-검정통계량은 근사적으로 표준정규분포를 따른다.) (9급 15)

구분	표본크기	특정 스마트폰 모델 선호자 수
남자	200	100
여자	100	40

정석힌트 모비율의 합동추정량과 분산의 합동추정량을 구하여 표준화하면

$$Z = \frac{(\widehat{p_1} - \widehat{p_2})}{\sqrt{\frac{\widehat{p}(1-\widehat{p})}{n_1} + \frac{\widehat{P}(1-\widehat{p})}{n_2}}}$$

단, 모비율의 합동추정량은 $\widehat{p} = \frac{X+Y}{n_1+n_2}$

따라서 $\widehat{p} = \frac{100+40}{300} = \frac{14}{30}$

$$Z = \frac{(\widehat{p_1} - \widehat{p_2})}{\sqrt{\frac{\widehat{p}(1-\widehat{p})}{n_1} + \frac{\widehat{P}(1-\widehat{p})}{n_2}}}$$

$$= \frac{0.5-0.4}{\sqrt{(14/30)\times(16/30)/200+(14/30)\times(16/30)/100}}$$

$$= \frac{0.5-0.4}{\sqrt{\left(\frac{14}{30}\times\frac{16}{30}\right)}\times\sqrt{\frac{1}{200}+\frac{1}{100}}}$$

제4편
분산분석과 범주형 자료분석

제10장
분산분석

국내 생산성이 다양한 한, 전문화와 무역은 유리하게 된다.

똑같이 국가 간에도 적용된다.

– 폴 새뮤얼슨 –

제1절 정석 통계학 분산분석의 기본원리

앞 장들에서는 1개 또는 2개의 처리효과나 모평균에 대한 추론을 하였다. 이러한 개념을 확장하여 3개 이상의 처리효과나 모평균의 비교를 생각해볼 수 있다. 이러한 문제는 실험을 계획하고 실험을 실시한 후 얻은 자료로부터 처리효과나 모평균의 비교를 하게 된다. 앞 장들에서 다룬 두 모평균의 비교에서 대응비교법이나 독립표본비교법 등도 실험계획법 중의 하나인데 **실험계획법**은 실험을 실시하는 데 필요한 계획을 세우는 방법을 연구하는 분야이다. 이 실험계획법에서 흔히 사용하는 분석방법이 분산분석 또는 ANOVA, 회귀분석, 상관분석이다. 실험계획법에 자주 사용되는 용어는 다음과 같다.

요인(factor) 또는 인자: 어떤 실험에서 관측값에 영향을 주는 조건의 종류를 말한다. 예를 들어 온도에 따라 인장강도가 어떻게 반응하는지를 보고자 할 때 온도는 요인이 된다.

처리(treatment) 또는 수준: 실험에서 여러 개의 요인에 대한 각 요인수준들의 조합을 말한다. 예를 들어 온도와 습도에 따라 인장강도가 어떻게 반응하는지를 보고자 할 때 온도와 습도는 요인이 되며, 온도 40도와 습도 70이 요인들의 수준이 되고 이 온도수준과 습도수준들의 조합을 하나의 처리라고 한다. 이때 **처리효과**(treatment effect)는 통계적으로 각 요인수준들의 평균에서 전체평균을 뺀 그 차이를 말한다.

분산분석(analysis of variance): 요인의 특성값들의 분산을 분석하여 순수한 오차에 의한 영향보다 큰 영향을 주는 요인들을 규명하는 분석방법이다. 여기서 오차항에 대한 독립성, 정규성, 등분산성 가정이 필요하다. 예를 들어 어떤 실험의 관측값이 주어져 있을 때 평균에 대한 편차의 제곱합을 요인별로 분해하여 t-검정보다 일반화한 F-검정을 실행한다. 다음 **그림 10-1**은 요인이 두 개일 때 편차의 제곱합을 요인별로 분해한 사례를 보여주고 있다.

그림 10-1 분산의 분해

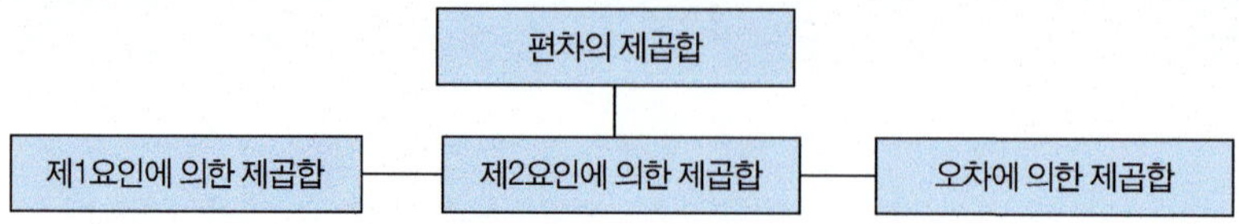

제1요인과 제2요인에 의한 제곱합을 **처리제곱합**(treatment sum of squares, SST), 오차에 의한 제곱합을 **잔차제곱합**(residual sum of squares, RSS 또는 SSE)이라고 한다.

이 장에서 다루는 분산분석법으로는 간단한 실험계획법으로서 **일원배치 분산분석법**(one-way ANOVA)과 **이원배치 분산분석법**(two-way ANOVA)이 있다.

정석 사고

분산분석법

요인: 어떤 실험에서 관측값에 영향을 주는 조건의 종류
처리: 실험에서 여러 개의 요인에 대한 각 요인수준들의 조합
분산분석: 요인의 특성값들의 분산을 분석하여 오차에 의한 영향보다 큰 요인 규명

편차의 총제곱합 = 처리제곱합 + 잔차제곱합

정석 사례연구

다음 분산분석법에 대한 설명으로 옳은 것과 옳지 않은 것을 구분하고 그 이유를 설명하시오.

① 일원배치 분산분석에서 인자(Factor)의 각 수준에서의 반복수는 다를 수 있다.
② 반복이 있는 이원배치 분산분석에서 두 인자의 교호작용(Interaction)제곱합의 자유도는 두 인자의 제곱합의 자유도를 곱한 것과 같다.
③ 인자가 2개이면 주로 t-검정을 실시하지만 인자가 3개 이상이면 일원배치 분산분석을 이용하여 인자들을 비교한다.

해설

① 일원배치 분산분석에서 인자(Factor)의 각 수준에서의 반복수는 같을 수도 다를 수도 있다.
② 반복이 있는 이원배치 분산분석에서 두 인자의 교호작용(Interaction)제곱합의 자유도는 두 인자의 제곱합의 자유도를 곱한 것과 같다. 2개의 요인 A, B의 수준수가 각각 p, q이고 각 수준의 조합에 반복수가 r회인 이원배치 분산분석법에서 A요인의 처리제곱합(SST)의 자유도는 $p-1$, B요인의 처리제곱합(SST)의 자유도는 $q-1$, 교호작용의 처리제곱합($SSAB$)의 자유도는 $N-(p+q+1)=(p-1)(q-1)$이다.
③ 틀린 설명이며, 인자가 3개 이상이면 이원배치 분산분석을 이용한다.

일원배치 및 이원배치 분산분석에 대한 좀 더 자세한 내용은 다음 절에서 다루기로 한다.

제2절 일원배치 분산분석법

정석 통계학

일원배치 분산분석법은 특성값에 대한 한 종류의 요인의 영향을 조사하고자 할 때 사용하는 분산분석법이며 요인의 각 수준이 처리가 된다. 예를 들어 건전지의 수명에 공정과정의 온도(100도, 200도, 300도 등)가 효과가 있는지를 알아보고자 할 때 온도는 요인, 100도, 200도, 300도 등은 요인의 수준 즉, 처리들을 나타낸다. 처리효과는 요인 또는 표본수만큼 도출되는데 각 표본 즉, 각 요인의 처리효과는 "표본평균−전체평균"을 말한다. 이것을 다음 그림 10-2로 나타내어 이해할 수 있다.

그림 10-2 1개 요인과 k개 처리

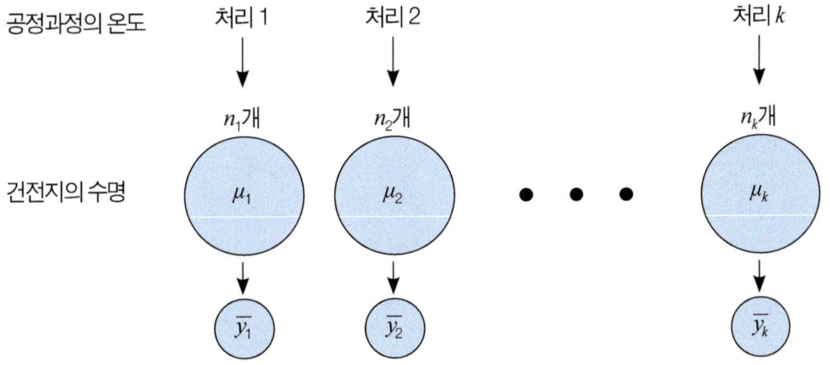

그림 10-2에서 실험을 통해 k개의 처리를 하는데 요인(온도)의 k개 수준의 각각에 실험단위수 n_1, …, n_k를 사용한다. 다시 말해서 $N=n_1+\cdots+n_k$ 중 n_1개를 임의추출하여 처리 1을 적용하고 나머지 처리들에 대해서도 같은 방법으로 처리 k를 n_k개의 실험단위에 적용한다. 이를 **완전확률화법**(완전랜덤화)이라고 한다. 예를 들어 실험단위에 번호를 부여하고 제비뽑기로 먼저 나오는 번호 순서대로 실험을 하는 방식을 말한다.

1. 반복수가 같은 경우$(n_1=\cdots=n_k=n)$

하나의 요인에 k개 종류의 처리가 있고 각 처리에 n개의 반복이 있는 경우를 **반복수가 같은 일원배치 분산분석법**이라고 한다. 처리수준이 k이며, 반복수가 n으로 동일한 경우 분산분석의 자료형태는 **표 10-1**과 같다. 여기서 x_{ij}는 i번째 처리수준에서 j번째의 관측값을 나타내고, 총표본의 크기는 $N=kn$이다.

표 10-1 반복수가 동일한 일원배치 분산분석의 자료구조

구분	처리1	처리2	처리3		처리k
	X_{11} X_{12} $\vdots$ X_{1n}	X_{21} X_{22} $\vdots$ X_{2n}	X_{31} X_{32} $\vdots$ X_{3n}	$\cdots$ $\cdots$	X_{k1} X_{k2} $\vdots$ X_{kn}
평 균	$\overline{x_{1.}}$	$\overline{x_{2.}}$	$\overline{x_{3.}}$	$\cdots$	$\overline{x_{k.}}$
제곱합	$\sum_{j=1}^{n}(x_{1j}-\overline{x_1})^2$	$\sum_{j=1}^{n}(x_{2j}-\overline{x_2})^2$	$\sum_{j=1}^{n}(x_{3j}-\overline{x_3})^2$	$\cdots$	$\sum_{j=1}^{n}(x_{kj}-\overline{x_k})^2$

이상과 같이 k개의 처리에 대한 모집단모형에서 첫 번째 처리에서 얻어진 관측값은 정규분포 $N(\mu, \sigma^2)$에서의 크기 n인 확률표본으로 가정한다. 즉,

$$x_{1j}=\mu_1+\varepsilon_{1j},\quad (j=1,\cdots,n)$$

단, 오차항 ε_{ij}은 평균 0, 분산 σ^2인 정규분포 $N(0, \sigma^2)$를 따른다. 일반화해서 **표 10-1**의 자료형태에서 i번째 처리에서 얻어진 관측값으로부터 다음과 같은 분산분석 모형을 생각해 볼 수 있다.

$$x_{ij}=\mu_i+\varepsilon_{ij},\quad \begin{aligned} i&=1,2,\cdots,k \\ j&=1,2,\cdots,n \end{aligned}$$

단, μ_i는 처리 i에서의 평균이고, ε_{ij}는 x_{ij}의 오차항으로 정규분포 $N(0, \sigma^2)$을 따르는 서로

독립인 확률변수이다.

이렇게 제시한 수식적 모형은 전체평균(총평균)과의 차이로 나타낼 수 있다. 즉 μ를 실험 전체의 모평균 $\mu = \sum_{i=1}^{k} \mu_i / k$로서 전체평균(총평균)으로 나타내면 i번째 처리의 효과는 $\alpha_i = \mu_i - \mu$로 나타낼 수 있다. 따라서 다음과 같은 분산분석 모형으로 나타낼 수 있다.

$$x_{ij} = \mu + \alpha_i + \varepsilon_{ij}, \quad i = 1, 2, \cdots, k \\ \qquad\qquad\qquad\qquad j = 1, 2, \cdots, n$$

정석 사고

반복수가 같은 일원배치 분산분석의 모집단모형

$x_{ij} = \alpha_i + \mu + \varepsilon_{ij}$
α_i : i번째 처리효과 ($\alpha_i = \mu_i - \mu$, $\Sigma \alpha_i = 0$)
ε_{ij} : 오차항으로서 서로 독립인 $N(0, \sigma^2)$ 확률변수

이상의 모형에서 우리는 k개의 처리효과에 차이가 있는지를 검정하게 되는데 이것은 k개의 모평균 사이에 차이가 있는지를 검정하는 것과 같으며 귀무가설과 대립가설은 다음과 같다.

H_0 : $\alpha_1 = \cdots = \alpha_k = 0$
H_1 : 적어도 하나의 α_k는 0이 아니다.

이것은 다음처럼 나타낼 수도 있다.

H_0 : $\mu_1 = \cdots = \mu_k$
H_1 : 적어도 하나의 μ_k는 동일하지 않다.

이와 같이 주어진 귀무가설을 검정하기 위한 검정법을 유도하기 위해 **총제곱합**(total sum of squares, TSS)을 **처리제곱합**과 **잔차제곱합**으로 분해하는 방법을 생각할 수 있다. 그림을 통해 간단히 살펴보도록 하자. **그림 10-3** 에서는 하나의 요인(x)에 대해 세 가지 처리효과($k=3$)가 나타나고 각 처리에 4개의 실험단위($n=4$)가 적용되고 있는 경우이다.

그림 10-3 총편차의 분해

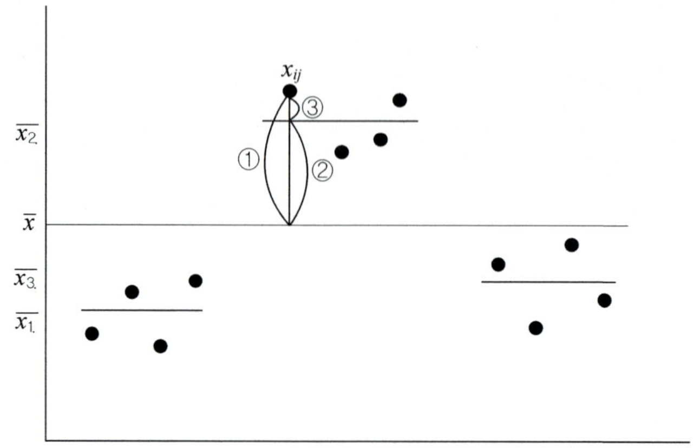

그림 10-3에서와 같이 관측값 x_{ij}와 전체평균 $\overline{x}_{..}$의 차인 총편차 $x_{ij}-\overline{x}_{..}$는 다음과 같이 분해될 수 있다.

$$(x_{ij}-\overline{x}_{..})=(x_{ij}-\overline{x}_{i.})+(\overline{x}_{i.}-\overline{x}_{..})$$

즉, 그림에서 ①=③+②이 성립한다. 이때 ②의 $(\overline{x}_{i.}-\overline{x}_{..})$는 i번째 처리의 평균과 총평균의 거리(편차)로 이것을 **처리효과의 크기**라고 하며, ③의 $(x_{ij}-\overline{x}_{i.})$는 처리효과로 설명할 수 없는 오차를 나타내며 **잔차**(residual)라고 한다.

총편차의 분해식에서 양변을 제곱하여 더하면 다음과 같은 제곱합의 식을 얻을 수 있다.

$$\sum_i\sum_j(x_{ij}-\overline{x}_{..})^2=\sum_i\sum_j(x_{ij}-\overline{x}_{i.})^2+\sum_i\sum_j(\overline{x}_{i.}-\overline{x}_{..})^2 + 2\sum_i\sum_j(x_{ij}-\overline{x}_{i.})(\overline{x}_{i.}-\overline{x}_{..})$$

이 식에서 오른쪽의 끝항 $\sum_i\sum_j(x_{ij}-\overline{x}_{i.})(\overline{x}_{i.}-\overline{x}_{..})$을 정리하면 0이 된다. 따라서 다음과 같은 최종적인 관계식을 얻게 된다.

정석 사고

총제곱합의 분해

$$\sum_i\sum_j(x_{ij}-\overline{x}_{..})^2=n\sum_i(\overline{x}_{i.}-\overline{x}_{..})^2+\sum_i\sum_j(x_{ij}-\overline{x}_{i.})^2$$

총제곱합(TSS) = 처리제곱합(SST) + 오차제곱합(SSE)

총제곱합의 분해식에서 왼쪽항 $\sum_i \sum_j (x_{ij}-\overline{x}_{..})^2$는 **총제곱합**(total sum of squares)이라고 하며 TSS로 나타낸다. 오른쪽 첫 번째 항 $n\sum_i (\overline{x}_{i.}-\overline{x}_{..})^2$는 **처리제곱합**(treatment sum of squares) 또는 급간변동(between sum of squares)이라고 하며 SST 또는 SSB로 나타낸다. 또한 오른쪽 두 번째 항$\sum_i \sum_j (x_{ij}-\overline{x}_{i.})^2$는 **잔차제곱합**(residual sum of squares) 또는 급내변동(within sum of squares)이라고 하며 SSE 또는 SSW로 나타낸다.

이제 이상에서 설명한 제곱합을 자유도로 나누면 알려지지 않은 분산의 추정량이 되며 이를 **평균제곱**(mean square)이라고 한다. 즉,

정석 사고

분산의 추정량

$$\text{평균제곱}=\frac{\text{제곱합}}{\text{자유도}}$$

총제곱합의 자유도는 "(제곱을 한 편차개수) − (편차들의 선형제약조건개수)"이므로 편차의 개수 kn, 선형제약조건 $\sum_i \sum_j (x_{ij}-\overline{x}_{..})=0$의 1개이므로 $kn-1$이 된다. 처리제곱합의 자유도는 편차의 개수 k개, 선형제약조건 $\sum_i (\overline{x}_{i.}-\overline{x}_{..})=0$의 1개이므로 $k-1$이 된다. 잔차제곱합의 자유도는 편차의 개수 kn개, 각 i에 대한 선형제약조건 $\sum_j (x_{ij}-\overline{x}_{i.})=0$이 k개이므로 $kn-k=k(n-1)$이 된다.

이러한 사실들을 정리하여 다음 **표 10-2**와 같은 분산분석표(ANOVA table)를 만들 수 있다.

표 10-2 반복수가 동일한 일원배치 분산분석표

요인	제곱합	자유도	평균제곱	F값
처리	SST	$k-1$	$MST=\frac{SST}{k-1}$	$F=\frac{MST}{MSE}$
잔차	SSE	$k(n-1)$	$MSE=\frac{SSE}{k(n-1)}$	
전체	TSS	$kn-1$	−	−

표 10-2의 분산분석표에서 계산된 F값(F비)은 다음과 같은 가설검정에 이용된다. 이때

귀무가설은 "각 처리 간의 효과가 모두 동일하다"로, 대립가설은 "처리효과 중 적어도 하나는 동일하지 않다"로 생각할 수 있다.

$H_0 : \alpha_1=\alpha_2=\alpha_3=\cdots=\alpha_k=0$
$H_1 : H_0$이 아니다(적어도 하나는 0이 아니다).

귀무가설 H_0하에서 $F=MST/MSE$는 자유도가 $(k-1,\ k(n-1))$인 F-분포를 따른다. 또한 귀무가설이 참인 경우에 F값은 1에 가까워지는 반면 귀무가설이 참이 아닌 경우에 F값은 1보다 크게 주어지므로 유의수준 α에서 기각역은 다음과 같이 주어진다.

기각역: $F>F_\alpha(k-1,\ k(n-1))$

따라서 다음과 같은 검정법을 사용할 수 있다.

정석 사고

반복수가 같은 경우 F-검정법

귀무가설 $H_0 : \alpha_1=\alpha_2=\alpha_3=\cdots=\alpha_k=0$

검정통계량: $F=\dfrac{MST}{MSE}=\dfrac{SST/(k-1)}{SSE/[k(n-1)]}$

검정법: $F>F_\alpha(k-1,\ k(n-1))$이면 귀무가설 기각, 그 외의 경우 귀무가설 채택

정석 사례연구

총 일곱 가지 고기 포장 방법에 따라 박테리아 번식의 차이를 알아보고자 반복수가 같은 일원배치 분산분석법(one-way analysis of variance)을 적용하여 얻은 분산분석표의 일부는 다음과 같다. 이에 대한 설명으로 옳지 않은 것은 무엇인지 고르고 이를 설명하시오.

요인	제곱합	자유도	평균제곱	F-값	p-값
처리			㉡	㉣	㉤
오차		㉠	㉢		
합계		14			

① ㉠의 값은 8이다.
② ㉡의 값은 ㉢의 값과 ㉣의 값의 곱이다.

③ 귀무가설은 '일곱 가지 고기 포장 방법에 따라 박테리아 번식에 차이가 없다'이다.
④ ㉤의 값이 0.05보다 크면, 유의수준 5%에서 다섯 가지 고기 포장 방법에 따라 박테리아 번식에 차이가 있다고 할 수 있다.

해설

① (○) 일곱 가지 포장방법에 대한 차이를 알아보는 것으로 오차의 자유도는 14−(7−1)=8이다.
② (○) F−값은 $\frac{㉡}{㉢}$이다. 따라서 ㉡의 값은 ㉢의 값과 ㉣의 값의 곱이다.
③ (○) 귀무가설은 옳다.
④ (×) p−값이 0.05보다 크면, 유의수준 5%에서 귀무가설을 기각할 수 없다. 즉, 다섯 가지 고기 포장 방법에 따라 박테리아 번식에 차이가 없다고 할 수 있다.

정석 사례연구

다음은 어느 기관에서 다섯 가지 교육방법에 따른 근무평가점수의 차이를 알아보고자 반복수가 같은 일원배치 분산분석법(One-way Analysis of Valiance)을 적용하여 얻은 분산분석표의 일부이다. 이에 대한 설명으로 옳지 않은 것은 무엇인지 고르고 이를 설명하시오.

요인	제곱합	자유도	평균제곱	F−값	p−값
처리	㉠	㉢			㉤
잔차			㉣		
계	㉡				

① ㉢은 4이다.
② 근무평가점수의 분산에 대한 추정값은 ㉣이다.
③ ㉡이 고정되어 있을 때, ㉠이 커지면 ㉤은 작아진다.
④ ㉤이 0.05보다 크면 유의수준 5%에서 다섯 가지 교육방법에 따른 근무평가점수는 차이가 있다고 할 수 있다.

해설

보기 ④가 옳지 않다. 그 이유는 아래와 같다.

반복수가 같은 일원배치 분산분석으로서 분산분석표는 다음과 같다.

요인	제곱합	자유도	평균제곱	F-값
교육(처리)	SST	$k-1$	$MST=\dfrac{SST}{k-1}$	$F=\dfrac{MST}{MSE}$
잔차	SSE	$k(n-1)$	$MSE=\dfrac{SSE}{k(n-1)}$	
전체	TSS	$kn-1$		

다섯 가지 교육방법이 있으므로 처리수 $k=5$이므로 처리의 자유도 ⓒ $k-1=4$이다.
근무평가점수의 분산에 대한 추정값은 ⓔ이다.
p-값은 F-값과 반대로 움직이며 ㉠이 커지면 F-값이 커지므로 ⓜ은 작아진다.
ⓜ이 0.05보다 크면 귀무가설의 기각역에 포함되지 않는 경우이므로 귀무가설을 기각할 수 없으므로, "유의수준 5%하에서 다섯 가지 교육방법에 따른 근무평가점수는 차이가 없다"고 할 수 있다.

다음 사례를 통해 위의 검정법에 대해 구체적으로 살펴보자. 예를 들어, 어떤 제품의 내마모성을 향상시키기 위해 제품의 원료 중에서 첨가제를 넣은 것과 넣지 않은 3종류의 제품을 만들어 마모상태를 조사하고자 한다. 이때 A는 첨가제를 넣지 않은 것이고, B는 첨가제를 1% 넣은 것이고, C는 첨가제를 2% 넣은 것이다. 이러한 조건에서 제품을 4개씩 만들어 같은 조건하에서 마모시험을 통하여 마모량(mg)을 조사한 결과이다. 분석분석표를 작성하고, 세 가지 방법에 의한 제품의 내마모성에 차이가 있는지를 유의수준 5%에서 검정해 보기로 하자.

표 10-3 제품의 내마모성 검정에 대한 자료구조

처리	A	B	C	전체(평균)
1	16	10	8	11.33
2	18	12	10	13.33
3	20	16	9	15
4	17	13	11	13.67
평균	17.75	12.75	9.50	13.33

(1) 귀무가설과 대립가설은 다음과 같다.

$H_0 : \mu_1=\mu_2=\mu_3$ $H_1 : H_0$가 아니다(적어도 한 쌍의 평균은 다르다).

(2) 유의수준 $\alpha=0.05$이다.

(3) 검정통계량 F값을 구하기 위해 TSS, SST, SSE를 계산하면 다음과 같다.

$$\begin{aligned} TSS &= \sum_{i=1}^{3}\sum_{j=1}^{4}(x_{ij}-\bar{x})^2 \\ &= (16-13.33)^2+(18-13.33)^2+\cdots+(9-13.33)^2+(11-13.33)^2 \\ &= 170.67 \end{aligned}$$

$$\begin{aligned} SST &= 4\sum_{i=1}^{3}(\overline{x_{i.}}-\bar{x})^2 \\ &= 4\{(17.75-13.33)^2+(12.75-13.33)^2+(9.5-13.33)^2\} \\ &= 138.17 \end{aligned}$$

$$\begin{aligned} SSE &= \sum_{i=1}^{3}\sum_{j=1}^{4}(x_{ij}-\overline{x_{i.}})^2 \\ &= (16-17.75)^2+(18-17.75)^2+\cdots+(9-9.5)^2+(11-9.5)^2 \\ &= 32.5 \end{aligned}$$

$$F=\frac{SST/k-1}{SSE/k(n-1)}=\frac{138.17/2}{32.5/9}=\frac{69.085}{3.611}=19.132$$

이때 분산분석표는 **표 10-4**와 같다.

표 10-4 제품의 내마모성 검정에 대한 분산분석표

요인	제곱합	자유도	평균제곱합	F값
처리 오차	138.17 32.50	2 9	69.085 3.611	F=19.132
전체	170.67	11	–	–

(4) 기각역은 다음과 같다.

$$F \geq F_{0.05}(2, 9) = 4.26$$

(5) 검정통계량 F값이 19.132로 이것은 기각역인 $F_{0.05}(2, 9) = 4.26$보다 크므로 귀무가설 H_0를 기각한다. 따라서 세 가지 방법에 의한 제품의 내마모성에 차이가 있다고 할 수 있다.

정석 사례연구

공장 A와 B에서 각각 제조방법 1, 2, 3에 따라 생산되는 어떤 제품의 인장강도에 차이가 있는지 알아보고자 반복수가 같은 일원배치 분산분석법을 적용하려고 한다. 각 공장에서 측정한 제품의 인장강도에 대한 총제곱합은 같고, 제조방법별 인장강도의 상자그림(box plot)은 다음과 같다.

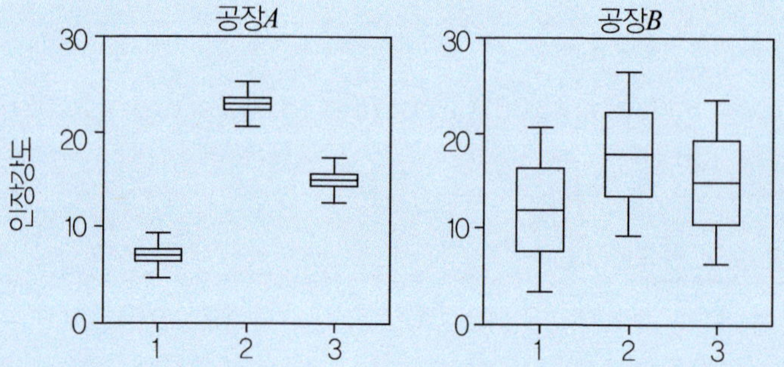

공장 A와 B의 평균처리제곱(mean square for treatment)을 각각 MST_A와 MST_B, 평균오차제곱(mean square for error)을 각각 MSE_A와 MSE_B라고 할 때, 이들 간의 대소 관계를 나타내보자.(9급 17)

해설

상자그림을 비교해보면 공장 A에 비해 공장 B의 분포가 더 크므로 분포의 형태를 통해 $MSE_A < MSE_B$ 임을 알 수 있다. 이때 총제곱합 $TSS = SST + SSE$와 같으므로 평균처리제곱은 $MST_A > MST_B$이다.

이 사례에서 공장 A와 공장 B는 표본평균이 유사하더라도 표본분산이 서로 크게 다르므로 서로 다른 검정결과가 나올 수 있다. 이처럼 여러 모집단의 평균에 관한 가설을 검정하는 데 있어서 표본평균 간 변동정도를 나타내는 표본 간 분산과 표본 내 변동정도를 나타내는 표본 내 분산을 동시에 고려하여야 한다. 표본평균의 차이가 크면 클수록 모집단 평균이 같지 않을 가능성이 높으므로 표본평균의 차이를 나타내는 표본 간 분산이 크면 모든 모집단의 평균이 같다는 귀무가설을 기각하기 쉽다.

정석 사례연구

다음은 회사 A, B, C에서 생산하는 직물의 인장강도를 비교하기 위하여 각 회사별로 제품 4개씩을 임의로 추출하여 실험한 결과이다. 이 결과로부터 각 제곱합을 도출해보자. (9급 16)

(단위: kg/cm²)

회사	A	B	C
인장강도	55	52	49
	54	50	51
	52	51	52
	55	51	52
표본평균	54	51	51
표본분산	2	2/3	2

해설

(1) 방법 1

$$\overline{x} = \frac{(55+54+52+55)+(52+50+51+51)+(49+51+52+52)}{12} = 52$$

$$SST = \sum_{i=1}^{k}\sum_{j=1}^{n}(\overline{x_{i.}} - \overline{x}) = 4(54-52)^2 + 4(51-52)^2 + 4(51-52)^2 = 24$$

$$TSS = \sum_{i=1}^{k}\sum_{j=1}^{n}(x_{ij} - \overline{x}) = (55-52)^2 + (54-52)^2 + \cdots + (52-52)^2 = 38$$

$$SSE = TSS - SST = 38 - 24 = 14$$

(2) 방법 2

표본평균과 표본분산이 주어져 있으므로 전체평균과 SSE를 다음과 같이 도출하는 것이 더 쉬운 방법이다. 즉 $\overline{x} = \frac{54+51+51}{3} = 52$

$$SST = \sum_{i=1}^{k}\sum_{j=1}^{n}(\overline{x_{i.}} - \overline{x}) = 4(54-52)^2 + 4(51-52)^2 + 4(51-52)^2 = 24$$

$SSE = \sum_{i=1}^{k}\sum_{j=1}^{n}(x_{ij} - \overline{x_{i.}})^2$ 이고,

각 회사의 표본분산 $s_i^2 = \frac{\sum_{j=1}^{n}(x_{ij} - \overline{x_{i.}})^2}{n-1}$ 이므로

$$SSE = \sum_{i=1}^{k}(n-1)s_i^2 = (2\times 3) + (\frac{2}{3}\times 3) + (2\times 3) = 6+2+6 = 14$$

정석 사례연구

어느 공장에서 다섯 가지 공법에 의해 생산되는 금속가공품의 평균인장강도에 차이가 있는지 조사하기 위해 생산된 제품 가운데 각 공법당 5개씩 임의추출하고 인장강도를 측정하여 얻은 분산분석표의 일부가 다음과 같을 때, ㉠과 ㉡의 값은? (9급 14)

요인	제곱합	자유도	F값
공법	100		㉡
오차	60	㉠	

해설

반복수가 같은 일원배치 분산분석으로서 분산분석표는 다음과 같다.

요인	제곱합	자유도	평균제곱	F값
공법	SST	$k-1$	$MST = \dfrac{SST}{k-1}$	$F = \dfrac{MST}{MSE}$
오차	SSE	$k(n-1)$	$MSE = \dfrac{SSE}{k(n-1)}$	
전체	TSS	$kn-1$	−	−

이 사례연구에서 $k=5$, $n=5$이므로
오차의 자유도는 ㉠$=5\times(5-1)=20$,
F값은 ㉡$=\dfrac{100/(5-1)}{60/20}=25/3=8.3$

2. 반복수가 다른 경우

앞 항에서는 각 처리에서의 반복수가 n으로 일정한 경우를 다루었다. 그런데 실제 실험에서 일부 처리에 결측값(missing value)이 생길 수도 있고 어떤 처리에 정확도를 높일 필요가 있을 때도 있다. 이러한 경우 각 처리에 따라 반복수가 다르게 실험이 진행될 수도 있다.

하나의 요인에 k종류의 처리가 있고 각 처리에 대한 표본(실험단위)의 크기가 n_1, n_2, n_3, …, n_k로 같지 않은 경우를 생각해보자. 이러한 경우 자료의 구조는 **표 10-5**와 같다.

표 10-5 반복수가 다른 일원배치 분산분석의 자료구조

구분	처리1	처리2	처리3		처리k
	X_{11} X_{12} $\vdots$ X_{1n_1}	X_{21} X_{22} $\vdots$ X_{2n_2}	X_{31} X_{32} $\vdots$ X_{3n_3}	$\cdots$ $\cdots$	X_{k1} X_{k2} $\vdots$ X_{kn_k}
평 균	$\overline{x_{1.}}$	$\overline{x_{2.}}$	$\overline{x_{3.}}$	$\cdots$	$\overline{x_{k.}}$
제곱합	$\sum_{j=1}^{n_1}(x_{1j}-\overline{x_1})^2$	$\sum_{j=1}^{n_2}(x_{2j}-\overline{x_2})^2$	$\sum_{j=1}^{n_3}(x_{3j}-\overline{x_3})^2$	$\cdots$	$\sum_{j=1}^{n_k}(x_{kj}-\overline{x_k})^2$

여기서 n_i는 i번째 처리의 관측값의 개수이고, 총 표본의 크기는 $N=n_1+n_2+\cdots+n_k$이다.

앞 항에서 설명한 반복수가 같은 경우와 마찬가지로 모집단모형은 동일하며 총제곱합(전체제곱합)은 처리제곱합과 잔차제곱합으로 나누어 다음과 같이 분해할 수 있다.

정석 사고

총제곱합의 분해

$$\sum_{i=1}^{k}\sum_{j=1}^{n_i}(x_{ij}-\overline{x})^2=\sum_{i=1}^{k}n_i(\overline{x_{i.}}-\overline{x})^2+\sum_{i=1}^{k}\sum_{j=1}^{n_i}(x_{ij}-\overline{x_{i.}})^2$$

총제곱합(TSS) = 처리제곱합(SST) + 잔차제곱합(SSE)

총제곱합의 식에서 관측값의 총개수는 $N=\sum_{i=1}^{k}n_i$이므로 분해한 각 제곱합의 자유도는 다음과 같다.

총제곱합(TSS)의 자유도는 $N-1$,
처리제곱합(SST)의 자유도는 $k-1$,
잔차제곱합(SSE)의 자유도는 $N-k$

따라서 반복수가 다른 경우의 일원배치 분산분석표는 **표 10-6**과 같다.

표 10-6 반복수가 다른 일원배치 분산분석표

요인	제곱합	자유도	평균제곱합	F값
처리	SST	$k-1$	$MST=\dfrac{SST}{k-1}$	$F=\dfrac{MST}{MSE}$
오차	SSE	$N-k$	$MSE=\dfrac{SSE}{(N-k)}$	
전체	TSS	$N-1$	–	–

표 10-6의 분산분석표에서 계산된 F값(F비)은 다음과 같은 가설검정에 이용된다. 이때 귀무가설은 "각 처리 간의 효과가 모두 동일하다"로, 대립가설은 "적어도 하나는 동일하지 않다"로 생각할 수 있다. 즉,

$H_0: \alpha_1=\alpha_2=\alpha_3=\cdots=\alpha_k=0$
$H_1: H_0$이 아니다(적어도 하나는 동일하지 않다).

귀무가설 H_0하에서 $F=MST/MSE$는 자유도가 $(k-1,\ N-k)$인 F-분포를 따른다. 따라서 유의수준 α에서 기각역은 다음과 같이 주어진다.

기각역: $F>F_\alpha(k-1,\ N-k)$

따라서 다음과 같은 검정법을 사용할 수 있다.

정석 사고

반복수가 다른 경우 F-검정법

귀무가설 $H_0: \alpha_1=\alpha_2=\alpha_3=\cdots=\alpha_k=0$

검정통계량: $F=\dfrac{MST}{MSE}=\dfrac{SST/(k-1)}{SSE/(N-k)}$

검정법: $F>F_\alpha(k-1,\ N-k)$이면 귀무가설 기각. 그 외의 경우 귀무가설 채택

다음 사례를 통해 위의 검정법에 대해 구체적으로 살펴보자. 3곳의 자동차회사에서 생산한 경승용차의 리터당 평균주행거리를 비교하고자 한다. 같은 조건하에서 실시한 주행거리 실험 결과가 다음과 같다. 3곳의 자동차회사에서 생산한 경승용차의 리터당 평균주행거리

간에 차이가 있는지 유의수준 5%에서 검정해보자.

표 10-7 리터당 평균주행거리 검정을 위한 자료구조

처리	*A*자동차	*B*자동차	*C*자동차	전체(평균)
1	16.5	15.3	19.0	16.93
2	18.0	14.8	18.4	17.07
3	14.1	16.1	15.3	15.17
4	17.8		17.3	17.55
평균	16.6	15.4	17.5	16.6

(1) 귀무가설과 대립가설은 다음과 같다.

$H_0 : \mu_1=\mu_2=\mu_3$ $H_1 : H_0$가 아니다(적어도 한 쌍의 평균은 다르다).

(2) 유의수준 $\alpha=0.05$이다.

(3) 검정통계량 F값을 구하기 위해 TSS, SST, SSE를 계산하면 다음과 같다.

$$\begin{aligned} TSS &= \sum_i \sum_j (x_{ij} - \overline{x})^2 \\ &= (16.5 - 16.6)^2 + (18 - 16.6)^2 + \cdots + (17.3 - 16.6)^2 \\ &= 26.02 \end{aligned}$$

$$\begin{aligned} SST &= \sum_i n_i (\overline{x_{i.}} - \overline{x})^2 \\ &= 4(16.6 - 16.6)^2 + 3(15.4 - 16.6)^2 + 4(17.5 - 16.6)^2 \\ &= 7.56 \end{aligned}$$

$$\begin{aligned} SSE &= \sum_i \sum_j (x_{ij} - \overline{x_{i.}})^2 \\ &= (16.5 - 16.6)^2 + (18 - 16.6)^2 + \cdots + (17.3 - 17.5)^2 \\ &= 18.46 \end{aligned}$$

$$F = \frac{SST/k-1}{SSE/(N-k) = 11-3=8} = \frac{7.56/2}{18.46/8} = \frac{3.78}{2.307} = 1.638$$

이때 분산분석표는 다음의 **표 10-8**과 같다.

표 10-8 리터당 평균주행거리 검정에 대한 분산분석표

요인	제곱합	자유도	평균제곱	F값
처리	7.56	2	3.780	$F=1.638$
잔차	18.46	8	2.307	–
전체	26.02	10	–	–

(4) 기각역은 다음과 같다.

$$F \geq F_{0.05}(2, 8)=4.46$$

(5) 검정통계량 F값이 1.638로 이것은 기각역인 $F_{0.05}(2, 8)=4.46$보다 작으므로 귀무가설 H_0를 기각할 수 없다. 따라서 3곳의 자동차회사에서 생산한 경승용차의 리터당 평균주행거리 간에 차이가 있다고 할 수 없다.

정석 사례연구

다음은 반복수가 다른 일원배치법 모형이다.

$$Y_{ij}=\mu+\alpha_i+\varepsilon_{ij},\ \ i=1, \cdots, k,\ \ j=1, \cdots, n$$
$\varepsilon_{ij} \sim N(0, \sigma^2)$이고 서로 독립, $i=1, \cdots k, j=1, \cdots, n$
$$\sum_{i=1}^{k} n_i \alpha_i = 0$$

위 모형에 대하여 기술한 것으로 옳지 않은 것을 찾고 설명하시오. (단, $n_i \geq 2$, $i=1, \cdots, k$, $k \geq 2$이고, $n=\sum_{i=1}^{k} n_i$, $\overline{Y}=\frac{1}{n}\sum_{i=1}^{k}\sum_{j=1}^{n_i} Y_{ij}$, $\overline{Y_i}=\frac{1}{n}\sum_{j=1}^{n_i} Y_{ij}$이며 $F_\alpha(v_1, v_2)$는 분자의 자유도가 v_1, 분모의 자유도가 v_2인 F-분포의 $100\times(1-\alpha)$번째 백분위수를 나타낸다.)

① 총제곱합은 $\sum_{i=1}^{k}\sum_{j=1}^{n_i} Y_{ij} - n\overline{Y}^2$이고 자유도는 $n-1$이다.

② 처리제곱합은 $\sum_{i=1}^{k} n\overline{Y_i}^2 - n\overline{Y}^2$이고 자유도는 $k-1$이다.

③ 오차제곱합(잔차제곱합)은 $\sum_{i=1}^{k}\sum_{j=1}^{n_i} Y_{ij}^2 - \sum_{i=1}^{k} n_i \overline{Y}^2$이고 자유도는 $n-k$이다.

④ 통계량 $\dfrac{\sum_{i=1}^{k} n(\overline{Y_i^2} - \overline{Y^2})}{\sum_{i=1}^{k}\sum_{j=1}^{n_i} Y_{ij}^2 - \sum_{i=1}^{k} n_i \overline{Y^2}}$은 분자의 자유도가 $k-1$, 분모의 자유도는 $n-k$인 F–분포를 따른다.

해설

④가 옳지 않다. 검정통계량 : $F = \dfrac{MST}{MSE} = \dfrac{SST/(k-1)}{SSE/(n-k)}$이므로

④에서 분자는 $(k-1)$로, 분모는 $(n-k)$로 나누어야 한다.

정석 사례연구

반복수가 같지 않은 일원배치 분산분석법(One-way Analysis of Variance)에서 i번째 처리의 j번째 자료인 Y_{ij}의 분산이 σ^2이고 i번째 처리의 평균 $\overline{Y}_i = \dfrac{1}{n}\sum_{j=1}^{n_i} Y_{ij}$이고 총평균 $\overline{Y}_{..} = \dfrac{1}{n}\sum_{i=1}^{k}\sum_{j=1}^{n_i} Y_{ij}$일 때, σ^2의 불편추정량(Unbiased Estimator)에 대해 설명하시오. (단, i=1, 2, … n_i이고 n_i>1이며, 표본의 크기 $n=n_1+n_2+\cdots,\ n_k$이다.)

해설

i번째 처리의 j번째 자료의 분산과 i번째 처리의 평균이 알려져 있으므로 잔차제곱합과 그 자유도 $n-k$를 이용하여 분산추정을 할 수 있으며 이때 불편추정량이 된다.

즉, $MSE = \dfrac{SSE}{n-k} = \dfrac{\sum_{i=1}^{k}\sum_{j=1}^{n_j}(Y_{ij} - \overline{Y}_{i.})^2}{n-k}$가 σ^2의 불편추정량이 된다.

정석 사례연구

산업폐수를 정화하는 네 종류의 필터 A, B, C, D의 평균 여과능력 μ_A, μ_B, μ_C, μ_D에 대하여 귀무가설 H_0 : $\mu_A=\mu_B=\mu_C=\mu_D$ 대 대립가설 H_1 : not H_0을 검정하고자 아래의 자료를 얻었다. 여과능력이 정규분포를 따른다고 할 때 이 가설을 검정하기 위한 적절한 분석방법과 검정통계량을 설명해보자.(9급 13)

A	B	C	D
2.6, 2.3, 2.7	1.9, 2.0, 2.0, 1.7	2.8, 2.8, 2.9	2.9, 2.9, 2.7, 3.4

해설

가설을 검정하기 위한 적절한 분석방법은 분산분석, 검정통계량은 F–통계량이다.

(1) 실험을 각 필터에 대하여 반복수가 다른 일원배치 분산분석법으로 가설을 검정할 수 있다.

(2) 분산분석은 두 분산의 비 ,즉 카이제곱/카이제곱으로 F–분포를 따른다. 따라서 F–통계량을 사용한다.

정석 사례연구

어느 지역에서 남자와 여자의 체질량지수 평균이 같은지 알아보기 위하여 남자 22명과 여자 10명을 무작위로 추출한 후 체질량지수를 조사한 결과가 다음과 같다. 일원배치 분산분석법을 적용하여 분산분석표를 작성할 때 오차평균제곱(잔차평균제곱)의 값은?(9급 16)

성별	n	표본평균	표본분산
남자	22	21.30	1.50
여자	10	20.90	0.80

해설

각 성별 표본분산 $s_i^2 = \dfrac{\sum_{j=1}^{n}(x_{ij}-\overline{x}_i)^2}{n-1}$ 이므로

$$SSE = \sum_{i=1}^{k}(n_i-1)s_i^2 = 1.5\times(22-1)+0.8\times(10-1) = 31.5+7.2 = 38.7$$

오차평균제곱(잔차평균제곱) $MSE=SSE/(32-2)=38.7/30=1.29$

정석 사례연구

판매능력이 비슷한 영업사원들을 임의로 세 집단으로 나누어 서로 다른 방법으로 교육한 후 1년간 판매실적을 조사하였다. 교육방법에 따라 판매실적이 다른지 알아보기 위해 다음과 같은 분산분석표를 얻었다. 조사대상의 수와 ㉠+㉡+㉢+㉣은?

요인	제곱합	자유도	평균제곱	F–값
처리	38	㉠	㉡	㉢
잔차		9	㉣	
합계	65			

해설

요인	제곱합	자유도	평균제곱	F-값
처리	38	㉠ 2	㉡ 19	㉢ 6.333
잔차	27	9	㉣ 3	
합계	65	11		

㉠의 값은 3−1=2이다.

㉣의 값은 (65−38)/9=27/9=3이다.

㉢의 값은 ㉡/㉣로 값을 구하면 $19/3 = 6\frac{1}{3} ≒ 6.333$이다.

조사 대상은 총제곱합의 자유도의 합$=n-4=2+9=11$이므로 $n=15$명이다.

따라서 ㉠+㉡+㉢+㉣은 $2 + 19 + 19/3 + 3 = 30\frac{1}{3} ≒ 30.333$

제3절 정석 통계학 이원배치 분산분석법

앞 절에서 설명한 일원배치 분산분석법은 요인이 하나로 그 요인에 대한 처리효과에 차이가 있는지를 검정하는 분석방법이다. 그러나 실험을 통해 얻어지는 자료들은 한 가지 요인뿐만 아니라 여러 요인에 대한 처리효과에 차이가 있는지를 검정하는 경우가 더 많다고 할 수 있다. 이 절에서는 두 가지 요인에 대한 처리효과에 차이가 있는지를 검정하는 분석방법을 알아보려고 한다.

이원배치 분산분석이란 실험요인이 두 가지인 경우에 여러 집단을 분석하는 방법으로 **반복 없는 이원배치 분산분석**과 **반복 있는 이원배치 분산분석**으로 크게 나눌 수 있다. 예를 들어, 일원배치 분산분석법과 마찬가지로 분석대상 자료가 N개 주어져 있으며, 이들 각각의 모집단은 정규분포를 가정하고 분산은 σ^2으로 모두 같은 값을 가진다고 가정하자. 주어진 자료는 실험요인 A와 B에 의하여 분석이 실시된다. 이때 실험요인 A의 k번째 효과를 α_k라고 하고 실험요인 B의 h번째 효과를 β_h라 하자. 그리고 '반복이 있는 경우' 실험요인 A와 B가 결합하여 나타내는 **교호효과**(interaction effect)를 γ_{kh}라고 할 때 이원분산분석의 가설은 다음과 같이 설정된다.

- 귀무가설: $\alpha_1 = \alpha_2 = \cdots = \alpha_k = 0$
- 대립가설: 실험요인 A의 α_k 중 적어도 하나 이상의 α값이 0이 아니다.
- 귀무가설: $\beta_1 = \beta_2 = \cdots = \beta_h = 0$
- 대립가설: 실험요인 B의 β_h 중 적어도 하나 이상의 β값이 0이 아니다.
- 귀무가설: $\gamma_{12} = \gamma_{13} = \cdots = \gamma_{kh} = 0$
- 대립가설: 교호효과에서 γ_{kh} 중 적어도 하나 이상의 γ값이 0이 아니다.

예를 들어, 어느 회사에서 남녀별, 학력별 봉급차이를 분석하려고 하고 있다. 이 경우 봉급차이에 대하여 남녀(A요인)와 학력(B요인)의 두 가지 요인이 있는 이원배치 분산분석의 경우로서, 다음과 같은 가설을 설정한다.

(1) ***A***요인에 대한 가설

- 귀무가설: $\alpha_{남} = \alpha_{여} = 0$ (남, 여의 봉급은 서로 같다.)
- 대립가설: 남자, 여자에 따라 봉급이 서로 같지 않다.

(2) ***B***요인에 대한 가설

- 귀무가설: $\beta_{고졸} = \beta_{대졸} = \beta_{대학원졸} = 0$ (고졸, 대졸, 대학원졸의 봉급은 서로 같다.)
- 대립가설: 고졸, 대졸, 대학원졸에 따라 봉급이 서로 같지 않다.

마지막으로 위의 자료는 반복적으로 측정하지 않은 자료의 경우를 다루고 있지만, 만약에 각 실험요인에 대하여 반복적으로 측정하였으면 두 집단 간의 상호작용을 반영하는 **교호효과**(interaction effect) 또는 교호작용을 측정할 수 있다. 둘 이상의 실험요인이 종속변수에 미치는 영향을 알아보기 위해서는 각 실험요인의 효과 이외에도 둘 이상의 실험요인이 결합하여 나타나는 효과까지도 분석해야 한다. **반복 있는 이원배치 분산분석**의 경우 각 실험요인의 효과 이외에도 이 두 실험요인이 결합되어 나타나는 효과인 교호효과까지도 밝혀낼 수 있다. 교호효과 유무는 그 자체가 분석상 중요한 의미를 지니고 있을 수 있지만, 일반적으로 교호효과 자체는 해석상 큰 의미를 두지 않는다.

그림 10-4 에서 요인 A의 각 수준에서의 기댓값 차이는 B의 수준에 무관하고 두 선의 방향이 같다. 이때에는 두 요인 A와 B 사이에 교호작용이 존재하지 않는다.

다음 그림 10-5 에서는 요인 A의 각 수준에서의 기댓값의 차이는 B의 수준에 따라 변하게 되며 두 선의 방향이 다르다. 이때 요인 A와 B 사이에 교호작용이 존재하게 된다. 이런 경우에는 반복이 있는 이원배치 분산분석법을 사용해야 한다.

그림 10-4 교호작용이 없는 경우

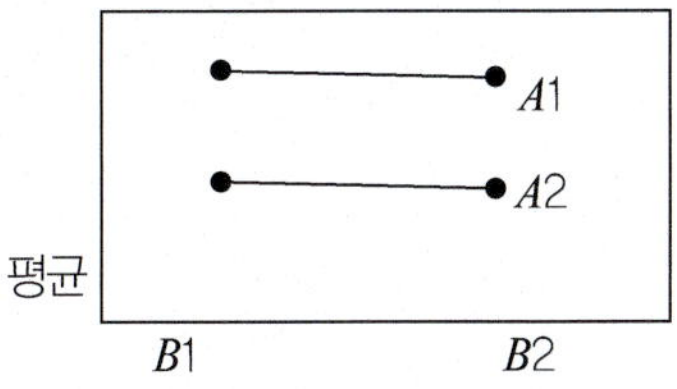

이원배치 분산분석에서도 앞에서 제시한 가설을 검정하기 위해서 통계적인 검정방법으로 분산분석을 실시한다. 분산분석을 실시한 결과 실험요인 A, B에 대한 F-값을 계산할 수 있을 것이며, 이 F-값과 일반적으로 통계학 교재에 제시되어 있는 F-분포표의 F-값의 임계값과 비교하여 각각 귀무가설을 채택할 것인지 기각할 것인지를 결정하면 된다.

그림 10-5 교호작용이 있는 경우

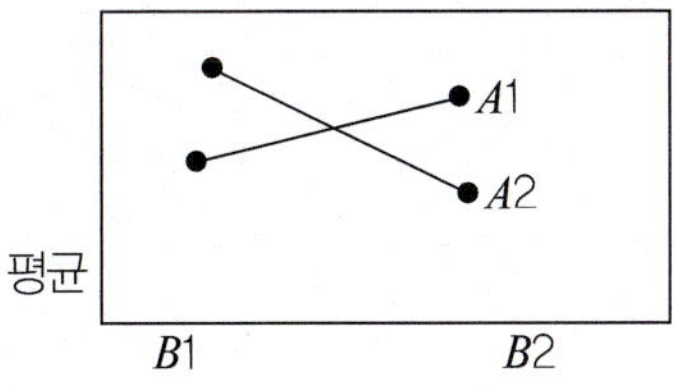

정석 사례연구

다음 그림은 반복수가 2로 주어진 이원배치법에서 요인 A의 수준이 $A1$, $A2$이고 요인 B의 수준이 $B1$, $B2$인 실험을 통해 얻은 결과에 대한 처리평균을 표시한 것이다. 그림 중 B의 주효과는 없고, A의 주효과와 A와 B의 교호작용(상호작용, Interaction)효과가 모두 있는 것은 무엇인지 고르고 이를 설명하시오.

①
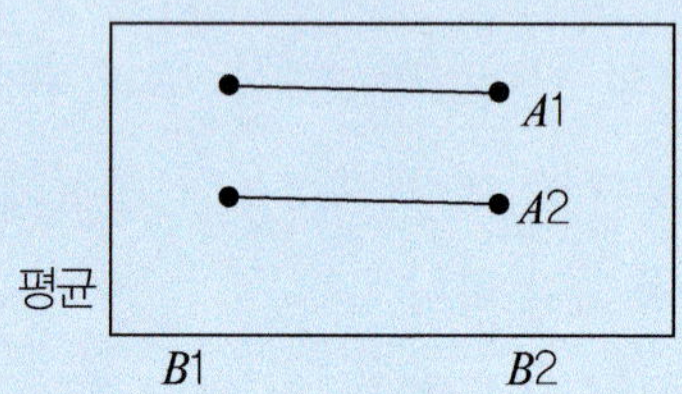

②
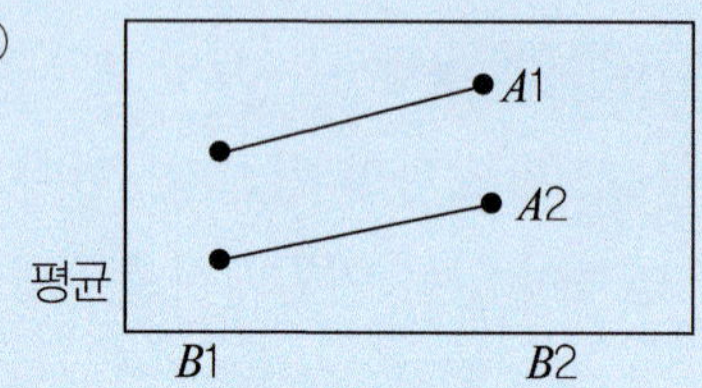

③
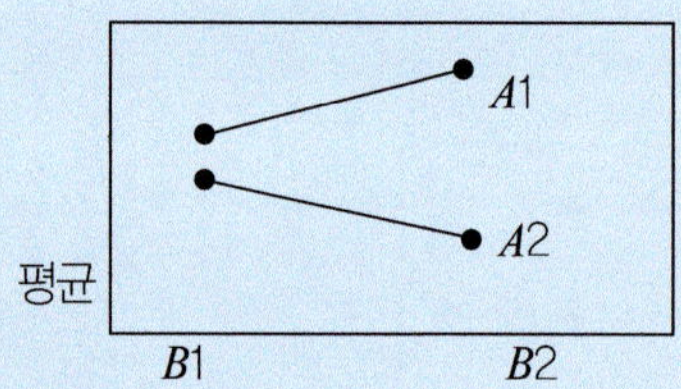

④
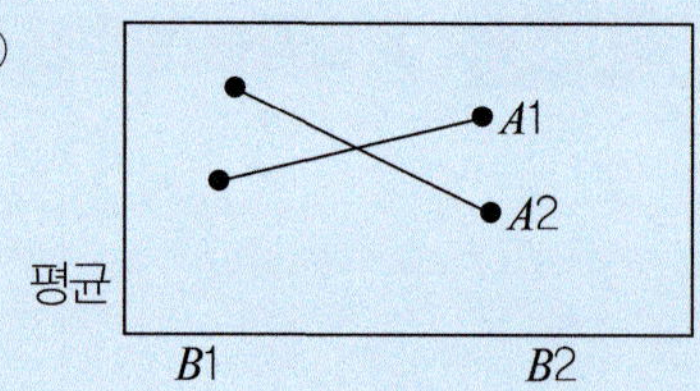

해설

그림에서 평행이면 A, B 사이에 교호작용이 없는 경우이므로 ①, ②는 배제된다. ③, ④는 교호효과가 있는 경우인데, 이 중에서 A의 주효과(A의 수준에 따라 B의 효과가 바뀜)가 있는 경우는 ③이다.

1. 반복이 없는 이원배치 분산분석법

이원배치 분산분석법(two-way ANOVA)은 특성값에 영향을 주는 2개의 요인(factor)에 대하여 그 영향을 조사하고자 할 때에 사용하는 분산분석법으로서, 2개 요인의 각 수준의 조합에서 반복(replication)이 있는 경우와 반복이 없는 두 가지 경우로 크게 나눌 수 있다. 이 항에서는 반복이 없는 이원배치 분산분석법에 대해서 살펴보기로 한다. 단 여기서 다루는 요인은 모두 모수요인(fixed factor)으로서 요인의 수준이 변량이 아니고 상수인 경우에만 다루기로 한다.

2개의 요인을 A, B로 표시하고, 요인 A는 p개의 처리수준으로, 요인 B는 q개의 처리수준으로 구성되어 있다고 하자. 즉,

- 요인 A의 수준을 A_1, A_2, $\cdots$, A_p
- 요인 B의 수준을 B_1, B_2, $\cdots$, B_q

로 표시하기로 한다. 이원배치 분산분석법에서는 요인 A의 한 수준과 요인 B의 한 수준의 조합이 한 처리가 되며, 따라서 전체는 pq개의 처리가 있게 된다. 이원배치 분산분석법에서 확률화(randomization)의 원칙은 pq회의 실험을 랜덤하게(randomly) 선택된 순서에 따라 시행하는 것이다. 예를 들어, A의 수준을 고정시켜 놓고 B의 수준을 변화시키면서 차례대로 하는 실험은 확률화의 원칙에 벗어나므로 이원배치 분산분석법에 의한 실험이 아니라는 사실에 주의해야 한다.

반복 없는 이원배치 분산분석법 자료형태는 **표 10-9**와 같다.

표 10-9 반복 없는 이원배치 분산분석의 자료구조

요인A \ 요인B	B_1		B_j		B_q	평균
A_1	x_{11}	$\cdots$	x_{1j}	$\cdots$	x_{1q}	$\overline{x}_{1.}$
$\vdots$	$\vdots$		$\vdots$		$\vdots$	$\vdots$
A_j	x_{i1}	$\cdots$	x_{ij}	$\cdots$	x_{iq}	$\overline{x}_{i.}$
$\vdots$	$\vdots$		$\vdots$		$\vdots$	$\vdots$
A_p	x_{p1}	$\cdots$	x_{pj}	$\cdots$	x_{pq}	$\overline{x}_{p.}$
평균	$\overline{x}_{.1}$	$\cdots$	$\overline{x}_{.j}$	$\cdots$	$\overline{x}_{.q}$	$\overline{x}_{..}$

이와 같은 자료형태의 이원배치 분산분석법에서는 요인 A의 효과와 요인 B의 효과가 관측값에 영향을 주게 되는데, 이러한 분산분석의 모집단모형은 다음과 같다.

정석 사고

반복이 없는 이원배치 분산분석법의 모집단모형

$$x_{ij} = \mu + \alpha_i + \beta_j + \varepsilon_{ij}, \quad i = 1, 2, \cdots, p$$
$$j = 1, 2, \cdots, q$$

단, μ는 전체평균

α_i는 A요인의 i번째 처리효과($\sum_{i=1}^{p} \alpha_i = 0$)

β_j는 B요인의 j번째 처리효과($\sum_{j=1}^{q} \beta_j = 0$)

ε_{ij}는 오차항으로서 서로 독립인 $N(0, \sigma^2)$ 확률변수

위의 모집단모형에서 오차항 ε_{ij}에 대한 가정은 일원배치 분산분석법에서와 같다. 인자 A, B는 모두 모수인자이므로 $\Sigma\alpha_i=0$와 $\Sigma\beta_i=0$의 가정은 언제나 가능하다. 예를 들어, $\Sigma\alpha_i$가 0이 아니고 α라고 하면 각 α_i 대신 $\alpha_i-\alpha/p$를 사용하고, μ 대신 $\mu+\alpha$를 사용하면 위의 조건을 만족시킬 수 있다. 여기서 반복이 없는 경우이므로 교호효과는 없다.

이원배치 분산분석법에서 중요하게 다루는 가설은 A요인의 각 수준에서의 처리효과가 같은가 또는 B요인의 각 수준에서의 처리효과가 같은가 하는 것이다. 이에 대한 귀무가설 H_0는 다음과 같다.

- A요인에 대한 귀무가설 H_0 : $\alpha_1=\alpha_2=\alpha_3=\cdots=\alpha_p=0$
  (단, H_1: 적어도 하나 이상의 α_i는 0이 아니다.)
- B요인에 대한 귀무가설 H_0 : $\beta_1=\beta_2=\beta_3=\cdots=\beta_p=0$
  (단, H_1: 적어도 하나 이상의 β_j는 0이 아니다.)

위의 귀무가설을 검정하기 위해 일원배치 분산분석법에서 설명한 방법과 마찬가지로 총제곱합(전체제곱합)을 A요인의 처리제곱합과 B요인의 처리제곱합, 잔차제곱합으로 분해하는 방법을 생각할 수 있다. 다시 말해서 관측값 x_{ij}와 전체평균 $\overline{x}_{..}$의 차인 $x_{ij}-\overline{x}_{..}$을 다음과 같이 분해할 수 있다.

$$(x_{ij}-\overline{x}_{..})=(\overline{x}_{i.}-\overline{x}_{..})+(\overline{x}_{.j}-\overline{x}_{..})+(x_{ij}-\overline{x}_{i.}-\overline{x}_{.j}+\overline{x}_{..})$$

단, $(\overline{x}_{i.}-\overline{x}_{..})$는 A요인의 i번째 처리효과에 의한 편차, $(\overline{x}_{.j}-\overline{x}_{..})$는 B요인의 j번째 처리효과에 의한 편차, $(x_{ij}-\overline{x}_{i.}-\overline{x}_{.j}+\overline{x}_{..})$는 오차에 의한 편차로서 잔차를 나타낸다.

총편차의 분해식에서 양변을 제곱하여 정리하면 각 항들의 곱의 합은 모두 0이 되어서 다음과 같은 제곱합의 분해식이 된다.

정석 사고

반복이 없는 이원배치 분산분석법의 총제곱합 분해

$$\sum_i\sum_j(x_{ij}-\overline{x}_{..})^2=q\sum_i(\overline{x}_{i.}-\overline{x}_{..})^2+p\sum_j(\overline{x}_{ij}-\overline{x}_{..})^2$$
$$+\sum_i\sum_j(x_{ij}-\overline{x}_{i.}-\overline{x}_{j}-\overline{x}_{..})^2$$

총제곱합(TSS)$=A$요인 처리제곱합(SSA)$+B$요인 처리제곱합(SSB)+잔차제곱합(SSE)

총제곱합의 분해식에서 왼쪽항 $\sum_i \sum_j (x_{ij} - \bar{x}_{..})^2$는 총제곱합(total sum of squares)이라고 하며 TSS로 나타내고, 오른쪽 첫째항 $q\sum_i (\bar{x}_{i.} - \bar{x}_{..})^2$는 A요인의 처리제곱합(factor A sum of squares)이라고 하며 SSA로 나타내고, 오른쪽 둘째항 $p\sum_j (\bar{x}_{.j} - \bar{x}_{..})^2$는 B요인의 처리제곱합(factor B sum of squares)이라고 하며 SSB로 나타낸다. 또한 $\sum_i \sum_j (x_{ij} - \bar{x}_{i.} - \bar{x}_{.j} - \bar{x}_{..})^2$는 잔차제곱합(residual sum of squares)이라고 하며 SSE로 나타낸다.

총제곱합의 식에서 관측값의 총개수는 $N=pq$이고 각 제곱합의 자유도는 제곱을 한 편차의 개수에서 편차들의 선형제약조건의 개수를 뺀 것이므로

총제곱합(TSS)의 자유도는 $N-1$,
A요인의 처리제곱합(SSA)의 자유도는 $p-1$,
B요인의 처리제곱합(SSB)의 자유도는 $q-1$,
잔차제곱합(SSE)의 자유도는 $N-(p+q+1)=(p-1)(q-1)$

가 된다. 잔차제곱합의 자유도에 대하여 좀 더 설명을 하면, 제곱을 한 편차의 개수는 총제곱합과 같이 N개이며 각 행의 합이 0이라는 선형제약조건이 p개, 각 열의 합이 0이라는 선형제약조건이 q개, 모든 행의 합과 모든 열의 합이 0이라는 것은 모든 원소의 합이 0이라는 것과 같아서 실제 선형제약조건의 개수는 $p+q+1$개이다. 따라서 잔차제곱합의 자유도는 $N-(p+q+1)=pq-(p+q+1)=(p-1)(q-1)$가 된다.

이러한 사실을 정리하여 다음과 같은 분산분석표(ANOVA table)를 만들 수 있다.

표 10-10 반복 없는 이원배치 분산분석표

요인	제곱합	자유도	평균제곱합	F값
A요인	SSA	$p-1$	$MSA = \frac{SSA}{p-1}$	$\frac{MSA}{MSE}$
B요인	SSB	$q-1$	$MSB = \frac{SSB}{q-1}$	$\frac{MSB}{MSE}$
잔차	SSE	$(p-1)(q-1)$	$MSE = \frac{SSE}{(p-1)(q-1)}$	−
전체	TSS	$pq-1$	−	−

표 10-10의 분산분석표에서 계산된 F값(F비) MSA/MSE와 MSB/MSE는 다음과 같은 가설검정에 이용된다. 이때 A요인의 귀무가설은 "A요인의 처리효과가 모두 동일하다"로, 대립가설은 "적어도 하나는 동일하지 않다"로 생각할 수 있다.

$H_0 : \alpha_1=\alpha_2=\alpha_3=\cdots=\alpha_p=0$
$H_1 : H_0$가 아니다(적어도 하나는 동일하지 않다).

귀무가설 H_0하에서 $F=MSA/MSE$는 자유도가 $(p-1, (p-1)(q-1))$인 F-분포를 따른다. 여기서 유의수준 α에서 기각역은 다음과 같다.

기각역: $F>F_\alpha(p-1, (p-1)(q-1))$

B요인의 귀무가설은 "B요인의 처리효과가 모두 동일하다"로, 대립가설은 "적어도 하나는 동일하지 않다"로 생각할 수 있다.

$H_0 : \beta_1=\beta_2=\beta_3=\cdots=\beta_q=0$
$H_1 : H_0$가 아니다(적어도 하나는 동일하지 않다).

귀무가설 H_0하에서 $F=MSB/MSE$는 자유도가 $(q-1, (p-1)(q-1))$인 F-분포를 따른다. 여기서 유의수준 α에서 기각역은 다음과 같다.

기각역: $F>F_\alpha(q-1, (p-1)(q-1))$

따라서 다음과 같은 검정법을 사용할 수 있다.

정석 사고

반복이 없는 이원배치 분산분석의 검정법

(1) 귀무가설 $H_0 : \alpha_1=\alpha_2=\alpha_3=\cdots=\alpha_k=0$

검정통계량: $F=\dfrac{MSA}{MSE}=\dfrac{SSA/(p-1)}{SSE/(p-1)(q-1)}$

검정법: $F>F_\alpha(p-1, (p-1)(q-1))$이면 귀무가설 기각. 그 외의 경우 귀무가설 채택

(2) 귀무가설 $H_0 : \beta_1=\beta_2=\beta_3=\cdots=\beta_q=0$

검정통계량: $F=\dfrac{MSB}{MSE}=\dfrac{SSB/(q-1)}{SSE/(p-1)(q-1)}$

검정법: $F>F_\alpha(q-1, (p-1)(q-1))$이면 귀무가설 기각. 그 외의 경우 귀무가설 채택

다음 사례를 통해 위의 검정법에 대해 알아보기로 한다. 다음은 4종류의 절단기로 5종류의 금속을 절단하여, 절단속도를 측정한 결과이다. 분산분석표를 작성하고 절단기의 종류에 따라 절단속도에 차이가 있는지를 검정하고, 재료강도에 따른 차이가 있는지 유의수준 5%에서 검정하여 보자.

표 10-11 절단속도와 재료강도에 따른 차이검정의 자료구조

절단기 \ 금속	1	2	3	4	5	평균
A	12	2	8	1	7	6
B	20	14	17	12	17	16
C	13	7	13	8	14	11
D	11	5	10	3	6	7
평균	14	7	12	6	11	10

(1) 귀무가설과 대립가설은 다음과 같다.

■ A요인에 대한 귀무가설 H_0 : $\alpha_A=\alpha_B=\alpha_C=\alpha_D=0$

대립가설 H_1 : H_0가 아니다(적어도 한 쌍의 평균은 다르다).

■ B요인에 대한 귀무가설 H_0 : $\beta_1=\beta_2=\beta_3=\beta_4=\beta_5=0$

대립가설 H_1 : H_0가 아니다(적어도 한 쌍의 평균은 다르다).

(2) 유의수준 $\alpha=0.05$이다.

(3) 검정통계량 F값을 구하기 위해 TSS, SSA, SSB, SSE를 계산하면 다음과 같다.

$$\begin{aligned} TSS &= \sum_{i=1}^{4}\sum_{j=1}^{5}(x_{ij}-\overline{x}_{..})^2 \\ &= (12-10)^2+(2-10)^2+\cdots+(3-10)^2+(6-10)^2 \\ &= 518 \end{aligned}$$

$$\begin{aligned} SSA &= 5\sum_{i=1}^{4}(\overline{x}_{i.}-\overline{x}_{..})^2 \\ &= 4\{(6-10)^2+(16-10)^2+(11-10)^2+(7-10)^2\} \\ &= 310 \end{aligned}$$

$$SSB = 4\sum_{j=1}^{5}(\overline{x_{j}} - \overline{x_{..}})^2$$
$$= 4\{(14-10)^2 + (7-10)^2 + (12-10)^2 + (6-10)^2 + (11-10)^2\}$$
$$= 184$$

$$SSE = \sum_{i=1}^{4}\sum_{j=1}^{5}(x_{ij} - \overline{x_{i.}} - \overline{x_{j}} - \overline{x_{..}})^2$$
$$= TSS - SSA - SSB$$
$$= 518 - 184 - 310 = 24$$

$$F_A = \frac{SSA/p-1}{SSE/(p-1)(q-1)} = \frac{103.3}{2} = 51.7$$

$$F_B = \frac{SSB/q-1}{SSE/(p-1)(q-1)} = \frac{46}{2} = 23$$

이때 분산분석표는 **표 10-12**와 같다.

표 10-12 절단속도와 재료강도에 따른 차이검정의 분산분석표

요인	제곱합	자유도	평균제곱합	F값
A(절단기)	310	3	103.3	51.7
B(금속)	184	4	46	23
잔차	24	12	2	–
전체	518	19	–	–

(4) 기각역은 다음과 같다.

$F_A \geq F_{0.05}(3,\ 12) = 3.49$
$F_B \geq F_{0.05}(4,\ 12) = 3.26$

(5) 검정통계량 F_A값이 51.7로 이것은 기각역인 $F_{0.05}(3,\ 12) = 3.49$보다 크므로 A요인에 대한 귀무가설 H_0를 기각한다. 또한 F_B값이 23으로 이것은 기각역인 $F_{0.05}(4,\ 12) = 3.26$보다 크므로 B요인에 대한 귀무가설 H_0를 기각한다. 즉 절단기에 따라서 절단속도가 차이가 있으며, 금속의 종류에 따라서도 절단속도가 차이가 있음을 알 수 있다.

정석 사례연구

인자 A는 세 가지 수준을 갖고 인자 B는 네 가지 수준을 갖는 반복이 없는 이원배치 분산분석법을 적용하여 얻은 분산분석표의 일부가 다음과 같다. ㉠의 값은?

요인	제곱합	F비
인자 A	9	㉠
인자 B	16	
오차		
합계	30	

해설

반복이 없는 이원배치 분산분석으로서 분산분석표는 다음과 같다.

요인	제곱합	자유도	평균제곱	F값
A	9	2(=3−1)	9/2	$F=\frac{MSA}{MSE}=\frac{27}{32}$
B	16	3(=4−1)	16/3	−
오차	5	6(=(3−1)×(4−1))	5/6	−
전체	30	11(=(3×4−1))	−	−

따라서 요인 A에 대한 F-검정통계량은

$$F=\frac{MSA}{MSE}=\frac{SSA/(p-1)}{SSE/(p-1)(q-1)}=\frac{9/(3-1)}{16/(4-1)}=27/32$$

2. 반복이 있는 이원배치 분산분석

앞 항에서 2개 요인의 각 수준의 조합에서 반복 없이 단 1회의 실험을 시행하였다. 그런데 요인의 각 수준의 조합에서 2회 이상의 실험을 반복한다면 실험결과의 신뢰도를 더 높일 수 있어서 바람직하다. 그러나 신뢰도를 높이는 바람직한 목표를 달성하기 위해서는 실험의 비용을 증가시킬 수밖에 없는 이상과 현실의 상충관계 속에서 적절한 조화를 취하는 수밖에 없다. 이와 같이 실험비용과 원하는 신뢰정도(precision)에 따라서 반복횟수가 결정된다.

2개의 요인 A, B의 수준수가 각각 p, q이고 각 수준의 조합에 반복수가 r회인 이원배치 분산분석법을 알아보자. 반복이 있는 이원배치 분산분석법에서 확률화(randomization)의 원칙은 pqr회의 전체 실험이 랜덤하게 선택된 순서에 의해서 시행되어야 하는 것이다. **반복**

이 있는 이원배치 분산분석법이 가지는 가장 큰 이점은 요인수준이 조합에서 생기는 효과, 즉 교호작용(interaction effect)을 분리하여 구할 수 있다는 것이다.

반복이 있는 이원배치 분산분석법의 자료구조는 다음 **표 10-13**과 같다.

표 10-13 반복 있는 이원배치 분산분석의 자료구조

요인B / 요인A	B_1	B_2	⋯	B_q	평균
A_1	x_{111} x_{112} ⋮ x_{11r}	x_{121} x_{122} ⋮ x_{12r}	⋯	x_{1q1} x_{1q2} ⋮ x_{1qr}	$\bar{x}_{1..}$
	$\bar{x}_{11.}$	$\bar{x}_{12.}$	⋯	$\bar{x}_{1q.}$	–
A_2	x_{211} x_{212} ⋮ x_{21r}	x_{221} x_{222} ⋮ x_{22r}	⋯	x_{2q1} x_{2q2} ⋮ x_{2qr}	$\bar{x}_{2..}$
	$\bar{x}_{21.}$	$\bar{x}_{22.}$	⋯	$\bar{x}_{2q.}$	–
⋮	⋮	⋮	⋮	⋮	⋮
A_p	x_{p11} x_{p12} ⋮ x_{p1r}	x_{p21} x_{p22} ⋮ x_{p2r}	⋯	x_{pq1} x_{pq2} ⋮ x_{pqr}	$\bar{x}_{p..}$
	$\bar{x}_{p1.}$	$\bar{x}_{p2.}$	⋮	$\bar{x}_{pq.}$	
평균	$\bar{x}_{.1.}$	$\bar{x}_{.2.}$	⋯	$\bar{x}_{.q.}$	$\bar{x}_{...}$

표 10-13과 같은 자료형태에서 각 행과 열, 총평균의 계산은 다음과 같이 실행된다.

$$\bar{x}_{ij.} = \frac{1}{r}\sum_{k=1}^{r} x_{ijk},\ i = 1, \cdots, p, \quad j = 1, \cdots, q$$

$$\bar{x}_{i..} = \frac{1}{qr}\sum_{i=1}\sum_{k=1} x_{ijk}, \quad i = 1, \cdots, p$$

$$\bar{x}_{.j.} = \frac{1}{pr}\sum_{i=1}\sum_{k=1} x_{ijk}, \quad j = 1, \cdots, q$$

$$\bar{x}_{...} = \frac{1}{pqr}\sum_{i=1}\sum_{j=1}\sum_{k=1} x_{ijk}$$

위와 같은 자료형태의 이원배치 분산분석법에서는 요인 A의 효과와 요인 B의 효과, 교호작용효과가 관측값에 영향을 주게 되는데, 이러한 분산분석의 모집단모형은 다음과 같다.

정석 사고

반복이 있는 이원배치 분산분석법의 모집단모형

$$x_{ijk} = \mu + \alpha_i + \beta_j + \gamma_{ij} + \varepsilon_{ijk}, \quad i = 1, \cdots, p, \quad j = 1, \cdots, q, \quad k = 1, \cdots, r$$

단, μ는 총평균(전체평균)
α_i는 A요인의 i번째 처리효과($\Sigma\alpha_i=0$)
β_j는 B요인의 j번째 처리효과($\Sigma\beta_j=0$)
γ_{ij} : A_i와 B_j의 교호작용효과($\sum_i \gamma_{ij} = \sum_j \gamma_{ij} = 0$)
ε_{ijk}는 오차항으로서 서로 독립인 $N(0, \sigma^2)$ 확률변수

이상의 모집단모형에서 오차항 ε_{ij}에 대한 가정은 일원배치 분산분석법이나 반복이 없는 이원배치 분산분석법에서와 같다. 반복이 있는 이원배치 분산분석법에서 중요하게 다루는 가설은 '요인 A, B의 각 수준에서의 효과가 같은가' 이외에 '교호작용의 효과가 존재하는가' 라는 것이다. 두 요인 간에 존재하는 교호작용에 대한 귀무가설은 다음과 같다.

$$H_0 : \gamma_{ij} = 0, \quad i = 1, \cdots, p, \quad j = 1, \cdots, q \text{ (단, } H_1, \gamma_{ij} \neq 0)$$

이러한 귀무가설을 검정하기 위해 일원배치 분산분석법이나 반복이 없는 이원배치분산분석법에서 설명한 방법과 마찬가지로 총제곱합(전체제곱합)을 A요인의 처리제곱합과 B요인의 처리제곱합, 교호작용제곱합, 잔차제곱합으로 분해하는 방법을 생각할 수 있다.

관측값 x_{ijk}와 총평균 $\overline{x}_{...}$와의 편차를 다음과 같이 분해하고,

$$x_{ijk} - \overline{x}_{...} = (\overline{x}_{i..} - \overline{x}_{...}) + (\overline{x}_{.j.} - \overline{x}_{...}) + [(\overline{x}_{ij.} - \overline{x}_{...}) - (\overline{x}_{i..} - \overline{x}_{...})(\overline{x}_{.j.} - \overline{x}_{...})] + (x_{ijk} - \overline{x}_{ij.})$$

우측 첫 번째 항은 요인 A의 효과, 우측 두 번째 항은 요인 B의 효과, 세 번째 항은 교호효과, 마지막 항은 잔차를 나타낸다. 이상의 분해된 식의 양변을 제곱하여 정리하면 다음의 결과를 얻을 수 있다.

정석 사고

반복이 있는 이원배치 분산분석법의 총제곱합 분해

$$\sum_{i=1}^{p}\sum_{j=1}^{q}\sum_{k=1}^{r}(x_{ijk}-\overline{x}_{...})^2 = qr\sum_{i=1}^{p}(\overline{x}_{i..}-\overline{x}_{...})^2 + pr\sum_{i=1}^{q}(\overline{x}_{.i.}-\overline{x}_{...})^2 + r\sum_{i=1}^{p}\sum_{j=1}^{q}(\overline{x}_{ij.}-\overline{x}_{i..}-\overline{x}_{.j.}+\overline{x}_{...})^2 + \sum_{i=1}^{p}\sum_{j=1}^{q}\sum_{k=1}^{r}(x_{ijk}-\overline{x}_{ij.})^2$$

총제곱합(TSS)$=A$요인 처리제곱합(SSA)$+B$요인 처리제곱합(SSB)$+$교호작용제곱합($SSAB$)$+$잔차제곱합(SSE)

총제곱합의 분해식에서 관측값의 총개수는 $N=pqr$이고 각 제곱합의 자유도는 제곱을 한 편차의 개수에서 편차들의 선형제약조건의 개수를 뺀 것이므로

총제곱합(TSS)의 자유도는 $N-1=pqr-1$,
A요인의 처리제곱합(SSA)의 자유도는 $p-1$,
B요인의 처리제곱합(SSB)의 자유도는 $q-1$,
교호작용의 처리제곱합($SSAB$)의 자유도는 $N-(p+q+1)=(p-1)(q-1)$
잔차제곱합(SSE)의 자유도는 $N-pq=pq(r-1)$

이 된다. 이러한 사실을 정리하여 다음 **표 10-14**와 같은 분산분석표(ANOVA table)를 만들 수 있다.

표 10-14 반복 있는 이원배치 분산분석표

요인	제곱합	자유도	평균제곱합	F값
A요인	SSA	$p-1$	$MSA=\dfrac{SSA}{p-1}$	$\dfrac{MSA}{MSE}$
B요인	SSB	$q-1$	$MSB=\dfrac{SSB}{q-1}$	$\dfrac{MSB}{MSE}$
교호작용	$SSAB$	$(p-1)(q-1)$	$MSAB=\dfrac{SSAB}{(p-1)(q-1)}$	$\dfrac{MSAB}{MSE}$
잔차	SSE	$pq(r-1)$	$MSE=\dfrac{SSE}{pq(r-1)}$	–
전체	TSS	$pqr-1$	–	–

주: 요인은 A, B라 하고 각 요인의 수준수는 p, q, 그리고 반복횟수는 r이다.

요인 A와 요인 B에 대한 가설검정법은 앞 항에서 다룬 반복이 없는 이원배치 분산분석법과 자유도를 제외하고는 완전히 동일하다. 다만 반복이 있는 이원배치 분산분석 모형에서는 교호작용의 효과가 발생하므로 교호작용에 관한 검정이 필요하며 이에 대한 검정법은 다음과 같다.

정석 사고

반복이 있는 이원배치 분산분석의 검정법

(1) 귀무가설 $H_0 : \alpha_1 = \alpha_2 = \alpha_3 = \cdots = \alpha_k = 0$

검정통계량: $F = \dfrac{MSA}{MSE} = \dfrac{SSA/(p-1)}{SSE/pq(r-1)}$

검정법: $F > F_\alpha(p-1,\ pq(r-1))$이면 귀무가설 기각, 그 외의 경우 귀무가설 채택

(2) 귀무가설 $H_0 : \beta_1 = \beta_2 = \beta_3 = \cdots = \beta_q = 0$

검정통계량: $F = \dfrac{MSB}{MSE} = \dfrac{SSB/(q-1)}{SSE/pq(r-1)}$

검정법: $F > F_\alpha(q-1,\ pq(r-1))$이면 귀무가설 기각, 그 외의 경우 귀무가설 채택

(3) 귀무가설 $H_0 : \gamma_{ij} = 0(i = 1, p,\ \ j = 1, \cdots, q)$

검정통계량: $F = \dfrac{MSAB}{MSE} = \dfrac{SSAB/(p-1)(q-1)}{SSE/pq(r-1)}$

검정법: $F > F_\alpha((p-1)(q-1),\ pq(r-1))$이면 귀무가설 기각, 그 외의 경우 귀무가설 채택

다음 사례를 통해 위의 검정법에 대해 알아보기로 한다. 어떤 사진기사가 사진기의 선명도에 사진현상제인 메톨(metol)과 하이드로퀴논(hydroquinone)이 미치는 영향을 조사하고자 실험을 실시하였다. 현상액 1ℓ당 메톨 함량의 수준을 1.5g, 2.5g으로 하고, 하이드로퀴논 함량의 수준을 4g, 6g으로 하여 아래의 표를 얻었다. 분산분석표를 작성하고, 각 요인(인자)과 교호작용의 영향을 조사해보자.

표 10-15 메톨과 하이드로퀴논의 영향에 대한 검정의 자료구조

메톨 \ 하이드로퀴논	4	6	평균
1.5	28, 30	33, 33	$\bar{x}_{1\cdot\cdot}=31.0$
2.5	42, 38	40, 42	$\bar{x}_{2\cdot\cdot}=40.5$
평균	$\bar{x}_{\cdot1\cdot}=34.5$	$\bar{x}_{\cdot2\cdot}=37$	$\bar{x}_{\cdot\cdot\cdot}=35.75$

(1) 제곱합의 계산은 다음과 같다. ($p=q=2$, $r=2$)

$$SSA = 2 \times 2[(31-35.75)^2 + (40.5-35.75)^2] = 180.5$$
$$SSB = 2 \times 2[(34.5-35.75)^2 + (37-35.75)^2] = 12.5$$
$$SSAB = 2[(29-31-34.5+35.75)^2 + \cdots + (41-40.5-37+35.75)^2] = 4.5$$
$$SSE = (28-29)^2 + (30-29)^2 + \cdots + (42-41)^2 = 12$$
$$SST = (28-35.75)^2 + (30-35.75)^2 + \cdots + (42-35.75)^2 = 209.5$$

따라서 위의 결과를 분산분석표로 만들면 **표 10-16**과 같다.

표 10-16 메톨과 하이드로퀴논의 영향에 대한 검정의 분산분석표

요인	제곱합	자유도	평균제곱합	F값
A요인	180.5	1	180.5	60.2
B요인	12.5	1	12.5	4.2
교호작용	4.5	1	4.5	1.5
잔차	12.0	4	3.0	–
전체	209.5	7	–	–

(2) F-분포표에서 $F(1, 4\ ;\ 0.05)=7.71$이므로 요인 A, 즉 메톨의 수준만이 사진의 선명도에 유의한 영향을 준다고 볼 수 있다.

정석 사례연구

세 가지 종의 밀과 다섯 가지 종의 비료가 밀의 수확량에 미치는 영향을 조사하기 위해 밀의 품종과 비료의 종류에 대한 15가지 조합마다 4회씩 모두 60회 실험을 실시했다. 60회 실험의 순서는 임의로 정했다. 이 실험의 결과에 이원배치 분산분석법(Two-way Analysis of Variance)을 적용하여 얻은 분산분석표의 일부가 다음과 같을 때 ㉠+㉡+㉢의 값은?

요인	제곱합	F비
밀의 품종	12	㉠
비료의 종류	60	㉡
교호작용	24	㉢
오차	45	
합계	141	

해설

반복이 있는 이원배치 분산분석으로서 분산분석표는 다음과 같다.

요인	제곱합	자유도	평균제곱	F 값
A	12	2 (=3−1)	6	㉠ 6(=6/1)
B	60	4 (=5−1)	15	㉡ 15(=15/1)
교호작용	24	8 (=(3−1)×(5−1))	3	㉢ 3(=3/1)
오차	45	45 (=3×5×(4−1))	1(=45/45)	−
합계	141	59 (=(3×5×4−1))	−	−

여기서 요인은 밀과 비료를 각각 A, B라 하고 수준 수 p, q 및 반복횟수 r는 $p=3$, $q=5$, $r=4$이다. 따라서 A의 자유도는 2(=3−1), B의 자유도는 4(=5−1), 교호작용의 자유도는 2×4=8이다.

따라서 ㉠+㉡+㉢는 24(=6+15+3)이다.

정석실전문제

1. 인자 A의 처리수준 A_1, A_2, A_3에 대하여 A_1에서 5회, A_2에서 10회, A_3에서 15회를 랜덤하게 실험하였다. 이 실험을 통하여 얻은 자료의 일원배치 분산분석에서 처리제곱합의 자유도(㉠)와 잔차제곱합의 자유도(㉡)이며 이에 맞는 말은? (9급 16)

정석힌트 일원배치 분산분석에서 처리수준이 $k=3$이므로, 처리제곱합의 자유도는 $k-1=2$이다.

표본의 크기 $n=5+10+15=30$이므로, 전체제곱합의 자유도는 $n-1=29$이다.
이때, 전체제곱합의 자유도=처리제곱합의 자유도+잔차제곱합의 자유도 이므로
$\phi_T=\phi_A+\phi_E$, $\phi_E=\phi_T-\phi_A=(n-1)-(k-1)=29-2=27$
∴ ㉠=2 ㉡=27

2. 어느 회사에서 세 종류 기계 A, B, C의 일일 평균생산량이 차이가 있는지를 알아보기 위하여 일원배치 분산분석법으로 실험한 결과가 다음과 같다. (7급 11)

구분	기계 A	기계 B	기계 C
일일생산량	25	21	22
	20	20	20
	25	16	21
	26	15	

위의 자료를 이용하여 만든 아래 분산분석표의 일부에서 (가)와 (나)의 값은? (7급 11)

요인	제곱합	자유도	F비
처리	72		(나)
오차	50	(가)	

정석힌트 N은 총표본의 크기, k는 처리종류(기계종류=3)라 하면
반복수가 다른 경우의 분산분석표는 다음 표와 같다.

요인	제곱합	자유도	평균제곱	F값
처리	SST	$k-1$	$MST=\dfrac{SST}{k-1}$	$F=\dfrac{MST}{MSE}$
잔차	SSE	$N-k$	$MSE=\dfrac{SSE}{(N-k)}$	
전체	TSS	$N-1$		

오차의 자유도=11−3=8

$F=\dfrac{MST}{MSE}=\dfrac{72/(3-1)}{50/8}=144/25$

제11장
회귀분석

사다리란 그 위에서 편히 쉬라고 만든 게 아니라,

한쪽 발이 버틸 동안 다른 쪽 발로

더 높이 올라가라고 만든 발판이다.

– 토마스 한슬리 –

제1절 회귀분석의 기초

정석 통계학

회귀의 사전적 의미는 “옛날로 돌아감(go back to an earlier condition)”을 의미한다. 영국의 유전학자 프랜시스 골턴(Francis Galton, 1886)은 부모의 키와 자녀의 키 사이의 관계를 연구하면서 부모의 키와 자녀의 키 사이에는 직선관계가 있으며 자녀의 키는 무한정 커지거나 무한정 작아지는 것이 아니라 전체 키의 평균으로 돌아가려는 경향이 있다는 것을 발견하였다. 그가 제안한 분석방법의 이름을 따서 회귀분석이라 명명하였다.

이와 같이 **회귀분석**(regression analysis)이란 변수들 간의 함수적 관련성을 규명하기 위해 어떤 수학적 모형을 가정하고 이 모형을 측정된 변수들의 자료로부터 추정 및 예측하는 통계적 분석방법이다. 골턴의 연구처럼 자녀의 키를 설명하는 변수가 부모의 키가 된다면 자녀의 키는 다른 변수의 영향을 받는 변수이므로 **종속변수**(dependent variable) 혹은 결과변수라고 부르고 부모의 키나 영양제 등이 자녀의 키에 영향을 준다면 이러한 변수들은 **독립변수** 혹은 **설명변수**(explanatory variable)라고 한다. 따라서 회귀분석이란 자료를 매개체로 하여 독립변수와 종속변수 사이의 함수관계를 통계적으로 찾는 분석방법이다.

골턴의 연구처럼 단순히 두 변수 간의 관계를 알아볼 때 함수적 관계(functional relation)는 X값을 알면 Y값을 정확히 알 수 있는 관계이고, 통계적 관계(statistical relation)는 X값에 대한 Y의 값이 유일하게 결정되지 않는 관계(확률적 관계)를 말한다. 따라서 회귀분석은 통계적 관계를 통해 함수적 관계를 추정하는 기법으로서 자료를 이용하여 관계를 추정하면 미래의 예측도 가능하게 한다.

회귀분석을 할 때 첫 단계는 주어진 자료를 가지고 **산포도** 혹은 **산점도**(scatter diagram)를 그려보는 것이다. 이를 통해 대략적으로 두 변수 사이에 직선관계가 있는가, 곡선관계가 있는가, 기타 다른 관계에 있는가 하는 것을 짐작할 수 있다. 다시 말해서 산포도는 X와 Y의 통계적 관계를 그림으로 나타낸 것이다. **그림 11-1**에 나타난 자료의 산점도는 두 변수의 관계가 선형관계, 즉 직선임을 알 수 있으며 회귀분석에서 회귀선으로 직선식을 적용하여야 한다고 결정할 수 있다.

그림 11-1 산포도

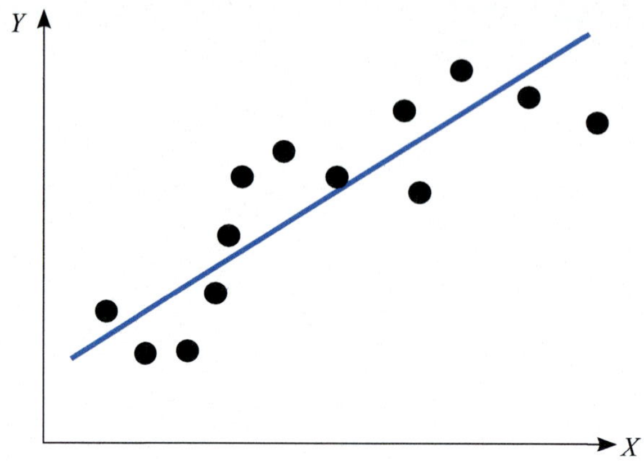

회귀분석을 분류해보면 다음 몇 가지로 나누어 생각해볼 수 있다.

정석 사고

회귀분석의 종류

① **단순회귀분석**(simple regression analysis): 하나의 종속변수와 하나의 독립변수의 직선 관계를 분석

② **다중회귀분석**(multiple regression analysis): 하나의 종속변수와 둘 이상의 독립변수 간 1차함수 관계를 분석

③ **다항회귀분석**(polynomial regression analysis): 하나의 종속변수와 둘 이상의 독립변수 간 2차함수 이상의 관계를 분석

④ **비선형회귀분석**(nonlinear regression): 회귀식이 알려지지 않은 모수들의 선형관계가 존재하지 않아 알려지지 않은 비선형관계를 분석

단순회귀분석이 간단하고 결과의 해석도 명확하지만 종속변수를 하나의 독립변수로 설명하기 어려운 경우가 많다. 이러한 경우 다중회귀분석을 사용하지만 여전히 1차함수의 관계를 가져야 하고 2차함수 이상의 관계를 가지는 경우 다항회귀분석을 사용할 수 있는데, 각 변수에 로그를 취하면 선형관계로 변환가능하다. 따라서 단순회귀, 다중회귀, 다항회귀는 모두 모두 합쳐서 선형회귀라고 분류할 수도 있다. 반면 비선형회귀는 알려져 있지 않은 비선형관계를 분석할 때 사용된다.

제2절 정석 통계학 단순회귀분석

1. 단순회귀식의 가정

회귀분석에서 종속변수의 값은 독립변수 x에 의해 결정되는 부분 $f(x)$와 설명되지 않는 오차 ε의 합으로 나타내고 오차항은 측정할 수 없는 확률변수로 생각한다. 따라서 독립변수 x에 대응하는 종속변수의 측정값 y는

$$Y=f(x)+\varepsilon$$

로 정의되는 확률변수 Y의 관측값이다.

만약 $f(x)$가 x의 일차함수라고 가정하면

$$Y=\beta_0+\beta_1 x+\varepsilon$$

와 같이 나타낼 수 있다. 이 식에서 β_0, β_1은 **회귀계수**(regression coefficients)들로서 미지의 모수이다. 예를 들어, 골턴의 최초 회귀분석처럼 성인남자의 키(Y)는 사람마다 다른 값들을 갖는데 키(Y)는 성인남자들의 키 평균(μ)과 오차(ε)의 합으로 이루어진다고 보는 것이다. 이때 단순선형회귀모형은

$$Y=E(Y)+\varepsilon=\mu+\varepsilon$$

으로 표현되고, 성인남자들의 키의 평균(μ)을 아버지의 키(x)만으로 나타내면 단순선형회귀모형은

$$Y=\beta_0+\beta_1 x+\varepsilon$$

가 된다. 이 모형에서 설명변수인 아버지의 키(x)는 주어진 값으로 간주하여 소문자로 표현

하고 아버지의 키가 측정되는 값으로서 변수의 개념이지만, 주어진 상수값으로 전제하고 회귀분석을 하게 된다. 이 모형의 오차(ε)는 평균이 0이고 분산 σ^2인 정규분포를 따른다고 가정한다. 즉, $N(0, \sigma^2)$이다. 오차의 평균이 0이라는 가정은 부자연스러운 가정이 아니며 오차가 여러 가지 값으로 나타나기 때문에 "알려지지 않은 분산을 갖는다"는 가정도 자연스러운 가정이다.

정석 사고

단순선형회귀모형

설명변수(독립변수)의 정해진 값 $x_1, \cdots, x_n$에서 측정되는 종속변수 $Y_1, \cdots, Y_n$에 대하여 다음의 관계식이 성립한다.

$$Y_i = \beta_0 + \beta_1 x_i + \varepsilon_i$$

오차 $\varepsilon_1, \cdots, \varepsilon_n$은 서로 독립이며 $\varepsilon_i \sim N(0, \sigma^2)$이다.
α, β, σ^2은 알려져 있지 않은 모수이다.

단순회귀선형모형은 **단순회귀모형**이라고도 $E(Y_i) = \beta_0 + \beta_1 x_i$하며 이므로 x에 따른 Y의 기댓값 $E(Y) = \beta_0 + \beta_1 x$를 추정하는 것이 단순회귀분석의 첫 번째 작업이다.

단순회귀선형모형을 다시 생각해보면 한 가지 중요한 사실을 발견할 수 있다. 먼저 ε의 평균이 0이므로 Y의 평균은 $(\beta_0 + \beta_1 x)$이 된다. 또한 $(\beta_0 + \beta_1 x)$는 상수(constant)로 생각하므로 ε과 마찬가지로 Y의 분산도 σ^2이 되며, ε과 같이 정규분포를 따르게 된다. 따라서 Y의 분포는 평균이 $(\beta_0 + \beta_1 x)$, 분산이 σ^2인 정규분포를 따른다. 즉,

$$Y \sim N(\beta_0 + \beta_1 x, \sigma^2)$$

이 사실에서 회귀분석을 할 자료(Y)는 정규분포를 따르는 자료여야 한다는 것을 알 수 있다. 그러나 회귀분석에 필요한 자료가 정규분포를 따르는가의 여부에 크게 제약을 받을 필요는 없다. 왜냐하면 자료의 수가 충분히 많거나, Y가 취하는 값들의 범위가 크다면 문제가 되지 않는다. 그렇지만 오차(ε)에 대한 기본가정이 적합한가의 여부는 검정이 필요하다.

2. 최소제곱법

단순회귀모형에서 알려지지 않은 모수(파라미터) β_0, β_1을 구하기 위해(Y와 X의 선형관계를 얻기 위해) 자료를 얻어야 하는데 그 자료가 다음 **표 11-1**과 같다고 하자. **표 11-1**의 자료는 Y에 대한 n개의 관측된(측정된) 값들로서 Y에 대한 표본, $\{y_1, y_2, \cdots, y_n\}$이고 각각의 y값에 대한 x값들이 $\{x_1, x_2, \cdots, x_n\}$으로 주어져 있다고 가정한다.

표 11-1 X와 Y의 짝으로 된 자료

Y	y_1	y_2	$\cdots$	y_n
X	x_1	x_2	$\cdots$	x_n

이제 $(x_1, y_1), (x_2, y_2), \cdots, (x_n, y_n)$의 자료로서 β_0와 β_1의 추정치를 얻어 X와 Y의 관계식을 구해야 하는데, β_0와 β_1의 추정치를 $\widehat{\beta_0}$, $\widehat{\beta_1}$이라고 한다면 얻어지는 관계식은

$$\hat{y} = \widehat{\beta_0} + \widehat{\beta_1} x$$

가 된다. 이를 회귀선(line of regression)이라고 하는데, 이때 $\hat{y}$은 $\widehat{\beta_0}$과 $\widehat{\beta_1}$에 의해 추정된 기댓값이다.

그림 11-2 n개 자료를 지나는 회귀선(선형관계)

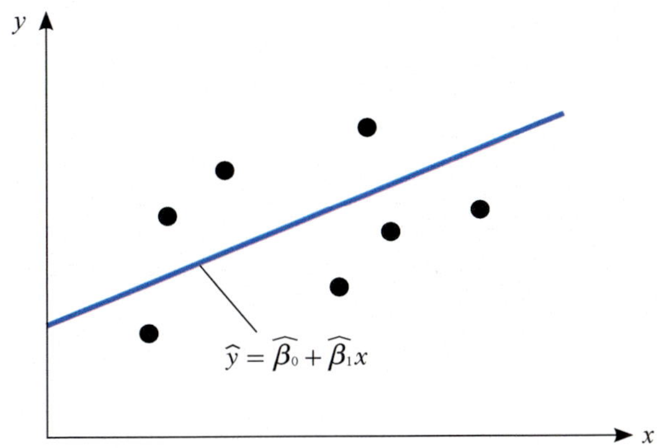

그림 11-3 회귀분석의 잔차 e_i

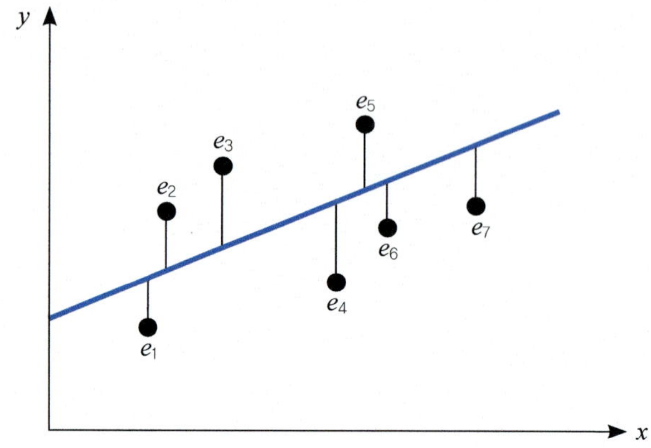

자료의 추정으로 얻어진 회귀선은 그림 11-2 와 같이 n개의 자료들을 가장 고르게 지나가는 직선이 되어야 한다. n개의 자료들을 가장 고르게 지나가는 직선 식의 절편($\widehat{\beta_0}$)과 기울기($\widehat{\beta_1}$)의 값은 그림 11-3 과 같이

$$\sum_{i=1}^{n}(y_i-\widehat{y})^2=\sum_{i=1}^{n}(y_i-\widehat{\beta_0}-\widehat{\beta_1}x_i)^2=\sum_{i=1}^{n}e_i^2$$

이 최소가 되는 값들이어야 한다. 다시 말해서 오차의 제곱합(sum of squares)이 최소가 되도록 $\widehat{\beta_0}$과 $\widehat{\beta_1}$을 추정하는 방법을 **최소제곱법**(least squares method)이라고 한다.

정석 사고

최소제곱법

단순회귀모형 $Y_i=\beta_0+\beta_1x_i+\varepsilon_i$에서 오차의 제곱합

$$SS=\sum_{i=1}^{n}(y_i-\beta_0-\beta_1x_i)^2=\sum_{i=1}^{n}\varepsilon_i^2$$

이 최소가 되도록 β_0와 β_1을 추정하는 방법을 (통상) 최소제곱법(ordinary least squares method)이라 하고 이때 얻어지는 추정량을 (통상) 최소제곱추정량(ordinary least squares estimator)이라고 한다.

오차의 제곱합(SS)을 최소로 하는 β_0와 β_1을 구하기 위하여 오차의 제곱합(SS)을 각각 β_0와 β_1에 대하여 편미분하면 다음의 결과를 얻는다.

$$\frac{\partial SS}{\partial \beta_0} = -2\sum_{i=1}^{n}(y_i - \beta_0 - \beta_1 x_i) = 0$$
$$\frac{\partial SS}{\partial \beta_1} = -2\sum_{i=1}^{n}x_i(y_i - \beta_0 - \beta_1 x_i) = 0$$

β_0와 β_1의 추정치를 $\widehat{\beta_0}$, $\widehat{\beta_1}$로 놓고 이 식을 정리하면

$$n\widehat{\beta_0} + \widehat{\beta_1}\sum x_i = \sum y_i$$
$$\widehat{\beta_0}x_i + \widehat{\beta_1}\sum x_i^2 = \sum x_i y_i$$

이 연립방정식을 단순회귀의 **정규방정식**(normal equation)이라고 하며 이 식을 β_0와 β_1에 대하여 풀면

$$\widehat{\beta_1} = \frac{S_{xy}}{S_{xx}} = \frac{\sum(x_i - \overline{x})(y_i - \overline{y})}{\sum(x_i - \overline{x})^2}$$
$$\widehat{\beta_0} = \overline{y} - \widehat{\beta_1}\overline{x}$$

이상을 요약하면 다음과 같다.

정석 사고

최소제곱추정값

단순회귀모형 $Y_i=\beta_0+\beta_1 x_i+\varepsilon_i$에서 Y_1, ⋯, Y_n의 관측값을 Y_1, ⋯, Y_n이라 하면 β_0와 β_1의 최소제곱추정값은

$$\widehat{\beta_1} = \frac{S_{xy}}{S_{xx}} = \frac{\sum(x_i - \overline{x})(y_i - \overline{y})}{\sum(x_i - \overline{x})^2}$$
$$\widehat{\beta_0} = \widehat{y} - \widehat{\beta_1}\overline{x}$$

이때 $E(Y)=\beta_0+\beta_1 x$를 $\widehat{y} = \widehat{\beta_0} + \widehat{\beta_1}x$로 추정하며 이를 최소제곱회귀선이라 한다.

추정된 **최소제곱회귀선**은 때때로 다음처럼 변형하여 사용되기도 한다. 즉,

$$\begin{aligned}\widehat{y} &= (\widehat{\beta_0} + \widehat{\beta_1}\overline{x}) + \widehat{\beta_1}(x - \overline{x}) \\ &= (\overline{y} - \widehat{\beta_1}\overline{x} + \widehat{\beta_1}\overline{x}) + \widehat{\beta_1}(x - \overline{x}) \\ &= \overline{y} + \widehat{\beta_1}(x - \overline{x})\end{aligned}$$

그림 11-4 오차 ε_i와 잔차 e_i의 관계

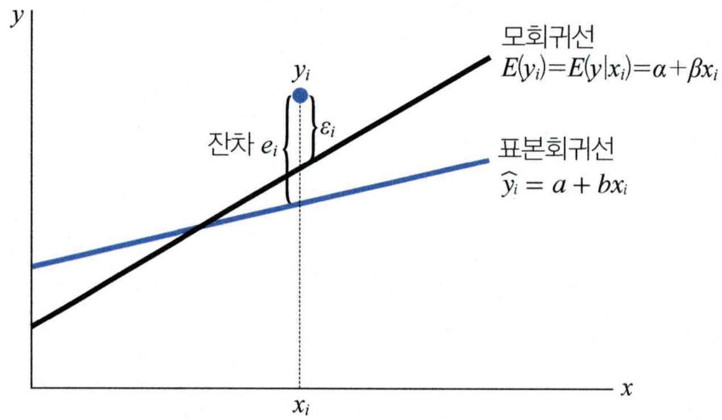

한편 단순회귀모형 $Y_i = \beta_0 + \beta_1 x_i + \varepsilon_i$에서 Y_i와 $E(Y_i)$의 추정량 $\widehat{Y_i} = \widehat{\beta_0} + \widehat{\beta_1} x_i$과의 차를 **잔차**(residual)라고 한다. 즉,

$$e_i = Y_i - \widehat{Y_i}$$

잔차는 오차(ε_i)의 실제 관측값이라고 생각하면 되는데, 잔차가 작을수록 모형의 설명력이 높은 회귀선이다. 오차항의 분산 σ^2이 작을수록 잔차는 0에 가깝게 나타날 것이므로 잔차의 제곱합은 오차항의 분산에 대한 정보를 제공해준다. 따라서 **잔차제곱합**(residual sum of squares)을 다음처럼 나타내며

$$SSE = \sum e_i^2 = \sum (Y_i - \widehat{Y_i})^2$$

이를 이용하여 오차항의 분산에 대한 불편추정량을 얻을 수 있다. 오차(ε)의 실현된 값들인 잔차값들을 마치 표본값들로 생각하여 σ^2를 추정하면 된다. 즉, 확률변수 ε의 얻어진 값들이

$$\{e_1, e_2, \cdots, e_n\}$$

이므로, 이 잔차들로부터 분산을 얻으면

$$\widehat{\sigma}^2 = \frac{\sum_{i=1}^{n}(e_i - \overline{e})^2}{(\text{자유도})} = \frac{\sum_{i=1}^{n} e_i^2}{(\text{자유도})} = \frac{\sum_{i=1}^{n}(Y_i - \widehat{\beta_0} - \widehat{\beta_1}x_i)^2}{(n-2)}$$

가 σ^2의 추정치이다. 여기서 잔차들의 평균($\overline{e}$)은 0이고 자유도는 제곱하여 합한 것이 n개이지만 그 안에 추정된 파라미터가 두 개($\widehat{\beta_0}$, $\widehat{\beta_1}$) 있으므로 $(n-2)$가 된다. 다시 말해서 $\widehat{\beta_0}$과 $\widehat{\beta_1}$을 얻을 때 자유도를 하나씩 잃어버린다고 생각할 수 있다.

정석 사고

단순회귀모형 오차항 분산의 불편추정량

단순회귀모형 $Y_i = \beta_0 + \beta_1 x_i + \varepsilon_i$, $\varepsilon_i \sim N(0, \sigma^2)$에서

$$MSE = \frac{SSE}{n-2} = \frac{\sum_{i=1}^{n}(Y_i - \widehat{\beta_0} - \widehat{\beta_1}x_i)^2}{n-2}$$

를 **잔차평균제곱**(residual mean square, MSE)이라 하고 $\widehat{\sigma^2} = MSE$는 분산의 불편추정량이다. 잔차평균제곱을 통해 $\sqrt{\widehat{\sigma^2}} = S.E$, 즉 **표준오차**(standard error, $S.E$)를 구할 수 있다. 여기서 $\widehat{Y_i} = \widehat{\beta_0} + \widehat{\beta}_1 x_i$를 Y_i의 **적합치**(fitted value)라고 부른다.

잔차제곱합을 계산할 때 다음 관계식을 이용하면 매우 편리하다.

$$SSE = S_{yy} - \frac{S_{xy}^2}{S_{xx}} = (y_i - \overline{y})^2 - \frac{[\sum(x_i - \overline{x})(y_i - \overline{y})]^2}{\sum(x_i - \overline{x})^2}$$

이상의 사실들을 요약하여 정리하면 다음과 같다.

정석 사고

단순회귀모형과 최소제곱법

단순회귀모형 $Y_i = \beta_0 + \beta_1 X_i + \epsilon_i, i = 1, 2, \cdots, n$(단, 오차는 정규성과 독립성 등 기본 가정을 만족한다)에서 최소제곱법으로 구한 추정회귀식이 $\widehat{Y_i} = \widehat{\beta}_0 + \widehat{\beta}_1 X_i$이고, 잔차가 $e_i = Y_i - \widehat{Y}_i$일 때, 다음이 성립한다.

(단, $\overline{X} = \frac{1}{n}\sum_{i=1}^{n} X_i, \overline{Y} = \frac{1}{n}\sum_{i=1}^{n} Y_i$이다.)

제1편 제2편 제3편 제4편

① $\overline{Y} = \frac{1}{n}\sum_{i=1}^{n} Y_i = \frac{1}{n}\sum_{i=1}^{n}(\widehat{Y}_i + e_i) = \widehat{\beta_0} + \widehat{\beta_1}\overline{X} + \frac{1}{n}\sum_{i=1}^{n} e_i = \widehat{\beta_0} + \widehat{\beta_1}\overline{X}$

② 최소제곱법은, $e_i^2 = (Y_i - \widehat{Y}_i)^2$의 합을 최소로 만드는 β_0, β_1값을 추정하는 것이다.

③ 이때 1계조건에 의하여 $\sum_{i=1}^{n} e_i = 0$, $\sum_{i=1}^{n} \widehat{Y}_i e_i = 0$이 된다.

하나의 단순한 사례로서 지난 5개월 동안의 광고료(X)와 매출액(Y)의 자료가 다음 **표 11-2**와 같을 때 매출액을 광고료로써 설명해보고자 한다.

표 11-2 매출액과 광고료의 가상자료

광고료(X)	1	2	3	4	5
매출액(Y)	2	1	2	2	4

이 자료들에 대한 산포도(scatter plot)는 **그림 11-5**의 산포도와 같은데, 이 5개의 좌표점들을 가장 고르게 지나는 회귀식을 구하고자 한다.

그림 11-5 산포도와 회귀선

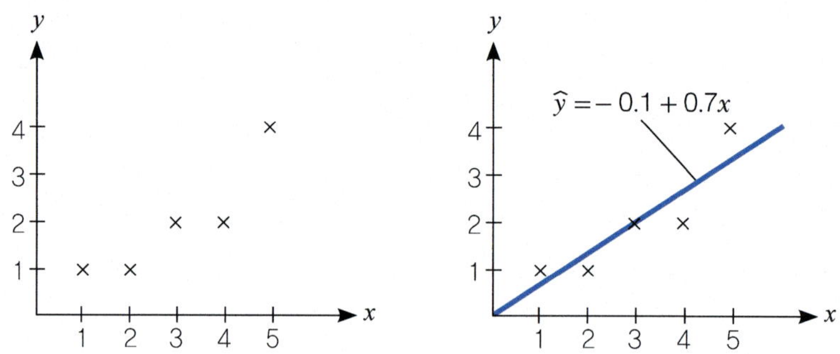

우선 식을 추정하기 위한 통계량의 값들을 얻으면 **표 11-3**과 같다.

표 11-3 $\widehat{\beta}_1$과 $\widehat{\beta}_0$의 계산과정

x	y	$(x_i-\overline{x})(y_i-\overline{y})$	$(x_i-\overline{x})^2$
1	1	2	4
2	1	1	1
3	2	0	0
4	2	0	1
5	4	4	4
$\overline{x}=3$	$\overline{y}=2$	$\sum(x_i-\overline{x})(y_i-\overline{y})=7$	$\sum(x_i-\overline{x})^2=10$

따라서, $\widehat{\beta}_0$와 $\widehat{\beta}_1$의 최소제곱법에 의한 추정치를

$$\widehat{\beta}_1=\frac{\sum(x_i-\overline{x})(y_i-\overline{y})}{\sum(x_i-\overline{x})^2}=\frac{7}{10}=0.7$$
$$\widehat{\beta}_0=\overline{y}-\overline{\beta}_1\overline{x}=2-(0.7)(3)=-0.1$$

으로 도출되면 구하고자 하는 회귀선은

$$\widehat{y}=-0.1+0.7x$$

이다. 이 회귀선은 앞의 그림에 나타나 있다. 식에 주어진 x의 값들을 대입하면 직선상의 값들이 되는데 이 $\widehat{y}$값을 적합치(fitted value)라고 부른다. 적합치들과 잔차, $(y_i-\widehat{y}_i)^2$, 잔차제곱합(SSE)의 결과가 다음 **표 11-4**에 나타나 있다.

표 11-4 적합치와 잔차, 잔차제곱

x	y	$\widehat{y}=-0.1+0.7x$	$e_i=y_i-\widehat{y}_i$	e_i^2
1	1	0.6	0.4	0.16
2	1	1.3	−0.3	0.09
3	2	2.0	0	0
4	2	2.7	−0.7	0.49
5	4	3.4	0.6	0.36
–	–	–	$\sum(x_i-\overline{x})^2=10$	$SSE=1.10$

정석 사례연구

20개의 시점에서 관측한 시장포트폴리오의 수익률(X)과 A 회사 주식의 수익률(Y)에 대해 단순선형회귀모형을 적용하여 최소제곱법으로 추정된 회귀선이 $\widehat{Y} = 1 + 2X$이다. X와 Y의 표본분산이 각각 4와 32일 때, X와 Y의 표본상관계수는? (9급 17)

해설

표본상관계수 $r = \dfrac{\sum(x_i - \overline{x})(y_i - \overline{y})}{\sqrt{\sum(x_i - \overline{x})^2}\sqrt{\sum(y_i - \overline{y})^2}} = \dfrac{S_{xy}^2}{S_{xx}S_{yy}}$이다.

최소제곱추정량 $\widehat{\beta}_1 = \dfrac{S_{xy}}{S_{xx}} = \dfrac{\sum(x_i - \overline{x})(y_i - \overline{y})}{\sum(x_i - \overline{x})^2} = \dfrac{r\sqrt{S_{xx}}\sqrt{S_{yy}}}{S_{xx}} = r\sqrt{\dfrac{S_{yy}}{S_{xx}}}$

따라서

$$r = \widehat{\beta}_1\sqrt{\frac{S_{xx}}{S_{yy}}} = 2 \times \frac{\sqrt{4}}{\sqrt{32}} = 2 \times \frac{2}{4\sqrt{2}} = \frac{1}{\sqrt{2}}$$

정석 사례연구

다음 자료는 다섯 개 공익사업의 투자액(x)에 대한 수익금(y)이다. 투자액을 독립변수로, 수익금을 종속변수로 하는 단순회귀모형에서 기울기를 추정해보자. (9급 13)
(단, $\sum_{i=1}^{5} x_i y_i = 226, \sum_{i=1}^{5} x_i^2 = 55, \sum_{i=1}^{5} y_i^2 = 1,006, \overline{x} = 3, \overline{y} = 14$)

x	1	2	3	4	5
y	11	12	14	16	17

해설

$$\widehat{\beta}_1 = \frac{S_{xy}}{S_{xx}} = \frac{\sum(x_i - \overline{x})(y_i - \overline{y})}{\sum(x_i - \overline{x})^2}$$
$$= \frac{\sum_{i=1}^{5} x_i y_i - \overline{x}\sum_{i=1}^{5} y_i}{\sum_{i=1}^{5} x_i^2 - \overline{x}\sum_{i=1}^{5} x_i}$$
$$= \frac{226 - 3 \times 14 \times 5}{55 - 3 \times 3 \times 5}$$
$$= 16/10 = 1.6$$

정석 사례연구

단순회귀모형 $Y_i = \beta X_i^2 + \varepsilon_i, i = 1, 2, 3, 4$를 적용할 때, 최소제곱법에 의한 β의 추정 값은?

x	−2	0	2	4
y	3	1	4	14

해설

$X^2=t$로 두면

$t=X^2$	4	0	4	16	$\bar{t}=6$
Y	3	1	4	14	$\bar{Y}=5.5$
tY	12	0	16	224	$\sum tY = 224$
t^2	16	0	16	256	$\sum t^2 = 256$

절편이 있는 경우 $\widehat{\beta_1} = \frac{S_{xy}}{S_{xx}} = \frac{\sum(t_i-\bar{t})(y_i-\bar{y})}{\sum(t_i-\bar{t})^2}$이지만,

절편이 없는 경우 $\widehat{\beta_1} = \frac{S_{xy}}{S_{xx}} = \frac{\sum t_i y_i}{\sum t_i^2}$을 적용한다.

따라서 $\widehat{\beta_1} = \frac{224}{256} = \frac{7}{8}$

제3절 최소제곱추정량의 성질

1. $\widehat{\beta_1}$에 대한 통계적 성질

단순회귀모형에서 추정된 통계량 $\widehat{\beta}$과 $\widehat{Y}$의 확률분포를 알아야 구간추정, 가설검정 등을 실행할 수 있으므로 통계량의 통계적 성질에 대하여 알아보자. 먼저, $\widehat{\beta_1}$은 단순선형회귀모형에서의 기울기($\widehat{\beta_1}$)에 대한 추정치로서 x가 한 단위 증가할 때 y가 얼마나 증가(또는 감소)하는가를 나타내주는 지표이다. 그리고 그 값은

$$\widehat{\beta_1} = \frac{\sum(x_i - \overline{x})(y_i - \overline{y})}{\sum(x_i - \overline{x})^2}$$

로 계산된다. 즉, X와 Y에 대한 자료들이 $\{(x_1, y_1), (x_2, y_2), \cdots (x_n, y_n))\}$으로 얻어질 때 $\widehat{\beta_1}$값을 계산할 수 있다. 그런데 Y를 다음과 같이 (확률)변수들로서 표현한다면

$$\{(x_1, Y_1), (x_2, Y_2), \cdots (x_n, Y_n)\}$$

이 되고 y값이 구체적인 값으로 얻어지기 이전의 확률변수로서의 형태에 대해서는 x값들이 주어진 값이라고 전제함에 따라 $\widehat{\beta_1}$은

$$\widehat{\beta_1} = \frac{\sum(x_i - \overline{x})(Y_i - \overline{Y})}{\sum(x_i - \overline{x})^2}$$

로 표현될 수 있다. 이에 따라 Y_i들과 $\overline{Y}$가 확률변수이므로 이들로 표현된 $\widehat{\beta_1}$은 하나의 통계량으로서 확률변수이며 확률분포를 하게 된다. 오차항들이 정규분포를 따른다고 가정했기 때문에 Y_i도 정규분포를 따르고 Y_i의 선형결합$(=\sum k_i Y_i)$인 $\widehat{\beta_1}$도 정규분포를 하게 된다. 즉,

$$\widehat{\beta_1} \sim N\left(\beta_1, \frac{\sigma^2}{\sum(x_i - \overline{x})^2}\right)$$

이다. 이 결과를 놓고 볼 때 $\widehat{\beta_1}$은 β_1의 **불편추정량**(unbiased estimator)임을 알 수 있다. 즉,

$$E(\widehat{\beta_1}) = \frac{\sum(x_i - \overline{x})E(Y_i)}{\sum(x_i - \overline{x})^2} = \sum k_i E(\beta_0 + \beta_1 x_i) = \beta_1$$

$$\text{단, } k_i = \frac{(x_i - \overline{x})}{\sum(x_i - \overline{x})^2}$$

다시 말해서 이론적으로 $\widehat{\beta_1}$의 값들은 알려지지 않은 값 β_1을 중심으로 정규분포하고 있는데 Y의 관측치들이 어떤 값을 갖느냐에 따라서 $\widehat{\beta_1}$의 값이 결정된다.

정석 사고

추정량 $\widehat{\beta_1}$에 관한 통계적 성질

단순회귀모형 $Y_i=\beta_0+\beta_1x_i+\varepsilon_i$, $\varepsilon_i\sim N(0, \sigma^2)$에서
표본의 크기가 n인 자료 (X_i, Y_i)에 단순선형회귀모형

$$Y_i = \beta_0 + \beta_1 x_i + \epsilon_i, (i = 1, 2, \cdots, n)$$

을 적용하고자 한다. 최소제곱법으로 추정된 회귀선이

$$\widehat{Y_i} = \widehat{\beta_0} + \widehat{\beta_1} x_i$$

일 때,

(1) 추정량 $\widehat{\beta_1}$는 정규분포를 따른다. 즉,

$$\widehat{\beta_i} \sim N\left(\beta_1, \frac{\sigma^2}{S_{xx}}\right)$$

단, $S_{xx} = \sum (x_i - \overline{x})^2$

(2) $Var(\widehat{\beta_1})$의 불편추정량

$$\frac{MSE}{S_{xx}}$$

단, $\widehat{\sigma^2} = MSE$

(3) $\widehat{\beta_1}$에 대한 $100(1-\alpha)\%$ 신뢰구간은

$$\widehat{\beta_1} \pm t\left(n-2, \frac{\alpha}{2}\right)\sqrt{\frac{\widehat{\sigma^2}}{S_{xx}}}$$

단, $\widehat{\sigma^2} = MSE$

(4) 가설에 대한 검정통계량

$$T = \frac{\widehat{\beta_1} - \beta_1}{\sqrt{\frac{MSE}{S_{xx}}}} \sim t(n-2)$$

단, $MSE = \frac{SSE}{n-2} = \frac{\sum_{i=1}^{n}(Y_i - \widehat{\beta_0} - \widehat{\beta_1}x_i)^2}{n-2}$

이제 계산된 $\widehat{\beta_1}$의 값을 사용해도 좋은가의 여부를 판단해야 한다. 자료에 따라 $\widehat{\beta_1}$의 값은

얼마든지 큰 값이 될 수도 있지만 이 값이 과연 유의적인가를 결정하려면 다음과 같이 가설검정을 해야만 한다. 이때 가설은

$$H_0 : \beta_1 = 0 \quad \text{대} \quad H_1 : \beta_1 \neq 0$$

와 같다.

귀무가설(영가설)은 X와 Y 간에는 아무런 관계가 아니어서 선형 함수관계를 얻을 수 없다는 것을 시사한다. 따라서 H_0가 기각되어야만 계산된 $\widehat{\beta}_1$값을 사용하여 X와 Y의 관계식이 얻어지는 것이다. 가설검정의 과정은 모평균에 대한 가설검정의 과정과 똑같다. 즉,

검정통계량: $\widehat{\beta}_1$

H_0의 기각역: $\widehat{\beta}_1 < 0 - t_{\alpha/2}\dfrac{\widehat{\sigma}}{\sqrt{\sum(x_i-\overline{x})^2}}$

또는 $\widehat{\beta}_1 > 0 + t_{\alpha/2}\dfrac{\widehat{\sigma}}{\sqrt{\sum(x_i-\overline{x})^2}}$

단, $\widehat{\sigma^2} = MSE$

또한, H_0의 기각역은

$$\frac{\widehat{\beta}_1}{\widehat{\sigma}/\sqrt{\sum(x_i-\overline{x})^2}} < -t_{\alpha/2} \text{ 또는 } \frac{\widehat{\beta}_1}{\widehat{\sigma}/\sqrt{\sum(x_i-\overline{x})^2}} > t_{\alpha/2}$$

로 표현될 수 있다. 좌측검정, 우측검정, 양측검정을 요약하면 다음 **표 11-5**와 같다.

표 11-5 가설의 설정과 기각역(β_1)

귀무가설	대립가설	유의수준 α인 기각역
$H_0 : \beta_1 \leq \beta_\alpha$	$H_1 : \beta_1 > \beta_\alpha$	$T \geq t_\alpha(n-2)$
$H_0 : \beta_1 \geq \beta_\alpha$	$H_0 : \beta_1 < \beta_\alpha$	$T \leq -t_\alpha(n-2)$
$H_0 : \beta_1 = \beta_\alpha$	$H_1 : \beta_1 \neq \beta_\alpha$	$\|T\| \geq t_{\alpha/2}(n-2)$

제2절에서 단순회귀모형의 사례로서 지난 5개월 동안의 광고료(X)와 매출액(Y)의 자료가 다음 **표 11-6**과 같을 때 매출액을 광고료로써 회귀분석해보았다.

표 11-6 매출액과 광고료의 가상자료

광고료(X)	1	2	3	4	5
매출액(Y)	1	1	2	2	4

우선 식의 추정결과로 구하고자 하는 회귀선은

$$\widehat{y} = -0.1 + 0.7x$$

이다. 회귀식에 주어진 x의 값들을 대입하면 회귀선상의 값 즉, $\widehat{y}$값(적합치)이 도출되는데 이 적합치들과 관측값의 차인 잔차, $(y_i - \widehat{y}_i)^2$, 잔차제곱합(SSE)의 결과가 다음 **표 11-7**에 나와 있다.

표 11-7 적합치와 잔차, 잔차제곱

x	y	$\widehat{y} = -0.1 + 0.7x$	$e_i = y_i - \widehat{y}_i$	e_i^2
1	1	0.6	0.4	0.16
2	1	1.3	−0.3	0.09
3	2	2.0	0	0
4	2	2.7	−0.7	0.49
5	4	3.4	0.6	0.36
–	–	–	$\sum(x_i - \overline{x})^2 = 10$	$SSE = 1.10$

앞의 판매액−광고료 예에 대한 $\widehat{\beta_1}=0.7$이 유의적인가를 가설 검정해보자.

이때 가설은

$$H_0 : \beta_1 = 0, \ \ H_1 : \beta_1 \neq 0$$

이고, t-값은 $\widehat{\sigma^2} = MSE = \dfrac{SSE}{n-2}$이므로

$$t = \frac{\widehat{\beta_1}}{\widehat{\sigma}/\sqrt{\sum(x_i - \overline{x})^2}} = \frac{0.7}{0.6055/\sqrt{10}} = \frac{0.7}{0.1915} = 3.656$$

이다. 자유도 (5−2)=3에서 α=0.05에 대한 t-값이 $t_{0.025}(3)$=3.182이므로 식의 기각역에 따라 H_0을 기각한다. 또한, 계산된 t=값, t=3.684에 대한 p-값(p-value)은 0.0354이다. 따라서 "매출액과 광고료 간의 유의한 선형관계가 존재한다"고 할 수 있다.

그림 11-6 $\widehat{\beta_1}$에 대한 p-값(p-value)

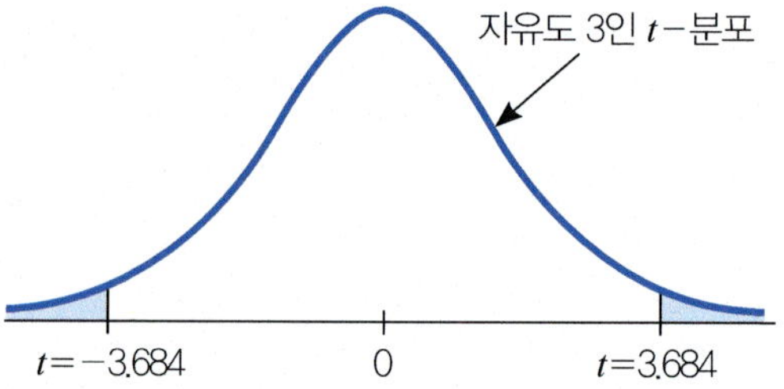

여기서, 절편 β_0에 대해서는 그다지 주목할 필요가 없다. 왜냐하면, X와 Y의 관계는 β_1으로써 결정되는 것이고 β_0는 x=0일 때의 y값을 나타내 주는 것이기 때문에 경우에 따라 해석조차 할 필요가 없기 때문이다. 만일, 절편이라는 것이 무의미하거나 없는 경우에는 원점을 지나는 회귀선을 모형으로 회귀분석을 수행할 필요가 있다.

2. $\widehat{\beta_0}$에 대한 통계적 성질

선형회귀모형에서 절편($\widehat{\beta_0}$)에 대한 추정치는 다음 정규방정식의 하나에서

$$\widehat{\beta_0} = \overline{y} - \widehat{\beta_1}\overline{x}$$

로서 계산된다. 이것의 기댓값과 분산을 구해보면 다음과 같다.

(1) 기댓값: $E(\widehat{\beta_0}) = E(\overline{y}) - E(\widehat{\beta_1})\overline{x} = \beta_0 + \beta_1\overline{x} - \beta_1\overline{x} = \beta_0$

(2) 분산: $Var(\widehat{\beta_0}) = Var(\overline{y}) + Var(\widehat{\beta_1})\overline{x}^2 - 2Cov(\overline{y}, \widehat{\beta_1}) = \sigma^2\left(\frac{1}{n} + \frac{\overline{x}^2}{S_{xx}}\right)$

그런데 분산이 이렇게 표현되는 이유는 $Cov(\overline{Y}, \widehat{\beta_1}) = 0$이기 때문에

$$Var(\beta_0) = (\sigma^2/n) + (\sigma^2/S_{xx})\overline{x}^2 = \sigma^2\left(\frac{1}{n} + \frac{\overline{x}^2}{S_{xx}}\right)$$

이 된다. 그리고 $Cov(\overline{Y}, \widehat{\beta_1}) = 0$인 이유는 $\widehat{\beta_1} = \frac{(x_1 - \overline{x})Y_1}{S_{xx}} + \cdots + \frac{(x_1 - \overline{x})Y_n}{S_{xx}}$에 $\overline{Y}$를 곱한 것이 $Cov(\overline{Y}, \widehat{\beta_1})$의 분자가 되는데 분자에 있는 편차의 합은 0이기 때문이다. 이상에서 설명한 절편의 통계적 성질은 다음과 같이 요약할 수 있다.

정석 사고

추정량 $\widehat{\beta_0}$에 관한 통계적 성질

단순회귀모형 $Y_i=\beta_0+\beta_1 x_i+\varepsilon_i$, $\varepsilon_i \sim N(0, \sigma^2)$에서
표본의 크기가 n인 자료 (X_i, Y_i)에 단순선형회귀모형

$$Y_i = \beta_0 + \beta_1 x_i + \epsilon_i, (i = 1, 2, \cdots, n)$$

을 적용하고자 한다. 최소제곱법으로 추정된 회귀선이

$$\widehat{Y_i} = \widehat{\beta_0} + \widehat{\beta_1}x_i$$

일 때,

(1) 추정량 $\widehat{\beta_0}$는 정규분포를 따른다. 즉,

$$\widehat{\beta_0} \sim N\left(\beta_0, \sigma^2\left[\frac{1}{n} + \frac{\overline{x}^2}{S_{xx}}\right]\right)$$

단, $S_{xx} = \sum(x_i - \overline{x})^2$

(2) $Var(\widehat{\beta_0})$의 불편추정량

$$\widehat{\sigma^2}\left(\frac{1}{n} + \frac{\overline{x}^2}{S_{xx}}\right)$$

단, $\widehat{\sigma^2} = MSE$

(3) β_0에 대한 $100(1-\alpha)\%$신뢰구간은

$$\widehat{\beta_0} \pm t\left(n-2, \frac{\alpha}{2}\right)\sqrt{\widehat{\sigma^2}\left(\frac{1}{n}+\frac{\overline{x}^2}{S_{xx}}\right)}$$

단, $\widehat{\sigma^2} = MSE$

(4) 가설에 대한 검정통계량

$$T = \frac{\widehat{\beta_0} - \beta_0}{\sqrt{\widehat{\sigma^2}\left(\frac{1}{n}+\frac{\overline{x}^2}{S_{xx}}\right)}} \sim t(n-2)$$

이제, 계산된 $\widehat{\beta_0}$값을 사용해도 좋은가의 여부를 판단해야 한다. 자료에 따라 $\widehat{\beta_0}$의 값은 얼마든지 큰 값이 될 수도 있지만 이 값이 과연 유의적인가를 결정하려면 다음과 같이 가설검정을 해야만 한다. 이때 가설은

$$H_0 : \beta_0 = 0 \quad v.s. \quad H_1 : \beta_0 \neq 0$$

와 같다. 좌측검정, 우측검정, 양측검정을 요약하면 다음 **표 11-8**과 같다.

표 11-8 가설의 설정과 기각역

귀무가설	대립가설	유의수준 α인 기각역
$H_0 : \beta_0 \leq \beta_a$	$H_1 : \beta_0 > \beta_a$	$T \geq t_\alpha(n-2)$
$H_0 : \beta_0 \geq \beta_a$	$H_0 : \beta_0 < \beta_a$	$T \leq -t_\alpha(n-2)$
$H_0 : \beta_0 = \beta_a$	$H_1 : \beta_0 \neq \beta_a$	$\lvert T\rvert \geq t_{\alpha/2}(n-2)$

정석 사례연구

단순선형회귀모형 $Y_i = \alpha + \beta_1 X_i + \epsilon_i$에서 ϵ_i는 서로 독립이며 평균이 0, 분산이 σ^2인 정규분포를 따를 때, 최소제곱법(Method of Least Squares)에 의해 추정된 회귀선 $\hat{Y}_i = \hat{\alpha} + \hat{\beta}X_i$에 대한 설명으로 옳지 않은 것을 고르고 이에 대해 설명하시오.
(단, i=1, ⋯, n이고, 표본의 크기 n은 4 이상이다.)

① 최소제곱추정량 $\hat{\alpha}$와 $\hat{\beta}$는 각각 α와 β의 불편추정량이다.
② 잔차 $e_i = Y_i - \hat{Y}_i$이라 하면, 잔차들의 X_i에 대한 가중합은 0이다. 즉, $\sum_{i=1}^{n} X_i e_i = 0$이다.
③ σ^2의 불편추정량은 $\sum_{i=1}^{n}(Y_i - \hat{Y}_i)^2$이다.

해설

③은 옳지 않다. 분산의 불편추정량은 제곱합을 자유도로 나눈 MSE가 된다.

3. $\widehat{Y}$에 대한 통계적 성질

단순회귀모형 $Y_i = \beta_0 + \beta_1 x_i + \epsilon_i$에서 $E(Y)$의 추정량은

$$\widehat{Y} = \widehat{\beta_0} + \widehat{\beta_1} x$$

가 된다는 것을 알고 있다. 이제 $\widehat{Y} = \widehat{\beta_0} + \widehat{\beta_1} x$의 성질에 대하여 알아보자.

(1) $\widehat{Y} = \widehat{\beta_0} + \widehat{\beta_1} x$의 기댓값

$$E(\widehat{\beta_0} + \widehat{\beta_1} x) = \beta_0 + \beta_1 x$$

(2) $\widehat{Y} = \widehat{\beta_0} + \widehat{\beta_1} x$의 분산

$$\begin{aligned} Var(\widehat{Y}) &= Var(\overline{Y} + \widehat{\beta_1}(x - \overline{x})) = Var(\overline{Y}) + (x - \overline{x})^2 Var(\widehat{\beta}) \\ &= \sigma^2 \left(\frac{1}{n} + \frac{(x - \overline{x})^2}{S_{xx}} \right) \end{aligned}$$

따라서 $\widehat{Y} = \widehat{\beta_0} + \widehat{\beta_1} x$의 성질은 다음과 같다.

정석 사고

추정량 $\widehat{Y}$에 관한 통계적 성질

단순회귀모형 $Y_i = \beta_0 + \beta_1 x_i + \varepsilon_i$, $\varepsilon_i \sim N(0, \sigma^2)$에서
표본의 크기가 n인 자료 (X_i, Y_i)에 단순선형회귀모형

$$Y_i = \beta_0 + \beta_1 x_i + \epsilon_i, \ (i = 1, 2, \cdots, n)$$

을 적용하고자 한다. 최소제곱법회귀선이

$$\widehat{Y_i} = \widehat{\beta_0} + \widehat{\beta_1} x_i$$

일 때,

(1) 추정량 $\widehat{Y}$는 정규분포를 따른다. 즉,

$$\widehat{Y_i} \sim N\left(E(Y_i), \sigma^2\left[\frac{1}{n} + \frac{(x_i - \overline{x}^2)}{S_{xx}}\right]\right)$$

단, $S_{xx} = \sum (x_i - \overline{x})^2$

(2) $Var(E(Y))$의 불편추정량

$$\widehat{\sigma^2}\left(\frac{1}{n} + \frac{(x - \overline{x})^2}{S_{xx}}\right)$$

단, $\widehat{\sigma^2} = MSE$

(3) $E(Y)$에 대한 $100(1-\alpha)\%$신뢰구간은

$$\widehat{\beta_0} \pm \widehat{\beta_1}x \pm t\left(n-2, \frac{\alpha}{2}\right)\sqrt{\widehat{\sigma^2}\left(\frac{1}{n} + \frac{(x - \overline{x})^2}{S_{xx}}\right)}$$

단, $\widehat{\sigma^2} = MSE$

(4) 가설에 대한 검정통계량

$$T = \frac{\widehat{\beta_0} - \widehat{\beta_1}x - \mu_0}{\sqrt{\widehat{\sigma^2}\left(\frac{1}{n} + \frac{(x - \overline{x})^2}{S_{xx}}\right)}} \sim t(n-2)$$

정석 사례연구

표본크기가 n인 자료 (X_i, Y_i)에 단순선형회귀모형 $Y_i = \beta_0 + \beta_1 X_i + \varepsilon_i$을, $(i = 1, 2, \cdots, n)$을 적용하고자 한다. 최소제곱법으로 추정된 회귀선이 $\hat{Y_i} = \hat{\beta}_0 + \hat{\beta}_1 X_i$일 때, 이 직선의 분포, 신뢰구간, 검정통계량을 설명하시오.

해설

$E(Y) = \beta_0 + \beta_1 x$의 추정량 $\hat{\beta}_0 + \hat{\beta}_1 x$에 관한 중요한 결과로서 이 추정량의 분포, 신뢰구간, 검정통계량은 다음과 같다.

(1) 정규분포를 따른다. 즉,

$$\hat{\beta}_0 + \hat{\beta}_1 x \sim N\left(\hat{\beta}_0 + \hat{\beta}_1 x, \frac{\sigma^2}{n} + \frac{(x - \overline{x})^2 \sigma^2}{S_{xx}}\right)$$

단, $S_{xx} = \sum (x_i - \overline{x})^2$

(2) $E(Y)$에 대한 $100(1-\alpha)\%$ 신뢰구간은

$$\hat{\beta}_0 + \hat{\beta}_1 x \pm t\left(n-2, \frac{\alpha}{2}\right)\sqrt{\frac{\hat{\sigma}^2}{n} + \frac{(x - \overline{x})^2 \hat{\sigma}^2}{S_{xx}}}$$

단, $\hat{\sigma}^2 = MSE$

(3) 가설에 대한 검정통계량

$$T = \frac{\hat{\beta}_0 + \hat{\beta}_1 x - \mu_0}{\sqrt{\frac{\hat{\sigma}^2}{n} + \frac{(x - \overline{x})^2 \hat{\sigma}^2}{S_{xx}}}}$$

이제, 추정된 $\widehat{Y}$값을 사용해도 좋은가의 여부를 판단해야 한다. 자료에 따라 이 값은 얼마든지 큰 값이 될 수도 있지만 이 값이 과연 유의적인가를 결정하려면 **표 11-9**와 같이 가설검정을 해야만 한다.

표 11-9 가설의 설정과 기각역 : $E(Y)$

귀무가설	대립가설	유의수준 α인 기각역
$H_0 : E(Y) \leq \mu_0$	$H_1 : E(Y) > \mu_0$	$T \geq t_\alpha(n-2)$
$H_0 : E(Y) \geq \mu_0$	$H_0 : E(Y) < \mu_0$	$T \leq -t_\alpha(n-2)$
$H_0 : E(Y) = \mu_0$	$H_0 : E(Y) \neq \mu_0$	$\lvert T \rvert \geq t_{\alpha/2}(n-2)$

한 가지 재미있는 사실은 $E(Y)$에 대한 $100(1-\alpha)\%$ 신뢰구간을 보면 x의 값에 따라 구간의 길이가 달라진다는 것이다. $x = \overline{x}$일 때 가장 짧고 평균에서 멀어질수록 길어진다. 또한 S_{xx}의 값이 크면 클수록 짧아진다. 이것은 x의 값들이 전체구간에 널리 산포되어야 신뢰구간이 짧아진다는 의미이다. 또한 n이 커질수록 길이가 짧아진다. 결론적으로 신뢰구간은 짧을수록 좋은 추정이므로 x의 값들이 널리 산포되고 평균은 $\overline{x}$에 가깝고 표본의 크기가 클수록 좋다는 것이다.

정석 사례연구

원점을 지나는 단순선형회귀모형 $Y_i = \beta X_i + \epsilon_i$에서 최소제곱법(Method of Least Squares)에 의해 추정된 회귀선 $\hat{Y}_i = \hat{\beta} X_i$에 대한 설명으로 맞는지 여부를 제시하고 그 이유를 설명하시오. (단, i=1, 2, …, n이고 잔차는 $e_i = Y_i - \hat{Y}_i$이다.)

① 잔차들의 합인 $\sum_{i=1}^{n} e_i$는 0이 아닐 수도 있다.

② β에 대한 최소제곱추정량 $\hat{\beta}$은 $\sum_{i=1}^{n} X_i Y_i / \sum_{i=1}^{n} X_i^2$이다.

③ 잔차제곱합인 $\sum_{i=1}^{n} e_i^2$은 $(n-1)$의 자유도를 가진다.

④ 추정된 회귀선은 항상 X_i들과 Y_i들의 표본평균점 $(\overline{X}, \overline{Y})$를 지난다.

해설

① (○) 원점을 지나지 않는 회귀선에 해당되는 경우에만 잔차들의 합이 0이 되며, 원점을 통과하는 회귀선은 잔차들의 합이 반드시 0인 것은 아니다.
② (○) 절편이 없는 회귀식이므로 원점을 지나는 형태의 직선이다. 따라서 ②의 공식이 가능하다.
③ (○) 잔차의 자유도는 $(n-1)$이다.
④ (×) 추정된 회귀선은 원점 (0, 0)을 지나야 한다.

정석 사례연구

두 연속형 변수 (X, Y)를 측정한 자료값이 $(-2, -1)$, $(-1, 1)$, $(0, 0)$, $(1, 2)$, $(2, -2)$이다. X를 설명변수, Y를 반응변수로 하는 단순선형회귀모형을 적합할 때, 추정된 회귀선을 구하시오.

해설

x	y	$(x_i-\bar{x})(y_i-\bar{y})$	$(x_i-\bar{x})^2$
−2	−1	2	4
−1	1	−1	1
0	0	0	0
1	2	2	1
2	−2	−4	4
$\bar{x}=0$	$\bar{y}=0$	$\sum(x_i-\bar{x})(y_i-\bar{y})=-1$	$\sum(x_i-\bar{x})^2=18$

$$\hat{\beta}_1=\sum(x_i-\bar{x})(y_i-\bar{y})/\sum(x_i-\bar{x})^2=-\frac{1}{18}\fallingdotseq-0.056$$

제4절 정석 통계학 단순회귀의 분산분석

1. 분산분석

표본의 크기가 n인 자료 (X_i, Y_i)에 단순회귀모형 $Y_i = \beta_0 + \beta_1 x_i + \epsilon_i, \epsilon_i \sim N(0, \sigma^2)$을 적용하여 $E(Y)$의 추정량

$$\widehat{Y} = \widehat{\beta_0} + \widehat{\beta_1} x$$

가 최소제곱법에 의해 추정된다는 것을 알고 있다. 이 추정에서 최소제곱회귀선이 변수 간 관계를 얼마나 잘 설명하는지 즉 의미가 있는지를 판단할 필요가 있는데 이때 사용하는 방법이 **단순회귀에 대한 분산분석**(analysis of variance)이다.

분산분석은 제10장에서 다룬 것과 매우 유사한데 사실 그것을 더 일반화한 경우라고 볼 수 있다. 제10장에서 실행한 것처럼 Y의 관측값 y와 그 평균값의 차이를 **총편차**(total deviation)라고 하며 다음과 같이 분해할 수 있다.

$$y_i - \overline{y} = (y_i - \widehat{y_i}) + (\widehat{y_i} - \overline{y})$$

오른쪽 첫째항은 잔차를 나타내고 둘째항은 회귀선에 의하여 설명되는 편차를 나타낸다. 총편차의 관계식을 그래프로 이해해보자. **그림 11-7**은 한 점 x_i에서의 편차 $(y_i - \overline{y})$가 어떻게 나누어져 있는가를 보여주고 있다. 즉, x_i에서의 편차 $(y_i - \overline{y})$는 $(y_i - \widehat{y_i})$과 $(\widehat{y_i} - \overline{y})$의 합으로 나타난다. 그림에서는 ①=③+②이 성립된다. $(y_i - \widehat{y_i})$은 잔차로서 회귀선으로서는 설명될 수 없는 부분이고 $(\hat{y}_i - \overline{y}_i)$는 $(\widehat{\beta_1})$기울기를 결정해 주는 부분이다. 바꾸어 말하면, X와 Y의 관계를 나타내 주는 기울기에 해당되는 $(\hat{y}_i - \overline{y}_i)$는 X로써 Y가 설명될 수 있는 부분이라고 할 수 있다.

그림 11-7 총편차의 분해

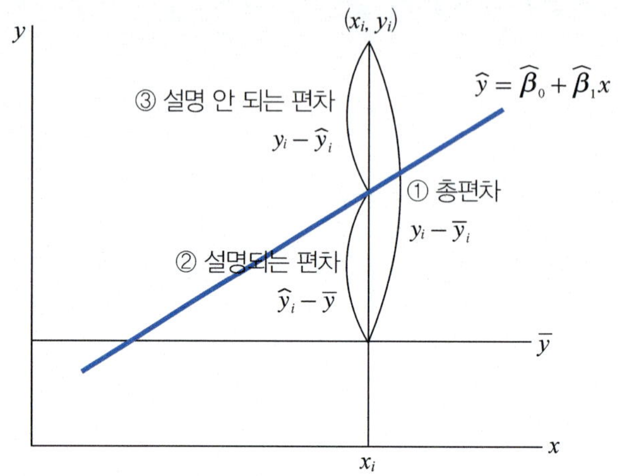

총편차의 분해식의 양변을 제곱하고

$$(y_i - \bar{y})^2 = (y_i - \hat{y}_i)^2 + (\hat{y}_i - \bar{y})^2 + 2(y_i - \hat{y}_i)(\hat{y}_i - \bar{y})$$

모든 $i=1, \cdots, n$(자료)에 대하여 합하면 $\sum (y_i - \hat{y}_i)(\hat{y}_i - \bar{y}) = 0$이므로

$$\sum_{i=1}^{n} (y_i - \bar{y})^2 = \sum_{n=1}^{n} (y_i - \hat{y}_i)^2 + \sum_{i=1}^{n} (\hat{y}_i - \bar{y})^2$$

이 된다. 그리고 위의 관계식의 세 가지 제곱합을

$\sum_{i=1}^{n} (y_i - \bar{y})^2$을 총제곱합 (SST: total sum of squares) 또는 **총변동**
$\sum_{i=1}^{n} (y_i - \hat{y}_i)^2$을 잔차제곱합 (SSE: residual sum of squares) 또는 **오차변동**
$\sum_{i=1}^{n} (\hat{y}_i - \bar{y})^2$을 회귀제곱합 (SSR: regression sum of squares) 또는 **회귀변동**

이라고 부른다.

이때 이 제곱합들의 자유도는 다음의 관계에 있다. 즉,

$$\underset{SST\ 자유도}{(n-1)} = \underset{SSE\ 자유도}{(n-2)} + \underset{SSR\ 자유도}{1}$$

이다. 그리고 각각의 제곱합을 각각의 자유도로 나눈 것은 평균제곱이라 한다. 즉,

$$MSE = \frac{SSE}{n-2}$$
$$MSR = \frac{SSR}{1}$$

을 각각 **잔차평균제곱**, **회귀평균제곱**이라고 한다. 이상의 사실을 정리하면 다음과 같다.

정석 사고

총변동의 분해

$SST = SSE + SSR$

총변동=오차변동(회귀식으로 설명 안 되는 변동)+회귀변동(회귀식으로 설명되는 변동)

$$SST = \sum_{i=1}^{n}(y_i - \overline{y})^2$$

$$SSE = \sum_{i=1}^{n}(y_i - \widehat{y}_i)^2 = SST - SSR$$

$$SSR = \sum_{i=1}^{n}(\widehat{y}_i - \overline{y})^2 = \sum_{i=1}^{n}(y_i + \widehat{\beta}_1(x_i - \overline{x}) - \overline{y})^2 = \widehat{\beta}^2 S_{xx} = S_{xy}^2 / S_{xx}$$

표본의 크기가 n인 자료 $(X_i,\ Y_i)$에 단순선형회귀모형 $Y_i = \beta_0 + \beta_1 x_i + \epsilon_i, (i = 1, 2, \cdots, n)$을 적용하여 추정한 회귀선에서 일차항이 의미를 가지는지와 같은 **유의성검정**(significance test), 즉

$$H_0 : \beta_1 = 0$$

의 가설검정은 제곱합들과 그것들의 자유도로서 얻어지는 분산분석표를 작성하면 매우 편리하게 이루어지며 다음 **표 11-10**과 같다.

표 11-10 단순회귀모형의 분산분석표

요인	제곱합	자유도	평균제곱	F-값	$F(\alpha)$
회귀	SSR	1	$MSR=\frac{SSR}{1}$	$\frac{MSR}{MSE}$	$F_{\alpha}(1, n-2)$
잔차	SSE	$n-2$	$MSE=\frac{SSE}{n-2}$	–	–
합계	SST	$n-1$	–	–	–

이 표에서 알 수 있듯이 검정통계량은

$$F=\frac{MSR}{MSE}\sim F(1, n-2)$$

이고 기각역은 다음과 같다.

$$F \geq F_{\alpha}(1, n-2)$$

정석 사례연구

판매능력이 비슷한 영업사원들을 임의로 세 집단으로 나누어 서로 다른 방법으로 교육한 후 1년간 판매실적을 조사하였다. 교육방법에 따라 판매실적이 다른지 알아보기 위해 회귀분석을 실시하고 다음과 같은 분산분석표를 얻었다. 괄호안의 수치들에 대하여 설명하시오.

요인	제곱합	자유도	평균제곱	F-값
회귀	38	㉠	㉡	㉢
잔차		12	㉣	
합계	65			

해설

㉠의 값은 1이다.

㉣의 값은 (65−38)/12=27/12이다.

㉢의 값은 ㉡/㉣(=38/(27/12)≒16.889)로 구할 수 있다.

참고로 조사 대상은 잔차제곱합의 자유도=$n-2$=12이므로 n=14명이고, 잔차제곱합은 27(=65−38)이다.

정석 사례연구

표본의 크기가 10인 자료에 단순선형회귀모형 $Y_1=\beta_0+\beta_1 x_i+\varepsilon_i,\ i=1,\ \cdots,\ 10$을 적용하여 얻은 분산분석표가 다음과 같을 때, 괄호 안의 수치들에 대하여 설명하시오. (단 x_i는 고정된 값이고 ε_i는 서로 독립이며 평균이 0, 분산이 σ^2인 정규분포를 따른다고 가정한다.)

요인	제곱합	자유도	평균제곱	F 비	p-값
회귀(×)	1,000	㉠	㉢	㉣	㉤
잔차	40	㉡			
합계	1,040				

해설

㉠은 x가 하나이므로 자유도가 1이고

㉢은 평균제곱=처리제곱합/자유도=1,000/1=1,000이다.

㉡은 잔차의 자유도가 (10−2)=8이고

㉣은 $F=\dfrac{MSR}{MSE}=\dfrac{1,000}{40/8}=200$이다.

확률변수 F가 분자의 자유도는 1, 분모의 자유도는 8인 F-분포를 따를 때 확률변수 F가 ㉣보다 클 확률은 ㉤과 같다. 따라서

㉤이 유의확률로서 유위수준 0.05보다 크면 기울기가 0이라고 할 수 있다.

한편 회귀선의 유의성검정과 더불어 단순회귀모형에서 회귀선에 의해 종속변수가 설명되는 정도를 나타내는 **결정계수**(coefficient of determination)가 있는데 다음과 같다.

$$R^2=\frac{SSR}{SST}$$

결정계수란 Y값들의 변동을 총변동으로 나타내고 X에 의해 설명되는 설명변동의 비율이므로 X로써 Y를 얼마나 설명해줄 수 있는가를 나타내는 지표이다. 결정계수의 범위는 $0\leq R^2\leq 1$로서 모든 측정값이 회귀선상에 위치하면 $R^2=1$이 된다. 반대로 회귀관계가 전혀 없어서 기울기가 0이면 $R^2=0$이 된다. 따라서 결정계수가 클수록 즉, 1에 가까울수록 설명력이 높은 회귀선이 된다. 이러한 이유로 결정계수를 **회귀선의 기여율**이라고도 부른다. 단순회귀분석의 경우 결정계수가 (표본)상관계수의 제곱이 된다.

정석 사례연구

절편이 있는 단순선형회귀분석에서 결정계수(Coefficient of Determination)에 대한 설명으로 맞는지 여부를 제시하고 이를 설명하시오.

① 항상 0보다 크거나 같고 1보다 작거나 같다.
② 종속변수와 독립변수 사이의 표본상관계수 제곱과 같다.
③ 종속변수의 분산에 대한 불편추정량(Unbiased Estimator)이다.
④ 총변동(Total Sum of Squares)중에서 추정된 회귀식에 의해 설명되는 변동(Regression Sum of Squares)의 비율을 나타낸다.

해설

결정계수(coefficient of determination)는 $R^2 = \frac{SSR}{SST}$이며,

① (○) $0 \le R^2 \le 1$
② (○) 단순회귀모형에서는 상관계수의 제곱이 결정계수와 같다
③ (×) 결정계수는 분산이 아니고 분산의 비이다. 종속변수의 분산에 대한 불편추정량은 평균제곱오차, 즉, MSE이다.
④ (○) 공식에서 보듯 결정계수란 Y값들의 변동을 총변동으로 나타내고 X에 의해 설명되는 설명변동의 비율이 되며, 추정된 회귀선이 관측값들을 잘 설명하고 있는가에 대한 측도이다.

정석 사례연구

표본상관계수가 -0.6인 자료 (X_1, Y_1), …, (X_n, Y_n)에 단순회귀모형 $Y_i=\beta_0+\beta_1X_i+\varepsilon_i$, $i=1$, …, n을 적용하였을 때 결정계수의 값은? (단, ε_i는 서로 독립이며 평균이 0이고 분산이 σ^2인 정규분포를 따른다고 가정한다.)

해설

단순회귀모형에서 표본상관계수의 제곱이 결정계수이므로 $(-0.6)^2=0.36$

정석 사례연구

자료 (X_i, Y_i), $(i=1, 2, \cdots, 10)$에 단순선형회귀모형을 적용하여 얻은 분산분석표의 일부는 다음과 같다.

요인	제곱합	자유도	평균제곱	$F-$값	$p-$값
회귀	15				0.002
잔차	6				
합계	21	9			

최소제곱법으로 추정된 회귀선이 $\hat{Y}_i = 3 - 2.5X_i$일 때, X와 Y의 표본상관계수와 유의수준 5%에서 회귀선이 유의하지 않다는 귀무가설에 대한 검정 결과에 대하여 설명하시오.

해설

요인	제곱합	자유도	평균제곱	F-값	p-값
회귀	15	1	15	20	0.002
잔차	6	8	0.75	-	-
합계	21	9	-	-	-

단순회귀분석에서는 표본상관계수의 제곱이 결정계수가 된다. 또한 표본상관계수와 회귀선의 기울기의 부호는 항상 동일하다.

결정계수 $R^2 = \frac{SSR}{SST} = \frac{15}{21} = \frac{5}{7}$이고, 회귀선의 기울기가 -2.5로 음수이므로 표본상관계수는 $-\sqrt{\frac{5}{7}}$이다.

p-값이 0.002로 유의수준인 0.05보다 작으므로 귀무가설을 기각한다. 따라서 주어진 회귀선은 유의수준 5%하에서 유의하다.

정석 사례연구

다음은 두 변수 X와 Y에 대하여 단순선형회귀모형 $Y_i=\beta_0+\beta_1X_i+\varepsilon_i,\ i=1,\ \cdots,\ n$의 기본 가정을 전제로 하여 분석했을 때 출력된 분산분석이다. 이 결과로부터 얻은 다음 결론들이 맞는지에 대해 제시하고 이를 설명하시오.

요인	제곱합	자유도	평균제곱	F값	p값
회귀	100	1	100	33.33	0.0004
잔차	24	8	3	-	-
합계	124	9	-	-	-

① 오차항(ε_i)의 분산의 불편추정값은 3이다.
② 추정된 회귀식은 유의수준 0.05에서 유의하다.
③ 위 분석에 사용된 자료의 크기(n)는 9이다.
④ 결정계수는 $\frac{100}{124}$이다.

해설

① 오차항(ε_i)의 분산의 불편추정값은 $\frac{SSE}{\text{자유도}} = \frac{24}{8} = 3$이다.
② 추정된 회귀식은 유의수준 0.05에서 유의하다. $\because$ p값$=0.0004<0.05$
③ 위 분석에 사용된 자료의 크기(n)는 10이다. 전체 자유도가 $n-1=9$ $\because n=10$
④ 결정계수는 $\frac{100}{124}$이다. $\because R^2 = \frac{SSR}{SST} = \frac{100}{124}$

정석 사례연구

표본의 크기가 20인 어느 자료에 단순선형회귀모형 $Y_i = \beta_0 + \beta_1 X_i + \epsilon_i,\ i = 1, \cdots, n$을 적용하여 얻은 결정계수 값이 0.2이다. 오차항 ϵ_i는 서로 독립이며 정규분포 $N(0, \sigma^2)$을 따른다고 할 때, 회귀모형의 유의성검정을 위한 F-통계량의 값과 유의수준 5%에서 회귀모형의 유의 여부에 대하여 설명하시오.
(단, $F_\alpha(m, n)$은 분자의 자유도가 m, 분모의 자유도가 n인 F-분포의 $(1-\alpha)\times100$번째 백분위수를 나타내고, $F_{0.05}(1, 18)=4.41$, $F_{0.05}(1, 19)=4.38$, $F_{0.05}(2, 18)=3.55$, $F_{0.05}(2, 19)=3.52$이다.)

해설

결정계수는

$$R^2 = \frac{SSR}{SST} = \frac{1}{5}$$

인데

$$F = \frac{MSR}{MSE} = \frac{SSR/1}{SSE/(n-2)} = \frac{SSR}{SSE/18}$$

그러므로 $SSR : SST = 1k : 5k$이므로 $SSE = 4k$

따라서 $F = \dfrac{1}{4/18} = 4.5 > F_{0.05}(1, 18) = 4.41$

유의수준 5%하에서 주어진 회귀모형은 유의하다.

2. 잔차분석

앞의 제10장 분산분석에서도 설명했던 바와 같이 회귀모형을 설정하고 오차에 대한 가정을 한다면 그 가정이 맞는가를 검정해야 할 것이다. 즉, 단순회귀모형는 오차(ϵ_i)에 대해서 모든 점에서(모든 i에 대해) 평균은 0이고 분산은 일정하게(equal variance) σ^2인 정규분포를 한다는 가정을 설정하고 다음 X와 Y의 관계를 1차식으로 두고 추정을 한다.

$$Y_i = \beta_0 + \beta_1 x_i + \epsilon_i,\ \ i = 1, \cdots, n$$
$$\epsilon_i \sim N(0, \sigma^2)$$

이때 오차에 대한 가정 자체가 타당하지 않다면 X와 Y의 1차식 관계도 문제가 있는 것이며 자료를 입력시켜 얻어지는 회귀분석 결과를 사용할 수 없다는 것이다. 따라서 오차에 대한 가정의 타당성 여부를 검사해야만 한다.

오차에 대한 가정의 타당성 여부는 잔차로써 수행되어야만 한다. 왜냐하면 X와 Y에 대한 표본값(자료)들로 $\hat{y} = \widehat{\beta_0} + \widehat{\beta_1}x$의 관계가 얻어지고 이 추정된 관계식으로부터 오차에 대한 정보, 즉 측정된 오차값인 잔차가 얻어지기 때문이다.

우선 잔차의 성질은 단순회귀의 **정규방정식**(normal equation)을 이용하여 유도할 수 있다.

$$n\widehat{\beta_0} + \widehat{\beta_1}\sum x_i = \sum y_i$$
$$\widehat{\beta_0}\sum x_i + \widehat{\beta_1}\sum x_i^2 = \sum x_i y_i$$

예를 들어 $\sum e_i = \sum(y - \widehat{\beta_0} - \widehat{\beta_1}x_i) = \sum y_i - n\widehat{\beta_0} - \widehat{\beta_1}\sum x_i = 0$이 된다. 잔차의 성질을 정리해보면 다음과 같다.

정석 사고

잔차의 성질

(1) $\sum e_i = 0$

(2) $\sum x_i e_i = 0$

(3) $\sum \hat{y}_i e_i = 0 (\sum y_i = \sum \hat{y}_i)$

잔차의 성질에서 알 수 있듯이 잔차의 합은 항상 0이다. 그러므로 오차에 대한 정규분포 여부와 등분산(모든 $\hat{y}_i$에 대해 일정한 분산을 갖는다는 것) 여부를 검사하게 되는데, 잔차의 분포가 정규분포를 따른다고 할 수 있는가는 **정규분포확률도표**(normal probability plot)를 통해 알 수 있다. 정규분포확률도표는 자료들(여기서는 잔차들)의 평균과 분산을 이용한 기준선을 "+"로 표시하고 각 자료값들을 " * "로 표시하여 얻어지는데, " * "들이 "+"들로 이어진 기준선 위에 있을 경우 자료들은 정규분포를 따른다고 할 수 있다. 그림 11-8 은 어떤 자료의 정규분포확률도표인데 직선으로 나타나는 "+" 표시 기준선 위에 거의 모든 자료들이 나타나므로 이 자료는 정규분포를 따른다고 할 수 있다.

제1편 제2편 제3편 제4편

그림 11-8 정규분포확률도표

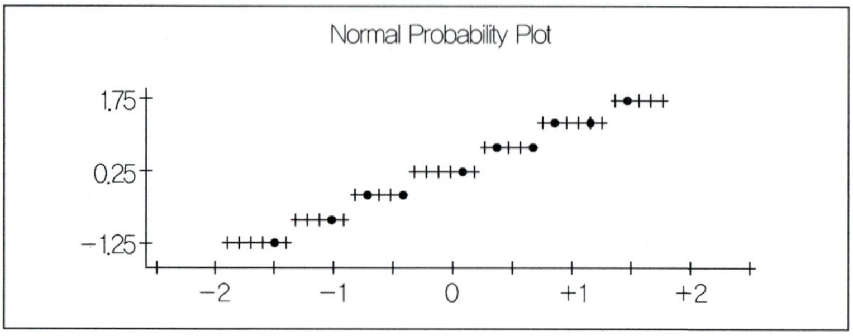

그리고 등분산의 가정은 잔차도표를 살펴봄으로써 알아볼 수 있다. 적합치(y_i)에 대한 잔차(e_i)의 잔차도표가 아무런 패턴을 보이지 않고 일정한 폭 안에 잔차들이 분포되어 있을 경우 그림 11-9 의 (A)와 같이 회귀분석모형의 등분산 가정에 이상이 없음을 나타낸다. 그러나 (B)와 같이 적합치(y_i)의 값이 증가할 때 잔차들이 폭넓게 분포되거나, (C)와 같이 잔차들이 어떤 패턴(포물선)을 갖는다면, 등분산의 가정이 성립된다고 할 수 없는 것이다. 이러한 경우들에 대해서는 다른 적절한 조치를 취하여 회귀분석을 해야 한다.

잔차도표는 표준화된 잔차들로써 얻는 것이 바람직하다. 그 이유는 잔차들의 값은 자료(Y)들의 측정단위에 따라 그 크기가 다르지만 표준화잔차는 단위가 없기 때문이다. 일반적으로, 스튜던트화 잔차(studentized residual)로 얻어진 잔차도표를 이용하면 된다.

그림 11-9 잔차도표

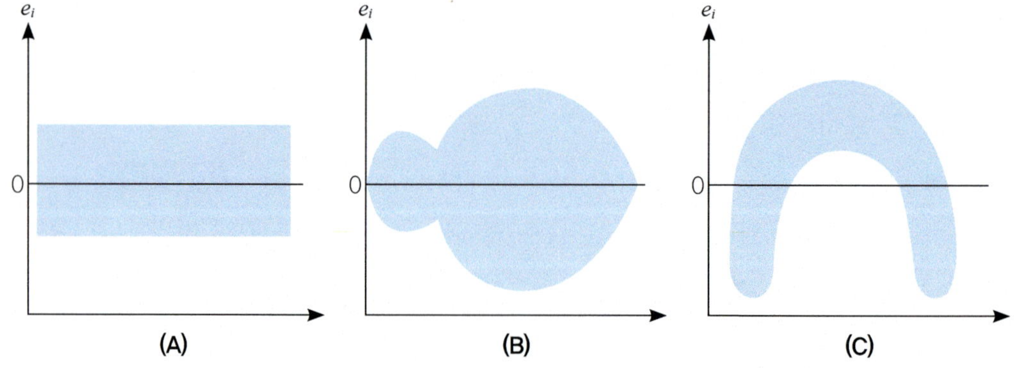

정석 사례연구

단순선형회귀모형에 $Y_i = \beta_0 + \beta_1 X_i + \epsilon_i,\ i = 1, \cdots, n$에서 β_0과 β_1의 최소제곱추정량을 각각 b_0과 b_1이라고 할 때, 예측값 $\widehat{Y} = b_0 + b_1 X_i$와 잔차 $r_i = Y_i - \widehat{Y}_i$에서 잔차의 특징을 설명하시오.
(단, $\overline{Y} = \frac{1}{n}\sum_{i=1}^{n} Y_i$이고 ϵ_i는 서로 독립이며, 평균이 0이고, 분산이 σ^2인 정규분포를 따른다고 가정한다.)

해설

① $\sum_{i=1}^{n} r_i X_i = 0$

② $\sum_{i=1}^{n} (\widehat{Y}_i - \overline{Y}) r_i = 0$

③ $\frac{\sum_{i=1}^{n} r_i^2}{n-2}$의 기댓값은 σ^2이다.

제5절 정석 통계학 다중회귀분석

1. 다중회귀모형

앞에서 다룬 내용들은 설명변수가 하나인 경우 단순선형회귀모형이었다. 회귀모형에 설명변수를 두 개 이상 사용할 경우 **다중선형회귀**(multiple linear regression)모형이라고 하는데 그 형태는 다음과 같다. 즉,

$$Y_i = \beta_0 + \beta_1 x_{i1} + \beta_2 x_{i1} + \cdots + \beta_p x_{ip} + \epsilon_i, \quad i = 1, \cdots, n$$
$$\epsilon_i \sim N(0, \sigma^2)$$

이 모형은 자료(y)의 변화를 p개의 설명변수, X_1, …, X_p로 설명해보고자 하는 것이다. 일반적으로 경제적이거나 상업적이거나 사회적인 현상을 설명하려고 자료를 가지고 회귀분석을 할 때, 그 자료가 어느 한 설명변수에 의해서만 영향을 받고 그 변수와 1차식의 관계

를 갖는 경우는 흔치 않을 것이다. 보통 자료는 여러 개의 설명변수들에 의해 영향을 받는다고 할 때 그 종속변수와의 관계가 선형으로 가정되는 회귀모형을 **다중선형회귀모형**(multiple linear regression model) 혹은 (다)중회귀모형이라고 하며 이러한 모형을 사용해서 분석해야 한다.

다중회귀모형을 다룰 때도 기본적인 원리는 단순회귀모형에서와 같다. 즉, 기본가정이 필요하고 회귀식에서의 모수(파라미터)들을 추정하기 위하여 자료가 필요하며, 최소제곱법에 의하여 회귀계수들을 추정하게 된다. 이때 얻어진 자료는 다음 **표 11-11**과 같은 형태로 정리된다.

표 11-11 다중회귀모형에 대한 자료

표본	Y	X_1	X_2	…	X_p
1	y_1	x_{11}	x_{21}	…	x_{1p}
2	y_2	x_{21}	x_{22}	…	x_{2p}
⋮	⋮	⋮	⋮		⋮
n	y_n	x_{n1}	x_{n2}	…	x_{np}

여기서 설명변수(X)들에 대한 자료들은 두 개의 하첨자로 표현되어 있는데 첫 번째 하첨자는 표본의 번호(1, …, n), 두 번째 하첨자는 변수의 번호(1, …, p)를 나타낸다. 이러한 자료들의 표현을 행렬(matrix)이라고 한다.[11)]

정석 사고

다중회귀모형

p개의 설명변수의 정해진 값 $(x_{1i}, \cdots, x_{pi})$에서 측정되는 종속변수 $(Y_1, \cdots, Y_p)$에 대하여 다음의 관계식이 성립한다고 가정한다.

$$Y_i = \beta_0 + \beta_1 x_{1i} + \beta_2 x_{2i} + \cdots + \beta_p x_{pi} + \epsilon_i, \quad i = 1, \cdots, n$$
$$\epsilon_i \sim N(0, \sigma^2)$$

ϵ_i는 서로 독립이며 $\beta_0, \cdots, \beta_p, \sigma^2$은 알려지지 않은 모수이다.

11) 본 교재에서는 행렬로 설명하는 부분을 가급적 피하기로 한다.

단순회귀모형에서 오차의 제곱합(sum of squares)이 최소가 되도록 $\widehat{\beta_0}$과 $\widehat{\beta_1}$을 추정하는 방법을 **최소제곱법**(least squares method)이라고 하였다. 이와 마찬가지로 다중회귀모형에서의 오차의 제곱합을 최소로 하는 β_0, ⋯, β_p를 구하기 위하여 SS를 다음처럼 설정하고

$$SS = \sum_{i=1}^{n}(\beta_0 + \beta_1 x_{1i} + \beta_2 x_{2i} + \cdots + \beta_p x_{pi} - y_i)^2$$

각각 β_0, ⋯, β_p에 대하여 편미분한 후 0으로 두면 다음의 결과를 얻는다.

$$\begin{aligned}
\frac{\partial SS}{\partial \beta_0} &= 2\sum_{i=1}^{n}(\beta_0 + \beta_1 x_{1i} + \beta_2 x_{2i} + \cdots + \beta_p x_{\pi} - y_i) = 0 \\
\frac{\partial SS}{\partial \beta_1} &= 2\sum_{i=1}^{n}(\beta_0 + \beta_1 x_{1i} + \beta_2 x_{2i} + \cdots + \beta_p x_{\pi} - y_i)x_{1i} = 0 \\
&\ \vdots \\
\frac{\partial SS}{\partial \beta_p} &= 2\sum_{i=1}^{n}(\beta_0 + \beta_1 x_{1i} + \beta_2 x_{2i} + \cdots + \beta_p x_{\pi} - y_i)x_{pi} = 0
\end{aligned}$$

β_0, ⋯, β_p의 추정치를 $\widehat{\beta_0}, \cdots, \widehat{\beta_p}$로 놓고 이 식을 정리하면

$$\begin{aligned}
&\beta_0 n + \beta_1 \sum x_{1i} + \cdots + \beta_p \sum x_{pi} = \sum y_i \\
&\beta_0 \sum x_{1i} + \beta_1 \sum x_{1i}^2 + \cdots + \beta_p \sum x_{pi} x_{1i} = \sum y_i x_{1i} \\
&\quad \vdots \\
&\beta_0 \sum x_{pi} + \beta_1 \sum x_1 x_{pi} + \cdots + \beta_p \sum x_{pi}^2 = \sum y_i x_{pi}
\end{aligned}$$

이 연립방정식을 다중회귀의 **정규방정식**(normal equation)이라고 한다. 이 정규방정식을 간략히 나타내기 위하여

$$\begin{aligned}
&S_0 = n,\ S_1 = \sum x_{1i}, \cdots, S_p = \sum x_{pi},\ S_y = \sum y_i \\
&S_{11} = \sum x_{1i}^2, \cdots, S_{1p} = \sum x_{1i} x_{pi},\ S_{1y} = \sum x_{1i} y_i \\
&S_{22} = \sum x_{2i}^2, \cdots, S_{2p} = \sum x_{2i} x_{pi},\ S_{2y} = \sum x_{2i} y_i \\
&\vdots
\end{aligned}$$

등으로 두면

$$\begin{aligned}&\widehat{\beta_0}S_0+\widehat{\beta_1}S_1+\cdots+\widehat{\beta_p}S_p=S_y\\&\widehat{\beta_0}S_1+\widehat{\beta_1}S_{11}+\cdots+\widehat{\beta_p}S_{1p}=S_{1y}\\&\vdots\\&\widehat{\beta_0}S_p+\widehat{\beta_1}S_{p1}+\cdots+\widehat{\beta_p}S_{pp}=S_{py}\end{aligned}$$

이 된다. 이상을 요약하면 다음과 같다.

정석 사고

최소제곱추정값

다음 다중회귀모형

$$Y_i=\beta_0+\beta_1x_{1i}+\beta_2x_{2i}+\cdots+\beta_px_{pi}$$

에서 Y_i의 관측값을 y_i라고 하면 정규방정식은 다음과 같다.

$$\begin{aligned}&\widehat{\beta_0}S_0+\widehat{\beta_1}S_1+\cdots+\widehat{\beta_p}S_p=S_y\\&\widehat{\beta_0}S_1+\widehat{\beta_1}S_{11}+\cdots+\widehat{\beta_p}S_{1p}=S_{1y}\\&\vdots\\&\widehat{\beta_0}S_p+\widehat{\beta_1}S_{p1}+\cdots+\widehat{\beta_p}S_{pp}=S_{py}\end{aligned}$$

이때 $E(Y)=\beta_0+\beta_1x_{i1}+\beta_2x_{i1}+\cdots+\beta_px_{ip}$를 $\widehat{Y}=\widehat{\beta_0}+\widehat{\beta_1}x_{i1}+\widehat{\beta_2}x_{i1}+\cdots+\widehat{\beta_p}x_{ip}$로 추정하며 이를 최소제곱회귀선이라 한다.

다중회귀모형의 응용으로서 독립변수는 1개인데 직선관계보다 곡선관계가 더 적절하다고 판단될 때에는 p차 다항회귀모형을 가정하고 다중회귀곡선을 적합시키는 것이 바람직하다. 즉

$$Y=\beta_0+\beta_1x+\beta_2x^2+\cdots+\beta_px^p+\epsilon$$

이때 p개의 독립변수를

$$x_1=x,\ \ x_2=x^2,\ \ \cdots,\ \ x_p=x^p$$

으로 정해주면 다중회귀모형과 같은 형태로 바꿀 수 있으며 정규방정식도 동일한 방법으로 도출할 수 있다. 이 정규방정식으로부터 최소제곱추정값을 구할 수 있다.

2. 분산분석

단순회귀모형에서 분산분석을 알아보았는데 다중회귀의 분산분석도 같은 방법으로 이루어진다. Y의 관측값 y와 그 평균값의 차이를 **총편차**(total deviation)라고 하며 다음과 같이 분해할 수 있다.

$$y_i - \overline{y} = (y_i - \widehat{y}_i) + (\widehat{y}_i - \overline{y})$$

오른쪽 첫째항은 잔차를 나타내고 둘째항은 회귀선에 의하여 설명되는 편차를 나타낸다.

총편차의 분해식의 양변을 제곱하고

$$(y_i - \overline{y})^2 = (y_i - \widehat{y}_i)^2 + (\widehat{y}_i - \overline{y})^2 + 2(y_i - \widehat{y}_i)(\widehat{y}_i - \overline{y})^2$$

모든 $i=1, \cdots, n$(자료)에 대하여 합하면 $\sum (y_i - \widehat{y}_i)(\widehat{y}_i - \overline{y}) = 0$이므로

$$\sum_{i=1}^{n} (y_i - \overline{y})^2 = \sum_{n=1}^{n} (y_i - \widehat{y}_i)^2 + \sum_{i=1}^{n} (\widehat{y}_i - \overline{y})^2$$

이 된다. 그리고 위의 관계식의 세 가지 제곱합은 단순회귀모형과 마찬가지로

$\sum_{i=1}^{n} (y_i - \overline{y})^2$을 총제곱합 (SST: total sum of squares) 또는 **총변동**
$\sum_{i=1}^{n} (y_i - \widehat{y}_i)^2$을 잔차제곱합 (SSE: residual sum of squares) 또는 **오차변동**
$\sum_{i=1}^{n} (\widehat{y}_i - \overline{y})^2$을 회귀제곱합 (SSR: regression sum of squares) 또는 **회귀변동**

이라고 부른다.

이때 이 제곱합들의 자유도는 설명변수가 더 많기 때문에 단순회귀모형과 약간 다른데 설

명변수가 k개라면 다음의 관계가 성립한다. 즉,

$$\underset{SST \text{ 자유도}}{(n-1)} = \underset{SSE \text{ 자유도}}{(n-k-1)} + \underset{SSR \text{ 자유도}}{k}$$

이다. 그리고 각각의 제곱합을 각각의 자유도로 나눈 것은 평균제곱이라 한다. 즉,

$$MSE = \frac{SSE}{n-k-1}$$
$$MSR = \frac{SSR}{k}$$

을 각각 잔차평균제곱, 회귀평균제곱이라고 한다. 이상의 사실을 정리하면 다음과 같다.

정석 사고

총변동의 분해

(1) $SST = SSE + SSR$

총변동=**오차변동**(회귀식으로 설명 안 되는 변동)+**회귀변동**(회귀식으로 설명되는 변동)

$$SST = \sum_{i=1}^{n}(y_i - \overline{y})^2$$
$$SSE = \sum_{i=1}^{n}(y_i - \widehat{y_i})^2 = SST - SSR$$
$$SSR = \sum_{i=1}^{n}(\widehat{y_i} - \overline{y})^2$$

(2) 설명변수가 k개라면 SST, SSE, SSR의 자유도는 각각 $n-1$, $n-k-1$, k이며 즉,

$$\underset{SST \text{ 자유도}}{(n-1)} = \underset{SSE \text{ 자유도}}{(n-k-1)} + \underset{SSR \text{ 자유도}}{k}$$

잔차평균제곱: $MSE = \dfrac{SSE}{n-k-1}$

회귀평균제곱: $MSR = \dfrac{SSR}{k}$

표본의 크기가 n인 자료 $(X_1, \cdots, X_{ki}, Y_i)$에 다중선형회귀모형을 적용하여 추정한 회귀선에서 일차항들이 의미를 가지는지와 같은 **유의성검정**(significance test), 즉

$$H_0 : \beta_1 = \cdots = \beta_k = 0$$

의 가설검정은 제곱합들과 그것들의 자유도로서 얻어지는 분산분석표를 작성하면 매우 편리하게 이루어지며 다음 **표 11-12**와 같다.

표 11-12 다중회귀모형의 분산분석표

요인	제곱합	자유도	평균제곱	F-값	F(α)
회귀	SSR	k	$MSR=\frac{SSR}{k}$	$\frac{MSR}{MSE}$	$F_{\alpha}(k, n-k-1)$
잔차	SSE	$n-k-1$	$MSE=\frac{SSE}{n-k-1}$	-	-
합계	SST	$n-1$	-	-	-

이 표에서 알 수 있듯이 검정통계량은

$$F=\frac{MSR}{MSE}\sim F(k, n-k-1)$$

이고 기각역은 다음과 같다.

$$F \geq F_{\alpha}(k, n-k-1)$$

또한 단순회귀모형과 같이 회귀선의 유의성검정과 더불어 다중회귀선에 의해 종속변수가 설명되는 정도를 나타내는 **결정계수**(coefficient of determination)는 다음과 같다.

$$R^2=\frac{SSR}{SST}$$

이때의 결정계수는 Y값들의 변동을 총변동으로 나타내고 '모든' X에 의해 설명되는 설명변동의 비율이므로 '모든' X로써 Y를 얼마나 설명해줄 수 있는가를 나타내는 지표이다. 단순회귀모형과 마찬가지로 결정계수의 범위는 $0 \leq R^2 \leq 1$로서 모든 측정값이 회귀선상에 위치하면 $R^2=1$이 된다. 반대로 회귀관계가 전혀 없어서 기울기가 0이면 $R^2=0$이 된다. 따라서 결정계수가 클수록, 즉 1에 가까울수록 설명력이 높은 회귀선이 된다. 다중회귀분석의 경우 설명변수가 미치는 영향이나 효과와 관계없이 설명변수의 개수를 늘리면 제곱합들의 비율인 결정계수의 값이 커지는 한계가 존재한다. 따라서 회귀변동과 오차변동의 자유도를 고려한 결정계수, 즉, 다음과 같은 **수정된 결정계수**(adjusted coefficient of determination)를 사용하기도 한다.

$$adj\ R^2 = 1 - \frac{SSE/(n-k-1)}{SST/(n-1)}$$

정석 사례연구

다중회귀분석에 대한 설명으로 맞는지 여부를 제시하고 이를 설명하시오.

① 다중회귀분석에서 설명변수가 추가될 때 결정계수의 값이 감소하는 경우는 없다.
② 설명변수가 k개인 다중회귀모형의 유의성에 대한 F-검정의 자유도는 $(k-1,\ n-k)$이다.
③ 잔차분석을 이용하여 오차에 대한 가정들이 타당한지 확인할 수 있다.

해설

① (○) 다중회귀분석에서 설명변수가 추가되면 결정계수의 값이 증가하는 한계가 존재한다.
② (×) 설명변수가 k개인 다중회귀모형의 유의성에 대한 F-검정의 자유도는 $(k,\ n-k-1)$이다.
③ (○) (다중)회귀분석에서 잔차들의 산점도를 통해 정규성, 등분산성 등의 기본가정이 성립하는지에 대해 먼저 살펴봐야 한다.

정석 사례연구

다음은 다중회귀모형 $Y=\beta_0+\beta_1X_1+\beta_2X_2+\varepsilon$을 적합할 때 나타내는 분산분석표의 일부인데, 다음 설명들이 맞는지에 대해 제시하고 이를 설명하시오.

요인	제곱합	평균제곱	F비	p값
회귀	(㉠)		(㉣)	(㉤)
오차	(㉡)	(㉢)		

① 오차항의 분산의 추정값은 ㉢ 이다.
② 추정된 회귀직선의 결정계수는 ㉠/㉡이다.
③ 표본의 크기가 주어질 때, ㉣의 값이 커질수록 ㉤의 값은 작아진다.
④ ㉤의 값을 이용하여 가설 $H_0: \beta_0=\beta_1=\beta_2=0$ 대 H_1: not H_0을 검정할 수 있다.

해설

① (○) 오차항의 분산의 추정값은 ㉢인 *MSE*(평균제곱오차)이다.
② (○) 추정된 회귀직선의 결정계수는 *SSR*/*SST*로 ㉠/㉡에서 분자와 분모의 자유도로 나누어 주어야 한다.
③ (○) 표본의 크기가 주어질 때, ㉣의 값이 커질수록 ㉤의 값은 작아진다. 유의확률은 귀무가설이 사실이라는 전제하에서 검정통계량이 귀무가설을 얼마나 설명하는가를 나타낸 것으로 검정통계량의 값이 커질수록 유의확률은 작아지게 된다. 따라서 맞는 설명이다.
④ (×) ㉤의 값을 이용하여 가설 $H_0: \beta_0=\beta_1=\beta_2=0$ 대 H_0: not H_0을 검정할 수 있다. 그러나 유의수준 없이는 불가능하다.

3. 회귀모형의 선택

이제까지 단순회귀모형과 다중회귀모형에 대하여 살펴보았다. 이들 모형분석에서 주의해야 할 점은 분석의 첫 단계에서 어떤 모형을 적절하게 선택하는가가 중요한 점이다. 일반적으로 회귀모형을 선택하는 방법은 다음 절차를 따르는 것이 좋다.

정석 사고

회귀모형의 선택(설정)

① 변수 간의 상관관계를 보여주는 산포도를 그려본다.
② 산포도로부터 적절한 모형을 선택한다.
③ 선택된 모형으로부터 회귀식을 추정하고 좋은 선택인지 판단한다. 판단은 분산분석표에 의한 유의성검정이나 결정계수, 잔차의 검토를 통해 이루어진다.

다음의 사례를 통해 회귀모형에 대해 좀 더 알아보고자 한다. 예를 들어, 어떤 자전거가 달리는 속도(x)와 갑자기 정지해야 되는 인지시각부터 완전히 정지하는 시각까지 이동정지거리(y)의 관계가 어떤지 알아보기 위해 10개의 자전거를 임의추출하여 실험한 결과 다음의 자료를 얻었다고 가정한다.

표 11-13 자전거 속도와 이동정지거리 관계에 대한 자료

속도 / 거리	20	30	40	50	50	60	70	80	90	100
거리	6	10	19	28	25	35	40	60	80	95

두 변수 간에 가장 적절하다고 생각되는 회귀모형을 찾기 위해 첫 단계로서 산포도를 그려본다.

그림 11-10 산포도 : 회귀분석 예시

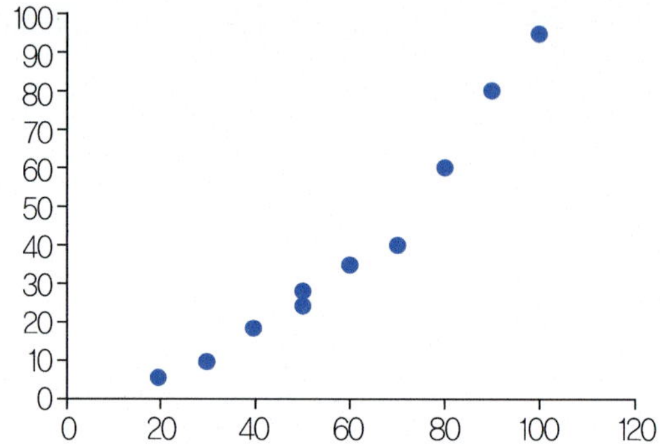

위 산포도로부터 적절하다고 판단되는 모형은 다음 두 가지 정도로 생각할 수 있다.

(1) $\sqrt{Y} = \alpha + \beta x + \epsilon$

(2) $Y = \alpha + \beta_1 x + \beta_2 x^2 + \epsilon$

위의 두 모형 중 어느 것이 더 적절한지를 판단하기 위하여 각각의 회귀모형을 적합시켜 회귀식을 추정해본다. 추정결과 나타나는 분산분석표를 살펴보면 다음과 같다.

표 11-14 첫째식의 분산분석표

요인	제곱합	자유도	평균제곱	F-값	p-값
회귀	49	1	49	392	5.32
잔차	1	8	0.125	–	–
합계	50	9	–	–	–

결정계수 $R^2 = \dfrac{SSR}{SST} = \dfrac{49}{50} = 0.98$이다.

표 11-15 둘째식의 분산분석표

요인	제곱합	자유도	평균제곱	F-값	p-값
회귀	7,959	2	3,979	398	4.74
잔차	73	7	10	–	–
합계	8,032	9	–	–	–

결정계수 $R^2 = \frac{SSR}{SST} = \frac{7,959}{8,032} = 0.99$이다.

첫째식은 $y^* = \sqrt{y}$로 두면 단순회귀모형과 같아지므로 이 단순회귀모형과 비교하기 위해 결정계수를 비교해보면 결정계수가 더 큰 다중회귀모형이 더 적절한 모형이라고 판단할 수 있다. 즉, 결정계수 기준에 의하면 둘째식이 더 적합하다.

정석 사례연구

다중회귀분석(Multiple Linear Regression)에 대한 설명 중 옳지 않은 것은 무엇인지 고르고 그 이유를 설명하시오.

① 결정계수는 총변동 중에서 회귀변동이 차지하는 비중이다.
② 결정계수의 값은 독립변수가 늘어날수록 커진다.
③ 다중공선성은 독립변수와 종속변수 간의 상관관계가 높은 경우에 나타난다.

해설

③이 옳지 않다. 다중공선성은 독립변수 상호 간의 상관관계가 높은 경우에 나타난다.

정석실전문제

1. 단순회귀모형 $Y_i = \beta X_i^2 + \varepsilon_i$, $i = 1, 2, 3, 4$를 적용할 때, 최소제곱법에 의한 β의 추정값은? (7급 16)

X	−1	0	1	2
Y	3	1	4	14

정석힌트 $X^2=t$로 두면

$t=X^2$	1	0	1	4	$\bar{t} = 1.5$
Y	3	1	4	14	$\bar{Y} = 5.5$
ty	3	0	4	56	$\sum tY = 63$
t^2	1	0	1	16	$\sum t^2 = 18$

절편이 있는 경우: $\widehat{\beta_1} = \dfrac{S_{xy}}{S_{xx}} = \dfrac{\sum (t_i - \bar{t})(y_i - \bar{y})}{\sum (t_i - \bar{t})^2}$

절편이 없는 경우: $\widehat{\beta_1} = \dfrac{S_{xy}}{S_{xx}} = \dfrac{\sum t_i y_i}{\sum t_i^2}$

따라서 $\widehat{\beta_1} = \dfrac{63}{18} = \dfrac{7}{2}$

2. 다음은 단순선형회귀모형 $Y_i = \beta_0 + \beta_1 X_i + \epsilon_i$, $i = 1, 2, \cdots, n$을 적합할 때 나타나는 분산분석표의 일부이다. 이에 대한 설명으로 옳지 않은 것은? (단, ϵ_i는 평균이 0이고 분산이 σ^2인 정규분포를 따르며, 서로 독립이다.) (9급 15)

요인	제곱합	자유도	평균제곱	F−값	p−값
처리			20		0.0064
잔차	30	15			

① F−값은 10이다.
② 표본의 크기 n은 17이다.
③ 종속변수와 독립변수 사이의 표본상관계수는 0.4이다.
④ 유의수준 5%에서 '이 회귀모형은 유의하지 않다'는 귀무가설을 기각한다.

정석힌트 ① 잔차의 평균제곱은 30/15=2이므로, F-값은 $\frac{MSR}{MSE} = \frac{20}{2} = 10$이다.

② 잔차의 자유도가 $n-2$이므로 표본의 크기 n은 17이다.

③ 결정계수= $R^2 = \frac{SSR}{SST} = \frac{20}{30}$이므로 표본상관계수는 $\sqrt{R^2} = \sqrt{\frac{20}{30}}$이다.

④ p-값이 0.0064<0.05이므로 유의수준 5%에서 '이 회귀모형은 유의하지 않다'는 귀무가설을 기각한다.

3. $\sum_{i=1}^{n}(X_i - \overline{X})^2 = 80$, $\sum_{i=1}^{n}(Y_i - \overline{Y})^2 = 360$인 두 변수 X와 Y에 대하여 단순회귀모형 $Y_i = \beta_0 + \beta_1 X_i + \epsilon_i,\ i = 1, 2, \cdots, n$에서 추정된 회귀선이 $\widehat{Y}_i = 0.8 + 2.0 \times X_i$일 때, 잔차제곱합 $\sum_{i=1}^{n}(Y_i - \widehat{Y}_i)^2$은? (단, $\overline{X} = \frac{1}{n}\sum_{i=1}^{n} X_i$, $\overline{Y} = \frac{1}{n}\sum_{i=1}^{n} Y_i$이다.) (9급 16)

정석힌트 단순회귀분석에서 총제곱합은 잔차제곱합과 회귀제곱합으로 분해할 수 있다.

$$\left(\sum_{i=1}^{n}(Y_i - \overline{Y})^2 = \sum_{i=1}^{n}(Y_i - \widehat{Y}_i)^2 + \sum_{i=1}^{n}(\widehat{Y}_i - \overline{Y}_i)^2\right)$$

$\widehat{Y}_i - \overline{Y} = a + bX_i - (a + b\overline{X}) = b(X_i - \overline{X})$이므로 회귀제곱합은

$SSR = b^2\sum_{i=1}^{n}(X_i - \overline{X})^2 = b^2 s_{XX}$이다.

$\therefore SSR = 2^2 \times 80 = 320$이고, 총제곱합 SST=360이므로

$SSE = SST - SSR = 360 - 320 = 40$이 된다.

4. 설명변수(또는 독립변수)를 X, 반응변수(또는 종속변수)를 Y로 하는 단순선형회귀모형 $Y_i = \beta_0 + \beta_1 X_i + \epsilon_i,\ i = 1, \cdots, n$에서 다음 통계량을 이용하여 결정계수(Coefficient of Determination)를 구하면? (7급 11)

$$\left(n = 5, \overline{X} = 1, \sum_{i=1}^{n} X_i^2 = 10, \overline{Y} = 2, \sum_{i=1}^{n} Y_i^2 = 30, \sum_{i=1}^{n} X_i Y_i = 5\right)$$

정석힌트 상관계수의 공식에 의하여

$$r = \frac{\sum(x_i - \overline{x})(y_i - \overline{y})}{\sqrt{\sum(x_i - \overline{x})^2}\sqrt{\sum(y_i - \overline{y})^2}}$$

$$r = \frac{5 - 1 \times 2 \times 5}{\sqrt{10 - 5 \times 2^1}\sqrt{30 - 5 \times 2^2}} = \frac{-5}{5\sqrt{2}}$$

결정계수는 상관계수의 제곱이므로

$R = r^2 = 1/2$

제12장
범주형 자료분석

'눈에는 눈으로'란 옛 법을 따르면

우리는 모두 장님이 되고 말 것이다.

− 마틴 루터 킹 −

제1절 범주형 자료와 다항분포

1. 범주형 자료

우리는 앞 장까지 주로 소득, 생산량과 같은 양적자료를 이용하여 자료분석을 해왔다. 양적자료를 이용하여 두 모집단의 평균 등을 비교하는 통계적 방법도 살펴보았다. 그런데 우리는 때로 관찰된 표본이 어떤 범주에 속하는 자료일 경우도 접한다. 예를 들어 많은 학생들이 듣는 수업에 학생들이 학점 A, B, C, D, F 등으로 범주화되도록 점수가 매겨지는데 이때 명목척도(분류형)나 서열척도(순위/등급형)로 측정된 자료를 도수형 자료(frequency data) 또는 **범주형 자료**(categorical data)라 한다.

이러한 범주형 자료를 이용하여 모집단비율에 관한 검정, 독립성검정, 동일성검정 등을 실행해볼 수 있다. 다음 예를 통해 우리가 실시할 수 있는 검정들을 생각해보자.

사례 1: 어떤 나무의 자가수정 결과로 나올 수 있는 유전자의 형태는 세 종류로 분류된다고 한다. 이 세 종류를 각각 A, B, C라 할 때 생물학에서의 한 이론에 의하면 비율이 1 : 2 : 1로 나타난다고 한다. 이를 입증하기 위하여 자가수정의 결과로 생겨난 나무 100그루를 유전자의 형태로 분류하여 다음과 같은 표를 얻었다. 얻어진 자료로부터 생물학 이론이 제시하는 가설이 맞다고 할 수 있는가?

표 12-1 유전자종류와 관측도수

유전자형태	A	B	C	합계
관측도수	18	55	27	100

이 사례는 세 종류의 유전자의 분포에 대한 조사를 하는 경우이다. 이와 같이 관측결과가 특정한 분포로부터의 관측값인지 결정하는 검정을 **적합도검정**(goodness-of-fit test)이라 하며 범주형 자료를 활용한 검정법의 하나이다.

사례 2: 서울 시내의 고등학생을 대상으로 남학생과 여학생에 따라 국어, 영어, 수학 세 과목에 대한 선호도가 다른가를 조사하고자 한다. 남학생 250명과 여학생 250명을 랜덤 추출하여 가장 좋아하는 한 과목을 택하게 하여 분류한 결과가 다음 표와 같을 때, 남학생과 여학생에 따른 과목의 선호도가 다르다고 할 수 있는가?

표 12-2 성별 과목성적 자료

성별 \ 과목성적	국어	수학	영어
남학생	73	88	71
여학생	82	58	110

이 사례에서는 남학생과 여학생에 따라 가장 좋아하는 과목의 분포에 대한 조사이다. 이와 같이 관측결과가 성별에 따라 같은 분포인지 다른 분포인지의 여부를 결정하는 검정을 **동일성검정**(homogeneity test)이라 하며 범주형 자료를 활용한 검정법의 하나이다.

사례 3: 한 의학연구가에 의하면 흡연은 눈가에 주름이 지게 하는 요인이 된다고 한다. 이러한 주장이 타당한가를 알아보기 위하여 30대 남자 1,000명을 랜덤추출하여 조사한 결과 다음과 같은 표를 얻었다. 30대 남자들을 대상으로 볼 때 이 연구가의 주장이 옳은가, 즉 흡연이 눈가주름에 영향을 미친다고 할 수 있는가?

표 12-3 흡연과 눈가주름 자료

흡연 여부 \ 주름 여부	주름이 있음	주름이 없음	합계
흡연자	186	114	300
비흡연자	228	472	700
합계	414	586	1,000

이 사례에서는 흡연과 눈가의 주름 사이의 관계를 조사하는 경우이다. 이와 같이 두 요인 사이에 관계가 있는지 없는지의 여부를 결정하는 검정법을 **독립성검정**(independence test)

이라 하며 범주형 자료를 활용한 검정법의 하나이다.

이 절에서는 범주형 자료의 분석에 기초가 되는 분포로서 다항분포를 이해하면서 이상에서 소개한 검정법들을 알아보기로 한다.

2. 다항분포

앞에서 이항분포를 다룰 때 한 번의 시행에서 결과가 둘 중의 하나인 시행을 베르누이시행이라고 하였다. 그런데 한 번의 시행에서 나타날 수 있는 결과가 여러 개 중의 하나인 시행을 **다항시행**(polynomial trial)이라고 한다. 한 번의 다항시행에서 k개의 서로 배반인 사건 중 i번째 사건이 일어날 확률을 p_i라고 할 때 n번의 서로 독립인 다항시행을 하면 i번째 사건이 일어날 도수 혹은 범주 i에 속하는 횟수를 X_i라고 하면

$$P(X_1 = n_1, \cdots, X_k = n_k) = \frac{n!}{n_1! \times \cdots \times n_k!} p_1^{n_1} \cdots p_k^{n_k}$$

이러한 다항시행의 자료구조는 다음 **표 12-4**와 같다.

표 12-4 다항시행의 자료구조

사건	1	2	……	k	계
확률	p_1	p_2	……	p_k	1
n시행 도수	n_1	n_2	……	n_k	n

예를 들어 주머니에 빨간 공(x_1) 2개, 노란 공(x_2) 4개, 파란 공(x_3) 1개가 있다고 할 때 사건 1은 빨간 공, 사건 2는 노란 공, 사건 3은 파란 공이 되며, 각 사건의 발생확률은 p_1, p_2, p_3이 된다. 만약 각 독립시행에서 1개씩 공을 꺼내는 시행을 4번 시행($n=4$)할 때 빨간 공 2개($n_1=2$), 노란 공 1개($n_2=1$), 파란 공 1개($n_3=1$)가 나오는 경우의 수(조합)는 $\frac{4!}{2!1!1!}$가 된다. 여기에 확률을 곱하면 $\frac{4!}{2!1!1!}p_1^2 p_2^1 p_3^1$이 된다. 따라서 각 경우의 수에 확률을 곱해주면 특정한 사건이 발생할 확률을 알 수 있게 되며 $X_1, \cdots, X_k$는 모수 $p_1, \cdots, p_k$를 갖는 **다항분포**(polynomial distribution)를 따르게 된다.

만약 다항시행의 결과 i번째 사건이 일어나면 '성공', 그 이외의 사건이 일어나면 '실패'라고 보면 확률변수 X_i는 n번의 독립적인 베르누이시행에서 '성공'의 횟수를 의미한다. 따라서 매 시행에서 i번째 사건이 일어날 확률이 p_i이므로 확률변수 X_i는 이항분포 $B(n, p_i)$를 따른다. 그러므로

$$E(X_i) = np_i, Var(X_i) = np_i(1 - p_i)$$

또한 X_i와 X_j의 공분산은

$$Cov(X_i, X_j) = -np_i p_j$$

이상에서 설명한 내용을 요약하여 정리하면 다음과 같다.

정석 사고

다항시행과 다항분포

한 번의 시행에서 나타날 수 있는 결과가 여러 개 중의 하나인 시행을 **다항시행**(polynomial trial)이라고 한다. 한 번의 다항시행에서 k개의 서로 배반인 사건 중 i번째 사건이 일어날 확률을 p_i라고 할 때 n번의 서로 독립인 다항시행을 하면 i번째 사건이 일어날 도수 혹은 범주 i에 속하는 횟수를 X_i라고 하면

$$P(X_1 = n_1, \cdots, X_k = n_k) = \frac{n!}{n_1! \times \cdots \times n_k!} p_1^{n_1} \cdots p_k^{n_k}$$

단, $p_1 + \cdots + p_k = 1, n_1 + \cdots + n_k = n$

다항시행의 결과 i번째 사건이 일어나면 '성공', 그 이외의 사건이 일어나면 '실패'라고 보면 매 시행에서 i번째 사건이 일어날 확률이 p_i이므로 확률변수 X_i는 이항분포 $B(n, p_i)$를 따른다.

$$E(X_i) = np_i, Var(X_i) = np_i(1 - p_i)$$

다항분포에서 시행횟수 n이 충분히 크면 근사적으로

$$\sum_{i=1}^{k} \frac{(X_i - np_i)^2}{np_i} \sim \chi^2(k-1)$$

인 사실을 알 수 있으며 범주형 자료 분석에서 가장 중요하게 사용되는 핵심정리이다.

정석 사고

다항분포의 성질

$X_1, \cdots, X_k$가 모수 $p_1, \cdots, p_k$를 갖는 **다항분포**(polynomial distribution)를 따를 때, 시행 횟수 n이 충분히 크면 근사적으로

$$\sum_{i=1}^{k} \frac{(X_i - np_i)^2}{np_i} \sim \chi^2(k-1)$$

제2절 정석 통계학 적합도검정

1. 분할표와 적합도검정

적합도검정(goodness-of-fit test)이란 자료의 정규성, 독립성 등의 가정에 대한 정당성을 검정하는 통계기법이라 할 수 있다. 다시 말해서 관측결과가 특정한 분포로부터의 관측값인지의 여부를 검정하는 것이다.

(1) 각 범주의 확률이 알려진 경우

적합도검정은 자료구조를 나타내는 **교차표** 또는 **분할표**(contingency table)를 이용하여 관찰도수가 우리가 예상하는 기대도수에 얼마나 잘 적합하는지, 즉 얼마나 유의한 차이가 있는지를 검정하는 것이다.

정석 사례연구

다음은 어느 지역에서 성별과 새로운 정책에 대한 지지 여부가 관련이 있는지 알아보기 위해 100명을 임의추출하여 조사한 결과이다. 이 조사에 대한 다음 설명에 대해 맞는지 여부를 제시하고 이를 설명하시오.

구분	찬성	미결정	반대
남자	25	10	5
여자	20	16	24

① 새로운 정책에 대한 미결정 비율은 전체의 26%이다.
② 남자이면서 새로운 정책을 찬성하는 사람은 전체의 25%이다.
③ 새로운 정책에 대한 찬성 의견을 성별에 따라 비교하면 남자의 비율이 여자의 비율보다 2배 이상 높다.
④ 여자 중에서 새로운 정책을 반대하는 사람의 비율은 전체 여자의 40%이다.

해설

관측도수를 기준으로 한 교차표를 작성해보면 다음과 같다.

구분	찬성	미결정	반대	행합계
남자	25	10	5	40
여자	20	16	24	60
열합계	45	26	29	100

① (○) 새로운 정책에 대한 미결정 비율은 전체의 26%이다. (∵ 26/100)
② (○) 남자이면서 새로운 정책을 찬성하는 사람은 전체의 25%이다. (∵ 25/100)
③ (×) 새로운 정책에 대한 찬성 의견을 성별에 따라 비교하면 남자의 비율이 여자의 비율보다 2배 이상 높지 않다. (∵ 남자 25/45 ; 여자 20/45이므로 2배가 되지 않음)
④ (○) 여자 중에서 새로운 정책을 반대하는 사람의 비율은 전체 여자의 40%이다. (∵ 24/60=0.4)

예를 들어 교차표는 주사위를 120번 던져서 나오는 숫자를 빈도로 나타내어 1×6 교차표를 만들 수 있다(**표 12-5** 참조).

표 12-5 적합도검정의 교차표 구조

빈도 \ 숫자	1	2	3	4	5	6
관측빈도(O_{ij})	25	20	18	17	26	14
기대빈도(E_{ij})	20	20	20	20	20	20
편차(B)	+5	0	−2	−3	+6	−6

만약 주사위가 정상이라면 1에서 6까지 숫자가 20회씩 나오는 것으로 기대할 것이다. 따라서 주사위의 정상 여부를 검정하기 위해 관측빈도와 기대빈도의 차이를 보고 그 차이가 표본오차 때문인지 주사위가 비정상인지를 분석할 필요가 있다. 이러한 검정을 적합도검정이라 한다.

이 사례에서 실험대상의 수 n=120, 서로 배반인 범주 k=6이며 각 범주에 속하는 도수는 관측빈도(O_{ij})로 관측된다. 이때 각 실험대상이 i번째에 속할 확률을 p_i라고 하면 도수 X_i는 다항분포를 따른다.

(1) 이때 귀무가설은 다음과 같으며

$$H_0 : p_1 = p_{10}, \cdots p_6 = p_{60}$$

(2) 이 경우에는 p_{i0}=1/6인데 귀무가설이 사실이라면 i번째 범주의 기대도수는

$$E(X_i \mid H_0) = np_{i0}$$

로 주어진다. 따라서 실제 관측도수 X_i=n_i가 기대도수와 차이가 나면 귀무가설을 기각하게 됨을 의미한다.

(3) 이러한 기대도수(Ei)와 관측도수(Oi)의 차이에 대한 척도로서 흔히 사용되는 것은

$$\sum_{i=1}^{k} \frac{(n_i - np_{i0}^{2})}{np_{i0}} = \sum \frac{(O_i - E_i)^2}{E_i} \sim \chi^2(k-1)$$

이 척도를 사용하여 사례의 검정통계량을 구해보면

$$\chi_c^2 = \sum \frac{(O_i - E_i)^2}{E_i} = \frac{(25-20)^2}{20} + \frac{(20-20)^2}{20} + \frac{(18-20)^2}{20} + \frac{(17-20)^2}{20} + \frac{(26-20)^2}{20} + \frac{(14-20)^2}{20} = \frac{110}{20} = 5.5$$

이다.

(4) 따라서 유의수준 5%하에서 검정통계량의 값은 $\chi^2=5.5<\chi^2(5,\ 0.05)=11.071$이므로 귀무가설을 기각할 수 없다. 따라서 귀무가설이 성립하고, 즉, 주사위는 정상이라고 판단할 수 있다.

(2) 각 범주의 확률이 알려지지 않은 경우

각 범주의 확률이 알려지지 않은 경우에는 알려지지 않은 확률 혹은 기대도수를 추정하여야 한다. 보통 귀무가설로 어떤 특정한 분포를 가정하고 그 분포를 통해 기대도수를 추정하게 된다. 다음 사례를 통해 살펴보자.

어떤 한 공장에서 생산하고 있는 건전지의 수명에 대한 분포를 알아보기 위하여 정규분포

표 12-6 건전지 수명과 도수

수 명	개 수
120	20
140	110
160	225
180	305
200	215
220	103
220 이상	22
합 계	1,000

라는 가정하에 통계적 방법을 적용하기 위하여 1,000개의 건전지에 대한 수명을 측정하였다. 그 결과 표본의 평균은 174시간이고, 표준편차는 22시간이었다. 이 데이터를 **표 12-6** 의 도수분포표로 정리하였다. 건전지의 수명이 정규분포를 이루고 있는지를 유의수준 5%에서 검정해보자.

(1) 이때 귀무가설은

H_0 : 건전지수명의 분포는 정규분포이다.(단, H_1: 건전지 수명의 분포는 정규분포가 아니다.)

(2) 관측값 120의 기대도수($\widehat{E_1}$)를 생각해보면, 자료의 평균($\widehat{\mu}$)과 분산($\widehat{\sigma}$)은 간단히 구할 수 있으므로

$$\widehat{E_1} = 1{,}000P\left(Z < \frac{120 - \widehat{\mu}}{\widehat{\sigma}}\right)$$

(3) 같은 방법으로 다른 관측값에 대해서도 구할 수 있으며 검정통계량의 값과 유의수준 5%하에서의 기각역을 비교해보면 다음과 같다.

$$\sum \frac{(O_i - \widehat{E_2})^2}{\widehat{E_i}} = 102.64 > \chi^2_{0.05}(4) = 9.49$$

이때 자유도는 자료의 범주가 7개, 추정된 모수의 개수가 2개이므로 (7−2)−1=4가 된다.

(4) 따라서 유의수준 5%로 주어졌을 때 위의 귀무가설은 기각된다. 즉, 건전지의 수명은 정규분포를 따른다고 볼 수 없다.

정석 사례연구

멘델의 이론에 따르면, 노란색 순종 완두와 녹색 순종 완두를 교배하면 노란색 완두와 녹색 완두가 3:1의 비율로 생산된다고 한다. "멘델의 이론이 맞다"라는 귀무가설을 검정하기 위해 100번의 교배실험을 하여 노란색 완두 80개와 녹색 완두 20개를 얻었다. 카이제곱검정통계량 값과 유의수준 0.05에서 귀무가설의 기각 여부에 대해 제시하시오. (단, $\chi^2_\alpha(k)$는 자유도가 k인 카이제곱분포의 $(1-\alpha)\times 100$번째 백분위수를 나타내고 $\chi^2_{0.05}(1)=3.84$, $\chi^2_{0.01}(1)=6.63$이다.)

해설

출생계절	노랑	녹색
관측도수	80	20
기대도수	75	25

적합도검정의 검정통계량은 $\chi^2_C=\sum\frac{(O_i-E_i)^2}{E_i}\sim\chi^2_{(k-1)}$이므로 설문에서 검정통계량은 다음과 같다.

$$\chi^2_C=\sum\frac{(O_i-E_i)^2}{E_i}=\frac{(80-75)^2}{75}+\frac{(20-25)^2}{25}=\frac{1}{3}+1=\frac{4}{3}$$

유의수준 5%에서 검정통계량 값이 4/3로 기각치 3.84보다 작으므로 귀무가설을 기각할 수 없다.

즉, 노란색 순종 완두와 녹색 순종 완두를 교배하면 노란색 완두와 녹색 완두가 3:1의 비율로 생산된다는 멘델의 이론은 채택될 수 있다.

정석 사례연구

어떤 회사 직원들의 1년 간 지각횟수를 요일별로 정리한 결과가 다음과 같다. 이 회사 직원들의 지각횟수가 요일에 따라 차이가 있는지를 검정하는 카이제곱검정통계량의 값과 유의수준 5%에서의 검정을 해보자. (단, $\chi^2_{0.05}(4)=9.49$, $\chi^2_{0.05}(5)=11.07$이다.)

요일	월	화	수	목	금	합계
지각횟수	20	15	25	15	25	100

해설

출생계절	월	화	수	목	금	합계
관측도수	20	15	25	15	25	100
기대도수	20	20	20	20	20	100

적합도검정의 검정통계량은

$$\chi_c^2 = \sum \frac{(O_i - E_i)^2}{E_i} \sim \chi_{(k-1)}^2$$

이므로 설문에서 검정통계량은 다음과 같다.

$$\chi_c^2 = \sum \frac{(O_i - E_i)^2}{E_i} = \frac{(20-20)^2}{20} + \frac{(15-20)^2}{20} + \frac{(25-20)^2}{20} + \frac{(15-20)^2}{20} + \frac{(25-20)^2}{20} = \frac{100}{20} = 5$$

유의수준 5%에서 검정통계량 값=5이 자유도 4인 기각치 9.49보다 작으므로 귀무가설을 기각할 수 없다. 즉, 유의수준 5%수준에서 요일별 지각횟수가 같다고 할 수 있다.

제3절 동일성검정

정석 통계학

동일성검정(homogeneity test)이란 표본의 관찰 결과 사전적으로 사고하고 있는 비율과 동일한지의 여부를 결정하는 통계검정기법이다. 관찰비율로부터 단순히 각 모집단의 비율이 동일한지를 검정하는 것이 아니라 미리 인지하고 있는 비율이 옳은 것인지 여부를 검정하는 기법이다. 예를 들어 100명의 선거권자의 직업과 정당선호도를 조사하여 그 관계가 일정한 비율을 형성하는지를 살펴보는 것이다.

동일성검정의 자료구조를 생각해보면 조사대상인 모집단 A를 r개의 부분모집단으로 분할하고 각각의 부분모집단에서 몇 개의 실험대상을 택하여 요인 B의 서로 배반인 c개의 범주들에 속하는 도수를 관측한다. 다시 말해서 서로 독립인 크기 $n_1, \cdots, n_r$의 랜덤표본이 r개의 모집단 $A_1, \cdots, A_r$에서 각각 택해졌다고 하면 각각의 표본을 범주 $B_1, \cdots, B_c$로 분류한다. 그 결과 다음과 같은 $r \times c$ 교차표를 얻을 수 있다. 이 교차표의 구조가 **표 12-7**에 나타나 있다.

표 12-7 동일성검정의 교차표 구조

구분	B_1	B_2		B_c	계
A_i ⋮ A_r	N_{11} ⋮ N_{r1}	N_{12} ⋮ N_{r2}	⋯ ⋯	N_{1c} ⋮ N_{rc}	n_1 ⋮ n_r
계	$N_{.1}$	$N_{.2}$		$N_{.c}$	n

이 표에서 각 셀의 발생확률을 구해서 파생되는 교차표를 새로 만들어 볼 수 있는데, p_{ij}는 모집단 A_i 내에서의 범주 B_i가 일어날 확률, $p_{ij}=P(B_j|A_i)$이다.

표 12-8 확률로 표시한 교차표

구분	B_1	B_2		B_c	계
A_i ⋮ A_r	p_{11} ⋮ p_{r1}	p_{12} ⋮ p_{r2}	⋯ ⋯	$p_{1c.}$ ⋮ p_{rc}	1 ⋮ 1

표 12-8의 각 행에 있는 확률의 합이 1이지만 열의 합은 아무런 의미를 갖지 않는 것에 주의해야 한다. 모든 r개의 모집단에서 각각의 B범주의 확률이 같다는 동질성의 귀무가설은

$$H_0 : p_{1j} = p_{2j} = \cdots = p_{rj}, \quad j = 1, \cdots, c$$

H_0하에서 범주 B_j의 확률은 합동표본들로부터 전체 표본에 있는 n개의 원소 중에서 N_j 개가 범주 B_j로 분류되었다는 것을 관측함으로써 추정할 수 있다. 따라서 추정된 확률은

$$\widehat{p_{1j}} = \widehat{p_{2j}} = \cdots = \widehat{p_{rj}} = \frac{N_j}{n}$$

이고, H_0하에서 (i, j) 칸의 추정된 기대도수는

$$\begin{aligned} E_{ij} &= (A_i \text{ 집단의 표본 크기}) \times (\text{추정된 } A_i \text{ 내에서의 확률}) \\ &= n_i \widehat{p}_{ij} = \frac{n_i N_j}{n} \end{aligned}$$

이 검정의 검정통계량은

$$\chi^2 = \sum_{i=1}^{r}\sum_{j=1}^{c}\frac{(N_{ij}-E_{ij})^2}{E_{ij}}$$

이 되며 기각역은

$$\chi^2 = \sum_{i=1}^{r}\sum_{j=1}^{c}\frac{(N_{ij}-E_{ij})^2}{E_{ij}} \geq \chi^2_{\alpha}((r-1)(c-1)),\ E_{ij} = \frac{n_i N_j}{n}$$

카이제곱분포의 자유도를 보면, r개의 부분모집단이 각각 c개의 칸을 가지고 있어서 χ^2-통계량에서 자유도 $c-1$을 기여하여 전체 자유도는 $r(c-1)$인데 여기서 추정된 모수의 수만큼 감해 주어야 한다. 즉, c개의 열 확률을 추정했고, 그들의 합이 1이기 때문에 추정된 모수의 수는 $c-1$이다. 따라서 이러한 카이제곱분포의 자유도는 다음과 같다.

$$\text{자유도} = r(c-1)-(c-1) = (r-1)(c-1)$$

이고 이상을 정리하면 다음과 같다.

정석 사고

동일성검정의 기각역

H_0 : $p_{1j}=p_{2j}=\cdots=p_{rj}$, $j=1, \cdots, c$
H_1 : H_0가 사실이 아니다.

O_i, E_i를 각각 관측도수와 기대도수라 할 때,

기각역: $\chi^2 = \sum_{i=1}^{r}\sum_{j=1}^{c}\frac{(O_{ij}-E_{ij})^2}{E_{ij}} \geq \chi^2_{\alpha}((r-1)(c-1))$,

단, $E_{ij} = \frac{n_i O_j}{n}$

위의 검정법을 구체적인 사례에 적용해 보자. 예를 들어, 어느 정책에 대하여 세 도시 A, B, C의 만족도를 조사한 결과 다음과 같은 표를 얻었다.

표 12-9 정책만족도 조사결과

만족도 / 도시	만족(1)	보통(2)	불만족(3)	합계
A	34	39	12	85
B	29	31	26	86
C	33	29	19	81
합계	96	99	57	252

(1) 이때 각 도시의 만족, 보통, 불만족의 비율이 동일한지를 검정하고자 한다. 따라서 귀무가설은 다음과 같다.

$$H_0 : p_{A1} = p_{A2} = p_{A3},\quad p_{B1} = p_{B2} = p_{B3},\quad p_{C1} = p_{C2} = p_{C3}$$

(2) 만약 세 도시 A, B, C에서 이 정책에 대한 만족도의 분포가 동일하다면 각 도시의 '만족', '보통', '불만족' 셀의 기대도수는 다음과 같다.

$$\begin{aligned} E_{ij} &= (\text{전체 } i\text{행 비율}) \times (\text{전체 } j\text{열 비율}) \times \text{총빈도} \\ &= (i\text{행의 총빈도}) \times (\text{전체 } j\text{열 비율}) \end{aligned}$$

혹은

$$= (\text{전체 } i\text{행 비율}) \times (j\text{열의 총빈도})$$

이를 좀 더 구체적인 수식으로 나타내면 다음과 같다.

$$E_{ij} = (\text{전체 } j\text{열 퍼센트}) \times (i\text{행의 총빈도}) = \left(\frac{O_{.j}}{n}\right) O_{i.}$$

$$\therefore E_{ij} = \frac{O_{i.} \times O_{.j}}{n}$$

이렇게 도출된 기대도수를 이용하여 $\chi_\alpha^2(k)$검정통계량 즉 자유도가 $k=(3-1)(3-1)=4$인 카이제곱분포의 $(1-\alpha)\times 100$번째 백분위수를 계산하여 귀무가설의 기각 또는 채택을 결정하게 된다. 다음의 정석사례연구를 통해 구체적인 수치를 계산해보도록 하자.

정석 사례연구

다음은 어느 정책에 대하여 세 도시 A, B, C의 만족도를 조사한 결과이다.

만족도 / 도시	만족	보통	불만족	합계
A	34	39	12	85
B	29	31	26	86
C	33	29	19	81
합계	96	99	57	252

만약 세 도시 A, B, C에서 이 정책에 대한 만족도의 분포가 동일하다면 B 도시의 '만족' 셀의 기대도수는? (9급 16)

해설

각 수준이 동일이라면 셀의 기대도수는 다음과 같다.

$$E_{ij}=(\text{전체 열 퍼센트})\times(\text{행의 총빈도})=\left(\frac{O_{.j}}{n}\right)O_{i.}$$

$$\therefore E_{ij}=\frac{O_{i.}\times O_{.j}}{n}=\frac{96\times 86}{252}$$

정석 사례연구

다음은 어느 지역에서 100명을 임의로 추출하여 출생한 계절을 조사한 결과이다.

출생계절	봄	여름	가을	겨울
관측도수	33	17	21	29

이 지역의 계절별 출생률이 같다는 귀무가설에 대한 검정에서 카이제곱검정통계량의 값과 유의수준 5%에서의 검정을 해보자. (단, $\chi^2_\alpha(k)$는 자유도가 k인 카이제곱분포의 $(1-\alpha)\times 100$번째 백분위수를 나타내고, $\chi^2_{0.05}(3)=7.8147$, $\chi^2_{0.05}(4)=9.4877$이다.)

해설

귀무가설(H_0) : $p_1=p_2=p_3=p_4=0.25$

대립가설(H_1) : 모든 p_i가 0.25인 것은 아니다.

출생계절	봄	여름	가을	겨울
관측도수	33	17	21	29
기대도수	25	25	25	25

적합도검정의 검정통계량은 $\chi_c^2 = \sum \frac{(O_i - E_i)^2}{E_i} \sim \chi^2_{(k-1)}$이므로 설문에서 검정통계량은 다음과 같다.

$$\chi_c^2 = \sum \frac{(O_i - E_i)^2}{E_i} = \frac{(33-25)^2}{25} + \frac{(17-25)^2}{25} + \frac{(21-25)^2}{25} + \frac{(29-25)^2}{25}$$
$$= \frac{260}{25} = 10.4$$

유의수준 5%로 주어졌을 때 검정통계량 값이 13으로 기각치인 7.8147보다 크므로 귀무가설을 기각한다. 즉, 유의수준 5%수준에서 계절별 출생률이 다르다고 할 수 있다.

정석 사례연구

어느 지역의 남녀 간 소비생활 만족도의 분포가 같은지 알아보고자 이 지역에 거주하는 남녀 각각 100명을 임의로 추출하여 조사한 결과가 다음과 같다(단위: 명).

만족도 / 성별	불만족	보통	만족	합계
남	34	40	26	100
여	26	44	30	100

이를 검정하기 위한 카이제곱검정통계량의 값이 2.2이고 유의확률(p-값)이 0.32일 때, 이 검정방법과 결과에 대하여 설명하시오.

해설

① 귀무가설은 '남녀 간 소비생활 만족도의 분포가 같다'이다.

② 남녀 간 소비생활 만족도 분포가 같은지 알아보고자 하는 것으로 이 검정을 동질성검정이라 한다.

③ 카이제곱검정통계량의 자유도는 (2−1)×(3−1)=2이다.

④ 동일성 검정에서 기대도수는 다음과 같다.

$$E_{ij} = (\text{전체 열 퍼센트}) \times (\text{행의 총빈도}) = \left(\frac{O_{.j}}{n}\right) O_{i}$$

예를 들어 남자의 '불만족' 셀에 대한 기대도수는

$$\therefore E_{ij} = \left(\frac{O_{i.} \times O_{.j}}{n}\right) = \frac{60 \times 100}{200} = 30$$

⑤ 유의확률(p-값)이 0.32로 유의수준 0.05보다 크므로 귀무가설을 기각할 수 없다. 따라서 해당 지역의 남녀 간 소비생활 만족도의 분포가 같다는 주장은 유의하다.

정석 사례연구

과거 연구에 따르면 병원에서 사망하는 사람들에 대한 사망원인 A, B, C, D, 기타의 비율이 각각 15%, 20%, 20%, 30%, 15%라고 한다. 어떤 병원의 사망자 중 무작위로 뽑힌 100명의 사망원인별 분포가 다음과 같다.

사망원인	A	B	C	D	기타
사망자수	35	40	50	60	15

이 병원 사망자의 사망원인별 비율이 과거 연구 결과와 같다는 것을 귀무가설로 하여 유의수준 5%에서 검정하고자 한다. 카이제곱검정통계량의 자유도와 검정결과를 설명하시오. (단, $\chi_{\alpha}^2(k)$는 자유도가 k인 카이제곱분포의 $100\times(1-\alpha)$번째 백분위수를 나타내고, $\chi_{0.05}^2(4)=9.49$, $\chi_{0.05}^2(5)=11.07$이다.)

해설

사망원인별 기대도수는 $A=E=100\times0.15=15$, $B=C=100\times0.2=20$, $D=100\times0.3=30$

사망원인	A	B	C	D	기타(E)
사망자수	35	40	50	60	15
기대도수	15	20	20	30	15

따라서 적합도검정의 검정통계량은 $\chi_C^2=\sum\frac{(O_i-E_i)^2}{E_i}\sim\chi_{(k-1)}^2$이므로 설문에서 검정통계량은 다음과 같다.

$$\chi_C^2=\sum\frac{(O_i-E_i)^2}{E_i}=\frac{(35-15)^2}{15}+\frac{(40-20)^2}{20}+\frac{(50-20)^2}{20}+\frac{(60-30)^2}{30}+\frac{(15-15)^2}{15}$$
$$=121\frac{2}{3}\fallingdotseq 121.667$$

유의수준 5%에서 검정통계량 값이 121보다 큰 수로 기각치 $\chi_{0.05}^2(4)=9.49$보다 크므로 귀무가설을 기각한다.

제4절 독립성검정

정석 통계학

독립성검정(independence test)은 두 범주가 서로 관계가 없는지의 여부를 결정하는 통계검정기법이다. 흔히 두 개의 변수가 서로 독립적인지 여부를 알아야 할 때가 있다. 예를 들어 어떤 정책을 사용할 때 그 정책이 효과적일지 아닐지를 알아야 할 때, 즉 교수연구를 지원하는 학교정책을 사용했을 때 학생들의 성적도 상승하는 것인지 아니면 교수연구와 학생성적은 독립적인지의 여부에 따라 학교연구 지원정책은 달라질 수 있다.

독립성검정의 자료구조를 생각해보면 조사대상인 모집단에서 n개의 실험대상을 선택하여 요인 A에 속하면서 요인 B의 범주에 속하는 도수를 관측한다. 따라서 독립성검정의 자료구조는 **표 12-10**과 같은 $r \times c$ 분할표를 가진다.

표 12-10 독립성검정의 분할표 구조

구분	B_1	B_2		B_c	계
A_i ⋮ A_r	N_{11} ⋮ N_{r1}	N_{12} ⋮ N_{r2}	⋯ ⋯	N_{1c} ⋮ N_{rc}	n_1 ⋮ n_r
계	$N_{.1}$	$N_{.2}$		$N_{.c}$	n

표 12-10에서 관심의 대상은 두 개의 범주형 변수 A와 B가 서로 독립이라는 귀무가설을 검정하는 것이다. 두 개의 변수가 서로 독립이라는 사실은 결합확률이 각각의 주변확률의 곱과 같다는 사실과 동일하기 때문에 독립성검정(test of independence)의 귀무가설은

$$H_0 : P(A_i, B_j) = P(A_i)P(B_j),\ \ i = 1, \cdots, r,\ \ j = 1, \cdots, c$$

즉,

H_0 : 모든 (i, j)에 대하여 $p_{ij} = p_{i.}p_{.j}$

단, p_{ij}=범주 A, B에 동시에 속할 확률
$p_{i.}$ =범주 A에 속할 확률
$p_{.j}$ =범주 B에 속할 확률

독립성검정은 교차표에서 (i, j) 칸의 확률이 결정되지 않았기 때문에 자료로부터 추정되어야 한다. $p_{i.}=P(A_i)$이기 때문에 $p_{i.}$의 가장 적합한 추정량은 A_i의 표본상대도수인

$$\widehat{p}_{i.} = \frac{N_{i.}}{n}$$

마찬가지로 $p_{.j}$는

$$\widehat{p}_{.j} = \frac{N_{.j}}{n}$$

으로 추정되어 귀무가설 H_0하에서 (i, j) 칸에 대한 확률은

$$\widehat{p}_{ij} = \widehat{p}_{i.} \cdot \widehat{p}_{.j} = \frac{N_{i.} \cdot N_{.j}}{n^2}$$

으로 추정되고, 기대도수는

$$\widehat{E}_{ij} = n \cdot \widehat{p}_{ij} = \frac{N_{i.} \cdot N_{.j}}{n}$$

따라서 검정통계량은

$$\chi^2 = \sum_{i=1}^{r}\sum_{j=1}^{c} \frac{(N_{ij} - \widehat{E}_{ij})^2}{\widehat{E}_{ij}} \sim \chi^2((r-1)(c-1))$$

귀무가설 H_0하에서 검정통계량 카이제곱은 카이제곱분포로 근사되는데

$$\sum_{i=1}^{r} p_{i.} = 1, \quad \sum_{j=1}^{c} p_{.j} = 1$$

이라는 제약조건 때문에 실제로 $r-1$개의 모수 $p_{i.}$와 $c-1$개의 모수 $p_{.j}$를 추정하였기에 자유도는

$$rc-1-(r-1)-(c-1)=(r-1)(c-1)$$

따라서 독립성검정을 다음과 같이 요약할 수 있다.

정석 사고

독립성검정의 기각역

H_0 : 모든(i, j)에 대해 $p_{ij}=p_{i.}p_{.j}$
H_1 : H_0가 사실이 아니다.

O_i, E_i를 각각 관측도수와 기대도수라 할 때,
기각역:

$$\chi^2=\sum_{i=1}^{r}\sum_{j=1}^{c}\frac{(O_{ij}-\widehat{E}_{ij})^2}{\widehat{E}_{ij}}\ge\chi^2_{\alpha}((r-1)(c-1)),$$

단, $\widehat{E_{ij}}=\dfrac{O_{i.}O_{.j}}{n}$

정석 사례연구

어느 지역에서 60대 이상의 성인 중 흡연 경험이 있는 사람 40명과 흡연 경험이 없는 사람 60명을 랜덤하게 선택하여 심근경색 증세가 있는지를 조사한 결과가 다음과 같다.

구 분	심근경색 증세 있음	심근경색 증세 없음	합계
흡연경험 있음	12	28	40
흡연경험 없음	8	52	60
합계	20	80	100

심근경색 증세 비율이 흡연경험 여부에 따라 다른지를 검정하기 위한 카이제곱검정통계량의 값이 4.17로 얻어졌다. 이에 대한 설명으로 맞는지를 제시하고 이를 설명하시오.
(단, $\chi^2_\alpha(k)$는 자유도가 k인 카이제곱분포의 $(1-\alpha)\times100$번째 백분위수를 나타내고, $\chi^2_{0.05}(1)=3.84$, $\chi^2_{0.01}(1)=6.63$이다.)

① p-값(p-value 또는 유의확률)은 0.01과 0.05 사이이다.
② 유의수준 1%에서 흡연경험 여부에 따라 심근경색 증세 비율이 다르다고 할 수 있다.

③ 흡연경험이 있는 사람 중에서 심근경색 증세가 없다고 조사되었던 사람 중 한 명이 심근경색 증세가 있는 것으로 수정되어 12가 13으로 변경되고 28이 27로 변경되면 카이제곱검정통계량의 값은 커진다.

해설

① (○) 이상의 설명은 검정통계량의 p값(유의확률)이 0.01보다는 크고 0.05보다는 작다는 것을 의미한다.

② (×) 검정통계량의 값이 4.17로 유의수준 5%에서의 기각치 $\chi^2_{0.05}(1)=3.84$보다 크므로 귀무가설(심근경색과 흡연은 연관 X)을 기각하고 증세비율이 다르다고 할 수 있다. 그러나 유의수준 1%에서의 기각치 $\chi^2_{0.05}(1)=6.63$보다는 작으므로 귀무가설을 기각하지 못하고 흡연경험 여부에 따라 심근경색 증세 비율이 다르다고 할 수 없다.

③ (○) 흡연경험과 심근경색증세를 가진 표본이 늘어나므로 귀무가설을 기각하는 방향으로 검정통계량이 변화한다. 따라서 검정통계량은 커진다.

정석 사례연구

20대와 30대에서 100명을 임의로 추출하여 두 제품 A와 B에 대한 선호도를 조사한 결과가 다음과 같다(단위: 명).

연령대 \ 제품	A	B
20대	10	40
30대	30	20

연령대와 제품에 대한 선호도가 서로 독립이라는 귀무가설을 검정하기 위한 카이제곱검정통계량의 값과 유의수준 5%에서 검정결과를 설명하시오. (단, $\chi^2_\alpha(k)$는 자유도가 k인 카이제곱분포의 제 $(1-\alpha)\times100$ 백분위수를 나타내고, $\chi^2_{0.05}(1)=3.84$, $\chi^2_{0.05}(2)=5.99$이다.)

해설

연령대 \ 제품	A	B	합계
20대	10	40	50
30대	30	20	50
합계	40	60	100

각 셀(N_{ij})의 기대도수를 구해보면

$$\widehat{E_{11}} = 100\times\frac{50}{100}\times\frac{40}{100} = 20 = \widehat{E_{21}},\ \ \widehat{E_{12}} = 100\times\frac{50}{100}\times\frac{60}{100} = 30 = \widehat{E_{22}}$$

따라서

$$\chi^2 = \sum\sum \frac{(O_{ij} - \widehat{E_{ij}})^2}{\widehat{E_{ij}}}$$
$$= \frac{(10-20)^2}{20} + \frac{(40-30)^2}{30} + \frac{(30-20)^2}{20} + \frac{(20-30)^2}{30}$$
$$= 18\frac{2}{3} \sim \chi^2_{(2-1)(2-1)}$$

검정통계량이 18이 넘는 값이므로 유의수준 5%에서의 기각치 $\chi^2_{0.05}(1)=3.84$(부록 참조)보다 크다. 따라서 귀무가설을 기각하고, 즉, 연령대와 제품에 대한 선호도가 서로 독립이 아니다.

정석 사례연구

어느 지역에서 결혼생활 중인 200명을 임의추출하여 결혼생활 만족도와 교육수준을 조사한 결과가 다음과 같을 때, 결혼생활 만족도와 교육수준과의 독립성 여부를 검정하기 위한 카이제곱검정통계량의 값과 유의수준 5%에서의 임계값을 도출하시오.(9급 14)
(단, $\chi^2_\alpha(k)$는 자유도가 k인 카이제곱분포의 $1-(1-\alpha)\times100$번째 백분위수를 나타낸다.)

교육수준 \ 결혼생활 만족도	상	하	합계
대학교	50	50	100
고등학교	20	30	50
중학교	30	20	50
합계	100	100	200

해설

각 셀의 기대도수를 구해보면

$$\widehat{E_{11}} = 200 \times \frac{100}{200} \times \frac{100}{200} = 50 = \widehat{E_{12}}$$
$$\widehat{E_{21}} = 200 \times \frac{50}{200} \times \frac{100}{200} = 25 = \widehat{E_{22}} = \widehat{E_{31}} = \widehat{E_{32}}$$

따라서

$$\chi^2 = \sum\sum \frac{(O_{ij} - \widehat{E_{ij}})^2}{\widehat{E_{ij}}}$$
$$= \frac{(50-50)^2}{50} + \frac{(50-50)^2}{50} + \frac{(20-25)^2}{25} + \frac{(30-25)^2}{25} + \frac{(30-25)^2}{25} + \frac{(20-25)^2}{25}$$
$$= 4 \sim \chi^2_{(3-1)(2-1)}$$

검정통계량의 값이 4이고 임계값은 $\chi^2_{0.05}(2)$이다.

정석 사례연구

다음은 어느 단체에서 성별이 흡연 여부와 관련이 있는지 알아보기 위해 75명을 임의 추출하여 조사한 자료이다. 이때 카이제곱독립성검정을 실시해 보시오.

구 분	흡연	비흡연	계
남	22	28	50
여	11	14	25
계	33	42	75

해설

카이제곱검정은 두 범주형 변수 간에 서로 종속인지 독립인지를 검정하는 것이다. 문제에서 제시된 정보를 통해 귀무가설은 성별과 흡연 여부는 서로 연관성이 없는 독립이라고 할 수 있다.

각 셀의 기대도수를 구해보면

$$E_{11} = 75 \times \frac{33}{75} \times \frac{50}{75} = \frac{33 \times 50}{75} = 22,\ E_{12} = \frac{42 \times 50}{75} = 28$$

$$E_{21} = \frac{33 \times 25}{75} = 11,\ E_{22} = \frac{42 \times 25}{75} = 14$$

따라서

$$\begin{aligned}\chi^2 &= \sum\sum \frac{(O_{ij} - E_{ij})^2}{E_{ij}} \\ &= \frac{(22-22)^2}{22} + \frac{(28-28)^2}{28} + \frac{(11-11)^2}{11} + \frac{(14-14)^2}{14} \\ &= 0 \sim \chi^2_{(2-1)(2-1)}\end{aligned}$$

카이제곱분포는 항상 제로보다 크므로 귀무가설(서로 독립)을 기각할 수 없다. 즉, 성별과 흡연 여부 간에는 서로 연관성이 없다. 이때 자유도는 (2−1)(2−1)=1이다.

제5절 정석 통계학 오즈비

앞에서 우리는 두 모집단의 비율의 차이 혹은 곱을 이용하여 동일성 혹은 독립성 여부를 검정하는 것을 살펴보았다. 이 절에서는 두 모집단의 비율의 비 혹은 나눗셈을 이용하여 동일성 혹은 독립성 여부를 검정하는 방법을 살펴본다. 흔히 환자군과 대조군을 가지고 어떤 (위험)요인이 질병발생 사이에 연관성이 있는지를 알아볼 때 오즈비가 사용된다. 오즈비 또는 승산비는 특히 설명하기 어려운 말인데 다음 예를 통해 알아보자.

A대학교는 남학생과 여학생 비율이 1:2이고, B대학교는 남학생과 여학생 비율이 2:1이다. 그러면 B대학교에 비해서 A대학교의 여학생이 얼마나 더 많은지 알아보자. 간단한 방법으로 남학생을 일치시키고 생각해보면 알기 쉽다.

- A 대학교 1:2 = 2:4
- B 대학교 2:1 = 2:1

즉, 남학생을 모두 2로 일치시키니까, A대학교 여학생이 4배$\left(=\frac{2/1}{1/2}\right)$가 많다는 것을 알 수 있다. 이것이 오즈비의 개념이다.

오즈(odds)는 불균형이라는 뜻인데 반대의 이븐(even)은 평평한 것을 말한다. 짝수(even number)와 홀수(odd number)를 생각하면 이해가 쉽다. 따라서 남녀의 오즈는 1:2과 2:1이며, 이것의 비율은 4이다. 그것이 오즈비(승산비), 즉 오즈의 비율이다.

처음에는 모두 정상이었는데, 시간이 지날 때 병이 얼마나 발생했는가와 같은 연구를 **코호트 연구**라고 한다. 반면에 오즈는 그 순간 관찰하는 **단면연구**(cross sectional study)의 개념이다. 예를 들면 우리나라 성인을 조사해보니 심장병환자가 20%라는 식의 연구이다. 이에 대해 **표 12-11**로 알아보자.

표 12-11 흡연과 심장병의 교차표

그룹	심장병	비심장병	합계
흡연	30	70	100
비흡연	10	90	100
합계	40	160	200

표 12-11에서 흡연자 그룹 중 심장병 30명이고 정상인 70명인 비율 즉, 오즈는 30/70이며, 비흡연자 그룹 중 심장병 10명이고 정상인 90명인 비율 즉, 오즈는 10/90이다. 그러면 오즈비는

$$\frac{30/70}{10/90} = 3.857$$

환자대조군 연구에서는 대조군보다 환자군의 크기가 클수록 위험(risk)이 더 높은 것처럼 보이기 때문에 환자대조군 연구에서는 오즈비(OR)를 이용하여 위험요인과 질병발생 간에 연관성을 나타낸다. 카지노에서 게임을 했을 때 이길 오즈가 1:4 혹은 1/4(0.25, 25%)이라고 한다면, 이는 5번의 게임을 해서 4번 지는 동안 1번 이긴다는 것을 나타낸다. 확률로 본다면 이길 확률은 1/5이 되고, 질 확률은 4/5가 되는 것이다. 마찬가지로 오즈비는 위험요인 노출 여부에 따라서 그룹을 만들고 각 그룹별로 사례환자가 나올 오즈의 비를 의미한다.

수식적으로 성공할 확률 π에 대한 성공의 오즈(odds)는 다음과 같이 정의된다.

$$odds = \pi/(1-\pi)$$

즉, 오즈는 성공할 확률이 실패할 확률의 몇 배인지를 나타낸다. 오즈는 음이 아닌 실수이고 성공할 가능성이 실패할 가능성보다 많을 때는 1.0보다 큰 값을 갖는다. 오즈가 4.0이면 성공확률이 실패확률의 4배이고, 반대로 오즈가 1/4이면 실패확률이 성공확률의 4배가 되어, 4번의 실패마다 한 번의 성공을 기대할 수 있다는 의미이다.

다음 **표 12-12**와 같은 2×2 교차표에서 그룹1이 실험군, 그룹2가 대조군이고, 결과1이 발병한 경우, 결과2가 발병하지 않은 경우라고 하자. 첫 번째 행의 오즈를 $odds_1 = \pi_1/(1-\pi_1)$이라

하고, 두 번째 행의 오즈를 $odds_2 = \pi_2/(1-\pi_2)$라 하자. 두 행에서 계산된 오즈의 비율을 **오즈비**(odds ratio, *OR*, θ)라고 하며 다음과 같이 정의된다.

$$\theta = odds_1 / odds_2 = \frac{\pi_1/(1-\pi_1)}{\pi_2/(1-\pi_2)}$$

상대위험비(relative risk)가 두 확률의 비율(π_1/π_2)인 반면, 오즈비는 두 오즈들의 비가 된다.

표 12-12 오즈비의 교차표

그룹	성공	실패	합계
그룹 1	π_1	$1-\pi_1$	1
그룹 2	π_2	$1-\pi_2$	1

오즈비의 성질로서 서로 역수관계에 있는 오즈비는 방향만 반대일 뿐 같은 정도의 연관성을 나타내고, 교차표에서 행과 열이 서로 바뀌더라도 오즈비는 변하지 않는다. 또한 오즈비는 **교차적비, 교차비**(cross-product ratio)라고도 하는데, 이는 대각선의 반대편에 있는 칸 확률들의 곱과의 비와 같기 때문이다. 사례-대조 연구(case-control study)에서는 오즈비가 위험요인이 없을 때의 결과에 대한 오즈(odds)와 위험요인이 있을 때의 결과에 대한 오즈의 비율로 정의된다. 따라서 오즈비가 1에 가까우면 위험요인과 결과 사이에 연관성이 없다는 것을 의미한다.

대부분의 경우 연구자들은 오즈비를 구하고 이를 통계적으로 유의한가(즉, 1과 유의하게 다른가)를 알아보고자 한다. 유의성을 결정하기 위해서는 여러 가지 방법이 있을 수 있는데, 가장 흔히 쓰이는 것은 이들의 신뢰구간을 구하는 방법이다.

오즈비는 정규분포를 따르지 않기 때문에 이들의 신뢰구간을 구하기 위해서는 오즈비에 자연로그를 취한 다음 이들이 정규분포를 따른다는 것을 이용하여 신뢰구간을 유도하고, 지수를 취하여 역치환하는 과정을 거치게 된다. 여기서는 이들을 유도하기보다는 간단히 결과를 정리하여 해석한다.

오즈비의 신뢰구간은 다음과 같은 형태로 주어진다.

$$[OR \times exp(-z_{\alpha/2}\sqrt{v_2},\ OR \times exp(+z_{\alpha/2}\sqrt{v_2})]$$
$$\text{단, } ln(OR)\text{의 분산추정치 } v_2 = \frac{1}{n_{11}} + \frac{1}{n_{21}} + \frac{1}{n_{21}} + \frac{1}{n_{22}}$$

만약 1이 이 구간에 포함되면 귀무가설(동질 또는 독립)을 기각할 수 없고, 1을 포함하지 않으면 귀무가설을 기각하게 된다. 오즈비는 1을 기준으로 해석하는데 위험그룹과 질병발생의 사례에서는 다음과 같이 해석된다.

(1) $OR(\theta)=1$인 경우

위험요인에 노출되는 것이 질병발생에 유의미한 영향을 준다고 볼 수 없다.

(2) $OR(\theta)>1$인 경우

위험요인에 노출되었을 때 질병이 발생할 오즈가 노출되지 않은 경우보다 몇 배 더 높다고 말한다. 예를 들어 담배를 피웠을 때 폐암에 걸릴 오즈비 OR=2라고 한다면, 담배를 피우지 않은 경우보다 담배를 핀 경우에 폐암에 걸릴 오즈가 2배라고 해석하게 된다.

(3) $OR(\theta)<1$인 경우

위의 (2)번과 반대로 해석하면 된다.

오즈비는 **로지스틱 회귀분석**(logistic regression)에서 결과를 해석할 때도 많이 사용된다. 추정한 베타(b)에 지수(exponential)를 취해서 오즈비로 나타낸다. 오즈비(OR, θ)의 95% 신뢰구간이 1을 포함한다면 요인이 질병발생에 미치는 영향이 유의하지 않다고 해석하게 되는 것이다.[12)]

12) 많은 경우 통계분석 소프트웨어를 이용하면 손쉽게 95% 신뢰구간을 얻을 수 있다.

오즈비와 관련된 다음 사례가 있다고 하자. 아스피린복용이 심근경색 예방에 효과가 있는지 알아보기 위해 22,778명의 표본을 추출하고 아스피린복용그룹의 대조그룹으로 위약복용그룹을 생각하고 있다. 이 연구의 표본결과는 다음과 같다. 오즈비를 구하고 그 결과를 해석해보자.

표 12-13 아스피린복용이 심근경색예방에 미치는 효과

구분	심근경색		합계
	예	아니오	
위약	189 (0.0171)	10,845 (0.9829)	11,034
아스피린	104 (0.0094)	10,933 (0.9906)	11,037
합계	293	21,778	22,071

이 표에서 상대위험비(relative risk)는 두 확률의 비율(π_1/π_2)이므로

$$RR = \frac{0.0171}{0.0094} = 1.82$$

한편 오즈비는 두 오즈들의 비가 되므로

$$OR(\boldsymbol{\theta}) = \frac{0.0171 \times 0.9906}{0.0094 \times 0.9829} = 1.832$$

두 척도가 매우 비슷한 수치를 보이는데, 일반적으로 성공의 확률 π가 0 또는 1에 가까운 경우 상대위험비와 오즈비 모두 좋은 척도가 된다고 알려져 있다. 오즈비를 해석할 때 위약을 먹는 사람들은 아스피린을 복용하는 사람들에 비해서 심근경색이 1.832배 더 발생하는 경향이 있다고 해석할 수 있다. 흔히 이것을 잘못해서 심근경색이 발생하는 사람이 아스피린보다 위약을 복용할 확률이 1.832배 더 높다고 잘못 해석해서는 안 된다.

정석 사례연구

새로운 정책에 대해 산업별로 찬반에 차이가 있는지 알아보기 위하여 중공업분야 전문가 130명, 농업분야 전문가 130명을 임의추출하여 조사한 결과가 다음과 같다. 이와 관련된 설명으로 맞는지 여부를 고르고 그 이유를 설명하시오. (단, 중공업에서의 찬성률은 P_1, 농업에서의 찬성률은 P_2, 비율 차이는 P_1-P_2, 상대비율은 P_1/P_2, 오즈비는 $(P_1/(1-P_1))/(P_2/(1-P_2))$이다.)

정책 찬반 / 산업분야	찬성	반대	계
중공업	100	30	130
농업	80	50	130
계	180	80	260

① 표본오즈비는 $\frac{1}{4}$이다.
② 비율차가 0에 가까울수록 두 분야의 찬성률 차이는 커질 것이다.
③ 상대비율이 1에 가까울수록 두 분야의 찬성률 차이는 작아질 것이다.
④ 오즈비의 값이 0.5이면 두 분야의 찬성률은 동일하다고 할 수 있다.

해설

① (×) 표본오즈비는 $\frac{P_1/(1-P_1)}{P_2/(1-P_2)} = \frac{\frac{100/130}{\left(1-\frac{100}{130}\right)}}{\frac{80/130}{\left(1-\frac{80}{130}\right)}} = \frac{25}{12}$

표본크기가 고정되어 있다고 할 때

② (×) 비율 차이가 0에 가까울수록 두 산업분야의 찬성률 차이는 작아질 것이다.

③ (○) 상대비율이 1에 가까울수록 두 산업분야의 찬성률 차이는 작아질 것이다.

④ (×) 오즈비의 값이 1이면 두 분야의 찬성률은 동일하다고 볼 수 있다. 반면에 오즈비의 값이 0.5라면 중공업전문가들이 농업전문가들에 비해 새 정책에 찬성할 가능성이 0.5배 낮다는 해석이 가능하다.

정석실전문제

1. 다음은 어느 자동차를 구매한 사람 중 임의로 260명을 선택하여 구매한 차량의 색상을 조사한 표이다.

차량색상	흰색	은회색	빨간색	검은색	합계
판매대수	75	72	46	67	260

이 자동차의 4가지 색상에 대한 소비자들의 선호도가 같다는 귀무가설을 검정하기 위하여 카이제곱검정을 실시하고 검정통계량 값을 7.91로 얻었다. 유의수준이 5%일 때, 가설의 검정결과를 설명하면? ($\chi^2_{0.05}(3)=7.81$, $\chi^2_{0.05}(4)=9.49$) (9급 11)

정석힌트 귀무가설(H_0) : $p_1=p_2=p_3=p_4=0.25$
대립가설(H_1) : 모든 p_i가 0.25인 것은 아니다.

색상	흰색	은회색	빨간색	검은색
관측도수	75	72	46	67
기대도수	65	65	65	65

적합도 검정의 검정통계량은 $\chi^2_c=\sum\frac{(O_i-E_i)^2}{E_i}\sim\chi^2_{(k-1)}$이므로 설문에서 검정통계량은 다음과 같다.

$$\begin{aligned}\chi^2_c&=\sum\frac{(O_i-E_i)^2}{E_i}\\&=\frac{(75-65)^2}{65}+\frac{(72-65)^2}{65}+\frac{(46-65)^2}{65}+\frac{(67-65)^2}{65}\\&=\frac{514}{65}=7.91\end{aligned}$$

유의수준 5%에서 검정통계량 값이 7.91로 기각치 $\chi^2_{0.05}(3)=7.81$보다 크므로 귀무가설을 기각한다. 즉, 유의수준 5%수준에서 색상별 선호도가 같다고 할 수 없다.

2. 어떤 지역 주민에 대하여 A형, B형, AB형, O형의 4가지 혈액형 비율이 같다는 귀무가설을 결정하고자 한다. 이를 위하여 이 지역 주민 100명을 임의추출하여 혈액형을 조사하였더니 A형이 28명, B형이 22명, AB형이 19명, O형이 31명으로 나타났다면 가설검정에 필요한 카이제곱통계량의 식은? (9급 11)

정석힌트 귀무가설(H_0) : $p_1=p_2=p_3=p_4=0.25$
대립가설(H_1) : 모든 p_i가 0.25인 것은 아니다.

혈액형	A형	B형	AB형	O형
관측도수	28	22	19	31
기대도수	25	25	25	25

적합도 검정의 검정통계량은 $\chi_c^2 = \sum \frac{(O_i - E_i)^2}{E_i} \sim \chi_{(k-1)}^2$이므로 설문에서 검정통계량은 다음과 같다.

$$\chi_c^2 = \sum \frac{(O_i - E_i)^2}{E_i} = \frac{(28-25)^2}{25} + \frac{(22-25)^2}{25} + \frac{(19-25)^2}{25} + \frac{(31-25)^2}{25}$$

가 된다.

따라서 $E_1 = 100 \times \frac{1}{4} = 25$

3. 다음 표는 어느 지역의 정당선호도와 소득수준의 독립성 여부를 알아보기 위해 유권자 200명을 임의추출하여 조사한 결과를 나타낸 것이다. 이를 검정하기 위한 피어슨 카이제곱검정통계량의 값은? (7급 11)

소득수준 / 정당선호도	상	하	합계
정당A	70	30	100
정당B	30	70	100
합계	100	100	200

정석힌트 각 셀의 기대도수를 구해보면

$$E_{11} = 200 \times \frac{100}{200} \times \frac{100}{200} = 50 = E_{22} = E_{12} = E_{21},$$

따라서

$$\begin{aligned}\chi^2 &= \sum\sum \frac{(O_{ij} - E_{ij})^2}{E_{ij}} \\ &= \frac{(70-50)^2}{50} + \frac{(30-50)^2}{50} + \frac{(30-50)^2}{50} + \frac{(70-50)^2}{50} \\ &= 32 \sim \chi_{(2-1)(2-1)}^2\end{aligned}$$

4. 병원에서 실시하는 외과수술에는 A, B, C, D의 4가지 수술방법이 있다고 한다. 이 4가지 수술방법에 대한 외과의사들의 선호도에 차이가 있는가를 분석하기 위해 외과의사 200명에게 선호하는 수술방법을 조사한 결과가 다음과 같다.

A	B	C	D
48	68	45	39

4가지 수술방법에 대한 선호도가 동일한가에 대해 유의수준 5%하에서 검정을 실시하여라.

정석힌트 $H_0 : P(A) = P(B) = P(C) = P(D) = \frac{1}{4}$

(즉 A, B, C, D의 4가지 수술방법에 대한 선호도가 동일하다.)

H_1 : H_0가 사실이 아니다.

H_0하에서 각 방법의 기대도수는 모두 $200 \times \frac{1}{4} = 50$이다.

검정통계량은 다음과 같다.

$$X^2 = \frac{1}{50}[(48-50)^2 + (68-50)^2 + (45-50)^2 + (39-50)^2] = 9.48$$

X^2은 자유도가 4−1=3인 χ^2분포를 따른다.

자유도가 3인 χ^2분포에서

$P_r(\chi^2 > 7.81473) = 0.05$이며 $\chi^2 = 9.48 > 7.8143$이므로 H_0를 기각한다.

따라서 4가지 방법에 대한 선호도가 동일하다고 볼 수 없다.

제13장
표본조사

인간이 추위와 굶주림, 갈증에 대비하는 이외의 모든 것은
오직 허식이며 낭비일 뿐이다.

– 세네카 –

제1절 정석 통계학 표본조사

우리는 모집단에 대한 어떤 지식이나 정보를 얻고자 할 때 모집단에서 표본을 추출하여 모집단에 대한 통계적 추론을 하게 된다. 예를 들어 어떤 지역의 가구당 교육비를 알고 싶을 때, 이 지역의 모든 가구를 방문하여 교육비를 조사하면 그 실태를 알 수 있다. 이와 같이 조사의 대상이 되는 집단 전체를 **모집단**(population)이라 하고, 모집단 전체를 조사하는 것을 **전수조사**(complete enumeration survey;census)라고 한다. 반면에 어떤 지역에서 임의로 50가구를 택하여 교육비를 알아보고, 그 결과에서 전체 가구의 교육비를 추측할 수도 있다. 이와 같이 모집단의 일부를 추출한 부분집합을 **표본**(sample)이라 하고, 표본을 조사하는 것을 **표본조사**(sample survey)라고 한다. 또 추출된 표본의 개수를 표본의 크기라고 한다. 예를 들어 건전지의 수명을 조사할 때, 전수조사를 하면 검사가 끝난 건전지는 못 쓰게 되므로 표본조사를 한다. 일반적으로 전수조사는 표본조사에 비하여 시간과 비용이 많이 들고, 전수조사가 불가능한 경우도 있으므로 특별한 경우를 제외하고는 전수조사보다 표본조사를 많이 활용한다.

그림 13-1 표본추출의 개념

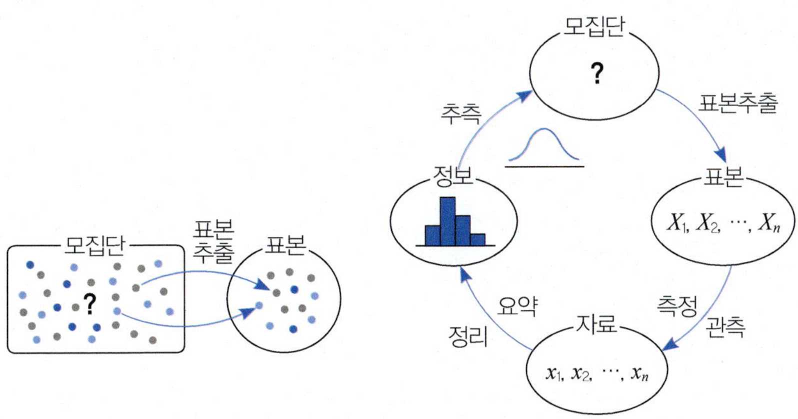

이 장에서는 여러 가지 표본조사의 방법을 설명하고 추출된 표본을 분석하는 방법을 알고자 한다. 표본조사에서의 추론법은 확률표본에 기초를 두는 추론법과 다르다는 사실을 알아야 한다. 즉, 표본조사에서는 대부분 유한한 모집단을 대상으로 하여 비복원추출을 많이 사용하므로 엄격히 확률표본에서 요구되는 독립성이 만족되지 않는다. 표본을 추출하는 데에는 한 번 추출된 원소를 다시 되돌려 놓은 후 다음 원소를 뽑는 **복원추출**(sampling with replacement)과 되돌려 놓지 않고 다음 원소를 뽑는 **비복원추출**(sampling without replacement)이 있다. 모집단의 크기가 충분히 큰 경우에는 비복원추출도 복원추출로 볼 수 있기 때문에 비복원추출을 사용한다.

표본추출을 통한 통계적 방법을 사용하기 위해서는 추출과정에 반드시 임의성의 조건이 만족되어야 한다. 따라서 모집단의 구성요소인 각 추출단위가 표본 가운데 포함될 확률이 얼마인가 알아야 한다. 이 조건을 만족하는 추출법을 **확률추출**(probability sampling), 이에 의해서 얻어진 표본을 **확률적 표본**(probability sample)이라 한다.

확률추출에서 가장 기본이 되는 추출법으로 단순임의추출과 층화추출이 있고, 이외에 계통추출, 군락추출 등이 있다. 이에 대하여 간략히 정리한 후 표본오차를 논의하면서 표본추출법에 대하여 상세히 살펴볼 것이다.

정석 사고

표본추출법

① **단순임의추출법**(simple random sampling)
가장 기본적인 확률표본추출방법으로 크기 N인 모집단으로부터 크기 n인 표본을 비복원추출할 때 ${}_NC_n$가지의 모든 가능한 표본을 동일한 확률로 추출하는 방법

② **층화추출법**(stratified sampling)
모집단을 비슷한 성질을 갖는 2개 이상의 동질적인 층(stratum)으로 구분하고, 각 층으로부터 단순임의추출방법을 적용하여 표본을 추출하는 방법

③ **군집(집락)추출법**(cluster sampling)
모집단을 조사단위 또는 집계단위로 모은 군집(cluster)으로 나누고 이들 군집들 중에서 일부의 군집을 추출한 후 추출된 군집에서 (일부 또는) 전부를 표본으로 추출하는 방법

④ **계통추출법**(systematic sampling)
모집단 요소의 목록표를 이용하여 최초의 표본단위만 무작위로 추출하고, 나머지는 일정한 간격을 두고 표본을 추출하는 방법. 모집단과 표본의 크기를 각각 N, n이라 할 때 $k=N/n$을 추출간격이라 한다. 이때 계통추출은 모집단에서 처음의 k개의 추출단위에서 임의로 하나를 추출하고 다음부터는 매 k번째마다 표본으로 추출해 나가는 방법이다.

정석 사례연구

다음의 설명에 맞는 표본추출방법은 무엇인지 고르고 이를 설명하시오.

〈보기〉

크기가 N인 모집단에서 n개($n \leq N$)의 표본을 추출하려고 할 때, 모집단의 각 추출단위(Sampling Unit)에 일련번호를 매기고 $\frac{N}{n}$보다 크지 않은 정수 중 가장 큰 값을 k로 정한 후 1부터 k까지의 정수 중 하나를 임의로 선택하여 시작점으로 하고 그 점으로부터 매 k번째마다 표본을 추출한다.

① 단순임의추출법(Simple Random Sampling)
② 층화추출법(Stratified Sampling)
③ 계통추출법(Systematic Sampling)
④ 집락추출법(Cluster Sampling)

해설

③번 계통추출법(Systematic Sampling)에 해당된다.

계통추출법(Systematic Sampling)은 모집단 요소의 목록표를 이용하여 최초의 표본단위만 무작위로 추출하고, 나머지는 일정한 간격을 두고 표본을 추출하는 방법이다. 모집단과 표본의 크기를 각각 N, n이라 할 때 $k=N/n$을 추출간격이라 한다. 이때 계통추출은 모집단에서 처음의 k개의 추출단위에서 임의로 하나를 추출하고 다음부터는 매 k번째마다 표본으로 추출해 나가는 방법이다.

정석 사례연구

어느 대학교에서 재학생의 의식구조를 조사하기 위해서 전체 학과 중 10개 학과를 임의추출한 후, 추출된 학과의 모든 학생들을 표본으로 추출하였다. 여기서 사용한 표본추출방법은 무엇인지 고르고 이를 설명하시오. (단, 학과 간의 의식구조는 동질적이고 학과 내에서는 이질적이다.)

① 군집(집락)추출법(Cluster Sampling)
② 단순임의추출법(Simple Random Sampling)
③ 계통추출법(Systematic Sampling)
④ 층화추출법(Stratified Sampling)

해설

①번 군집(집락)추출법(Cluster Sampling)에 해당된다.

군집(집락)추출법은 모집단을 조사단위 또는 집계단위로 모은 군집(cluster)으로 나누고 이들 군집들 중에서 일부의 군집을 추출한 후 추출된 군집에서 일부 또는 전부를 표본으로 추출하는 방법이다.

현실적으로 표본추출을 아무리 잘 한다고 하더라도 표본조사에서는 표본의 특성값과 모집단의 특성값 간에 차이가 발생하기 마련인데 이러한 차이를 **표본오차**(sampling error)라고 하며, 표본오차를 줄이는 것이 표본조사의 성패를 가르는 핵심이기도 하다. 표본추출방법을 잘 선택하는 것도 표본오차를 줄이기 위한 한 가지 방법이 된다.

한편, 표본추출은 아무런 하자 없이 잘 되었다고 하더라도 표본추출과는 관계없이 오차가 발생하는 경우도 있는데, 이러한 오차를 **비표본오차**(Non-sampling error)라고 한다. 비표본오차는 주로 측정방법이 정확하지 못하여 발생하는 수가 많은데, 이러한 오차를 **측정오차**(measurement error)라고 한다. 측정오차는 질문지의 작성이 잘못되었거나, 측정방법의 선택이 잘못되어 전화조사나 우편조사의 경우에 자주 발생하며 응답자로부터 정확한 대답을 얻지 못함으로써 발생하는 오차를 말한다.

그렇다면 표본오차는 어느 정도가 적당하며 이를 줄일 수 있는 방법은 무엇일까? 물론 표본오차는 작을수록 좋지만, 일반적으로 대개의 조사기관은 95%의 신뢰수준에서 오차의 범위를 ±4.0% 안에 있도록 하고 있다. 표본오차를 줄이기 위하여 우선 표본오차에 영향을 미치는 요인들을 살펴본 다음 각 요인별로 구체적인 방안을 검토하는 것이 좋다. 표본오차의 결정요인으로는 **표본크기**, **신뢰수준**, **모집단의 이질성 정도**, **표본추출방법** 등이 있다.

정석 사고

표본오차의 결정요인과 특성

① 표본크기는 클수록 표본오차는 줄어드는 경향이 있다.
② 신뢰수준은 높을수록 표본오차는 증가한다. 즉, 표본크기가 n명일 때 신뢰수준이 95%이면 표본오차는 ±4.0%가 되지만, 다른 조건이 모두 동일한 상황에서 신뢰수준이 99%가 되면 표본오차는 ±5.3%로 커지게 된다.
③ 모집단의 이질성 정도가 심하면 표본오차는 커질 수 있으며 반대로 모집단의 동질성 정도가 강하면 표본오차는 작아질 수 있다.
④ 표본오차는 표본추출방법과도 관련이 있다.

위 네 가지 요인 가운데 모집단의 성격(이질성 정도)은 표본추출과정에서 변경시킬 수 없으므로 신뢰수준도 95% 이하수준으로 낮추기 곤란하므로 조사자가 조정할 수 있는 것은 표본크기와 표본추출방법뿐이다. 그러므로 표본오차를 줄이기 위해서는 표본크기를 필요한 만큼 크게 하고, 모집단의 성격에 적합한 표본추출방법을 잘 선택해야 한다. 모집단의 이질성이 심하면 층화추출을 이용하는 것이 효과적이다. 이러한 표본추출법의 장단점을 알아보자.

제2절 표본추출법의 종류

실제조사업무에서 표본을 제대로 얻는 것은 곧 작업의 성패를 가름할 만큼 중요한 일이다. 그러므로 성공적인 조사업무를 위해서는 모집단을 잘 대표할 수 있는 표본의 추출방법을 제대로 이해해야만 한다. 먼저, 표본추출을 위하여 모집단에 대한 대표성이 확실히 보장될 수 있는 추출방법을 선정해야 하는데 크게 **확률추출**(probability sampling)과 **비확률추출**(Non-probability sampling)로 구분할 수 있다. 확률추출은 1절에서 설명한 독립표본추출법들 즉, 단순임의추출법, 층화(임의)추출법, 군집추출법, 계통추출법 등이 이에 해당한다. 비확률추출은 모집단에 대한 정보가 없거나 확률추출이 어려울 경우 연구자의 주관에 의해 추출하는 방법이다. 이에는 편의추출(convenience sampling), 판단추출(judgement sampling), 할당추출법, 눈덩이추출법 등이 있으며, 확률추출의 네 가지 방법과 비확률추출의 방법들을 자세히 살펴보자.

1. 단순임의추출법(simple random sampling)

표본조사의 목적은 표본에서 얻은 정보를 바탕으로 모집단의 성질을 추측하는 데 있다. 따라서 모집단의 특징이 잘 반영되도록 표본을 택하는 것이 중요하다. 이를 위해서는 추출되는 표본이 모집단의 어느 한 부분에 편중되지 않아야 한다. 즉, 모집단의 각 원소가 표본으로 뽑힐 확률이 같도록 추출되어야 한다. 이와 같은 추출법을 **단순임의추출**이라 하고, 단순임의추출된 표본을 단순임의표본이라고 한다.

예를 들어 10명의 농구선수들이 있는데 이들 중 3명을 선택하고자 할 경우 ${}_{10}C_3=120$가지의 선수들 조합이 가능하다. 다시 말하면, 120개의 서로 다른 표본들이 가능한데 이들 중 하나의 표본을 얻게 되는 것이다. 또, 각 선수가 표본으로 뽑힐 가능성은 30%이다. 그러면, 단순임의추출방법을 어떻게 적용시킬 것인가? 먼저, 10명의 선수에게 0부터 9까지의 값을 부여한 후 {0, 1, 2, …, 9} 중에서 임의로 세 개의 숫자를 선택하고 그 숫자를 부여받은 선수를 택하는 방법이 곧 단순임의추출에 의한 표본추출방법이 된다.

모집단에서 표본을 임의추출하는 방법으로는 제비뽑기, 난수(random number)주사위 사용하기, 난수표 사용하기 등이 있다. 이를테면 0.719, 0.008, 0.450, …, 0.501의 난수를 얻어 소수점 뒤의 값들을 이용, 그 번호에 해당하는 사람들을 표본으로 선택한다는 것이다. 그러나 공학 도구가 발전된 요즈음에는 계산기, 컴퓨터 소프트웨어를 많이 사용한다.

이 방식의 장단점을 요약해보면 다음과 같다. 장점은 층화를 통해 표본의 대표성이 높은 편이다. 또한, 표본오차의 계산이 용이하고 다른 확률표본추출법과 결합할 수 있다. 단점은 비교적 표본크기가 커야 한다는 점과 추출틀을 만드는 시간과 비용이 많이 소요된다는 것이다.

2. 층화임의추출(stratified random sampling)

모집단을 성격에 따라 여러 집단(층)으로 구분한 다음, 각 층에서 일정 크기의 표본을 얻는 방법이다. 이때 모집단을 여러 집단(층)으로 나눌 경우 각 집단(층) 내에서 개체들은 조사의 목적에 동질적(homogeneous)이어야 한다. 예를 들면, 승용차 보유자들을 대상으로 서베이(survey)를 한다고 할 때 승용차 보유자들을 집단으로 나눈다면 소형차, 중소형차, 중형차, 준대형차, 대형차 보유를 기준으로 5개의 층(집단)으로 나누는 것이 바람직할 수 있다. 각 층에 속한 사람들은 차의 크기/가격이 비슷한 승용차들을 타고 있으므로 동질적이라고 볼 수 있다. 동질적인 각 층에서는 단순임의추출법을 적용하여 표본을 선택하게 된다.

이러한 **층화추출**을 하면 추정량의 분산이 작아지게 되는 장점이 있다. 보통 모집단의 분포가 한쪽으로 치우쳐 있는 경우에는 층을 나누어 층 사이의 이질성을 크게 하고 층 내에서의 변이성은 작게 하는 원리이다. 예를 들어 한 도시의 월 생계비를 조사하고자 할 때 어떤 도시의 북쪽은 고소득층, 남쪽은 저소득층에 산다면 전 도시를 남북으로 나누어 각 지역별로 표본추출을 하는 것이 추정을 더 정확하게 한다.

이 방식의 장단점을 요약해보자. 장점은 층화를 통해 표본의 대표성이 높아지고, 층별 특성을 파악할 수 있다. 그러나 층화를 위해서는 많은 정보가 필요하고, 층화가 너무 복잡하거나 잘못된 경우에는 오히려 표본오차가 커질 수 있다. 단점은 각 비율을 정한 후 그 안에서는 무작위를 통해 표본추출을 하지만, 사전에 조건이 정해져 있으므로 단순무작위 추출은 아니다. 층화추출도 상대적으로 시간과 비용이 증가할 가능성이 높다.

3. 군집(집락)추출(Cluster Sampling)

모집단을 군집이라 하는 부분집단으로 나눈 다음 몇 개의 표본군집을 임의로 추출하고, 추출된 군집 내의 조사단위를 전수조사하는 추출방법을 말한다. 다시 말해서 모집단이 몇 개의 집단들로 구성되어 있다고 간주하고 그 집단들 중에서 몇 개의 집단을 뽑아 그 집단들의 구성요소들을 모두 표본으로 추출하는 방법이다.

예를 들면, 서울시가 25개 구 540개의 동으로 구성되어 있을 때 조사의 목적에 따라 1개 구만 선택하여 그 구에 살고 있는 가구 전체를 표본으로 삼거나, 각 구에서 몇 개씩의 동을 선택하여 그 동에 살고 있는 전 가구들을 대상으로 조사하는 방법이다. 이 방법은 군집을 작게 하면 시간과 경비를 줄이는 데 도움이 될 수 있다.

이 방법은 층화추출과 반대로 각 부분집단이 모집단과 같은 특성을 가질수록 좋다. 즉 부분집단 사이에 이질성이 적을수록 선택된 군집에서 모집단의 특성을 잘 나타낼 수 있기 때문이다. 단점으로는 집락 내부의 이질성이 낮을수록 오차 발생의 가능성이 높아진다. 일부 군집에서 과대 또는 과소 추출이 될 개연성도 존재한다. 추출된 각 군집 내에서 다시 추출단위를 선출한 방법도 있는데 이를 **다단추출법**이라고 하며 앞에서 예로 든 선택된 서울시의 몇 개 동에서 다시 표본가구를 임의로 선택하는 방법이다. 이때 동이 1차 추출단위, 표본가구가 2차 추출단위가 된다. 군집추출의 주목적은 비용을 절감하는 동시에 표본의 관리를 쉽게 하기 위한 것이다.

4. 계통추출(Systematic Sampling)

계통추출법은 표본을 시간적으로나 공간적으로 일정한 간격을 두고 취하는 추출방식이다. 즉, 모집단 요소의 목록표를 이용하여 최초의 표본단위만 무작위로 추출하고, 나머지는 일정한 간격을 두고 표본을 추출하는 방법이다. 다시 말해서 모집단과 표본의 크기를 각각 N, n이라 할 때 $k=N/n$은 추출간격이 되며 이때 계통추출은 모집단에서 처음의 k개의 추출단위에서 임의로 하나를 추출하고 다음부터는 매 k번째마다 표본으로 추출해 나가는 방법이다.

예를 들어 모집단의 요소들에 일련번호를 부여하고 매 10번째 또는 매 1,000번째 번호에 해당하는 표본을 얻는 방법이다. 구체적으로, 10,000명 중 표본 100명을 얻고자 할 때 추출간격 k=10000/100=100이므로 처음 1에서 100명 사이에서 임의로 1명을 추출하고 그 다음에는 매 100명마다 1명씩을 선택하면 되므로 1~100 중의 한 값을 임의로 20 또는 30 등으로 선택한 후, 20, 120, 220, … , 9920의 100개를 표본추출하는 것이다. 또는, 전화번호부를 이용하여 전화조사를 하고자 할 때, 몇 페이지마다 2번째 줄, 3번째 전화번호들을 표본으로 선택하여 표본을 추출하는 방식이다.

이 방법은 작업이 간편하고 모집단 전체에서 골고루 표본이 추출된다는 장점을 가진다. 따라서 추출단위가 고르게 분포되어 있다면 표본의 대표성을 유지하기 쉽다는 장점도 지닌다. 또한, 모집단에서 장기적인 경향이 있으며 이를 사전에 알 수만 있다면 층화추출과 비슷한 효과를 얻을 수 있다. 그러나 모집단의 순서 가운데 예측 못 했던 주기성이 있다면 계통추출은 매우 큰 편의성(bias)을 보일 수도 있다는 단점도 존재한다. 추출틀을 만드는 작업도 어렵다는 한계를 가진다.

5. 비확률적 추출

이 방법은 표본의 추출과정에 확률이 거의 적용되지 않는 경우, 또는 표본이 추출될 확률을 구할 수 없는 경우에 연구자 주관에 의해 추출하는 방법이 사용된다.

(1) 편의추출(convenience sampling)

조사자가 자신의 편리한 방법으로 쉽게 구할 수 있는 표본을 사용하는 방법이다. 예를 들어, 청소년의 흡연실태 조사를 디자인하고, 길에서 쉽게 만날 수 있는 청소년 200명을 대상으로 조사를 하였다면 편의 표본추출이 된다.

(2) 할당추출(quota sampling)

사회과학 조사에서 널리 사용되는 방법인데 특정변수의 구성비에 의해 표본을 선택하는 방법이다. 모집단의 특성을 고려하여, 층화집단을 선정하고, 층화집단별로 구성원 수에 비례하게 표본의 크기를 할당한 다음 할당된 수를 편의표본추출에 의해 추출하는 방법이다. 층화표본추출과 다른 점은 난수화를 하지 않는다는 점이다. 예를 들어 표본응답자 구성을 남자 51%, 여자 49%로 한다면 조사원이 조사과정에서 그 비율을 맞추어 나가면 되므로 조사가 간편하고 비용과 시간 면에서 효율적이다.

(3) 목적추출(purposive sampling)

연구자의 연구목적과 관련한 주관적 판단기준으로 표본을 선정하는 방식이며, **판단추출**(judgement sampling)이라고도 한다. 연구자의 전문성에 의존하므로, 소수의 표본을 추출하는 경우에 적용된다. 대표성이 높을 수도 있으나, 모집단에 대한 정보가 불완전하거나 편견이 작용될 수 있는 단점이 있어서 타당도가 낮아진다.

(4) 눈덩이추출(snowball sampling)

눈덩이를 굴리는 것처럼, 작은 표본에서 점차 확대해 나가는 방법이다. 질적조사, 현장연구에서 많이 사용된다. 모집단 성격을 모를 때, 최초의 접촉자에게서 얻은 정보를 바탕으로 다음 접촉자를 찾아내는 식의 점차 확대해 나가는 방식의 샘플링 방법이다. 일반화의 문제는 있으나 특수한 집단의 표본추출에 유용하다.

정석 사례연구

다음의 각 경우 대상 모집단과 추출단위를 설명하시오.

(1) 국회의원선거에서 어느 특정선거구 후보자에 대한 지지도를 조사하고자 한다.
(2) 어느 방송국에서 제작한 드라마에 대한 시청률을 조사하고자 한다.

해설

(1) 모집단: 특정 선거구 유권자 전체
추출단위: 유권자
(2) 모집단: 티비를 가진 모든 가구
추출단위: 티비를 가진 가구

정석 사례연구

크기가 N인 모집단에서 n개$(n \le N)$의 표본을 추출하려고 할 때, 모집단의 각 추출단위(sampling unit)에 일련번호를 매기고 $\frac{N}{n}$보다 크지 않은 정수 중 가장 큰 값을 k로 정한 후 1부터 k까지의 정수 중 하나를 임의로 선택하여 시작점으로 하고 그 점으로부터 매 k번째마다 표본을 추출한다. 이 추출방법에 대해 설명하시오.(9급 11)

해설

계통추출법(systematic sampling)을 말하며 장점은 비교적 손쉽게 무작위성이 확보된다는 것이며 단점은 모집단이 어떤 패턴을 가진 경우 매우 큰 편기를 가진다.

정석실전문제

1. 다음 사례에 해당하는 표본추출방법은? (7급 15)

〈사 례〉

2,000가구에 1부터 2,000까지 서로 다른 일련번호를 하나씩 부여한 후, 일련번호가 1부터 40인 가구 중에서 무작위로 한 가구를 추출하고, 그 일련번호로부터 매40번째 일련번호에 해당하는 가구를 추출하여 총 50가구를 표본으로 선정하였다.

정석힌트 표본추출의 과정이 단순하고 편리해서 널리 사용하는 추출방법이 계통추출방법(Systematic Sampling)이다. 모집단의 처음 k개 단위들 중 하나를 랜덤하게 출발점으로 정한 후에 그 이후 그 점으로부터 매 k번째 떨어진 간격에 위치하는 단위들을 표본으로 추출하는 방법을 말한다.

2. 특정 안건에 대한 의견을 알아보기 위해 모집단을 몇 개의 그룹으로 나눈 후 각 그룹별로 임의로 표본을 추출하여 설문조사를 하고자 한다. 그룹을 나눌 때, 이 안건에 대하여 같은 그룹에 속하는 구성원들 간의 의견은 동질성을 높이도록 하고 다른 그룹에 속하는 구성원들 간의 의견은 이질성이 높도록 할 때 사용하는 표본추출 방법은 무엇인가?

정석힌트 층화추출법: 같은 그룹에 속하는 구성원들 간의 의견은 동질성이 높도록 하고 다른 그룹에 속하는 구성원들 간의 의견은 이질성이 높도록 할 때 사용하는 표본추출 방법이다.

3. 다음 글이 설명하고 있는 표본추출 방법은? (7급 13)

> 어떤 지역에 새로운 상점을 열기 전에 잠재적인 구매 수요를 조사하기 위하여 그 지역에 거주하는 주민들을 임의로 추출하고자 한다. 조사를 위한 이동비용을 최소화하기 위하여 먼저 이 지역을 여러 개의 블록으로 나눈다. 그리고 그 중에서 몇 개의 블록을 임의로 추출하여 그 블록을 구성할 때 가급적이면 같은 블록 내에서는 구매 수요의 이질성을 높이고 다른 블록들 간에서는 구매 수요의 동질성을 높이도록 하였다.

정석힌트 군집(집락)추출법(Cluster Sampling)

부록: 통계분포표

〈부표 1〉 표준정규분포표(1)

표준화 정규분포표의 확률변수 U가 $u_{1-\alpha}$ 값 이상이 될 상측 한쪽확률 α를 구하는 표

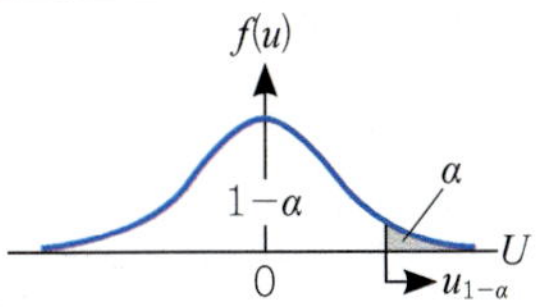

u	$*=0$	$*=1$	$*=2$	$*=3$	$*=4$	$*=5$	$*=6$	$*=7$	$*=8$	$*=9$
0.0*	.5000	.4960	.4920	.4880	.4840	.4801	.4761	.4721	.4681	.4641
0.1*	.4602	.4562	.4522	.4483	.4443	.4404	.4364	.4325	.4286	.4247
0.2*	.4207	.4168	.4129	.4090	.4052	.4013	.3974	.3936	.3897	.3859
0.3*	.3821	.3783	.3745	.3707	.3669	.3632	.3594	.3557	.3520	.3483
0.4*	.3466	.3409	.3372	.3336	.3300	.3264	.3228	.3192	.3156	.3121
0.5*	.3085	.3050	.3015	.2981	.2946	.2912	.2877	.2843	.2810	.2776
0.6*	.2743	.2709	.2676	.2643	.2611	.2578	.2546	.2514	.2483	.2461
0.7*	.2402	.2389	.2358	.2327	.2296	.2266	.2236	.2206	.2177	.2148
0.8*	.2119	.2090	.2061	.2033	.2005	.1977	.1949	.1922	.1894	.1867
0.9*	.1841	.1814	.1788	.1762	.1736	.1711	.1685	.1660	.1635	.1611
1.0*	.1587	.1562	.1539	.1515	.1492	.1469	.1446	.1423	.1401	.1379
1.1*	.1357	.1335	.1314	.1292	.1271	.1251	.1230	.1210	.1190	.1170
1.2*	.1151	.1131	.1112	.1093	.1075	.1056	.1038	.1020	.1003	.0985
1.3*	.0968	.0951	.0934	.0918	.0901	.0885	.0869	.0853	.0838	.0823
1.4*	.0808	.0793	.0078	.0764	.0749	.0735	.0721	.0708	.0694	.0681
1.5*	.0668	.0655	.0643	.0630	.0618	.0606	.0594	.0582	.0571	.0559
1.6*	.0548	.0537	.0526	.0516	.0505	.0495	.0485	.0475	.0465	.0455
1.7*	.0446	.0436	.0427	.0418	.0409	.0401	.0392	.0384	.0375	.0367
1.8*	.0359	.0351	.0344	.0336	.0329	.0322	.0314	.0307	.0301	.0294
1.9*	.0287	.0281	.0274	.0268	.0262	.0256	.0250	.0244	.0239	.0233
2.0*	.0228	.0222	.0217	.0212	.0207	.0202	.0197	.0192	.0188	.0183
2.1*	.0179	.0174	.0170	.0116	.0162	.0158	.0154	.0150	.0146	.0143
2.2*	.0139	.0136	.0132	.0129	.0125	.0122	.0119	.0116	.0113	.0110
2.3*	.0107	.0104	.0102	.0099	.0096	.0094	.0091	.0089	.0087	.0084
2.4*	.0082	.0080	.0078	.0075	.0073	.0071	.0069	.0068	.0066	.0064
2.5*	.0062	.0060	.0059	.0057	.0055	.0054	.0052	.0051	.0049	.0048
2.6*	.0047	.0045	.0044	.0043	.0041	.0040	.0039	.0038	.0037	.0036
2.7*	.0035	.0034	.0033	.0032	.0031	.0030	.0029	.0028	.0027	.0026
2.8*	.0026	.0025	.0024	.0023	.0023	.0022	.0021	.0021	.0020	.0019
2.9*	.0019	.0018	.0018	.0017	.0016	.0016	.0015	.0015	.0014	.0014
3.0*	.0013	.0013	.0013	.0012	.0012	.0011	.0011	.0011	.0010	.0010

【주】 u=1.96에 대한 α는 좌측의 수 1.9에서 우측으로 가서 위의 숫자 6에서 밑으로 내려온 곳에 있는 수를 읽어 α=0.0250을 얻을 수 있다.

〈부표 2〉 표준정규분포표 (2)

표준화 정규분포표의 확률변수 U가 u_α값 이하가 될 확률 α를 구하는 표

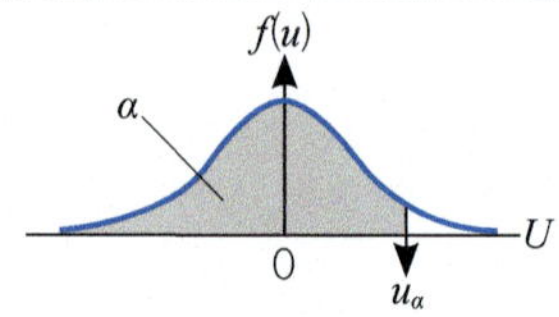

u	$*=0$	$*=1$	$*=2$	$*=3$	$*=4$	$*=5$	$*=6$	$*=7$	$*=8$	$*=9$
0.0*	.5000	.5040	.5080	.5120	.5160	.5199	.5239	.5279	.5319	.5359
0.1*	.5398	.5438	.5478	.5517	.5557	.5596	.5636	.5675	.5714	.5753
0.2*	.5793	.5832	.5871	.5910	.5948	.5987	.6026	.6044	.6103	.6141
0.3*	.6179	.6217	.6255	.6293	.6331	.6368	.6406	.6443	.6480	.6517
0.4*	.6554	.6591	.6628	.6664	.6700	.6736	.6772	.6808	.6844	.6879
0.5*	.6915	.6950	.6985	.7019	.7054	.7088	.7123	.7157	.7190	.7224
0.6*	.7257	.7291	.7324	.7357	.7389	.7422	.7454	.7486	.7517	.7549
0.7*	.7580	.7611	.7642	.7673	.7704	.7734	.7764	.7794	.7823	.7852
0.8*	.7881	.7910	.7939	.7967	.7995	.8023	.8051	.8078	.8106	.8133
0.9*	.8159	.8186	.8212	.8238	.8264	.8289	.8315	.8340	.8365	.8389
1.0*	.8413	.8438	.8461	.8485	.8508	.8531	.8554	.8577	.8599	.8621
1.1*	.8643	.8665	.8686	.8708	.8729	.8749	.8770	.8790	.8810	.8830
1.2*	.8849	.8869	.8888	.8907	.8925	.8944	.8962	.8980	.8997	.9015
1.3*	.9032	.9049	.9066	.9082	.9099	.9115	.9131	.9147	.9162	.9177
1.4*	.9192	.9207	.9222	.9236	.9251	.9265	.9279	.9292	.9306	.9319
1.5*	.9332	.9345	.9357	.9370	.9382	.9394	.9406	.9418	.9429	.9441
1.6*	.9452	.9463	.9474	.9484	**.9495**	**.9505**	.9515	.9525	.9535	.9545
1.7*	.9554	.9564	.9573	.9582	.9591	.9599	.9608	.9616	.9625	.9633
1.8*	.9641	.9649	.9636	.9664	.9671	.9678	.9686	.9693	.9699	.9706
1.9*	.9713	.9719	.9726	.9732	.9738	.9744	**.9750**	.9756	.9761	.9767
2.0*	.9772	.9778	.9783	.9788	.9793	.9798	.9803	.9808	.9812	.9817
2.1*	.9821	.9826	.9830	.9834	.9838	.9842	.9846	.9850	.9854	.9857
2.2*	.9861	.9864	.9868	.9871	.9875	.9878	.9881	.9884	.9887	.9890
2.3*	.9893	.9896	.9898	.9901	.9904	.9906	.9909	.9911	.9913	.9916
2.4*	.9918	.9920	.9922	.9925	.9927	.9929	.9931	.9932	.9934	.9936
2.5*	.9938	.9940	.9941	.9943	.9945	.9946	.9948	**.9949**	**.9951**	.9952
2.6*	.9953	.9955	.9956	.9957	.9959	.9960	.9961	.9962	.9963	.9964
2.7*	.9965	.9966	.9967	.9968	.9969	.9970	.9971	.9972	.9973	.9974
2.8*	.9974	.9975	.9976	.9977	.9977	.9978	.9979	.9979	.9980	.9981
2.9*	.9981	.9982	.9982	.9983	.9984	.9984	.9985	.9985	.9986	.9986
3.0*	.9987	.9987	.9987	.9988	.9988	.9989	.9989	.9989	.9990	.9990
3.1*	.9990	.9991	.9991	.9991	.9992	.9992	.9992	.9992	.9993	.9993
3.2*	.9993	.9993	.9994	.9994	.9994	.9994	.9994	.9995	.9995	.9995
3.3*	.9995	.9995	.9995	.9996	.9996	.9996	.9996	.9996	.9996	.9997
3.4*	.9997	.9997	.9997	.9997	.9997	.9997	.9997	.9997	.9997	.9998

【주】 u=1.96에 대한 α는 좌측의 수 1.9에서 우측으로 가서 위의 숫자 6에서 밑으로 내려 온 곳에 있는 수를 읽어 빗금면적의 확률 α=0.9750을 얻을 수 있다.

〈부표 3〉 표준정규분포표 (3)

표준정규분포의 확률변수 Z값이 0 이상 Z_α값 이하가 될 확률 α를 구하는 표

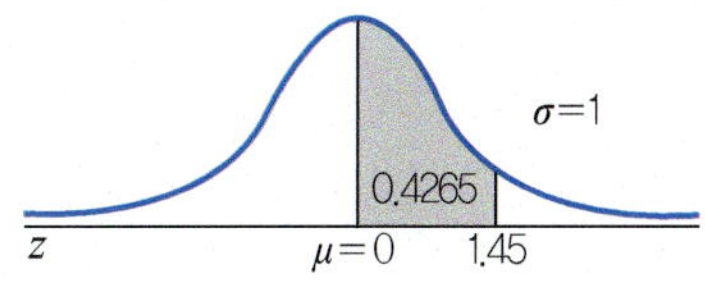

Z.	.00	.01	.02	.03	.04	.05	.06	.07	.08	.09
0.0	.0000	.0040	.0080	.0120	.0160	.0199	.0239	.0279	.0319	.0359
0.1	.0398	.0438	.0478	.0517	.0557	.0596	.0636	.0675	.0714	.0753
0.2	.0793	.0832	.0871	.0910	.0948	.0987	.1026	.1064	.1103	.1141
0.3	.1179	.1217	.1255	.1293	.1331	.1368	.1406	.1443	.1480	.1517
0.4	.1554	.1591	.1628	.1664	.1700	.1736	.1772	.1808	.1844	.1879
0.5	.1915	.1950	.1985	.2019	.2054	.2088	.2123	.2157	.2190	.2224
0.6	.2257	.2291	.2324	.2357	.2389	.2422	.2454	.2486	.2518	.2054
0.7	.2580	.2612	.2642	.2673	.2704	.2734	.2764	.2794	.2823	.2852
0.8	.2881	.2910	.2939	.2967	.2995	.3023	.3051	.3078	.3106	.3133
0.9	.3159	.3186	.3212	.3238	.3264	.3289	.3315	.3340	.3365	.3389
1.0	.3413	.3438	.3461	.3485	.3508	.3531	.3554	.3577	.3599	.3621
1.1	.3643	.3665	.3686	.3708	.3729	.3749	.3770	.3790	.3810	.3830
1.2	.3849	.3869	.3888	.3907	.3925	.3944	.3962	.3980	.3997	.4015
1.3	.4032	.4049	.4066	.4082	.4099	.4115	.4131	.4147	.4162	.4177
1.4	.4192	.4207	.4222	.4236	.4251	.4265	.4279	.4292	.4306	.4319
1.5	.4332	.4345	.4357	.4370	.4382	.4394	.4406	.4418	.4429	.4441
1.6	.4452	.4463	.4474	.4484	.4495	.4505	.4515	.4525	.4535	.4545
1.7	.4554	.4564	.4573	.4582	.4591	.4599	.4608	.4616	.4625	.4633
1.8	.4641	.4649	.4656	.4664	.4671	.4678	.4686	.4693	.4699	.4706
1.9	.4713	.4719	.4726	.4732	.4738	.4744	.4750	.4756	.4761	.4767
2.0	.4772	.4778	.4783	.4788	.4793	.4798	.4803	.4808	.4812	.4817
2.1	.4821	.4826	.4830	.4834	.4838	.4842	.4846	.4850	.4854	.4857
2.2	.4861	.4864	.4868	.4871	.4875	.4878	.4881	.4884	.4887	.4890
2.3	.4893	.4896	.4898	.4901	.4904	.4906	.4909	.4911	.4913	.4916
2.4	.4918	.4920	.4922	.4925	.4927	.4929	.4931	.4932	.4934	.4936
2.5	.4938	.4940	.4941	.4943	.4945	.4946	.4948	.4949	.4951	.4952
2.6	.4953	.4955	.4956	.4957	.4959	.4960	.4961	.4962	.4963	.4964
2.7	.4965	.4966	.4967	.4968	.4969	.4970	.4971	.4972	.4973	.4974
2.8	.4974	.4975	.4976	.4977	.4977	.4978	.4979	.4979	.4980	.4981
2.9	.4981	.4982	.4982	.4983	.4984	.4984	.4985	.4985	.4986	.4986
3.0	.4986	.4987	.4987	.4988	.4988	.4989	.4989	.4989	.4990	.4990

[주] Z=1.64에 대한 α는 좌측의 수 1.6에서 우측으로 가서 위의 숫자 4에서 밑으로 내려온 곳에 있는 수를 읽어 빗금면적의 확률 α=0.4495을 얻을 수 있다.

〈부표 4〉 t−분포표 (1)

자유도 v와 양쪽확률 α에서

$t_{\alpha/2}(v)$와 $t_{1-\alpha/2}(v)$를 구하는 표

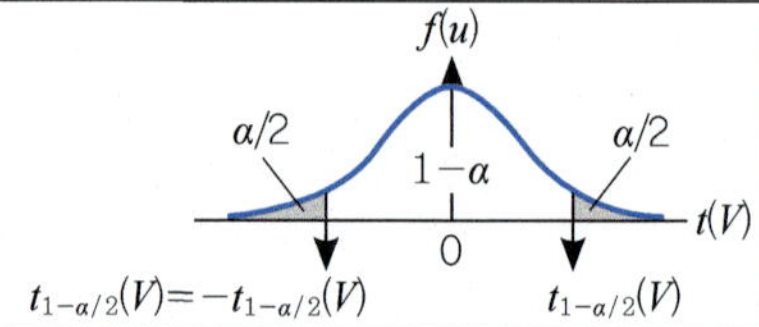

v \ α	0.50	0.40	0.30	0.20	0.10	0.05	0.02	0.01	0.001	α / v
1	1.000	1.376	1.963	3.078	6.314	12.706	31.281	63.657	636.619	1
2	0.816	1.061	1.386	1.886	2.920	4.303	6.965	9.925	31.598	2
3	0.765	0.978	1.250	1.638	2.353	3.182	4.541	5.841	12.941	3
4	0.741	0.941	1.190	1.533	2.132	2.776	3.747	4.604	8.610	4
5	0.727	0.920	1.156	1.476	2.015	2.571	3.365	4.032	6.859	5
6	0.718	0.906	1.134	1.440	1.943	2.447	3.143	3.707	5.959	6
7	0.711	0.896	1.119	1.415	1.895	2.365	2.998	3.499	5.405	7
8	0.706	0.889	1.108	1.397	1.860	2.306	2.896	3.355	5.041	8
9	0.703	0.883	1.100	1.383	1.833	2.262	2.821	3.250	4.781	9
10	0.700	0.879	1.093	1.372	1.812	2.228	2.764	3.169	4.587	10
11	0.697	0.876	1.088	1.363	1.796	2.201	2.718	3.106	4.437	11
12	0.695	0.873	1.083	1.356	1.782	2.179	2.681	3.055	4.318	12
13	0.694	0.870	1.079	1.350	1.771	2.160	2.650	3.012	4.221	13
14	0.692	0.868	1.076	1.345	1.761	2.145	2.624	2.977	4.140	14
15	0.691	0.866	1.074	1.341	1.753	2.131	2.602	2.947	4.073	15
16	0.690	0.865	1.071	1.337	1.746	2.120	2.583	2.921	4.015	16
17	0.689	0.863	1.069	1.333	1.740	2.110	2.567	2.898	3.965	17
18	0.688	0.862	1.067	1.330	1.734	2.101	2.552	2.878	3.922	18
19	0.688	0.861	1.066	1.328	1.729	2.093	2.539	2.861	3.883	19
20	0.687	0.860	1.064	1.325	1.725	2.086	2.528	2.845	3.850	20
21	0.686	0.859	1.063	1.323	1.721	2.080	2.518	2.831	3.819	21
22	0.686	0.858	1.061	1.321	1.717	2.074	2.508	2.819	3.792	22
23	0.685	0.858	1.060	1.319	1.714	2.069	2.500	2.807	3.767	23
24	0.685	0.857	1.059	1.318	1.711	2.064	2.492	2.797	3.745	24
25	0.684	0.856	1.058	1.316	1.708	2.060	2.485	2.787	3.725	25
26	0.684	0.856	1.058	1.315	1.706	2.056	2.479	2.779	3.707	26
27	0.684	0.855	1.057	1.314	1.703	2.052	2.473	2.771	3.690	27
28	0.683	0.855	1.056	1.313	1.701	2.048	2.467	2.763	3.674	28
29	0.683	0.854	1.055	1.311	1.699	2.045	2.462	2.756	3.659	29
30	0.683	0.854	1.055	1.310	1.697	2.042	2.457	2.750	3.646	30
40	0.681	0.851	1.050	1.303	1.684	2.021	2.423	2.704	3.551	40
60	0.679	0.848	1.046	1.296	1.671	2.000	2.390	2.660	3.460	60
120	0.677	0.845	1.041	1.289	1.658	1.980	2.358	2.617	3.373	120
∞	0.674	0.842	1.036	1.282	1.645	1.960	2.326	2.576	3.291	∞

【주】 $v=10$, 양쪽확률 $\alpha=0.05$에 대한 t의 값은 $+t_{0.025}(10)=+2.228$, $-t_{0.025}(10)=-2.228$ 이다. 이는 자유도 10의 t분포에 따르는 확률변수가 2.228 이상의 절대치를 가지고 출현하는 확률이 5%라는 것을 가리킨다.

〈부표 5〉 t−분포표 (2)

자유도 v와 한쪽확률 α에서
$t_{1-\alpha}(v)$를 구하는 표

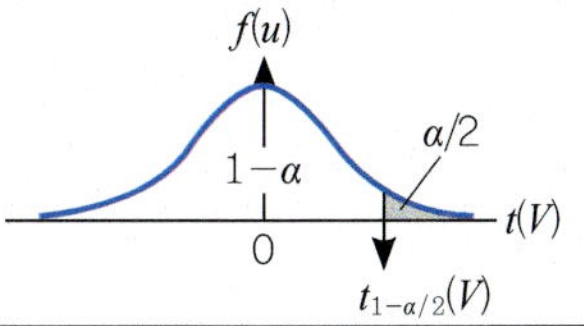

v \ $1-\alpha$	0.75	0.80	0.85	0.90	0.95	0.975	0.99	0.995	0.9995	$1-\alpha$ / v
1	1.000	1.376	1.963	3.078	6.314	12.706	31.281	63.657	636.619	1
2	0.816	1.061	1.386	1.886	2.920	4.303	6.965	9.925	31.598	2
3	0.765	0.978	1.250	1.638	2.353	3.182	4.541	5.841	12.941	3
4	0.741	0.941	1.190	1.533	2.132	2.776	3.747	4.604	8.610	4
5	0.727	0.920	1.156	1.476	2.015	2.571	3.365	4.032	6.859	5
6	0.718	0.906	1.134	1.440	1.943	2.447	3.143	3.707	5.959	6
7	0.711	0.896	1.119	1.415	1.895	2.365	2.998	3.499	5.405	7
8	0.706	0.889	1.108	1.397	1.860	2.306	2.896	3.355	5.041	8
9	0.703	0.883	1.100	1.383	1.833	2.262	2.821	3.250	4.781	9
10	0.700	0.879	1.093	1.372	1.812	2.228	2.764	3.169	4.587	10
11	0.697	0.876	1.088	1.363	1.796	2.201	2.718	3.106	4.437	11
12	0.695	0.873	1.083	1.356	1.782	2.179	2.681	3.055	4.318	12
13	0.694	0.870	1.079	1.350	1.771	2.160	2.650	3.012	4.221	13
14	0.692	0.868	1.076	1.345	1.761	2.145	2.624	2.977	4.140	14
15	0.691	0.866	1.074	1.341	1.753	2.131	2.602	2.947	4.073	15
16	0.690	0.865	1.071	1.337	1.746	2.120	2.583	2.921	4.015	16
17	0.689	0.863	1.069	1.333	1.740	2.110	2.567	2.898	3.965	17
18	0.688	0.862	1.067	1.330	1.734	2.101	2.552	2.878	3.922	18
19	0.688	0.861	1.066	1.328	1.729	2.093	2.539	2.861	3.883	19
20	0.687	0.860	1.064	1.325	1.725	2.086	2.528	2.845	3.850	20
21	0.686	0.859	1.063	1.323	1.721	2.080	2.518	2.831	3.819	21
22	0.686	0.858	1.061	1.321	1.717	2.074	2.508	2.819	3.792	22
23	0.685	0.858	1.060	1.319	1.714	2.069	2.500	2.807	3.767	23
24	0.685	0.857	1.059	1.318	1.711	2.064	2.492	2.797	3.745	24
25	0.684	0.856	1.058	1.316	1.708	2.060	2.485	2.787	3.725	25
26	0.684	0.856	1.058	1.315	1.706	2.056	2.479	2.779	3.707	26
27	0.684	0.855	1.057	1.314	1.703	2.052	2.473	2.771	3.690	27
28	0.683	0.855	1.056	1.313	1.701	2.048	2.467	2.763	3.674	28
29	0.683	0.854	1.055	1.311	1.699	2.045	2.462	2.756	3.659	29
30	0.683	0.854	1.055	1.310	1.697	2.042	2.457	2.750	3.646	30
40	0.681	0.851	1.050	1.303	1.684	2.021	2.423	2.704	3.551	40
60	0.679	0.848	1.046	1.296	1.671	2.000	2.390	2.660	3.460	60
120	0.677	0.845	1.041	1.289	1.658	1.980	2.358	2.617	3.373	120
∞	0.674	0.842	1.036	1.282	1.645	1.960	2.326	2.576	3.291	∞

【주】 $v=10$, 상측 한쪽확률 $\alpha=0.05$에 대한 t의 값은 $t_{1-\alpha}(v)=t_{1-0.05}(10)=t_{0.95}(10)=2.228$이다. 이는 자유도 10의 t분포에 따르는 확률변수가 2.228 이하의 절대치를 가지고 출현하는 확률이 97.5%라는 것을 가리킨다.

〈부표 6〉 χ^2 분포표

자유도 v와 하측확률 α에서

$\chi_\alpha^{\,2}(v)$를 구하는 표

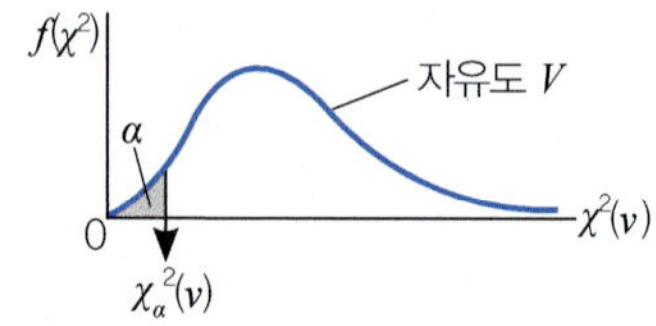

v \ α	0.005	0.010	0.025	0.050	0.100	0.250	0.500	0.750	0.900	0.950	0.975	0.990	0.995
1	$0.0^{4}4$	$0.0^{3}2$	$0.0^{2}1$	$0.0^{2}3$	0.02	0.10	0.46	1.32	2.71	3.84	5.02	6.63	7.88
2	0.01	0.02	0.05	0.10	0.21	0.58	1.39	2.77	4.61	5.99	7.38	9.21	10.60
3	0.07	0.12	0.22	0.35	0.58	1.21	2.37	4.11	6.25	7.81	9.35	11.34	12.84
4	0.21	0.30	0.48	0.71	1.06	1.92	3.36	5.39	7.78	9.49	11.14	13.28	14.86
5	0.41	0.55	0.83	1.15	1.61	2.67	4.35	6.63	9.24	11.07	12.83	15.09	16.75
6	0.68	0.87	1.24	1.64	2.20	3.45	5.35	7.84	10.64	12.59	14.45	16.81	18.55
7	0.99	1.24	1.69	2.17	2.83	4.25	6.35	9.04	12.02	14.07	16.01	18.48	20.3
8	1.34	1.65	2.18	2.73	3.49	5.07	7.34	10.22	13.36	15.51	17.54	20.1	22.0
9	1.74	2.09	2.70	3.33	4.17	5.90	8.34	11.39	14.68	16.92	19.02	21.7	23.6
10	2.16	2.56	3.25	3.94	4.87	6.74	9.34	12.55	15.99	18.31	20.5	23.2	25.2
11	2.60	3.05	3.82	4.57	5.58	7.58	10.34	13.70	17.28	19.68	21.9	24.7	26.8
12	3.07	3.57	4.40	5.23	6.30	8.44	11.34	14.85	18.55	21.0	23.3	26.2	28.3
13	3.57	4.11	5.01	5.89	7.04	9.30	12.34	15.98	19.81	22.4	24.7	27.7	29.8
14	4.07	4.66	5.63	6.57	7.79	10.17	13.34	17.12	21.1	23.7	26.1	29.1	31.3
15	4.60	5.23	6.26	7.26	8.55	11.04	14.34	18.25	22.3	25.0	27.5	30.6	32.8
16	5.14	5.81	6.91	7.96	9.31	11.91	15.34	19.37	23.5	26.3	28.8	32.0	34.3
17	5.70	6.41	7.56	8.67	10.09	12.79	16.34	20.5	24.8	27.6	30.2	33.4	35.7
18	6.26	7.01	8.23	9.39	10.86	13.68	17.34	21.6	26.0	28.9	31.5	34.8	37.2
19	6.84	7.63	8.91	10.12	11.65	14.56	18.34	22.7	27.2	30.1	32.9	36.2	38.6
20	7.43	8.26	9.59	10.85	12.44	15.45	19.34	23.8	28.4	31.4	34.2	37.6	40.0
21	8.03	8.90	10.28	11.59	13.24	16.34	20.3	24.9	29.6	32.7	35.5	38.9	41.4
22	8.64	9.54	10.98	12.34	14.04	17.24	21.3	26.0	30.8	33.9	36.8	40.3	42.8
23	9.26	10.20	11.69	13.09	14.85	18.14	22.3	27.1	32.0	35.2	38.1	41.6	44.2
24	9.89	10.86	12.40	13.85	15.66	19.04	23.3	28.2	33.2	36.4	39.4	43.0	45.6
25	10.52	11.52	13.12	14.61	14.67	19.94	24.3	29.3	34.4	37.7	40.6	44.3	46.9
26	11.46	12.20	13.84	15.38	17.29	20.8	25.3	30.4	35.6	38.9	41.9	45.6	48.3
27	11.81	12.88	14.57	16.15	18.11	21.7	26.3	31.5	36.7	40.1	43.2	47.0	49.6
28	12.46	13.56	15.31	16.93	18.94	22.7	27.3	32.6	37.9	41.3	44.5	48.3	51.0
29	13.12	14.26	16.05	17.71	19.77	23.6	28.3	33.7	39.1	42.6	45.7	49.6	52.3
30	13.79	14.95	16.79	18.49	20.6	24.5	29.3	34.8	40.3	43.8	47.0	50.9	53.7
40	20.7	22.2	24.4	26.5	29.1	33.7	39.3	45.6	51.8	55.8	59.3	63.7	66.8
50	28.0	29.7	32.4	34.8	37.7	42.9	49.3	56.3	63.2	67.5	71.4	76.2	79.5
60	35.5	37.5	40.5	43.2	46.5	52.3	59.3	67.0	74.4	79.1	83.3	88.4	92.0
70	43.3	45.4	48.8	51.7	55.3	61.7	69.3	77.6	85.5	90.5	95.0	100.4	104.2
80	51.2	53.5	57.2	60.4	64.3	71.1	79.3	88.1	96.6	101.9	106.6	112.3	116.3
90	59.2	61.8	65.6	69.1	73.3	80.6	89.3	98.6	107.6	113.1	118.1	124.1	128.3
100	67.3	70.1	74.2	77.9	82.4	90.1	99.3	109.1	118.5	124.3	129.6	135.8	140.2

〈부표 7〉 F−분포표 (5%)

자유도 v_1, v_2에서 상측확률 $\alpha=0.05$(5%)에 대한

$F_{0.95}(v_1, v_2)$ 값을 구하는 표

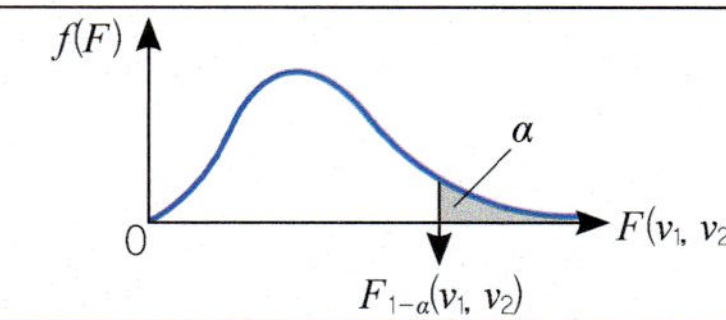

v_2 \ v_1	1	2	3	4	5	6	7	8	9	10	12	15	20	30	40	60	120	∞
1	161	200	216	225	230	234	237	239	241	242	244	246	248	250	251	252	253	254
2	18.5	19.0	19.2	19.2	19.3	19.3	19.4	19.4	19.4	19.4	19.4	19.4	19.4	19.5	19.5	19.5	19.5	19.5
3	10.1	9.55	9.28	9.12	9.01	8.94	8.89	8.85	8.81	8.79	8.74	8.70	8.66	8.62	8.59	8.57	8.55	8.53
4	7.71	6.94	6.59	6.39	6.26	6.16	6.09	6.04	6.00	5.96	5.91	5.86	5.80	5.75	5.72	5.69	5.66	5.63
5	6.61	5.79	5.41	5.19	5.05	4.95	4.88	4.82	4.77	4.74	4.68	4.62	4.56	4.50	4.46	4.43	4.40	4.36
6	5.99	5.14	4.76	4.53	4.39	4.28	4.21	4.15	4.10	4.06	4.00	3.94	3.87	3.81	3.77	3.74	3.70	3.67
7	5.59	4.74	4.35	4.12	3.97	3.87	3.79	3.73	3.68	3.64	3.57	3.51	3.44	3.38	3.34	3.30	3.27	3.23
8	5.32	4.46	4.07	3.84	3.69	3.58	3.50	3.44	3.39	3.35	3.28	3.22	3.15	3.08	3.04	3.01	2.97	2.93
9	5.12	4.26	3.86	3.63	3.48	3.37	3.29	3.23	3.18	3.14	3.07	3.01	2.94	2.86	2.83	2.79	2.75	2.71
10	4.96	4.10	3.71	3.48	3.33	3.22	3.14	3.07	3.02	2.98	2.91	2.84	2.77	2.70	2.66	2.62	2.58	2.54
11	4.84	3.98	3.59	3.36	3.20	3.09	3.01	2.95	2.90	2.85	2.79	2.72	2.65	2.57	2.53	2.49	2.45	2.40
12	4.75	3.89	3.49	3.26	3.11	3.00	2.91	2.85	2.80	2.75	2.69	2.62	2.54	2.47	2.43	2.38	2.34	2.30
13	4.67	3.81	3.41	3.18	3.03	2.92	2.83	2.77	2.71	2.67	2.60	2.53	2.46	2.38	2.34	2.30	2.25	2.21
14	4.60	3.74	3.34	3.11	2.96	2.85	2.76	2.70	2.65	2.60	2.53	2.46	2.39	2.31	2.27	2.22	2.18	2.13
15	4.54	3.68	3.29	3.06	2.90	2.79	2.71	2.64	2.59	2.54	2.48	2.40	2.33	2.25	2.20	2.16	2.11	2.07
16	4.49	3.63	3.24	3.01	2.85	2.74	2.66	2.59	2.54	2.49	2.42	2.35	2.28	2.19	2.15	2.11	2.06	2.01
17	4.45	3.59	3.20	2.96	2.81	2.70	2.61	2.55	2.49	2.45	2.38	2.31	2.23	2.15	2.10	2.06	2.01	1.96
18	4.41	3.55	3.16	2.93	2.77	2.66	2.58	2.51	2.46	2.41	2.34	2.27	2.19	2.11	2.06	2.02	1.97	1.92
19	4.38	3.52	3.13	2.90	2.74	2.63	2.54	2.48	2.42	2.38	2.31	2.23	2.16	2.07	2.03	1.98	1.93	1.88
20	4.35	3.49	3.10	2.87	2.71	2.60	2.51	2.45	2.39	2.35	2.28	2.20	2.12	2.04	1.99	1.95	1.90	1.84
21	4.32	3.47	3.07	2.84	2.68	2.57	2.49	2.42	2.37	2.32	2.25	2.18	2.10	2.01	1.96	1.92	1.87	1.81
22	4.30	3.44	3.05	2.82	2.66	2.55	2.46	2.40	2.34	2.30	2.23	2.15	2.07	1.98	1.94	1.89	1.84	1.78
23	4.28	3.42	3.03	2.80	2.64	2.53	2.44	2.37	2.32	2.27	2.20	2.13	2.05	1.96	1.91	1.86	1.81	1.76
24	4.26	3.40	3.01	2.79	2.62	2.51	2.42	2.36	2.30	2.25	2.18	2.11	2.03	1.94	1.89	1.84	1.79	1.73
25	4.24	3.39	2.99	2.76	2.60	2.49	2.40	2.34	2.28	2.24	2.16	2.09	2.01	1.92	1.87	1.82	1.77	1.71
26	4.23	3.37	2.98	2.74	2.59	2.47	2.39	2.32	2.27	2.22	2.15	2.07	1.99	1.90	1.85	1.80	1.75	1.69
27	4.21	3.35	2.96	2.73	2.57	2.46	2.37	2.31	2.25	2.20	2.13	2.06	1.97	1.88	1.84	1.79	1.73	1.67
28	4.20	3.34	2.95	2.71	2.56	2.45	2.36	2.29	2.24	2.19	2.12	2.04	1.96	1.87	1.82	1.77	1.71	1.65
29	4.18	3.33	2.93	2.70	2.55	2.43	2.35	2.28	2.22	2.18	2.10	2.03	1.94	1.85	1.81	1.75	1.70	1.64
30	4.17	3.32	2.92	2.69	2.53	2.42	2.33	2.27	2.21	2.16	2.09	2.01	1.93	1.84	1.79	1.74	1.68	1.62
40	4.08	3.23	2.84	2.61	2.45	2.34	2.25	2.18	2.12	2.08	2.00	1.92	1.84	1.74	1.69	1.64	1.58	1.51
60	4.00	3.15	2.76	2.53	2.37	2.25	2.17	2.10	2.04	1.99	1.92	1.84	1.75	1.65	1.59	1.53	1.47	1.39
120	3.92	3.07	2.68	2.45	2.29	2.18	2.09	2.02	1.96	1.91	1.83	1.75	1.66	1.55	1.50	1.43	1.35	1.25
∞	3.84	3.00	2.60	2.37	2.21	2.10	2.01	1.94	1.88	1.83	1.75	1.67	1.57	1.46	1.39	1.32	1.22	1.00

【 주 】 자유도 $v_1=5$, $v_2=10$인 F분포의 상측확률 5%의 점은 $F_{0.95}(5, 10)=3.33$, 하측확률 5%의 점은 $F_{0.95}(5, 10)=1/F_{0.95}(10, 5)=1/4.74=0.21$

〈부표 8〉 F-분포표 (10%)

자유도 ν_1, ν_2에서 상측확률 $\alpha=0.10(10\%)$에 대한

$F_{0.90}(\nu_1, \nu_2)$ 값을 구하는 표

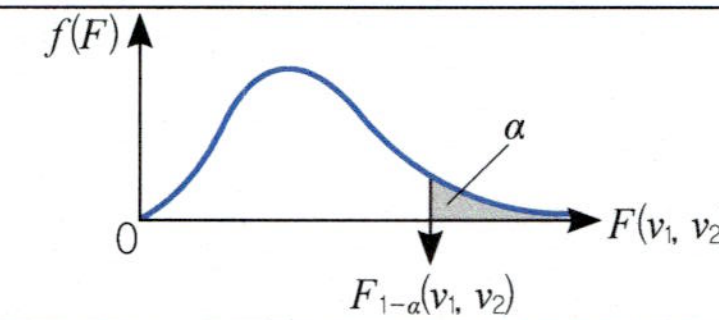

ν_2 \ ν_1	1	2	3	4	5	6	7	8	9	10	12	15	20	30	40	60	120	∞
1	39.9	49.5	53.6	55.8	57.2	58.2	58.9	59.4	59.9	60.2	60.7	61.2	61.7	62.3	62.5	62.8	63.1	63.3
2	8.53	9.00	9.16	9.24	9.29	9.33	9.35	9.37	9.38	9.39	9.41	9.42	9.44	9.46	9.47	9.47	9.48	9.49
3	5.54	5.46	5.39	5.34	5.31	5.28	5.27	5.25	5.24	5.23	5.22	5.20	5.18	5.17	5.16	5.15	5.14	5.13
4	4.54	4.32	4.19	4.11	4.05	4.01	3.98	3.95	3.94	3.92	3.90	3.87	3.84	3.82	3.80	3.79	3.78	3.76
5	4.06	3.78	3.62	3.52	3.45	3.40	3.37	3.34	3.32	3.30	3.27	3.24	3.21	3.17	3.16	3.14	3.12	3.10
6	3.78	3.46	3.29	3.18	3.11	3.05	3.01	2.98	2.96	2.94	2.90	2.87	2.84	2.80	2.78	2.76	2.74	2.72
7	3.59	3.26	3.07	2.96	2.88	2.83	2.78	2.75	2.72	2.70	2.67	2.63	2.59	2.56	2.54	2.51	2.49	2.47
8	3.46	3.11	2.92	2.81	2.73	2.66	2.62	2.59	2.56	2.54	2.50	2.46	2.42	2.38	2.36	2.34	2.32	2.29
9	3.36	3.01	2.81	2.69	2.61	2.55	2.51	2.47	2.44	2.42	2.38	2.34	2.30	2.25	2.23	2.21	2.18	2.16
10	3.28	2.92	2.73	2.61	2.52	2.46	2.41	2.38	2.35	2.32	2.28	2.24	2.20	2.16	2.13	2.11	2.08	2.06
11	3.23	2.86	2.66	2.54	2.45	2.39	2.34	2.30	2.27	2.25	2.21	2.17	2.12	2.08	2.05	2.03	2.00	1.97
12	3.13	2.81	2.61	2.48	2.39	2.33	2.28	2.24	2.21	2.19	2.15	2.10	2.06	2.01	1.99	1.96	1.93	1.90
13	3.14	2.76	2.56	2.43	2.35	2.28	2.23	2.20	2.16	2.14	2.10	2.05	2.01	1.96	1.93	1.90	1.88	1.85
14	3.10	2.73	2.52	2.39	2.31	2.24	2.19	2.15	2.12	2.10	2.05	2.01	1.96	1.91	1.89	1.86	1.83	1.80
15	3.07	2.70	2.49	2.36	2.27	2.21	2.16	2.12	2.09	2.06	2.02	1.97	1.92	1.87	1.85	1.82	1.79	1.76
16	3.05	2.67	2.46	2.33	2.24	2.18	2.13	2.09	2.06	2.03	1.99	1.94	1.89	1.84	1.81	1.78	1.75	1.72
17	3.03	2.64	2.44	2.31	2.22	2.15	2.10	2.06	2.03	2.00	1.96	1.91	1.86	1.81	1.78	1.75	1.72	1.67
18	3.01	2.62	2.42	2.29	2.20	2.13	2.08	2.04	2.00	1.98	1.93	1.89	1.84	1.78	1.75	1.72	1.69	1.66
19	2.99	2.61	2.40	2.27	2.18	2.11	2.06	2.02	1.98	1.96	1.91	1.86	1.81	1.76	1.73	1.70	1.67	1.63
20	2.97	2.59	2.38	2.25	2.16	2.09	2.04	2.00	1.96	1.94	1.89	1.84	1.79	1.74	1.71	1.68	1.64	1.61
21	2.96	2.57	2.36	2.23	2.14	2.08	2.02	1.98	1.95	1.92	1.88	1.83	1.78	1.72	1.69	1.66	1.62	1.59
22	2.95	2.56	2.35	2.22	2.13	2.06	2.01	1.97	1.93	1.90	1.86	1.81	1.76	1.70	1.67	1.64	1.60	1.57
23	2.94	2.55	2.34	2.21	2.11	2.05	1.99	1.95	1.92	1.89	1.84	1.80	1.74	1.69	1.66	1.62	1.59	1.55
24	2.93	2.54	2.33	2.19	2.10	2.04	1.98	1.94	1.91	1.88	1.83	1.78	1.73	1.67	1.64	1.61	1.57	1.53
25	2.92	2.53	2.32	.18	2.09	2.02	1.97	1.93	1.89	1.87	1.82	1.77	1.72	1.66	1.63	1.59	1.56	1.52
26	2.91	2.52	2.31	2.17	2.08	2.01	1.96	1.92	1.88	1.86	1.81	1.76	1.71	1.65	1.61	1.58	1.54	1.50
27	2.90	2.51	2.30	2.17	2.07	2.00	1.95	1.91	1.87	1.85	1.80	1.75	1.70	1.64	1.60	1.57	1.53	1.49
28	2.89	2.50	2.29	2.16	2.06	2.00	1.94	1.90	1.87	1.84	1.79	1.74	1.69	1.63	1.59	1.56	1.52	1.48
29	2.89	2.50	2.28	2.15	2.06	1.99	1.93	1.89	1.86	1.83	1.78	1.73	1.68	1.62	1.58	1.55	1.51	1.47
30	2.88	2.49	2.28	2.14	2.05	1.98	1.93	1.88	1.85	1.82	1.77	1.72	1.67	1.61	1.57	1.54	1.50	1.46
40	2.84	2.44	2.33	2.09	2.00	1.93	1.87	1.83	1.79	1.76	1.71	1.66	1.61	1.54	1.51	1.46	1.42	1.38
60	2.79	2.39	2.18	2.04	1.95	1.87	1.82	1.77	1.74	1.71	1.66	1.60	1.54	1.48	1.44	1.40	1.35	1.29
120	2.75	2.35	2.13	1.99	1.90	1.82	1.77	1.72	1.68	1.65	1.60	1.54	1.48	1.41	1.37	1.32	1.26	1.19
∞	2.71	2.30	2.08	1.94	1.85	1.77	1.72	1.67	1.63	1.60	1.55	1.49	1.42	1.34	1.30	1.24	1.17	1.00

【주】 자유도 $\nu_1=5$, $\nu_2=10$인 F분포의 상측확률 10%의 점은 $F_{0.05}(5, 10)=2.52$, 하측확률 10%의 점은 $F_{0.10}(5, 10)=1/F_{0.90}(10, 5)=1/3.30=0.30$

〈부표 9〉 F−분포표 (1%)

자유도 v_1, v_2에서 상측확률 $\alpha = 0.01\,(1\%)$에 대한

$F_{0.99}(v_1, v_2)$ 값을 구하는 표

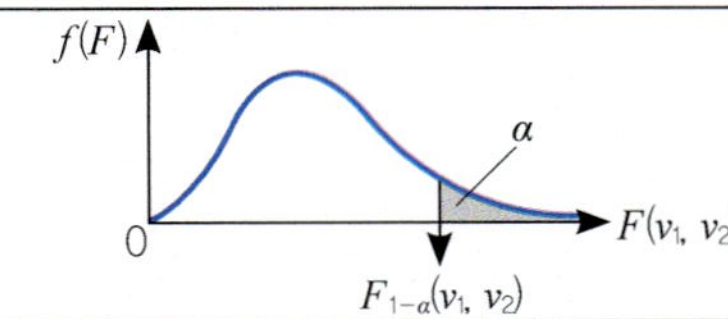

v_2 \ v_1	1	2	3	4	5	6	7	8	9	10	12	15	20	30	40	60	120	∞
1	4,052	5,000	5,403	5,625	5,764	5,859	5,928	5,982	6,022	6,056	6106	6157	6209	6261	6287	6313	6339	6366
2	98.5	99.0	99.2	99.2	99.3	99.3	99.4	99.4	99.4	99.4	99.4	99.4	99.4	99.5	99.5	99.5	99.5	99.5
3	34.1	30.8	29.5	28.7	28.2	27.9	27.7	27.5	27.3	27.2	27.1	26.9	26.7	26.5	26.4	26.3	26.2	26.1
4	21.2	18.0	16.7	16.0	15.5	15.2	15.0	14.8	14.7	14.5	14.4	14.2	14.0	13.8	13.7	13.7	13.6	13.5
5	16.3	13.3	12.1	11.4	11.0	10.7	10.5	10.3	10.2	10.1	9.89	9.72	9.55	9.38	9.29	9.20	9.11	9.02
6	13.7	10.9	9.78	9.15	8.75	8.47	8.26	8.10	7.98	7.87	7.72	7.56	7.40	7.23	7.14	7.06	6.97	6.88
7	12.2	9.55	8.45	7.85	7.46	7.19	6.99	6.84	6.72	6.62	6.47	6.31	6.16	5.99	5.91	5.82	5.74	5.65
8	11.3	8.65	7.59	7.01	6.63	6.37	6.18	6.03	5.91	5.81	5.67	5.52	5.36	5.20	5.12	5.03	4.95	4.86
9	10.6	8.02	6.99	6.42	6.06	5.80	5.61	5.47	5.35	5.26	5.11	4.96	4.81	4.65	4.57	4.48	4.40	4.31
10	10.0	7.56	6.55	5.99	5.64	5.39	5.20	5.06	4.94	4.85	4.71	4.56	4.41	4.25	4.17	4.08	4.00	3.91
11	9.65	7.21	6.22	5.67	5.32	5.07	4.89	4.74	4.63	4.54	4.40	4.25	4.10	3.94	3.86	3.78	3.69	3.60
12	9.33	6.93	5.95	5.41	5.06	4.82	4.64	4.50	4.39	4.30	4.16	4.01	3.86	3.70	3.62	3.54	3.45	3.36
13	9.07	6.70	5.74	5.21	4.86	4.62	4.44	4.30	4.19	4.10	3.96	3.82	3.66	3.51	3.43	3.34	3.25	3.17
14	8.86	6.51	5.56	5.04	4.70	4.46	4.28	4.14	4.03	3.94	3.80	3.66	3.51	3.35	3.27	3.18	3.09	3.00
15	8.68	6.36	5.42	4.89	4.56	4.32	4.14	4.00	3.89	3.80	3.67	3.52	3.37	3.21	3.13	3.05	2.96	2.87
16	8.53	6.23	5.29	4.77	4.44	4.20	4.03	3.89	3.78	3.69	3.55	3.41	3.26	3.10	3.02	2.93	2.84	2.75
17	8.40	6.11	5.18	4.67	4.34	4.10	3.93	3.79	3.68	3.59	3.46	3.31	3.16	3.00	2.92	2.83	2.75	2.65
18	8.29	6.01	5.09	4.58	4.25	4.01	3.84	3.71	3.60	3.51	3.37	3.23	3.08	2.92	2.84	2.75	2.66	2.57
19	8.18	5.93	5.01	4.50	4.17	3.94	3.77	3.63	3.52	3.43	3.30	3.15	3.00	2.84	2.76	2.67	2.58	2.49
20	8.10	5.85	4.94	4.43	4.10	3.87	3.70	3.56	3.46	3.37	3.23	3.09	2.94	2.78	2.69	2.61	2.52	2.42
21	8.02	5.78	4.87	4.37	4.04	3.81	3.64	3.51	3.40	3.31	3.17	3.03	2.88	2.72	2.64	2.55	2.46	2.36
22	7.95	5.72	4.82	4.31	3.99	3.76	3.59	3.45	3.35	3.26	3.12	2.98	2.83	2.67	2.58	2.50	2.40	2.31
23	7.88	5.66	4.76	4.26	3.94	3.71	3.54	3.41	3.30	3.21	3.07	2.93	2.78	2.62	2.54	2.45	2.35	2.26
24	7.82	5.61	4.72	4.22	3.90	3.67	3.50	3.36	3.26	3.17	3.03	2.89	2.74	2.58	2.49	2.40	2.31	2.21
25	7.77	5.57	4.68	4.18	3.86	3.63	3.46	3.32	3.22	3.13	2.99	2.85	2.70	2.54	2.45	2.36	2.27	2.17
26	7.72	5.53	4.64	4.14	3.82	3.59	3.42	3.23	3.18	3.09	2.96	2.82	2.66	2.50	2.42	2.33	2.23	2.13
27	7.68	5.49	4.60	4.11	3.78	3.56	3.39	3.26	3.15	3.06	2.93	2.78	2.63	2.47	2.38	2.29	2.20	2.10
28	7.64	5.45	4.57	4.07	3.75	3.53	3.36	3.23	3.12	3.03	2.90	2.75	2.60	2.44	2.35	2.26	2.17	2.06
29	7.60	5.42	4.54	4.04	3.73	3.50	3.33	3.20	3.09	3.00	2.87	2.73	2.57	2.41	2.33	2.23	2.14	2.03
30	7.56	5.39	4.51	4.02	3.70	3.47	3.30	3.17	3.07	2.98	2.84	2.70	2.55	2.39	2.30	2.21	2.11	2.01
40	7.31	5.18	4.31	3.83	3.51	3.29	3.12	2.99	2.89	2.80	2.66	2.52	2.37	2.20	2.11	2.02	1.92	1.80
60	7.08	4.98	4.13	3.65	3.34	3.12	2.95	2.82	2.72	2.63	2.50	2.35	2.20	2.03	1.94	1.84	1.73	1.60
120	6.85	4.79	3.95	3.48	3.17	2.96	2.79	2.66	2.56	2.47	2.34	2.19	2.03	1.86	1.76	1.66	1.53	1.38
∞	6.63	4.61	3.79	3.32	3.02	2.80	2.64	2.51	2.41	2.32	2.18	2.04	1.88	1.70	1.59	1.47	1.32	1.00

【주】 자유도 $v_1=5$, $v_2=10$인 F분포의 상측확률 1%의 점은 $F_{0.99}(5, 10)=5.64$, 하측확률 1%의 점은 $F_{0.01}(5, 10)=1/F_{0.99}(10, 5)=1/10.1=0.01$

〈부표 10〉 F−분포표 (2.5%)

자유도 v_1, v_2에서 상측확률 $\alpha=0.025$(2.5%)에 대한
$F_{0.95}(v_1, v_2)$ 값을 구하는 표

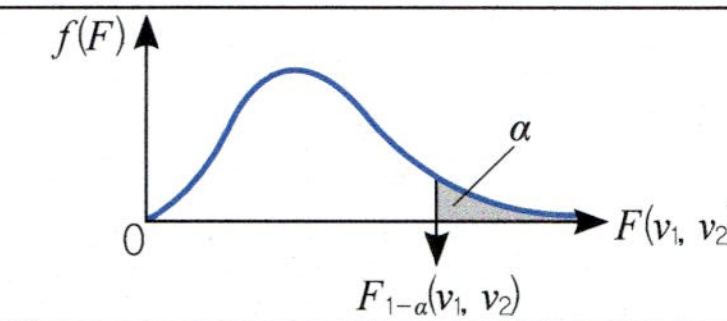

v_2 \ v_1	1	2	3	4	5	6	7	8	9	10	12	15	20	30	40	60	120	∞
1	648	800	864	900	922	937	948	957	963	969	977	985	993	1001	1006	1010	1014	1018
2	38.5	39.0	39.2	39.2	39.3	39.4	39.4	39.4	39.4	39.4	39.4	39.4	39.4	39.5	39.5	39.5	39.5	39.5
3	17.4	16.0	15.4	15.1	14.9	14.6	14.6	14.5	14.5	14.4	14.3	14.3	14.2	14.1	14.0	14.0	13.9	13.9
4	12.2	10.6	9.98	9.60	9.36	9.07	9.07	8.98	8.90	8.84	8.75	8.66	8.56	8.46	8.41	8.36	8.31	8.26
5	10.0	8.43	7.76	7.39	7.15	6.85	6.85	6.76	6.68	6.62	6.52	6.43	6.33	6.23	6.18	6.12	6.07	6.02
6	8.81	7.26	6.60	6.23	5.99	5.70	5.70	5.60	5.52	5.46	5.37	5.27	5.17	5.07	5.01	4.96	4.90	4.85
7	8.07	6.54	5.89	5.62	5.29	4.99	4.99	4.90	4.82	4.76	4.67	4.57	4.47	4.36	4.31	4.25	4.20	4.14
8	7.57	6.06	5.42	5.05	4.82	4.53	4.53	4.43	4.36	4.30	4.20	4.10	4.00	3.89	3.84	3.78	3.73	3.67
9	7.21	5.71	5.08	4.72	4.48	4.20	4.20	4.10	4.03	3.96	3.87	3.77	3.67	3.56	3.51	3.45	3.39	3.33
10	6.94	5.46	4.83	4.47	4.24	3.95	3.95	3.85	3.78	3.72	3.62	3.52	3.42	3.31	3.26	3.20	3.14	3.08
11	6.72	5.26	4.63	4.28	4.04	3.76	3.76	3.66	3.59	3.53	3.43	3.33	3.23	3.12	3.06	3.00	2.94	2.88
12	6.55	5.10	4.47	4.12	3.89	3.61	3.61	3.51	3.44	3.37	3.28	3.18	3.07	2.96	2.91	2.85	2.79	2.72
13	6.41	4.97	4.35	4.00	3.77	3.48	3.48	3.39	3.31	3.25	3.15	3.05	2.95	2.84	2.78	2.72	2.66	2.60
14	6.30	4.86	4.24	3.89	3.66	3.38	3.38	3.29	3.21	3.15	3.05	2.95	2.84	2.73	2.67	2.61	2.55	2.49
15	6.20	4.76	4.15	3.80	3.58	3.29	3.29	3.20	3.12	3.06	2.96	2.86	2.76	2.64	2.58	2.52	2.46	2.40
16	6.12	4.69	4.08	3.73	3.50	3.22	3.22	3.12	3.05	2.99	2.89	2.79	2.68	2.57	2.51	2.45	2.38	2.32
17	6.04	4.62	4.01	3.66	3.44	3.16	3.16	3.06	2.98	2.92	2.82	2.72	2.62	2.50	2.44	2.38	2.32	2.25
18	5.98	4.56	3.95	3.61	3.38	3.10	3.10	3.01	2.93	2.87	2.77	2.67	2.56	2.44	2.38	2.32	2.26	2.19
19	5.92	4.51	3.90	3.56	3.33	3.05	3.05	2.96	2.88	2.82	2.72	2.62	2.51	2.39	2.33	2.27	2.20	2.13
20	5.87	4.46	3.86	3.51	3.29	3.01	3.01	2.91	2.84	2.77	2.68	2.57	2.46	2.35	2.29	2.22	2.16	2.09
21	5.83	4.42	3.82	3.48	3.25	2.97	2.97	2.87	2.80	2.73	2.64	2.53	2.42	2.31	2.25	2.18	2.11	2.04
22	5.79	4.38	3.78	3.44	3.22	2.93	2.93	2.84	2.76	2.70	2.60	2.50	2.39	2.27	2.21	2.14	2.08	2.00
23	5.75	4.35	3.75	3.41	3.18	2.90	2.90	2.81	2.73	2.67	2.57	2.47	2.36	2.24	2.18	2.11	2.04	1.97
24	5.72	4.32	3.72	3.38	3.15	2.87	2.87	2.78	2.70	2.64	2.54	2.44	2.33	2.21	2.15	2.08	2.01	1.94
25	5.69	4.29	3.69	3.35	3.13	2.85	2.85	2.75	2.68	2.61	2.51	2.41	2.30	2.18	2.12	2.05	1.98	1.91
26	5.66	4.27	3.67	3.33	3.10	2.82	2.82	2.73	2.65	2.59	2.49	2.39	2.28	2.16	2.09	2.03	1.95	1.88
27	5.63	4.24	3.65	3.31	3.08	2.80	2.80	2.71	2.63	2.57	2.47	2.36	2.25	2.13	2.07	2.00	1.93	1.85
28	5.61	4.22	3.63	3.29	3.06	2.78	2.78	2.69	2.61	2.55	2.45	2.34	2.23	2.11	2.05	1.98	1.91	1.83
29	5.59	4.20	3.61	3.27	3.04	2.76	2.76	2.67	2.59	2.53	2.43	2.32	2.21	2.09	2.03	1.96	1.89	1.81
30	5.57	4.18	3.59	3.25	3.03	2.75	2.75	2.65	2.57	2.51	2.41	2.31	2.20	2.07	2.01	1.94	1.87	1.79
40	5.42	4.05	3.46	3.13	2.90	2.62	2.62	2.53	2.45	2.39	2.29	2.18	2.07	1.94	1.88	1.80	1.72	1.64
60	5.29	3.93	3.34	3.01	2.79	2.51	2.51	2.41	2.33	2.27	2.17	2.06	1.94	1.82	1.74	1.67	1.58	1.48
120	5.15	3.80	3.23	2.89	2.67	2.39	2.39	2.30	2.22	2.16	2.05	1.94	1.82	1.69	1.61	1.53	1.43	1.31
∞	5.02	3.69	3.12	2.79	2.57	2.29	2.29	2.19	2.11	2.05	1.94	1.83	1.71	1.57	1.48	1.39	1.27	1.00

【주】 자유도 $v_1=5$, $v_2=10$인 F분포의 상측확률 2.5%의 점은 $F_{0.975}(5, 10)=4.24$, 하측확률 2.5%의 점은 $F_{0.025}(5, 10)=1/F_{0.975}(10, 5)=1/6.62=0.15$

〈부표 11〉 누적이항분포표

$$P[X \le c] = \sum_{x=0}^{c} \binom{n}{x} p^{x}(1-p)^{n-x} = \sum_{x=0}^{c} p(x)$$

시료수	c	p										
		0.05	0.10	0.20	0.30	0.40	0.50	0.60	0.70	0.80	0.90	0.95
$n=1$	0	0.950	0.900	0.800	0.700	0.600	0.500	0.400	0.300	0.200	0.100	0.150
	1	1.000	1.000	1.000	1.000	1.000	1.000	1.000	1.000	1.000	1.000	1.000
$n=2$	0	0.902	0.810	0.640	0.490	0.360	0.250	0.160	0.090	0.040	0.010	0.002
	1	0.997	0.990	0.960	0.910	0.840	0.750	0.640	0.510	0.360	0.190	0.097
	2	1.000	1.000	1.000	1.000	1.000	1.000	1.000	1.000	1.000	1.000	1.000
$n=3$	0	0.857	0.729	0.512	0.343	0.216	0.125	0.064	0.027	0.008	0.001	0.000
	1	0.993	0.972	0.896	0.784	0.648	0.500	0.352	0.216	0.104	0.028	0.007
	2	1.000	0.999	0.992	0.973	0.936	0.875	0.784	0.657	0.488	0.271	0.143
	3	1.000	1.000	1.000	1.000	1.000	1.000	1.000	1.000	1.000	1.000	1.000
$n=4$	0	0.815	0.656	0.410	0.240	0.130	0.063	0.026	0.008	0.002	0.000	0.000
	1	0.986	0.948	0.810	0.652	0.475	0.313	0.179	0.084	0.027	0.004	0.000
	2	1.000	0.996	0.973	0.916	0.821	0.688	0.525	0.348	0.181	0.052	0.014
	3	1.000	1.000	0.998	0.992	0.974	0.938	0.870	0.760	0.590	0.344	0.185
	4	1.000	1.000	1.000	1.000	1.000	1.000	1.000	1.000	1.000	1.000	1.000
$n=5$	0	0.774	0.590	0.328	0.168	0.078	0.031	0.010	0.002	0.000	0.000	0.000
	1	0.977	0.919	0.737	0.528	0.337	0.188	0.087	0.031	0.007	0.000	0.000
	2	0.999	0.991	0.942	0.837	0.683	0.500	0.317	0.163	0.058	0.009	0.001
	3	1.000	1.000	0.993	0.969	0.913	0.813	0.663	0.472	0.263	0.081	0.023
	4	1.000	1.000	1.000	0.998	0.990	0.969	0.922	0.832	0.672	0.410	0.226
	5	1.000	1.000	1.000	1.000	1.000	1.000	1.000	1.000	1.000	1.000	1.000
$n=6$	0	0.735	0.531	0.262	0.118	0.047	0.016	0.004	0.001	0.000	0.000	0.000
	1	0.967	0.886	0.655	0.420	0.233	0.109	0.041	0.011	0.000	0.000	0.000
	2	0.998	0.984	0.901	0.744	0.544	0.344	0.179	0.070	0.017	0.001	0.000
	3	1.000	0.999	0.983	0.930	0.821	0.656	0.456	0.256	0.099	0.016	0.002
	4	1.000	1.000	0.998	0.989	0.959	0.891	0.767	0.580	0.345	0.114	0.033
	5	1.000	1.000	1.000	0.999	0.996	0.984	0.953	0.882	0.738	0.469	0.265
	6	1.000	1.000	1.000	1.000	1.000	1.000	1.000	1.000	1.000	1.000	1.000
$n=7$	0	0.698	0.478	0.210	0.082	0.028	0.008	0.002	0.000	0.000	0.000	0.000
	1	0.956	0.850	0.577	0.329	0.159	0.063	0.019	0.004	0.000	0.000	0.000
	2	0.996	0.974	0.852	0.647	0.420	0.227	0.096	0.029	0.005	0.000	0.000
	3	1.000	0.997	0.967	0.874	0.710	0.500	0.290	0.126	0.033	0.003	0.000
	4	1.000	1.000	0.995	0.971	0.904	0.773	0.580	0.353	0.148	0.026	0.004
	5	1.000	1.000	1.000	0.996	0.981	0.938	0.841	0.671	0.423	0.150	0.044
	6	1.000	1.000	1.000	1.000	0.998	0.992	0.972	0.918	0.790	0.522	0.302
	7	1.000	1.000	1.000	1.000	1.000	1.000	1.000	1.000	1.000	1.000	1.000

〈부표 11〉의 계속

시료수	c	p										
		0.05	0.10	0.20	0.30	0.40	0.50	0.60	0.70	0.80	0.90	0.95
n=8	0	0.663	0.430	0.168	0.058	0.017	0.004	0.001	0.000	0.000	0.000	0.000
	1	0.943	0.813	0.503	0.255	0.103	0.035	0.009	0.001	0.000	0.000	0.000
	2	0.994	0.962	9.797	0.552	0.315	0.145	0.050	0.001	0.001	0.000	0.000
	3	1.000	0.995	0.944	0.806	0.594	0.363	0.174	0.058	0.010	0.000	0.000
	4	1.000	0.995	0.990	0.942	0.826	0.637	0.406	0.194	0.056	0.005	0.000
	5	1.000	0.995	0.999	0.989	0.950	0.855	0.685	0.448	0.203	0.038	0.000
	6	1.000	1.000	1.000	0.999	0.991	0.965	0.894	0.745	0.497	0.187	0.000
	7	1.000	1.000	1.000	1.000	0.999	0.996	0.983	0.942	0.832	0.570	0.337
	8	1.000	1.000	1.000	1.000	1.000	1.000	1.000	1.000	1.000	1.000	1.000
n=9	0	0.630	0.387	0.134	0.040	0.010	0.002	0.000	0.000	0.000	0.000	0.000
	1	0.929	0.775	0.436	0.196	0.071	0.020	0.004	0.000	0.000	0.000	0.000
	2	0.992	0.947	0.738	0.463	0.232	0.090	0.025	0.004	0.000	0.000	0.000
	3	0.999	0.992	0.914	0.730	0.483	0.254	0.099	0.025	0.003	0.000	0.000
	4	1.000	0.999	0.980	0.901	0.733	0.500	0.267	0.099	0.020	0.001	0.000
	5	1.000	1.000	0.997	0.975	0.901	0.746	0.517	0.270	0.086	0.008	0.001
	6	1.000	1.000	1.000	0.996	0.975	0.910	0.768	0.537	0.262	0.053	0.008
	7	1.000	1.000	1.000	1.000	0.996	0.980	0.929	0.804	0.564	0.225	0.071
	8	1.000	1.000	1.000	1.000	1.000	0.998	0.990	0.960	0.866	0.613	0.370
	9	1.000	1.000	1.000	1.000	1.000	1.000	1.000	1.000	1.000	1.000	1.000
n=10	0	0.599	0.349	0.107	0.028	0.006	0.001	0.000	0.000	0.000	0.000	0.000
	1	0.914	0.736	0.376	0.149	0.146	0.011	0.002	0.000	0.000	0.000	0.000
	2	0.988	0.930	0.678	0.383	0.167	0.055	0.012	0.002	0.000	0.000	0.000
	3	0.999	0.987	0.879	0.650	0.382	0.172	0.055	0.011	0.001	0.000	0.000
	4	1.000	0.998	0.967	0.850	0.633	0.377	0.166	0.047	0.006	0.000	0.000
	5	1.000	1.000	0.994	0.953	0.834	0.623	0.367	0.150	0.033	0.002	0.000
	6	1.000	1.000	0.999	0.989	0.945	0.828	0.613	0.350	0.121	0.013	0.001
	7	1.000	1.000	1.000	0.998	0.998	0.945	0.833	0.617	0.322	0.070	0.012
	8	1.000	1.000	1.000	1.000	0.998	0.989	0.954	0.851	0.624	0.264	0.086
	9	1.000	1.000	1.000	1.000	1.000	0.999	0.994	0.972	0.893	0.651	0.401
	10	1.000	1.000	1.000	1.000	1.000	1.000	1.000	1.000	1.000	1.000	1.000
n=11	0	0.569	0.314	0.086	0.020	0.004	0.000	0.000	0.000	0.000	0.000	0.000
	1	0.898	0.697	0.322	0.113	0.030	0.006	0.001	0.000	0.000	0.000	0.000
	2	0.985	0.910	0.617	0.313	0.119	0.033	0.006	0.001	0.000	0.000	0.000
	3	0.998	0.981	0.839	0.570	0.290	0.113	0.029	0.004	0.000	0.000	0.000
	4	1.000	0.997	0.950	0.790	0.533	0.274	0.099	0.022	0.002	0.000	0.000
	5	1.000	1.000	0.988	0.922	0.753	0.500	0.247	0.078	0.012	0.000	0.000
	6	1.000	1.000	0.998	0.978	0.901	0.726	0.467	0.210	0.050	0.003	0.000
	7	1.000	1.000	1.000	0.996	0.971	0.887	0.704	0.430	0.161	0.019	0.002
	8	1.000	1.000	1.000	0.999	0.994	0.967	0.881	0.687	0.383	0.090	0.015
	9	1.000	1.000	1.000	1.000	0.999	0.994	0.970	0.887	0.678	0.303	0.102
	10	1.000	1.000	1.000	1.000	1.000	1.000	0.996	0.980	0.914	0.686	0.431
	11	1.000	1.000	1.000	1.000	1.000	1.000	1.000	1.000	1.000	1.000	1.000

〈부표 12〉 누적포아송분포표

$$P[X \le c] = \sum_{x=0}^{c} \frac{e^{-m} m^{x}}{x!}$$

c	m									
	0.10	0.20	0.30	0.40	0.50	0.60	0.70	0.80	0.90	1.00
0	0.905	0.819	0.741	0.670	0.607	0.549	0.497	0.449	0.407	0.368
1	0.995	0.982	0.963	0.938	0.910	0.878	0.844	0.809	0.772	0.736
2	1.000	0.999	0.996	0.992	0.986	0.977	0.966	0.953	0.937	0.920
3	1.000	1.000	1.000	0.999	0.998	0.997	0.994	0.991	0.987	0.981
4	1.000	1.000	1.000	1.000	1.000	1.000	0.999	0.999	0.998	0.996
5	1.000	1.000	1.000	1.000	1.000	1.000	1.000	1.000	1.000	0.999
6	1.000	1.000	1.000	1.000	1.000	1.000	1.000	1.000	1.000	1.000
7	1.000	1.000	1.000	1.000	1.000	1.000	1.000	1.000	1.000	1.000

c	m									
	1.11	1.20	1.30	1.40	1.50	1.60	1.70	1.80	1.90	2.00
0	0.333	0.301	0.273	0.247	0.223	0.202	0.183	0.165	0.150	0.135
1	0.699	0.663	0.627	0.592	0.558	0.525	0.493	0.463	0.434	0.406
2	0.900	0.879	0.857	0.833	0.809	0.783	0.757	0.731	0.704	0.677
3	0.974	0.966	0.957	0.946	0.934	0.921	0.907	0.891	0.875	0.857
4	0.995	0.992	0.989	0.986	0.981	0.976	0.970	0.964	0.956	0.947
5	0.999	0.998	0.998	0.997	0.996	0.994	0.992	0.990	0.987	0.983
6	1.000	1.000	1.000	0.999	0.999	0.999	0.998	0.997	0.997	0.995
7	1.000	1.000	1.000	1.000	1.000	1.000	1.000	0.999	0.999	0.999
8	1.000	1.000	1.000	1.000	1.000	1.000	1.000	1.000	1.000	1.000
9	1.000	1.000	1.000	1.000	1.000	1.000	1.000	1.000	1.000	1.000

c	m									
	2.10	2.20	2.30	2.40	2.50	2.60	2.70	2.80	2.90	3.00
0	0.122	0.111	0.100	0.091	0.082	0.074	0.067	0.061	0.055	0.050
1	0.380	0.355	0.331	0.308	0.287	0.267	0.249	0.231	0.215	0.199
2	0.650	0.623	0.596	0.570	0.544	0.518	0.494	0.469	0.446	0.423
3	0.839	0.819	0.799	0.779	0.758	0.736	0.714	0.692	0.670	0.647
4	0.938	0.928	0.916	0.904	0.891	0.877	0.863	0.848	0.832	0.815
5	0.980	0.975	0.970	0.964	0.958	0.951	0.943	0.935	0.926	0.916
6	0.994	0.993	0.991	0.988	0.986	0.983	0.979	0.976	0.971	0.966
7	0.999	0.998	0.997	0.997	0.996	0.995	0.993	0.992	0.990	0.988
8	1.000	1.000	0.999	0.999	0.999	0.999	0.998	0.998	0.997	0.996
9	1.000	1.000	1.000	1.000	1.000	1.000	0.999	0.999	0.999	0.999
10	1.000	1.000	1.000	1.000	1.000	1.000	1.000	1.000	1.000	1.000
11	1.000	1.000	1.000	1.000	1.000	1.000	1.000	1.000	1.000	1.000
12	1.000	1.000	1.000	1.000	1.000	1.000	1.000	1.000	1.000	1.000

〈부표 12〉의 계속

c	m									
	3.10	3.20	3.30	3.40	3.50	3.60	3.70	3.80	3.90	4.00
0	0.045	0.041	0.037	0.033	0.030	0.027	0.025	0.022	0.020	0.018
1	0.185	0.071	0.159	0.147	0.136	0.126	0.116	0.107	0.099	0.092
2	0.401	0.380	0.359	0.340	0.321	0.303	0.285	0.269	0.253	0.238
3	0.625	0.603	0.580	0.558	0.537	0.515	0.494	0.473	0.453	0.433
4	0.798	0.781	0.763	0.744	0.725	0.706	0.687	0.668	0.648	0.629
5	0.906	0.895	0.883	0.871	0.858	0.844	0.830	0.816	0.801	0.785
6	0.961	0.955	0.949	0.942	0.935	0.927	0.918	0.909	0.899	0.899
7	0.986	0.983	0.980	0.977	0.973	0.969	0.965	0.960	0.955	0.944
8	0.995	0.994	0.993	0.992	0.990	0.988	0.986	0.984	0.981	0.979
9	0.999	0.998	0.998	0.997	0.997	0.996	0.995	0.994	0.993	0.992
10	1.000	1.000	0.999	0.999	0.999	0.999	0.998	0.998	0.998	0.997
11	1.000	1.000	1.000	1.000	1.000	1.000	1.000	0.999	0.999	0.999
12	1.000	1.000	1.000	1.000	1.000	1.000	1.000	1.000	1.000	1.000
13	1.000	1.000	1.000	1.000	1.000	1.000	1.000	1.000	1.000	1.000
14	1.000	1.000	1.000	1.000	1.000	1.000	1.000	1.000	1.000	1.000

c	m									
	4.50	5.00	5.50	6.00	6.50	7.00	7.50	8.00	8.0	9.00
0	0.011	0.007	0.004	0.002	0.002	0.001	0.001	0.000	0.000	0.000
1	0.061	0.040	0.027	0.017	0.011	0.007	0.005	0.003	0.002	0.001
2	0.174	0.125	0.088	0.062	0.043	0.030	0.020	0.014	0.009	0.006
3	0.342	0.265	0.202	0.151	0.112	0.082	0.059	0.042	0.030	0.021
4	0.532	0.440	0.358	0.285	0.224	0.173	0.132	0.100	0.074	0.055
5	0.703	0.616	0.529	0.446	0.369	0.301	0.241	0.191	0.150	0.116
6	0.831	0.762	0.686	0.606	0.527	0.450	0.378	0.313	0.256	0.207
7	0.913	0.867	0.809	0.744	0.673	0.599	0.525	0.453	0.386	0.324
8	0.960	0.932	0.894	0.847	0.792	0.729	0.662	0.593	0.523	0.456
9	0.983	0.968	0.946	0.916	0.877	0.830	0.776	0.717	0.653	0.857
10	0.993	0.986	0.975	0.957	0.933	0.901	0.862	0.816	0.763	0.706
11	0.998	0.995	0.989	0.980	0.966	0.947	0.921	0.888	0.849	0.803
12	0.999	0.998	0.996	0.991	0.984	0.973	0.957	0.936	0.909	0.876
13	1.000	0.999	0.998	0.996	0.993	0.987	0.978	0.966	0.949	0.926
14	1.000	1.000	0.999	0.999	0.997	0.994	0.990	0.983	0.973	0.959
15	1.000	1.000	1.000	0.999	0.999	0.998	0.995	0.992	0.986	0.978
16	1.000	1.000	1.000	1.000	1.000	0.999	0.998	0.996	0.993	0.989
17	1.000	1.000	1.000	1.000	1.000	1.000	0.999	0.998	0.997	0.995
18	1.000	1.000	1.000	1.000	1.000	1.000	1.000	0.999	0.999	0.998
19	1.000	1.000	1.000	1.000	1.000	1.000	1.000	1.000	0.999	0.999
20	1.000	1.000	1.000	1.000	1.000	1.000	1.000	1.000	1.000	1.000
21	1.000	1.000	1.000	1.000	1.000	1.000	1.000	1.000	1.000	1.000
22	1.000	1.000	1.000	1.000	1.000	1.000	1.000	1.000	1.000	1.000

〈부표 13〉 이항계수표

$${}_nC_r = \binom{n}{r} = \frac{n!}{r!\,(n-r)!}$$

r \ n	1	2	3	4	5	6	7	8	9	10
0	1	1	1	1	1	1	1	1	1	1
1	1	2	3	4	5	6	7	8	9	10
2		1	3	6	10	15	21	28	36	45
3			1	4	10	20	35	56	84	120
4				1	5	15	35	70	126	210
5					1	6	21	56	126	252
6						1	7	28	84	210
7							1	8	36	120
8								1	9	45
9									1	10
10										1

r \ n	11	12	13	14	15	16	17	18	19	20
0	1	1	1	1	1	1	1	1	1	1
1	11	12	13	14	15	16	17	18	19	20
2	55	66	78	91	105	120	136	153	171	190
3	165	220	286	364	455	560	680	816	969	1140
4	330	495	715	1001	1365	1820	2380	3060	3876	4845
5	462	792	1287	2002	3003	4368	6188	8568	11628	15504
6	462	924	1716	3003	5005	8008	12376	18564	27132	38760
7	330	792	1716	3432	6435	11440	19448	31824	50388	77520
8	165	495	1287	3003	6435	12870	24310	43758	75582	125970
9	55	220	715	2002	5005	11440	24310	48620	92378	167960
10	11	66	286	1001	3003	8008	19448	43758	92378	184756
11	1	12	78	364	1365	4368	12376	31824	75582	167960
12		1	13	91	455	1820	6188	18564	50388	125970
13			1	14	105	560	2380	8568	27132	77520
14				1	15	120	680	3060	11628	38760
15					1	16	136	816	3876	15504
16						1	17	153	969	4845
17							1	18	171	1140
18								1	19	190
19									1	20
20										1

〈부표 14〉 정규분포표

$$f(t) = \phi(z) = \frac{1}{\sqrt{2\pi}} exp\left(-\frac{1}{2} \cdot z^2\right)$$

z	*=0	*=1	*=2	*=3	*=4	*=5	*=6	*=7	*=8	*=9
0.0*	.3989	.3989	.3989	.3988	.3986	.3984	.3982	.3980	.3977	.3973
0.1*	.3970	.3965	.3961	.3956	.3951	.3945	.3939	.3932	.3925	.3918
0.2*	.3910	.3902	.3894	.3885	.3876	.3867	.3857	.3847	.3836	.3825
0.3*	.3914	.3802	.3970	.3778	.3765	.3752	.3739	.3725	.3712	.3697
0.4*	.3683	.3668	.3653	.3637	.3605	.3605	.3589	.3572	.3555	.3538
0.5*	.3521	.3503	.3485	.3467	.3448	.3429	.3410	.3391	.3372	.3352
0.6*	.3332	.3312	.3292	.3271	.3251	.3230	.3209	.3187	.3166	.3144
0.7*	.3123	.3101	.3079	.3056	.3034	.3011	.2989	.2966	.2943	.2920
0.8*	.2879	.2874	.2850	.2827	.2803	.2780	.2756	.2732	.2709	.2685
0.9*	.2661	.2637	.2613	.2589	.2565	.2541	.2516	.2492	.2468	.2444
1.0*	.2420	.2396	.2371	.2347	.2323	.2299	.2275	.2251	.2227	.2203
1.1*	.2179	.2155	.2131	.2107	.2083	.2059	.2036	.2012	.1989	.1965
1.2*	.1942	.1919	.1895	.1872	.1849	.1826	.1804	.1781	.1753	.1736
1.3*	.1714	.1691	.1669	.1647	.1626	.1604	.1582	.1561	.1539	.1518
1.4*	.1497	.1476	.1456	.1435	.1415	.1394	.1374	.1354	.1334	.1315
1.5*	.1295	.1276	.1257	.1238	.1219	.1200	.1182	.1163	.1146	.1127
1.6*	.1109	.1092	.1074	.1057	.1040	.1023	.1006	.09893	.09728	.09566
1.7*	.09405	.09246	.09089	.08933	.08780	.08628	.08478	.08329	.08183	.08038
1.8*	.07895	.07754	.07614	.07477	.07341	.07206	.07074	.06943	.06814	.06687
1.9*	.06562	.06438	.06316	.06195	.06077	.05959	.05844	.05730	.05618	.05508
2.0*	.05399	.05292	.05186	.05082	.04980	.04879	.04780	.04682	.04586	.04491
2.1*	.04398	.04307	.04217	.04128	.04041	.03955	.03871	.03788	.03706	.03626
2.2*	.03547	.03470	.03394	.03319	.03246	.03174	.03103	.03034	.02965	.02898
2.3*	.02833	.02768	.02705	.02643	.02582	.02522	.02763	.02406	.02349	.02294
2.4*	.02239	.02186	.02134	.02083	.02033	.01984	.01936	.01888	.01842	.01797
2.5*	.01753	.01709	.01667	.01625	.01585	.01545	.01506	.01468	.01431	.01394
2.6*	.01358	.01323	.01289	.01256	.01223	.01191	.01160	.01130	.01100	.01071
2.7*	.01042	.01014	.09871	$.0^{2}9606$	$.0^{2}9347$	$.0^{2}9094$	$.0^{2}8846$	$.0^{2}8605$	$.0^{2}8370$	$.0^{2}8140$
2.8*	$.0^{2}7915$	$.0^{2}7697$	$.0^{2}7483$	$.0^{2}7274$	$.0^{2}7071$	$.0^{2}6873$	$.0^{2}6679$	$.0^{2}6491$	$.0^{2}6307$	$.0^{2}6127$
2.9*	$.0^{2}5953$	$.0^{2}5782$	$.0^{2}5616$	$.0^{2}5454$	$.0^{2}5296$	$.0^{2}5143$	$.0^{2}4993$	$.0^{2}4847$	$.0^{2}4705$	$.0^{2}4567$
3.0*	$.0^{2}4432$	$.0^{2}4301$	$.0^{2}4173$	$.0^{2}4049$	$.0^{2}3928$	$.0^{2}3810$	$.0^{2}3695$	$.0^{2}3854$	$.0^{2}3475$	$.0^{2}3370$
3.1*	$.0^{2}3267$	$.0^{2}3167$	$.0^{2}3070$	$.0^{2}2975$	$.0^{2}2884$	$.0^{2}2794$	$.0^{2}2707$	$.0^{2}2623$	$.0^{2}2541$	$.0^{2}2461$
3.2*	$.0^{2}2384$	$.0^{2}2309$	$.0^{2}2236$	$.0^{2}2165$	$.0^{2}2096$	$.0^{2}2029$	$.0^{2}1964$	$.0^{2}1901$	$.0^{2}1840$	$.0^{2}1780$
3.3*	$.0^{2}1723$	$.0^{2}1667$	$.0^{2}1612$	$.0^{2}1560$	$.0^{2}1508$	$.0^{2}1459$	$.0^{2}1411$	$.0^{2}1364$	$.0^{2}1319$	$.0^{2}1275$
3.4*	$.0^{2}1232$	$.0^{2}1191$	$.0^{2}1151$	$.0^{2}1112$	$.0^{2}1075$	$.0^{2}1038$	$.0^{2}1003$	$.0^{2}9689$	$.0^{2}9358$	$.0^{2}9037$
3.5*	$.0^{3}8727$	$.0^{3}8426$	$.0^{3}8135$	$.0^{3}7853$	$.0^{3}7581$	$.0^{3}7317$	$.0^{3}7061$	$.0^{3}6814$	$.0^{3}6575$	$.0^{3}6343$
3.6*	$.0^{3}6119$	$.0^{3}5902$	$.0^{3}5693$	$.0^{3}5490$	$.0^{3}5294$	$.0^{3}5105$	$.0^{3}4921$	$.0^{3}4744$	$.0^{3}4573$	$.0^{3}4408$
3.7*	$.0^{3}4248$	$.0^{3}4093$	$.0^{3}3944$	$.0^{3}3800$	$.0^{3}3661$	$.0^{3}3526$	$.0^{3}3396$	$.0^{3}3721$	$.0^{3}3149$	$.0^{3}3032$
3.8*	$.0^{3}2919$	$.0^{3}2810$	$.0^{3}2705$	$.0^{3}2604$	$.0^{3}2506$	$.0^{3}2411$	$.0^{3}2320$	$.0^{3}2232$	$.0^{3}2147$	$.0^{3}2065$
3.9*	$.0^{3}1987$	$.0^{3}1910$	$.0^{3}1837$	$.0^{3}1766$	$.0^{3}1698$	$.0^{3}1633$	$.0^{3}1569$	$.0^{3}1508$	$.0^{3}1449$	$.0^{3}1393$
4.0*	$.0^{3}1338$	$.0^{3}1286$	$.0^{3}1235$	$.0^{3}1186$	$.0^{3}1140$	$.0^{3}1094$	$.0^{3}1051$	$.0^{3}1009$	$.0^{4}9687$	$.0^{4}9299$
4.1*	$.0^{4}8926$	$.0^{4}8567$	$.0^{4}8222$	$.0^{4}7890$	$.0^{4}7570$	$.0^{4}7263$	$.0^{4}6967$	$.0^{4}6683$	$.0^{4}6410$	$.0^{4}6147$
4.2*	$.0^{4}5894$	$.0^{4}5652$	$.0^{4}5418$	$.0^{4}5194$	$.0^{4}4979$	$.0^{4}4772$	$.0^{4}4573$	$.0^{4}4382$	$.0^{4}4199$	$.0^{4}4023$
4.3*	$.0^{4}3854$	$.0^{4}3691$	$.0^{4}3535$	$.0^{4}3386$	$.0^{4}3242$	$.0^{4}3104$	$.0^{4}2972$	$.0^{4}2845$	$.0^{4}2723$	$.0^{4}2606$
4.4*	$.0^{4}2494$	$.0^{4}2387$	$.0^{4}2284$	$.0^{4}2185$	$.0^{4}2090$	$.0^{4}1999$	$.0^{4}1912$	$.0^{4}1829$	$.0^{4}1749$	$.0^{4}1672$
4.5*	$.0^{4}1598$	$.0^{4}1628$	$.0^{4}1461$	$.0^{4}1393$	$.0^{4}1334$	$.0^{4}1275$	$.0^{4}1218$	$.0^{4}1164$	$.0^{4}1112$	$.0^{4}1062$
4.6*	$.0^{4}1014$	$.0^{5}9684$	$.0^{5}9248$	$.0^{5}8850$	$.0^{5}8430$	$.0^{5}8047$	$.0^{5}7681$	$.0^{5}7331$	$.0^{5}6996$	$.0^{5}6676$
4.7*	.06370	$.0^{5}6077$	$.0^{5}5797$	$.0^{5}5530$	$.0^{5}5374$	$.0^{5}5030$	$.0^{5}4796$	$.0^{5}4573$	$.0^{5}4360$	$.0^{5}4156$
4.8*	.03961	$.0^{5}3775$	$.0^{5}3598$	$.0^{5}3428$	$.0^{5}3267$	$.0^{5}3112$	$.0^{5}2965$	$.0^{5}2824$	$.0^{5}2690$	$.0^{5}2561$
4.9*	.02439	$.0^{5}2322$	$.0^{5}2211$	$.0^{5}2105$	$.0^{5}2003$	$.0^{5}1907$	$.0^{5}1811$	$.0^{5}1727$	$.0^{5}1643$	$.0^{5}1563$

【주】 z=0.5일 때 $\phi(z)$=0.3521이며, $z=-5$일 때도 식에서 z^2은 (+)값이므로 $\phi(z=-0.5)$=0.3521로 구한다.

〈부표 15〉 누적정규분포표

$$F(t)=\phi(z)=\int_{-\infty}^{z}\frac{1}{\sqrt{2\pi}}exp\left(-\frac{1}{2}z^{2}\right)dt=\int_{-\infty}^{z}\phi(z)\,dt=\phi\left(\frac{t-\mu}{\sigma}\right)$$

z	$\phi(z)$	z	$\phi(z)$	z	$\phi(z)$	z	$\phi(z)$	z	$\phi(z)$	z	$\phi(z)$
.00	.50000	.60	.72575	1.20	.88493	1.80	.96047	2.40	.99180	3.00	.99865
.01	.50339	.61	.72907	1.21	.88686	1.81	.96485	2.41	.99202	3.01	.99869
.02	.50798	.62	.73237	1.22	.88877	1.82	.96562	2.42	.99224	3.02	.99874
.03	.51197	.63	.73565	1.23	.89065	1.83	.96638	2.43	.99245	3.03	.99878
.04	.51595	.64	.73891	1.24	.89251	1.84	.96762	2.44	.99266	3.04	.99882
.05	.51994	.65	.74215	1.25	.89435	1.85	.96784	2.45	.99286	3.05	.99886
.06	.52392	.66	.74537	1.26	.89617	1.86	.96856	2.46	.99305	3.06	.99889
.07	.52790	.67	.74857	1.27	.89795	1.87	.96926	2.47	.99324	3.07	.99893
.08	.53188	.68	.75175	1.28	.89973	1.88	.96995	2.48	.99343	3.08	.99896
.09	.53586	.69	.75490	1.29	.90147	1.89	.97062	2.49	.99361	3.09	.99900
.10	.53983	.70	.75804	1.30	.90320	1.90	.97128	2.50	.99379	3.10	.99903
.11	.54380	.71	.76115	1.31	.90490	1.91	.97193	2.51	.99396	3.11	.99906
.12	.54776	.72	.76424	1.32	.90658	1.92	.97257	2.52	.99413	3.12	.99910
.13	.55172	.73	.76731	1.33	.90824	1.93	.97320	2.53	.99430	3.13	.99913
.14	.55567	.74	.77035	1.34	.90988	1.94	.97381	2.54	.99446	3.14	.99916
.15	.55962	.75	.77337	1.35	.91149	1.95	.97441	2.55	.99461	3.15	.99918
.16	.56356	.76	.77637	1.36	.91308	1.96	.97500	2.56	.99477	3.16	.99921
.17	.56750	.77	.77935	1.37	.91466	1.97	.97558	2.57	.99492	3.17	.99924
.18	.57142	.78	.78230	1.38	.91621	1.98	.97615	2.58	.99506	3.18	.99926
.19	.57535	.79	.78524	1.39	.91774	1.99	.97670	2.59	.99520	3.19	.99929
.20	.57926	.80	.78814	1.40	.91924	2.00	.97725	2.60	.99534	3.20	.99931
.21	.58317	.81	.79103	1.41	.92073	2.01	.97778	2.61	.99557	3.21	.99934
.22	.58706	.82	.79389	1.42	.92220	2.02	.97831	2.62	.99560	3.22	.99936
.23	.59095	.83	.79673	1.43	.92364	2.03	.97882	2.63	.99573	3.23	.99938
.24	.59483	.84	.79955	1.44	.92507	2.04	.97932	2.64	.99585	3.24	.99940
.25	.59871	.85	.80234	1.45	.92647	2.05	.97982	2.65	.99598	3.25	.99942
.26	.60257	.86	.80511	1.46	.92785	2.06	.98030	2.66	.99609	3.26	.99944
.27	.60642	.87	.80785	1.47	.92922	2.07	.98077	2.67	.99621	3.29	.99946
.28	.61026	.88	.81057	1.48	.93056	2.08	.98124	2.68	.99632	3.28	.99948
.29	.61409	.89	.81327	1.49	.93189	2.09	.98169	2.69	.99643	3.29	.99950
.30	.61791	.90	.81594	1.50	.93319	2.10	.98214	2.70	.99653	3.30	.99952
.31	.62172	.91	.81858	1.51	.93448	2.11	.98257	2.71	.99664	3.31	.99953
.32	.62552	.92	.82121	1.52	.93574	2.12	.98300	2.72	.99674	3.32	.99955
.33	.62930	.93	.82381	1.53	.93699	2.13	.98341	2.73	.99683	3.33	.99957
.34	.63307	.94	.82639	1.54	.93822	2.14	.98382	2.74	.99693	3.34	.99958
.35	.63683	.95	.82894	1.55	.93943	2.15	.98422	2.75	.99702	3.35	.99960
.36	.64058	.96	.83147	1.56	.94062	2.16	.98461	2.76	.99711	3.36	.99961
.37	.64431	.97	.83398	1.57	.94179	2.17	.98500	2.77	.99720	3.37	.99962
.38	.64803	.98	.83646	1.58	.94295	2.18	.98537	2.78	.99728	3.38	.99964
.39	.65173	.99	.83891	1.59	.94408	2.19	.98574	2.79	.99736	3.39	.99965
.40	.65542	1.00	.84134	1.60	.94520	2.20	.98610	2.80	.99744	3.40	.99966
.41	.65910	1.01	.84375	1.61	.94630	2.21	.98645	2.81	.99752	3.41	.99968
.41	.66276	1.02	.84614	1.62	.94738	2.22	.98679	2.82	.99760	3.42	.99969
.43	.66640	1.03	.84850	1.63	.94845	2.23	.98713	2.83	.99767	3.43	.99970
.44	.67003	1.04	.85083	1.64	.94950	2.24	.98745	2.84	.99774	3.44	.99971
.45	.67364	1.05	.85314	1.65	.95053	2.25	.98778	2.85	.99781	3.45	.99972
.46	.67724	1.06	.85543	1.66	.95154	2.26	.93809	2.86	.99788	3.46	.99973
.47	.68082	1.07	.85769	1.67	.95254	2.27	.98840	2.87	.99795	3.47	.99974
.48	.68439	1.08	.85993	1.68	.95352	2.28	.98870	2.88	.99801	3.48	.99975
.49	.68793	1.09	.86214	1.69	.95449	2.29	.98899	2.89	.99807	3.49	.99976
.50	.69146	1.10	.86433	1.70	.95543	2.30	.98928	2.90	.99813	3.50	.99977
.51	.69497	1.11	.86650	1.71	.95637	2.31	.98956	2.91	.99819		
.52	.69847	1.12	.86864	1.72	.95728	2.32	.98983	2.92	.99825		
.52	.70194	1.13	.87076	1.73	.95818	2.33	.99010	2.93	.99831		
.54	.70540	1.14	.87286	1.74	.95907	2.34	.99036	2.94	.99836		
.55	.70884	1.15	.87493	1.75	.95994	2.35	.99061	2.95	.99841		
.56	.71226	1.16	.87698	1.76	.96080	2.36	.99086	2.96	.99846		
.57	.71566	1.17	.87900	1.77	.96164	2.37	.99111	2.97	.99851		
.58	.71904	1.18	.88100	1.78	.96246	2.38	.99134	2.98	.99856		
.59	.72240	1.19	.88298	1.79	.96327	2.39	.99158	2.99	.99861		

【주】 $\phi(z)$는 $-\infty$에서 z까지 적분한 값이므로 $z=0.5$일 때, $\phi(0.5)=0.69146$이고,
$z=-0.5$일 때 $\phi(-0.5)=1-0.69146=0.30845$이다.

찾아보기

[국문]

[영문]

N

O

P

Q

R

S

저 · 자 · 약 · 력

장선구

성균관대학교 경제학과 졸업
성균관대학교 경제학 박사
한국경제학회 종신회원
(전) 웅지세무대학교 회계정보학과 교수
(전) 동국대학교 입학사정관
(현) 성균관대학교 경제학과 겸임교수
(현) 성균관대학교 국립외교원 모의고사 출제 및 특강
(현) KG에듀원 CPA 경제학, CTA 재정학 강의
(현) 합격의 법학원 감정평가사 경제학 강의
(현) 프라임 법학원 노무사 노동경제학, 5급 공채 경제학 강의
(현) 렛유인 공기업 경제학 강의
(현) 일타 클래스 매경테스트 강의
(현) 공단기 경제학 강의
(현) 유니스터디 경제학 강의
(저서) 와이드 경제학 4판(2020, 비앤엠북스)
정석미시경제론(비앤엠북스)
정석거시경제론(비앤엠북스)
원샷123 객관식경제학(비앤엠북스)
현대경제학(율곡출판사) 외 다수
(유튜브채널) 경제학짱박사

김대용

성균관대학교 경제학과 졸업
성균관대학교 경제학 박사(계량경제학)
(전) 대한무역투자진흥공사(KOTRA) 자문위원
(전) 한국정보화진흥원(NIA) 자문위원
(현) 한국개발연구원(KDI) 전문위원
(현) 한국경제학회, 한국경제연구학회 종신회원
(현) 한국자원경제학회 회원
(현) 한국원가공학회(KCES) 계약관리연구원 겸임연구위원
(현) 통계개발원(통계청) 통계연구사업 경제분과 평가위원
(현) 한국에너지공단(KEA) 자문평가위원
(현) 한국산업기술진흥원(KIAT) 자문평가위원
(현) 한국전시산업진흥회(AKEI) 자문평가위원

박환재

경북대학교 경제학과를 졸업하고 미국 오하이오 주립대학에서 경제학 석사학위를, 미국 노스캐롤라이나 주립대학교 경제학 박사학위를 받았다. 현재 대구가톨릭대학교 경상대학 경제통상학부 교수로 있다. 마르퀴즈 후즈 후(Marquis Who's who) 세계인명대사전과 세계 3대 인명대사전(Who's Who, IBC, ABI), 21세기 위대한 지성인 2000인(2000 Outstanding Intellectuals of the 21th Century-ABI, IBC)에 등재되었으며, 21세기 업적상(The 21st Century Award of Achievement-IBC)과 2006-2016 세계선도교육자(Leading Educators of the World 2006-2016-IBC), 올해의 국제교육자(International Educator of the Year 2006-2016 IBC)로 선정되었다. 통계청 사무관, 미국 SAS 연구소 연구원, 오하이오 주립대학교와 캘리포니아 주립대학교 객원교수, 경제통상학회 이사, 재정학회 이사, 한국은행 대경본부 자문위원을 역임했으며, ABI 세계인명대사전 자문연구위원과 KDI 경제전문가 모니터위원으로 활동하고 있다.

저자와의
협의하에
인지생략

정석 통계학 [2판]

2021년 02월 22일 2판 인쇄
2024년 01월 12일 2판 3쇄 발행

저 자 : 장선구 · 김대용 · 박환재
발행인 : 정광식
발행처 : **비앤엠북스**
서울특별시 금천구 가산디지털1로 70 B1-103
등 록 2004. 12. 29. / 제313-2004-00298호
전 화 (02) 2627-5710~13, 팩스 (02) 2627-5720
홈페이지 www.대학교재.net
이 메 일 bnmbook@daum.net

정가 33,000원 ISBN 978-89-6821-125-6